Albrecht F. Schirmacher/
Frank Mahlmeister (Hrsg.)

Geldanlage für Gewinner – Trotz Krise profitieren

Platow Prognose 2002

GABLER

Der Platow Brief

Die Deutsche Bibliothek - CIP-Einheitsaufnahme
Ein Titeldatensatz für diese Publikation ist bei
Der Deutschen Bibliothek erhältlich

1. Auflage Dezember 2001

Lektorat, Bearbeitung/Layout: Birgit Stäb, Edith Willim

Der Gabler Verlag ist ein Unternehmen der Fachverlagsgruppe BertelsmannSpringer.
www.gabler.de

Umschlaggestaltung: Nina Faber de.sign, Wiesbaden
Druck und buchbinderische Verarbeitung: Druckerei Klein + Hiese, Klingenberg
Gedruckt auf säurefreiem und chlorfrei gebleichtem (ECF) Papier
Printed in Germany

ISBN 3-409-11925-6

„Mut steht am Anfang des Handelns, Glück am Ende.“

/Demokrit

Prolog

Diese Platow Prognose ist in einer historisch bisher einmaligen Zeit recherchiert und aufgeschrieben worden: Die Terrorattacken von New York und Washington mit ihrem Einfluss auf die Weltpolitik, die internationale Wirtschaft und nicht zuletzt die Stimmung der Menschen sind eine bisher nie dagewesene Erfahrung. Es wurde deutlich, wie sehr die Globalisierung mit ihren Chancen und Risiken das Zusammenleben der Völker bestimmt. Kein Land, keine Volkswirtschaft kann sich dem entziehen. Dagegen verblassen sogar Ereignisse von europäischer Dimension wie der endgültige Abschied von der D-Mark, die im Prognose-Jahr nun auch als Bargeld vom Euro ersetzt wird, und auch die deutsche Innenpolitik, die 2002 immerhin Bundestagswahlen zu bieten hat, wird in den Hintergrund gedrängt. Wundern Sie sich also nicht, wenn die Anschläge auf Amerika in jedem Kapitel auf unterschiedliche Weise gegenwärtig sind.

So schrecklich die Ereignisse des 11. September 2001 auch sind, haben Sie uns nicht dazu verleitet, für Sie als Ausblick auf das kommende Jahr ein Horror-Szenario zu entwickeln. Wir gehen in unserem Forecast nicht von einer Ausweitung des Konflikts, der die gesamte Nahost-Region destabilisieren und den Ölpreis in dramatische Höhe treiben würde, aus. Vielmehr ist unsere Prämisse für diese Arbeit, dass es bei einem begrenzten Konflikt bleibt, es zu keinen weiteren Terrorangriffen der Dimension vom 11.9. kommt und der Ölpreis als Schmierfett des Konjunkturmotors innerhalb des OPEC-Bandes schwankt.

Das kann freilich nicht verhindern, dass die Weltwirtschaft zumindest kurzfristig in eine schmerzhafte Stagnation verfällt. Nach dem längsten Aufschwung der Moderne, der in eine heute kaum noch nachvollziehbare Euphorie über die Möglichkeiten der New Economy einmündete, folgte der ungewöhnlich steile und auch von uns nicht so erwartete Absturz auf den Boden der Tatsachen. Auf diesem Niveau müssen nun die Weichen gestellt werden für eine fruchtbringende Erholung, die Sie mit dem Know how, das in dieser Prognose steckt, für sich in klingende Münze umwandeln können. Ja, wir haben zum ersten Mal in der langen Geschichte des Platow Briefes für Sie ein umfangreiches Anleger-Handbuch zusammengstellt, das in Sachen Geld eigentlich keine Frage mehr unbeantwortet lässt. Möge die Lektüre Ihnen einen maximalen Gewinn bescheren.

Herzlichst Ihr

Frankfurt, 23. November 2001

Inhaltsverzeichnis

Seite

I. Zum Geleit

Von
Klaus-Peter Müller

Sprecher des Vorstandes
der Commerzbank AG

Auf ein Neues! Das Jahr 2001 war für viele Unternehmen, für die deutsche Wirtschaft insgesamt und nicht zuletzt für die Zunft der Prognostiker ein enttäuschendes Jahr. Wir brauchen uns nur die Erwartungen vor Augen zu führen, die vor zwölf Monaten vorherrschten: Eine Fortsetzung des Aufschwungs und wieder steigende Aktienkurse wurden vorausgesagt. Aber es kam anders. Um die Jahreswende 2001/02 sind eine ganze Reihe von Industrieländern in einer Rezession und die Aktienkurse liegen deutlich unter dem Niveau vom Jahresbeginn. Wie lässt sich das erklären?

Zunächst erinnert es uns daran, dass die Prognostiker keine Hellseher sind und auch gar nicht vorgeben, welche zu sein. Vielmehr ist eine professionelle Prognose der Konjunktur oder der Aktienkurse der Versuch, ausgehend von einer sorgfältigen Diagnose, also einer Zustandsbeschreibung, und einer Analyse der Bestimmungsfaktoren die wahrscheinlichste Entwicklung abzuschätzen. Dabei orientieren sich die Prognostiker an Zusammenhängen und Mustern der Vergangenheit. Denn nur dann, wenn es solche Muster gibt, lässt sich überhaupt eine fundierte Prognose abgeben.

Das bekannteste dieser Muster ist der Konjunkturzyklus, also der Wechsel von Aufschwung-Boom-Abschwung-Rezession über einen Zeitraum von fünf bis acht Jahren. Er ist der Marktwirtschaft inhärent und ergibt sich aus der Koordination der Pläne von vielen tausend Unternehmen und Millionen Haushalten über den Markt. In diesem Zyklus schwanken die Unternehmensgewinne als Residualeinkommen besonders stark, was zu entsprechenden Kursschwankungen an der Börse führt.

Neben diesem klassischen Zyklus gibt es strukturelle Verschiebungen oder Megatrends, die zu bestimmten Veränderungen über einen Zyklus hinweg führen. Im Börsenboom der späten neunziger Jahre spielte dabei die rasante Entwicklung in der Informations- und Kommunikationstechnologie eine besondere Rolle. In den Vereinigten Staaten entstand das Schlagwort von der New Economy. Es beflügelte die Phantasie der Anleger und mancher Analysten.

Im Frühjahr 2000 schließlich platzte die Blase: Die Aktienkurse fielen in bestimmten Segmenten ins Bodenlose, die Unternehmen der New Economy mussten ihre Investitionsbudgets drastisch kürzen. Damit zerrann auch die Hoffnung, dass die New Economy bald nach Deutschland bzw. Euroland kommen würde und bei uns ebenfalls eine Kombination von jahrelangem hohem Wachstum und fallender Arbeitslosigkeit bei niedriger Inflation – bedingt durch kräftige Produktivitätszuwächse – ermöglichen würde.

Wer das vorausgesagt hatte, hat die amerikanische Erfolgsstory nicht sorgfältig analysiert. Denn sonst hätte er schnell herausgefunden, dass technologische Entwicklungen zwar eine zentrale Rolle spielen. Allein können sie den Erfolg aber nicht erklären. Vielmehr war es die Kombination von Technologie, Unternehmenspraktiken und Wirtschaftspolitik. In Westeuropa können wir ohne weiteres mit zwei bis drei Jahren Verzögerung die Technologie imitieren. Bei den Unternehmenspraktiken und vor allem der Wirtschaftspolitik sind aber entscheidende

Voraussetzung für eine New Economy im Euroland nicht erfüllt. In Deutschland, aber auch in Frankreich und in Italien, dominiert eine strukturkonservierende Wirtschaftspolitik, die den Wandel nicht fördert, sondern hemmt. Gerade in Zeiten rascher Veränderungen geraten wir damit in Rückstand. Die massive Abwertung des Euro gegenüber dem Dollar bringt das Urteil der Märkte in dieser Frage am besten und wohl auch zutreffend zum Ausdruck.

Was beendete den Boom in den Vereinigten Staaten? Zum einen gab es zwei klar erkennbare, miteinander verwandte Fehlentwicklungen, die ein Ende des Aufschwungs nur eine Frage der Zeit sein ließ. Ich denke an das sorglose Verhalten der amerikanischen Konsumenten, die unter dem Eindruck steigender Aktienkurse und fallender Arbeitslosigkeit immer weniger Anlass sahen, aus laufendem Einkommen zu sparen, also für schlechtere Zeiten oder für das Alter vorzusorgen. Im Jahr 2000 gab der durchschnittliche Haushalt von 100 Dollar Einkommen 99 Dollar für Konsumzwecke aus.

Auch gesamtwirtschaftlich lebten die Vereinigten Staaten deutlich über ihre Verhältnisse. Das heißt, für Konsum und Investition wurden mehr Güter beansprucht als im Lande produziert wurden. Das Leistungsbilanzdefizit, das dieses Missverhältnis zum Ausdruck bringt, stieg im Jahr 2000 auf fast 450 Mrd Dollar. In diesem Umfang verschuldeten sich die Vereinigten Staaten zusätzlich in der Welt. Und das geht nur so lange gut, wie Investoren – Notenbanken, institutionelle und private Anleger außerhalb der USA – bereit sind, zusätzliche Dollarforderungen in ihre Portfolios aufzunehmen. Mit steigendem Dollaranteil wird dies jedoch nur durch immer höhere Renditeversprechen gelingen.

Auch hier war ein Ende abzusehen, wenngleich niemand sagen konnte, wann das sein würde. Und es ging viel länger gut, als es Optimisten für möglich gehalten hätten. Aber selbst wenn es diese Übertreibungen nicht gegeben hätte, wäre der Aufschwung schon dadurch zum Erliegen gekommen, dass der Pool verfügbarer Arbeitskräfte bei einer Arbeitslosenquote unter 4% erschöpft war.

Dass der Boom schneller als erwartet und abrupter endete, liegt jedoch nicht an den vorgenannten Faktoren, sondern am Zusammenwirken von Ölpreisanstieg, straffer Geldpolitik und Kurseinbruch am Aktienmarkt. In diesem Fall erwies sich die Börse als verlässlicher Frühindikator für die Konjunktur: Viel eher als die Prognostiker signalisierte sie das Ende des Booms.

Vom zweiten Halbjahr 2000 an verlangsamte sich der Aufschwung in den Vereinigten Staaten. Zur Jahresmitte 2001 sah es dann so aus, als wäre die Schwächephase doch zu überwinden. Immerhin hatte die amerikanische Notenbank – anders als die Europäische Zentralbank – ab Anfang 2001 beherzt auf die Abschwächung reagiert, das Öl verbilligte sich und die zu hohen Lagerbestände waren abgebaut. Die Stimmungsindikatoren signalisierten eine leichte Verbesserung.

In diese Phase fiel der 11. September. Die starke Wirkung auf die Stimmung ist auch mit der labilen Verfassung der Wirtschaft zu dieser Zeit zu erklären. Die

Terroranschläge markierten den Übergang vom Abschwung in die Rezession. Ich möchte nicht missverstanden werden: Es wäre falsch, alles auf dieses tragische Ereignis zu schieben. Aber es löste eine nachhaltige Veränderung aus.

In Westeuropa begann der Abschwung zeitgleich mit dem in den Vereinigten Staaten, er wurde aber nicht von den USA ausgelöst. An den Märkten hält sich jedoch hartnäckig der Eindruck einer unverändert starken Abhängigkeit der westeuropäischen Wirtschaft von den USA. Tatsächlich begann die Schwächephase im Sommer 2000 bei der Inlandsnachfrage.

Diese verlangsamte sich – wie in den USA – als Folge der starken Verteuerung des Öls und der Straffung der Geldpolitik. Die Europäische Zentralbank hatte ihren Leitzins von 2,5% im Herbst 1999 auf 4,75% ein Jahr später angehoben. Das konnte nicht ohne Folgen für die Nachfrage bleiben.

Erst ein halbes Jahr später, Anfang 2001, ließ die Exportdynamik nach, die Lieferungen in die USA expandierten sogar bis zum Frühjahr 2001 sehr kräftig. Der Abschwung im Euroland wurde zwar nicht von den USA bzw. der nachlassenden Weltkonjunktur hervorgerufen; er wurde aber dadurch verschärft.

Auch die Wirtschaft im Euroland war damit zum Zeitpunkt der Terroranschläge am 11. September in einer kritischen Phase, nicht zuletzt weil die Europäische Zentralbank viel zu lange gezögert hat, die Zinsen zu senken. Immerhin gab es auch bei uns im Sommer 2001 Anzeichen einer Besserung. Wie lange der Vertrauensschock für Verbraucher und Unternehmen anhält, lässt sich ebenso wenig sagen wie für die Vereinigten Staaten. Es sollte aber schon einen Unterschied machen, ob die Anschläge fernab in New York und Washington stattfinden oder vor unserer Haustür in Europa.

Ende 2001 sind Deutschland und Euroland am Rande einer Rezession oder vielleicht schon in der Rezession. Die Ratlosigkeit der Verantwortlichen ist groß. Die Geldpolitik ist aus nationaler Zuständigkeit entlassen und hat nach dem 11. September endlich mutiger reagiert. Weitere massive Zinssenkungen á la Fed würden unter den bei uns anderen Bedingungen wohl Inflationsrisiken bergen. Die Finanzpolitik sollte etwas tun, sie kann es aber in vielen Fällen nicht, weil es in guten Zeiten versäumt wurde, Vorsorge zu treffen.

Wenn wir – wie die Vereinigten Staaten – mit einem hohen Haushaltsüberschuss in die Rezession gehen würden, wäre die Antwort einfach: drastische Steuersenkungen und höhere Infrastrukturinvestitionen. Wir sind in Deutschland aber schon 2001 nur ½ Prozentpunkt von der Obergrenze für das Haushaltsdefizit gemäß Vertrag von Maastricht entfernt. Und so schlecht sieht es nicht aus, dass wir ohne Sanktionen die Grenze überschreiten dürften.

In diesem schwierigen Umfeld findet die notwendige Restrukturierung der Banken in Deutschland statt. Die Einigung der Bundesregierung mit der Brüsseler Kommission über die Abschaffung der Garantien für öffentlich-rechtliche Kreditinstitute eröffnet mittelfristig neue Möglichkeiten für die weitere Entwicklung unseres Bankenmarktes.

Die Prognose 2002 startet also in einem schwierigen Umfeld. Ich wünsche dem Platowteam eine glückliche Hand, damit in einem Jahr an dieser Stelle eine positive Bilanz gezogen werden kann.

Ihr Klaus-Peter Müller

II Weltwirtschaft

Die weltweite Wirtschaftskrise drückt der Triade USA, Europa und Japan auch 2002 ihren Stempel auf. Die Attentate vom 11. September haben der ohnehin kränkelnden Weltkonjunktur in einer äußerst labilen Phase einen schweren Nackenschlag versetzt, von dem sie sich nur sehr langsam wieder erholen wird. Mit niedrigen Zinsen und einem gewaltigen Konjunkturprogramm stemmen sich US-Präsident George W. Bush und sein Notenbank-Chef Alan Greenspan gegen die Rezession. Der verkrusteten kontinentaleuropäischen Wirtschaft fehlt die Kraft, sich ohne fremde Hilfe am eigenen Schopf aus dem Schlamassel zu ziehen. Am 1.1.2002 wird der Euro mit der Bargeldeinführung endlich voll geschäftsfähig. Doch von einem einheitlichen Wirtschaftsraum ist Euroland noch weit entfernt. Japans Hoffnungsträger Junichiro Koizumi scheint der Mut zu einschneidenden Reformen schon wieder verlassen zu haben. Die US-Wirtschaft wird erst Ende 2002 wieder Tritt fassen. Euroland muss sich mit einem Miniwachstum zufrieden geben und Japan verharrt weiter in der Rezession. Am besten schlägt sich in diesem Umfeld noch Großbritannien.

Weltwirtschaft – 2002 mit gebremstem Schaum

2001 ist für die Weltwirtschaft ein verlorenes Jahr. Die erhoffte weiche Landung der US-Konjunktur geriet zur Bauchlandung. Die hinterhältigen Anschläge vom 11. September stürzten die bereits angeschlagene US-Wirtschaft dann vollends in eine Rezession. Ohne die Zugkraft der Weltkonjunktur-Lokomotive USA ging auch den anderen Industrienationen schnell die Puste aus. Entsprechend tief sind die Bremsspuren im Welthandel, der 2000 mit einem Volumenwachstum von 12% noch einer der Hauptantriebsmotoren des internationalen Konjunkturaufschwungs war. Die Welthandelsorganisation WTO beziffert das diesjährige Wachstum des weltweiten Handelsvolumens mittlerweile auf nur noch magere rd. 2%. Noch im Mai erwartete die WTO für 2001 einen Anstieg des Welthandels um 7%.

Weltwirtschaft in der Krise – reale Veränderung des BIP in % -		
	Vorl. Ist 1) 2001	Platow Prognose 2002
USA	0,9	0,7
Japan	-0,6	-1,0
Großbritannien	2,0	1,5
Euroland	1,5	1,3
- Frankreich	1,8	1,3
- Italien	1,7	0,9
- Spanien	2,5	1,8
1) Gemeinschaftsgutachten der Institute Herbst 2001		

Auch 2002 wird das Welthandelsvolumen um kaum mehr als 2% wachsen. In unserem Szenario gehen wir davon aus, dass sich die amerikanische Wirtschaft **nicht vor Ende des nächsten Jahres** von ihrem Schock erholen wird. Damit fällt einer der bedeutendsten Nachfrager nach Importwaren weit gehend aus. In der aktuellen Krise zeigt sich einmal mehr, dass Europa trotz aller Einigungserfolge noch immer das Potenzial fehlt, aus eigener Kraft eine florierende Binnenkonjunktur zu erzeugen. Selbst in den Zeiten der amerikanischen Hochkonjunktur hinkten die kontinentaleuropäischen Kernländer Deutschland, Frankreich und Italien der US-Entwicklung hinterher.

USA – Der verwundete Riese erholt sich nur sehr langsam

Die Attentate vom 11. September haben Amerika politisch und wirtschaftlich ins Mark getroffen. Der Mythos, auf eigenem Boden unangreifbar zu sein, wurde zum zweiten Mal erschüttert. Diesmal traf es die USA sogar mitten in ihre Nervenzentren in New York und Washington. Vor dem Hintergrund, dass die Amerikaner das Trauma von Pearl Harbour selbst Jahrzehnte nach dem Sieg über Japan noch nicht vollständig verarbeitet haben, lässt sich erahnen, wie tief die Angriffe auf das World Trade Center und das Pentagon die stolze amerikanische Seele verletzt haben.

Der geschätzte Versicherungsschaden von mindestens 40 Mrd. Dollar ist dabei nur die Spitze des Eisbergs. Der volkswirtschaftliche Schaden übersteigt diesen Betrag um ein Vielfaches. Im Gefolge der Attentate stürzte die gesamte amerikanische Luftfahrtindustrie in eine schwere Krise, ebenso die Tourismusbranche. In einer Studie weist die BHF-Bank darauf hin, dass in den Versicherungsstatistiken bislang das verheerende Erdbeben in der japanischen Hafenstadt Kobe im Januar 1995 mit einem gesamtwirtschaftlichen Schaden von rd. 100 Mrd. Dollar oder 2% des damaligen Bruttoinlandsprodukts Nippons als die Katastrophe mit den **größten volkswirtschaftlichen Kosten** geführt wurde. Zum Vergleich: Damals betrug der Versicherungsschaden nur 3 Mrd. Dollar.

Die Zerstörung der nationalen Symbole für wirtschaftliche und militärische Macht haben die amerikanischen Verbraucher und Investoren zutiefst verunsichert. Weiter geschürt wird diese Verunsicherung noch durch eine unheimliche Serie von Milzbrand-Attentaten. Daran ändert auch die Patriotismus-Welle nichts, die seit dem 11. September das gesamte Land ergriffen hat. Dies bleibt nicht ohne gravierende Folgen für den privaten Konsum, eine der wichtigsten Stützen der US-Konjunktur.

Im 3. Quartal ist die US-Wirtschaft **erstmals seit mehr als 8 Jahren** wieder geschrumpft. Das reale Bruttoinlandsprodukt fiel um 0,4%. Auch ohne die Attentate wäre die US-Konjunktur wahrscheinlich im 3. Quartal ins Minus gerutscht. Die von den Folgen der Anschläge noch weit gehend unberührten September-Daten für den Arbeitsmarkt zeigten mit einem Beschäftigungsminus von rd. 200 000 Stellen einen fast ebenso hohen Arbeitsplatzabbau wie in der letzten Rezession Anfang 1991. Mit –2,4% verzeichneten die Einzelhandelsumsätze im September den stärksten Rückgang seit 15 Jahren. Der Index für das Verbrauchervertrauen der Universität Michigan brach im selben Monat von 91,5 auf 81,8 Punkte ein.

Der vom Conference Board veröffentlichte Index für das **Vertrauen** der US-Verbraucher in die Wirtschaftsentwicklung des Landes stürzte im Oktober unerwartet heftig um 11,5 Punkte auf 85,5 Punkte ab. Der Index erreichte damit das Tief vom Februar 1994. Weiter abwärts ging es im Oktober auch mit dem Konjunkturindex der Einkaufsmanager aus dem Großraum Chicago. Der viel beachtete Index sank um 0,4 Punkte auf 46,2 Punkte. Die Anschläge haben die Talfahrt der ohnehin angeschlagenen US-Konjunktur nochmals drastisch verschärft. Auch im 4. Quartal wird die US-Konjunktur weiter schrumpfen. Nach einer gängigen Definition ist die Wirtschaft in einer **Rezession,** wenn das Bruttoinlandsprodukt saisonbereinigt mindestens 2 Quartale hintereinander sinkt.

Mit **drastischen Zinssenkungen** und einem gewaltigen staatlichen **Konjunkturprogramm** versuchen sich die Amerikaner am eigenen Schopf aus der Rezession zu ziehen. Nach dem 11. September hat US-Notenbankchef **Alan Greenspan** die Federal Funds Rate in 3 Schritten von jeweils 50 Basispunkten auf 2,0% gesenkt. Dies ist das niedrigste Niveau seit 1962. Insgesamt verringerte die Fed den Leitzins seit Jahresanfang von ursprünglich 6,5% um beachtliche 450 Basispunkte.

Bereits im Mai setzte US-Präsident **George W. Bush** ein großes Steuersenkungspaket durch, das alleine für das Haushaltsjahr 2002 Entlastungen von etwa 70 Mrd. Dollar beinhaltet. Nur wenige Tage nach den Attentaten verabschiedete die Regierung ein erstes Notprogramm im Volumen von 40 Mrd. Dollar. Die Mittel sind für Soforthilfen an die Hinterbliebenen der Anschlagsopfer, für Aufräumarbeiten und Wiederaufbaumaßnahmen sowie zur Verbesserung der inneren Sicherheit und der Terrorbekämpfung vorgesehen. Zur Unterstützung der Not leidenden Luftfahrtindustrie stellt die Regierung weitere Kreditgarantien in Höhe von 15 Mrd. Dollar zur Verfügung.

Als Impulsgeber für einen neuen Aufschwung hat Bush ein großes Konjunktur-Paket im Volumen von bis zu 75 Mrd. Dollar aufgelegt. Mit niedrigeren Einkommens- und Unternehmenssteuern, mehr Arbeitslosengeld und höheren Infrastrukturinvestitionen will der Präsident die Konsum- und Investitionsfreude seiner Landsleute wieder stimulieren. Sicher sind nach mehreren Jahren üppiger Haushaltsüberschüsse sowie einer flexiblen Wirtschaft die Voraussetzungen für die Wirksamkeit eines solchen Konjunkturprogramms in den USA vergleichsweise günstig. Letztendlich hängt der Erfolg dieser Maßnahmen jedoch sehr stark von der Konsum- und Investitionsneigung der amerikanischen Verbraucher und Unternehmen ab. Hier sehen wir denn auch die **größten Fragezeichen.** Ist doch die gestiegene Unsicherheit pures Gift für den Erfolg der fiskal- und geldpolitischen Maßnahmen.

Der private Konsum wird gleich von mehreren Seiten in die Zange genommen. Die gestiegene Arbeitslosigkeit vermindert die verfügbaren Einkommen der Haushalte. Der Verschuldungsgrad der Konsumenten hat in diesem Jahr bereits ein 20-Jahres-Hoch erreicht. Somit ist es wenig wahrscheinlich, dass sich die Haushalte zu Konsumzwecken in eine noch größere Verschuldung stürzen werden. Die Erfahrungen mit den seit Juli verschickten Steuerrückzahlungsschecks haben gezeigt, dass die Amerikaner zusätzliches Einkommen lieber auf die hohe Kante legen als es in den Konsum zu stecken. Daran ändert auch das in den ersten Oktoberwochen wieder etwas verbesserte Verbrauchervertrauen (83,4 Punkte) nur wenig.

Von den im 3. Quartal zurückerstatteten Steuern in Höhe von insgesamt 38 Mrd. Dollar floss der größte Teil in die Ersparnis. Von 1% im Juni kletterte die Sparquote im Juli auf 2,5% und im August sogar auf 4,1%. Die gestiegene Unsicherheit nach den Anschlägen dürfte diesen Trend durch weiteres **Angstsparen** sogar noch verstärken. In einer Umfrage der University of Michigan gaben nur 15% der Befragten an, dass sie weitere 1 000 Dollar Steuerersparnis für zusätzliche Ausgaben in Betracht ziehen. Wir erwarten deshalb, dass ein Großteil der fiskalpolitischen Impulse im Sparstrumpf der Amerikaner versickert. Mit der Börsen-Baisse der vergangenen Monte ist zudem eine weitere wichtige Finanzierungsquelle für den privaten Konsum versiegt. Der negative Vermögenseffekt nach den vergangenen Kursstürzen hat die Konsumfreude nachhaltig gedrückt.

Aber auch die Unternehmer werden im kommenden Jahr bei Neuinvestitionen sehr zurückhaltend agieren. Mit nur noch rd. 75% ist die Kapazitätsauslastung der US-Industie so niedrig wie seit 18 Jahren nicht mehr. Zudem sackten im September die Auftragseingänge für Gebrauchsgüter im Vergleich zum Vormonat unerwartet kräftig um 8,5% ab. Damit sanken die Orders bereits zum 4. Mal in Folge und fielen auf den niedrigsten Stand seit August 1996. Da auch die Exporte im kommenden Jahr keine großen Sprünge machen werden, gibt es für die Unternehmen kaum einen Grund, ihre Kapazitäten zu erweitern. Da helfen auch niedrige Zinsen nur wenig.

Die US-Wirtschaft wird noch lange an den Folgen des 11. September zu knabbern haben. Erst gegen Ende des nächsten Jahres wird die US-Konjunktur die Talsohle hinter sich lassen. Für das Gesamtjahr 2002 erwarten wir in den USA nur ein mageres Wachstum von bestenfalls 0,7%. Das bedeutet praktisch Stagnation!

Japan – Der Zylinder des großen Magiers Koizumi ist leer

Seit mittlerweile 10 Jahren krebst die japanische Wirtschaft am Boden. Mit der Wahl des selbst ernannten Reformers **Junichiro Koizumi** zum Ministerpräsidenten sollte endlich die Wende kommen. Nach dem klaren Erfolg des Koizumi-Lagers bei den Oberhauswahlen vom 29.7. schien auch das letzte politische Hinderniss für einen konsequenten Reformkurs beseitigt zu sein. Doch inzwischen ist der vor allem vom Ausland an Koizumi verteilte Vorschusslorbeer schon wieder arg welk geworden. Von Koizumis mit viel Getöse verkündetem Reformprogramm ist bislang kaum etwas zu sehen.

Nur dank einer Datenrevision gelang es der japanischen Konjunktur, sich im 1. Quartal noch einmal knapp ins Plus zu retten. Der ursprünglich errechnete Rückgang des BIP um 0,2% gegenüber Vorquartal wurde auf +0,1% nach oben korrigiert. Bei der Überprüfung des Datenmaterials stellte sich heraus, dass insbesondere die Konsumausgaben der japanischen Ein-Personen-Haushalte zu niedrig veranschlagt wurden. Statt der ursprünglich errechneten Stagnation des privaten Konsums, der immerhin etwa 55% zum Bruttoinlandsprodukt beisteuert, ergab sich nach der Revision ein vergleichsweise kräftiger Anstieg dieses Aggregats um 0,6%.

Doch diese Verschnaufpause währte nur kurze Zeit. Im 2. Vierteljahr rutschte das reale BIP gegenüber Vorquartal um 0,8% ab. Federn lassen mussten vor allem die staatlichen und privaten Investitionen. Die weltweit lahmende Konjunktur sowie der feste Yen drosselten zudem den Exportmotor. Auch für das 3. Quartal ist kaum Besserung in Sicht. Daran können auch einige positive Signale wie die im Juli und August um erstaunliche 11,5% gestiegenen Pkw-Neuzulassungen nur wenig ändern.

Sehr viel schwerer wiegt denn auch der Rückgang der Industrieproduktion im 3. Quartal um 4,3%. Damit sank der Quartalsausstoß der japanischen Industrie bereits zum dritten Mal in Folge. Allein im September schrumpfte die Industrieproduktion um 2,9% gegenüber Vormonat. Im Vergleich zum September 2000 sackte die Produktion sogar um 12,7% ab. Schließt das 3. Quartal ebenfalls mit einer negativen BIP-Wachstumsrate ab, steckt Japan mitten in einer Rezession. Es wäre bereits die vierte Rezession innerhalb nur einer Dekade.

Der konjunkturelle Gegenwind, der sich nach den Attentaten in New York und Washington noch verschärft hat, erhöht den Druck auf Koizumi, mit fiskalpolitischen Maßnahmen gegenzusteuern. Zur Finanzierung arbeitsmarktpolitischer Maßnahmen sowie zum Ausgleich von Steuermindereinnahmen hat die Regierung bereits im September einen Nachtragshaushalt im Volumen von 3 Bill. Yen (28 Mrd. Euro) angekündigt. Ein zweiter Nachtragshaushalt ist nicht ausgeschlossen. Damit droht jedoch ein wichtiges Reformziel Koizumis, die Begrenzung der Neuverschuldung auf 30 Billionen Yen im kommenden Fiskaljahr 2002/03, in der Versenkung zu verschwinden. Jetzt rächt es sich, dass der Premier nach dem Wahlsieg vom Juli nicht umgehend mit der Umsetzung der notwendigen Reformen begonnen hat.

Wie wenig staatliche Ausgabenprogramme zur Rezessionsbekämpfung taugen, haben die Japaner in den vergangenen Jahren am eigenen Leib leidvoll erlebt. Aktuell türmt sich die japanische Staatsverschuldung auf gewaltige 166,3 Bill. Yen (1,38 Bill. US-Dollar). Dies entspricht einer am BIP gemessenen Schuldenquote von 130%. Der Schuldenberg engt nicht nur den Handlungsspielraum der Regierung auf ein Minimum ein, er hat auch das Vertrauen der ausländischen Investoren in die Solidität der japanischen Volkswirtschaft erschüttert. In der aktuellen Krise kann Koizumi nur noch zwischen einer Verschärfung der konjunkturellen Situation durch verstärktes Sparen oder einem weiteren Vertrauensverlust für seine Reformpolitik wählen.

Sein Pulver verschossen hat auch Japans Notenbank-Präsident **Masaru Hayami.** Bereits im August hatte die Zentralbank ihre Niedrigzinspolitik weiter gelockert. Die monatlichen Käufe langfristiger Staatsanleihen wurde um 200 Mrd. Yen auf 600 Mrd. Yen ausgeweitet. Der Zielwert für die Zentralbankguthaben der Geschäftsbanken wurde auf 6 Bill. Yen angehoben. Wenige Tage nach den US-Anschlägen stimmte am 18.9. auch die Bank of Japan in den Zinssenkungschor der wichtigsten Notenbanken ein und reduzierte den Diskontsatz um 15 Basispunkte auf 0,1%. Damit kehrte die japanische Zentralbank praktisch zu ihrer Nullzinspolitik zurück.

Die Nagelprobe für Koizumis Reformkurs ist die Sanierung des schwer angeschlagenen Bankensystems. Der IWF hat inzwischen sogar eine Sonderprüfung des japanischen Bankensektors eingeleitet, um sich einen Überblick über das tatsächliche Volumen der gefährdeten Kredite und die Höhe der erforderlichen Rückstellungen zu verschaffen. Ohne eine funktionierende Kreditversorgung wird Japans Wirtschaft nur schwer wieder auf einen grünen Zweig kommen.

Luft zum Atmen will die japanische Regierung den Banken nun durch eine Ausweitung der Aktivitäten der Resolution and Collection Corporation (RCC) verschaffen. Die RCC soll durch die (temporäre) Übernahme fauler Bankkredite zur notwendigen Bereinigung der Institutsbilanzen beitragen. Finanziert werden soll der Verschiebebahnhof für Problemkredite durch zusätzliche Notenbankkredite. Die Finanzhäuser werden damit zwar ihre wertlosen Kredite los, dafür erklimmt der ohnehin gigantische staatliche Schuldenberg jedoch nochmals neue Höhen.

Wir erwarten, dass Koizumis großer Wurf in der Reformpolitik ausbleiben wird. Die Verschuldungskrise wird sich weiter zuspitzen. Die Sanierung des Bankensystems kommt über notdürftiges Flickwerk nicht hinaus. Die auch im kommenden Jahr schwache Weltkonjunktur bremst die japanischen Exporte. Der Deflationsdruck hält Japans Wirtschaft auch 2002 am Boden. Im September sanken die Verbraucherpreise abermals um 2,9%. Damit sind die Preise nunmehr seit 24 Monaten auf Talfahrt. Impulse für ein Anspringen der Konsum- und Investitionsneigung sind weit und breit nicht zu erkennen. Nur wenn die japanische Regierung doch noch den Mut findet, konsequent den Bankensektor zu sanieren und das Sozialsystem zu reformieren, könnte ein Ruck durch die wichtigste Volkswirtschaft Asiens gehen.

Japan bleibt auch 2002 in der Rezession gefangen. Wir erwarten für das nächste Jahr einen Rückgang der gesamtwirtschaftlichen Leistung um 1%.

Großbritannien – Der Fels in der Brandung

Kaum eine andere europäische Volkswirtschaft ist derart eng mit den USA verflochten wie die Großbritanniens. Vor diesem Hintergrund wird auch der konjunkturelle Durchhänger der USA nach den Anschlägen vom 11. September nicht spurlos am Vereinigten Königreich vorübergehen. Insbesondere das verarbeitende Gewerbe leidet unter einer exportbedingten Produktionsschwäche. Hohe Lohnzuwächse sowie das starke Pfund haben der britischen Industrie bereits vor den September-Attentaten das Leben schwer gemacht. Auch hat das Konsumenten- und Unternehmervertrauen unter der erhöhten Unsicherheit nach den Anschlägen in den USA gelitten.

Dennoch hat sich die britische Wirtschaft bislang noch ausgesprochen gut geschlagen. Vor allem der private Verbrauch präsentiert sich nicht zuletzt auf Grund des vergleichsweise hohen Beschäftigungsniveaus nach wie vor robust. Der private Konsum expandierte im 1. Halbjahr mit einer Jahresrate von beachtlichen 4,1%. Im September meldete der Einzelhandel kräftige Umsatzzuwächse. Die Geschäftserwartungen für Oktober zeigten ebenfalls deutlich nach oben. Zugpferd der Inselwirtschaft ist der Dienstleistungssektor, der im 3. Quartal nach vorläufigen Zahlen um 0,8% gegenüber Vorquartal wuchs. Im 2. Vierteljahr betrug die Wachstumsrate allerdings noch 0,9%. Doch nach den Anschlägen ist nun auch der Dienstleistungsbereich ins Wanken geraten. Im Oktober tauchte der Einkaufsmanagerindex CIPS mit 46,3 Punkten, nach 48,1 im September, bereits das zweite Mal in Folge unter die 50 Punkte-Linie. Indexstände unter 50 Punkten signalisieren eine Schrumpfung des Dienstleistungsbereichs.

Stärker als erwartet fiel der Anstieg des Bruttoinlandsprodukts im 3. Quartal aus. Die gesamtwirtschaftliche Leistung erhöhte sich im Vergleich zum Vorquartal um 0,6% und lag damit sogar über der Wachstumsrate im 2. Quartal mit 0,4%. Gegenüber Vorjahr wuchs die britische Wirtschaft von Juli bis September um beachtliche 2,2%. Dennoch kann sich auch die Insel dem weltweiten Abschwung nicht entziehen. Im September sackte die britische Industrieproduktion kräftig um 1,2% gegenüber Vormonat ab. Es war dies der stärkste Rückgang seit August 1997. Im verarbeitenden Gewerbe betrug der Produktionsrückgang sogar 1,6% gegenüber Vormonat. So kräftig fiel die Erzeugung im verarbeitenden Gewerbe seit Mai 1992 nicht mehr.

Im August hatte die **Bank of England** schon einmal vorsorglich den Leitzins um 25 Basispunkte gesenkt. Als Reaktion auf die US-Attentate schloss sich auch die britische Zentralbank Mitte September der Zinssenkungsrunde der wichtigsten Notenbanken an. Eine weitere Reduzierung des Leitzinses um 25 Basispunkte erfolgte auf dem regulären Monatstreffen im Oktober. Mit 4,5% liegt die Base-Rate damit aktuell auf dem tiefsten Stand seit mehr als 30 Jahren. Insgesamt senkte die sie ihren Leitzins **seit Jahresbeginn um 150 Basispunkte.** Damit hat die Bank of England, anders als die EZB, bereits frühzeitig die Weichen für eine expansive Geldpolitik in schwierigeren Zeiten gestellt.

Expansive Impulse kommen auch von der Fiskalpolitik. Um seine Wahlversprechen zu erfüllen, hat Premier **Tony Blair** mehrjährige Programme zur Förderung des maroden Transport-, Bildungs- und Gesundheitswesens aufgelegt. Die damit verbundenen Ausgabensteigerungen werden im kommenden Jahr rd. 0,5%-Punkte des Bruttoinlandsprodukts betragen. Damit wird 2002 auch wieder ein leichtes Budgetdefizit anfallen. Im vergangenen Jahr konnte sich Blair noch in einem Haushaltsüberschuss in Höhe von 1,9% des BIP sonnen.

Großbritanniens Trumpfkarte ist die robuste Binnenkonjunktur. Allerdings wird auch die britische Wirtschaft im kommenden Jahr bei ihren Wachstumserwartungen Abstriche machen müssen. Die weiterhin flaue Weltkonjunktur lässt den Exportmotor nicht auf Touren kommen. Die im Gefolge der guten Vorjahreskonjunktur bis in den Herbst hinein überdurchschnittlich gestiegenen Löhne werden künftig wieder langsamer wachsen. Dies entlastet die Kostenrechnung der Unternehmen, bremst jedoch den Konsum. Gemäß der nationalen Statistik ist die Arbeitslosenzahl im September abermals gefallen, die breiter gefasste Definition der Internationalen Arbeitsorganisation (ILO) weist jedoch erstmals einen Anstieg aus.

Wir erwarten für 2002 ein reales Wirtschaftswachstum in Großbritannien von 1,5%. Dies ist immer noch ein Wert, der über dem Durchschnitt der wichtigsten Industrieländer liegt.

Euroland – Bewährungsprobe für das neue Gemeinschaftsgeld

Am 1.1.2002 feiert der Euro seine zweite Geburt. Nach der Fixierung der Wechselkurse 3 Jahre zuvor wird der Euro zu Jahresbeginn 2002 gesetzliches Zahlungsmittel. Nur noch während einer kurzen Übergangsfrist können die Verbraucher in den 12 Euro-Ländern dann noch mit ihren nationalen Währungen bezahlen. Die Umstellung auf die neuen Münzen und Banknoten erfolgt in einem konjunkturell denkbar trüben Umfeld. Doch genau hierin liegen auch die größten Chancen für einen gelungenen Start der neuen Gemeinschaftswährung.

Die schwache Konjunktur begrenzt die Inflationsrisiken für den Euro. Der Durchhänger der US-Wirtschaft nimmt einiges von dem Druck, der in der Vergangenheit auf dem Außenwert der Gemeinschaftswährung gelastet hat. Die daraus resultierende Stabilität sollte denn auch die Akzeptanz des Euros bei den Verbrauchern stärken, zumal die neue Währung dann endlich auch im wahrsten Sinne des Wortes handfest erfahrbar ist.

Die Konjunktur in Euroland hat die negativen Folgen der Anschläge vom 11. September zu spüren bekommen. Darüber können auch die von der Europäischen Kommission veröffentlichten Stimmungsindikatoren für August und September nicht hinwegtäuschen, zumal die meisten Daten bereits vor den Anschlägen auf die USA erhoben wurden. Nach einem Rückgang im August um 6 Punkte stabilisierte sich der Economic Sentiment Gesamtindex für Euroland im September bei 100,1 Punkten. Die Sub-Indizes für das Verbraucher- und Industrievertrauen belegen jedoch, dass die Stimmung in Euroland bereits vor den Anschlägen angeknackst war. Das Industrievertrauen sank zum siebten Mal in Folge um 1 Punkt auf –11. Das Verbrauchervertrauen gab ebenfalls um 1 Punkt auf –9 nach und sank damit auf den niedrigsten Stand seit November 1997.

Die nach den Attentaten gestiegene Unsicherheit wird auch in Europa dem privaten Verbrauch enge Zügel anlegen. Dabei war der Konsum noch bis weit in den Sommer hinein die wichtigste Stütze für die Euro-Konjunktur. Die Investitionen und Exporte lahmen bereits seit dem 2. Quartal. Leicht positive Impulse könnten von der Beruhigung an der Preisfront ausgehen. Der Rückgang der harmonisierten Inflationsrate im September auf 2,5%, nach 2,7% im August, stärkt die Kaufkraft der privaten Haushalte. Neben der schwächeren Konjunktur drückte vor allem die Verbilligung von Energie, insbesondere von Kraftstoffen, auf die Teuerungsrate, die noch im Mai einen Spitzenwert von 3,4% erreichte. Diese positiven Effekte auf den Konsum sollten jedoch nicht überbewertet werden.

In Italien hatte sich das Wachstumstempo bereits im 2. Quartal bis zur Stagnation verlangsamt. In den ersten 3 Monaten wuchs die italienische Wirtschaft noch um 0,8% gegenüber Vorquartal. Im Jahresvergleich stieg das BIP im 2. Quartal um 2,1%, nach einem Zuwachs um 2,5% im 1. Vierteljahr. Einen Gang zurückgeschaltet hat auch die Konjunktur in Frankreich, die im 2. Quartal nur noch um 0,3% gegenüber Vorquartal wuchs. In den ersten 3 Monaten betrug das Wachstum noch 0,4%.

Erstaunlich gelassen nahmen die Franzosen die Attentatsserie in den USA zur Kenntnis. Mit 93 Punkten verharrte der Stimmungsindikator der französischen Unternehmen im Oktober konstant auf dem Septemberniveau. Damit liegt der Index zwar auf dem niedrigsten Stand seit Sommer 1996 und deutlich unter seinem langjährigen Durchschnitt von 100 Punkten, aber im Vergleich zu Deutschland und Italien bleibt das französische Geschäftsklima immer noch auf einem recht hohen Niveau, wie die Volkswirte der DGZ DekaBank bemerken. Für den Wermutstropfen sorgt allerdings die wichtigste Teilkomponente des Stimmungsindex, die allgemeinen Produktionsaussichten für die französische Industrie. Mit –57 Punkten liegt der Oktoberwert weit unter dem Stand von September (-48 Punkte).

Frankreichs Finanzminister **Laurent Fabius** hat während der Haushaltsberatungen für den Etat 2002 bereits ein kleines Maßnahmenbündel zur „Konsolidierung des Wachstums" angekündigt. Wichtigster Punkt ist eine wahrscheinliche Verdoppelung der in diesem Jahr eingeführten Beschäftigungsprämie für einkommensschwache Haushalte. Das Volumen dieser Maßnahme beziffert die Dresdner Bank mit 1,2 Mrd. Euro. Entlastet werden soll auch der Unternehmenssektor, der von Sonderabschreibungen für bis zum 31.3.2002 getätigten Investitionen profitiert.

Für einen positiven Konjunkturimpuls wird vor allem die 2. Stufe des auf drei Jahre angelegten Steuersenkungsprogramms sorgen. Im kommenden Jahr werden die Einkommensteuersätze der ersten vier Einkommensklassen um 0,75%-Punkte abgesenkt. Die beiden obersten Tarifklassen sinken um 0,5%-Punkte. Der auf die Körperschaftsteuer ursprünglich erhobene Aufschlag von 10%, der in diesem Jahr bereits auf 6% vermindert wurde, geht 2002 weiter auf 3% zurück. Für kleine Unternehmen gilt ab dem nächsten Jahr ein ermäßigter Steuersatz von 15% (nach 25% in 2001), sofern ihr Gewinn die Schwelle von 38.112 Euro nicht überschreitet.

Fortgesetzt wird auch die 1999 eingeleitete Gewerbesteuerreform. Bis 2003 entfällt schrittweise die Lohnsumme als Bestandteil der Bemessungsgrundlage. Insgesamt schüttet Fabius im nächsten Jahr 6 Mrd. Euro an Steuerentlastungen aus seinem Füllhorn aus, die zu gleichen Teilen auf Haushalte und Unternehmen niederprasseln werden. Dies entspricht gut 0,5% des französischen BIP. Für 2002 plant Fabius einen realen Anstieg der Staatsausgaben um 0,5% nach +0,3 in diesem Jahr. Dennoch soll das Budgetdefizit des Zentralstaats auf 30,4 Mrd. Euro sinken. Dabei will die Regierung vor allem auf nichtsteuerliche Einnahmequellen (z.B. Privatisierungen) zurückgreifen.

Die auch 2002 eher maue Weltkonjunktur erlaubt der Exportindustrie in Euroland keine großen Sprünge. Trotz der Einführung des Euro-Bargelds ist der europäische Binnenmarkt immer noch zu schwach, um sich ohne externe Impulse selbst aus dem Konjunkturtal zu befreien. Der private Verbrauch wird die Exportschwäche nicht kompensieren können. Damit fehlen auch den Unternehmen die notwendigen Ertragsperspektiven als Stimulus für verstärkte Investitionen. Da helfen auch weitere Zinssenkungen der EZB nur wenig. Insgesamt erwarten wir für Euroland im kommenden Jahr ein gesamtwirtschaftliches Wachstum von maximal 1,3%. FM

Zinsen als Waffe gegen die Rezession

Die deutliche Konjunkturabschwächung in den USA und die Auswirkungen der schrecklichen Attentate vom 11. September auf das New Yorker WTC haben **Alan Greenspan** herausgefordert. Der amerikanische Notenbankpapst entfachte ein Feuerwerk von Zinssenkungen, das in diesem Umfang keiner für das Jahr 2001 vorausgesehen hatte, und in dessen Verlauf sich das Notenbank-Geld in den USA von 6,5% auf nur noch 2% verbilligte. Zwei Drittel dieser Zinssenkung, nämlich 300 Basispunkte, erfolgten schon vor den Terroranschlägen. Demnach waren Greenspan und die US-Fed weltweit die einzigen, die den konjunkturellen Niedergang im abgelaufenen Jahr rechtzeitig erkannten und frühzeitig handelten. Die amerikanischen Verbraucher und Wirtschaftsbosse wussten in dieser schwierigen konjunkturellen Lage stets die Fed auf ihrer Seite. So besteht auch für 2002 die Hoffnung auf Zinsrückgänge, wenngleich Greenspan nicht mehr allzu viel Spielraum hat.

Die Europäische Zentralbank zögerte aus Sorge um die Preisstabilität und im falschen Vertrauen auf die Wachstumskräfte Europas zunächst, es der Fed gleichzutun, schloss sich schweren Herzens dann aber doch an und senkte die Leitzinsen seit dem 10.5.2001 in vier Schritten von 4,75 auf 3,25%. Sie tut sich mit weiteren Zinsschritten immer noch schwer, obwohl sie angesichts der Wachstumsprognosen für 2002 nicht darum herum kommen wird.

Die Aussichten für die Weltkonjunktur sind im Spätherbst 2001 nicht zuletzt wegen der Verunsicherung durch die Anschläge und ihre Folgen so schlecht wie seit langem nicht mehr. Jedenfalls gehen inzwischen auch die im Gesundbeten geübten Notenbankiers und Politiker davon aus, dass sich die für 2002 erwartete Erholung der Weltwirtschaft weiter verzögert. Eine **Rezession** ist jedenfalls nicht mehr auszuschließen. Damit bezeichnen Konjunkturforscher qua definitionem zwei aufeinander folgende Quartale mit negativem Wachstum zum Vorquartal. Dies werden in den USA vermutlich die Quartale 3 und 4 des Jahres 2001 sein.

Die Zentralbanker hüten sich allerdings davor, dieses stigmatisierte Wort in den Mund zu nehmen, wenngleich sie auf alles vorbereitet sind. So hob **Eddie George,** der Chef der britischen Zentralbank, im Anschluss an ein BIZ-Treffen in Basel hervor, dass die Notenbanken noch nicht alle Mittel ausgeschöpft haben, um einer weiteren Abschwächung der Wirtschaft zu begegnen. Sie werden sie auch benötigen!

In der Tat haben die Fed in Amerika, aber mehr noch die EZB im Gegensatz zu Japan ihr Zinspulver noch nicht restlos verschossen. Da sich Energiepreise und Rohstoffe in Folge der weltweiten Konjunkturabschwächung deutlich verbilligen, verflüchtigt sich das Gespenst der Inflation. Das eröffnet auch der EZB, die gemäß ihren Statuten der Stabilität des Geldes besonders verpflichtet ist, die Möglichkeit zu weiteren Zinsschritten. Diese wird sie nutzen. Ob sie damit die Stimmung unter Verbrauchern und in der Wirtschaft noch rechtzeitig gedreht bekommt, ist fraglich.

Geldpolitik braucht Zeit, um zu wirken

Kritiker, auch aus der Wissenschaft, so z.B. **Joachim Scheide,** Wirtschaftsexperte am Kieler Institut für Weltwirtschaft, werfen den Notenbanken, insbesondere der amerikanischen Fed, vor, mit ihren Zinssenkungen zu weit gegangen zu sein. In der Tat hat eine Notenbank nie zuvor die Konjunktur von der Geldseite so stark angekurbelt wie die Fed im Herbst 2001. Der Wissenschaftler bezweifelt positive Wirkungen auf die Nachfrage (Investitionen und privater Konsum), die nach dem längsten Wirtschaftsboom aller Zeiten nach unten korrigiert.

Der schmerzhafte Konjunkturumschwung hat möglicherweise seine Gründe in der Zinspolitik der vorangegangenen 2 Jahre 1999/2000. Damals erhöhten die Notenbanken weltweit die Zinsen zu stark und hielten sie zu lange auf hohem Niveau. Der exorbitante Anstieg des Ölpreises gab der Weltwirtschaft den Rest. Die Börsen ignorierten all dieses. Es bildeten sich unrealistische Kurs-Bubbles, die 2001 schon vor den Attentaten wieder in sich zusammenfielen.

Wir halten die jetzigen massiven Stützungsmaßnahmen der Notenbanken allerdings für ein adäquates Mittel, die Pferde (frei nach **Karl Schiller)** wieder zum Saufen zu bringen. Zum einen sind die psychologischen Wirkungen nicht zu unterschätzen, aber auch real haben zumindest die Amerikaner schon davon profitiert. Die starken Zinssenkungen verursachen zunächst einmal ein deutliches Geldmengenwachstum. Die so geschaffene Liquidität wird – von Unsicherheit getrieben – zunächst in Geldmarktfonds geparkt. Jetzt kommt es darauf an, diese Liquidität in die Kapitalmärkte, also Aktien und langfristige Anleihen und anschließend in die Wirtschaft zu leiten. Dieser Vorgang geschieht umso schneller, je unattraktiver die Anlage in geldmarktnahen Titeln wird, je schneller also die Notenbanken ihre Kurzfristzinsen senken.

Gelingt so die Stabilisierung der Aktienmärkte, halten sich die Vermögensverluste in Grenzen. Gedämpfte Konjunkturerwartungen lassen die Renditen auch am langen Ende der Zinsstrukturkurve auf Talfahrt gehen. Das ermäßigt den Schuldendienst für private wie institutionelle Gläubiger. Das wird, so die Hoffnung, bei Konsum und Investitionen zu weniger Zurückhaltung führen.

Ob die geldpolitischen Maßnahmen ihre Wirkung auf die Konjunktur nicht verfehlen, wird sich erfahrungsgemäß erst nach mindestens 3 Quartalen, also im 2. Halbjahr 2002 zeigen. So verwundert es nicht, dass viele Wirtschaftsexperten die konjunkturelle Trendwende frühestens für den Herbst 2002 erwarten.

Langfristzins als Konjunkturindikator

Da die Notenbanken direkten Einfluss nur auf die Geldmarktzinsen haben, müssen sie diese so steuern, dass sich die Zinsstrukturkurve in eine Richtung entwikkelt, wie sie für den jeweiligen Zustand der Volkswirtschaft am vorteilhaftesten ist. In den vergangenen Jahren hat sich zwischen kurzen und langen Zinsen ein anderes Verhaltensmuster entwickelt. Führten früher Zinssenkungen der Notenbanken meist zu Renditerückgängen auch bei langfristigen Zinsanlagen, so spiegeln diese heute eher den Konjunkturverlauf wider. Ihre Renditen sinken und die Kurse steigen, wenn es der Konjunktur schlecht geht und umgekehrt.

Die Entwicklung der langfristigen Staatsanleihen, also beispielsweise 10-jähriger Titel bester Bonität, wird sich als Frühindikator für die künftige Konjunkturentwicklung herausstellen. Solange dort die Renditen weiter sinken, ist mit keiner konjunkturellen Erholung zu rechnen. Umgekehrt bedeuten fallende Kurse, beispielsweise für den Bund-Future, eine erste Indikation für einen neuen Konjunktur- und Börsenfrühling.

Bei Redaktionsschluss notierte der Bund-Future, Zinsbarometer für europäische Euro-Staatsanleihen, bei 110,50 Punkten. Dies entspricht einer Verzinsung von 4,54%. Damit lagen sowohl in den USA wie in Europa die langfristigen Renditen noch nicht auf ihrem bisherigen Tief. In den USA erreichten die Langfristzinsen ihren niedrigsten Stand bei 4,2% im Herbst 1998, in Deutschland bei 3,7% Anfang 1999. Wir erwarten keinen unmittelbaren Test dieser Tiefstrenditen. Allerdings wird sich der Anleihezins in dem Maße weiter nach unten bewegen, wie sich die Konjunkturerwartungen auf der Zeitachse 2002 nach hinten verschieben.

Große Unterschiede in der Zinsentwicklung sind innerhalb der **Triade** nicht zu erwarten. **Japan** spielt wegen der andauernden tiefen Rezession und der Nullzinspolitik der Notenbank eine Sonderrolle. Aber die Volkswirtschaften in Amerika und Europa entwickeln sich halbwegs synchron, nicht zuletzt wegen der zunehmenden **Globalisierung.** Dabei scheint sich der zeitliche Abstand zwischen den USA und Europa immer mehr zu verringern. Dies gilt gleichermaßen für Wirtschaft, Zinsen und Börse.

Der Dollar ist schwach, der Euro nicht ohne Chancen

Auf den ersten Blick könnte jeder meinen, 2001 sei für den Euro ein gutes Jahr gewesen. Die Kursverluste fielen niedriger aus als in den Vorjahren. Der Euro sank seit Jahresanfang von 0,95 auf 0,88 Dollar. Es gelang ihm auch, die im Oktober 2000 erreichten Tiefstkurse bei 0,825 US-Dollar zu verteidigen.

In Wirklichkeit war es ein rabenschwarzes Jahr für die EU-Devise. Sie verlor nämlich ihre Unschuld, den seit Jahrzehnten vorhandenen Zinsvorsprung der DM und des Euro in den Jahren 1999 und 2000 gegenüber der amerikanischen Währung. So sanken in 2001 die kurzfristigen amerikanischen Zinsen von 6,5% auf 2%. Bei den europäischen reichte es lediglich zu einer Rücknahme von 4,75 auf 3,25%. Ein Zinsvorsprung (niedrigere Renditen) zu Gunsten des Euro von 1,75% gegenüber den USA wandelte sich in einen Zinsnachteil von 1,25%. Das bedeutet, dass der Euro im kurzfristigen Bereich jetzt ein höheres Zinsniveau bieten muss als vergleichbare Anlagen im Dollar. Ein solcher Sachverhalt ist stets Zeichen für eine schwache Währung, deren Nachteile durch höhere kurzfristige Zinsen ausgeglichen werden müssen. Auch im langfristigen Bereich fand zeitweise eine solche Zinsumkehr statt. Die Rendite für 10-jährige Staatsanleihen betrug Anfang 2001 in den USA 5,0%, in Deutschland 4,75%. Im Herbst 2001 sanken auch die langfristigen US-Zinsen unter die europäischen, ehe sie zum Jahresende in etwa die Differenz vom Jahresbeginn wieder erreichten.

Der Dollar besitzt zwei wesentliche Stützungsfaktoren, die der US-Regierung immer noch erlauben, sich das enorme Leistungsbilanzdefizit von rd. 20 Mrd. Dollar Monat für Monat von Ausländern finanzieren zu lassen: **1.** Die Japaner haben ein Interesse an einem starken Greenback. **2.** Als Währung der letzten verbliebenen Weltmacht des Globus profitiert der Dollar insbesondere in Krisenzeiten von seinem Image, safe haven zu sein. Nicht zuletzt besitzt der Dollar ein ganz anderes Standing als der Neuling Euro, der sich seinen Ruf über viele Jahre erst hart erarbeiten muss. Auch die DM brauchte über ein Jahrzehnt, bis sie quasie den Status einer zweiten Reservewährung neben dem Dollar erlangte.

Die rezessionsgeplagten Japaner sind mit ihrer Nullzinspolitik und zahlreichen Konjunkturprogrammen volkswirtschaftlich schlichtweg gescheitert. Es bleibt nur die Möglichkeit, wenigstens die Chancen von Nippons Exportindustrie durch Währungsvorteile zu verbessern. Hier ist das am häufigsten gebrauchte Mittel die Devisenintervention. Immer wenn der Greenback unter ein bestimmtes Niveau fällt, greift die japanische Notenbank ein. Das sichert den Dollar zumindest nach unten ab. Stabilisierend für die Dollar/Yen-Relation wirkt auch die verringerte Zinsdifferenz zwischen den beiden Währungen.

Weder die schlechte Verfassung der US-Wirtschaft schon vor den Attentaten hat dazu geführt, dass der Dollar gegenüber dem Euro eingebüßt hätte, noch haben die Flugzeug-Angriffe auf New York ihm nennenswert schaden können. Im Gegenteil: Die US-Währung stieg mit der Ankündigung des Anti-Terrorkriegs wie ein Phönix aus der Asche.

Die Schwäche des Euro liegt im übrigen keineswegs an einer besonderen Stärke des Greenback, sondern an einer bisher chronischen Labilität des europäischen Gemeinschaftsgeldes. Dabei hätten es die europäischen Notenbanker sicher gern gesehen, wenn sich der Euro im Jahr vor der Einführung des Bargeldes im Vergleich zum Dollar besser geschlagen hätte. Aber Europa fehlt **(noch)** die Geschlossenheit, politisch, wirtschaftlich und nicht zuletzt im Zentralbankrat der EZB.

Diese bisher fehlende Solidarität innerhalb des Euro-Raumes sollte sich jedoch allmählich einstellen, zumal die Ablehnung innerhalb der Bevölkerung mit der Gewöhnung an den Euro durch die Bargeldeinführung geringer werden wird. Hinzu kommt, dass der Euro auch international seine Anerkennung finden wird.

So erwägt beispielsweise **China,** seine Währungsreserven zunehmend in den Euro zu investieren. Nach der Aufnahme in die Welthandelsorganisation WTO wäre dies für China in der Tat eine sinnvolle Diversifizierung seiner auf insgesamt 200 Mrd. Dollar geschätzten Währungsreserven. Die Anstöße für einen wieder festeren Euro können durchaus überraschender Natur sein. So geht der seit Jahren anhaltende Kapitalzufluss in US-Direktinvestments allmählich verloren. An seine Stelle tritt zunehmend die Repatriierung amerikanischer Guthaben aus dem Ausland. Das überaus schnelle Wachstum der amerikanischen Geldmenge mit Zuwachsraten von bis zu 30% gefährdet längerfristig den Greenback. Es bedeutet nämlich für das Verhältnis von Angebot und Nachfrage ein deutliches Überangebot von Dollar gegenüber Euro.

Die Parität zum Dollar wird der Euro im Verlauf des Jahres 2002 mit Sicherheit nicht erreichen. Es wird auch noch Perioden akuter Schwäche des Euro-Geldes geben, zumal der Euro Ende 2001 auch charttechnisch nicht in einer guten Verfassung ist. Wir sehen das europäische Gemeinschaftsgeld während des Prognosezeitraums in einer Bandbreite von 88/96 US-Cents. gb/afs

III. Rohstoffe und Edelmetalle

Horrorszenarien gibt es bei den Rohstoffpreisen nicht. Dafür ist die Lage der weltweiten Konjunktur zu angespannt. Der damit einhergehende Nachfragerückgang wirkt sich mäßigend aus. Beim Öl gehen wir deshalb für 2002 von einer durchschnittlichen Notierung von unter 25 US-Dollar aus. Mittelfristig wird das Opec-Kartell wieder sehr darauf achten, dass der stark gefallene Ölpreis in das beschlossene Preisband von 22 bis 28 Dollar dauerhaft zurückkehrt. Beim Gold erwarten wir 2002 keine großen Sprünge nach oben. Auch die Krisen führten nicht zu einer massiven längerfristigen Erholung. Die Notierungen sollten sich deshalb in der Range von 270 bis 280 Dollar halten. Bei den Edelmetallen Platin und Palladium dürfte die Zeit der Unterversorgung endgültig vorbei sein. Platin dürfte deshalb durchschnittlich um die 420 bis 430 Dollar/Unze kosten. Das Schwester-Metall sollte sich bei rd. 400 Dollar stabilisieren. Silber sehen wir auch 2002 nahe 4 Dollar unverändert schwach. Das konjunkturabhängige Kupfer wird sich erst wieder erholen, wenn absehbar ist, dass der Weltwirtschaftsmotor Fahrt aufnimmt. Im Jahresschnitt sollten Notierungen oberhalb der Spanne 1 700/1 800 US-Dollar/t die Ausnahme bleiben.

Rohstoffe

Öl

30 Dollar/Barrel beim schwarzen Gold gehören wohl vorerst der Vergangenheit an. Diese Schreckenspreise passen angesichts der schwierigen konjunkturellen Lage der Welt nicht mehr ins Bild. Daran hat auch der Konflikt mit Afghanistan nichts geändert. Blieb doch zunächst der befürchtete Flächenbrand aus. Bei einem Übergreifen des Krieges sieht die Lage jedoch anders aus. Spätestens wenn der Ölstaat **Irak** in den Krieg hineingezogen würde, gäbe es beim Ölpreis kein Halten mehr. Dieses Szenario würde konjunkturell aber unseren gesamten Forecast aus den Angeln heben.

Die Internationale Energie Agentur hat ihre Prognose für den Weltölverbrauch 2002 im Lichte des schwachen Wirtschaftswachstum kräftig nach unten korrigiert. Die Fundamentaldaten sprechen somit für ein durchschnittliches Niveau **unterhalb der Marke von 25 US-Dollar** im nächsten Jahr. Daran dürften auch weitere Förderkürzungen der OPEC-Staaten nichts ändern. Mittelfristig werden die Kartellmitglieder allerdings versuchen, das alte Preisband von 22 bis 28 Dollar wiederherzustellen. Die meisten Golfstaaten haben erhebliche Budgetprobleme, die nur mit überdurchschnittlichen Ölpreisen in den Griff zu bekommen sind. So will z. B. Saudi Arabien die hohe Verschuldung von rd. 100% des BIP durch Zusatzeinnahmen aus dem Öl abbauen. Die Abhängigkeit der saudischen Wirtschaft vom Öl ist enorm. 90% der Exporterlöse und rd. 70% der Staatseinnahmen gehen aufs Öl-Konto.

Zu kauen hat die OPEC-Gemeinde allerdings vor allem daran, dass gleichzeitig die nicht im Kartell gebundenen Staaten wie **Russland** oder **Norwegen** bisher zumindest ihre Förderung kräftig nach oben gepusht haben. So hat die IEA ihre Erwartungen für Russland um 500 000 Barrel/Tag auf 7 Mio. Barrel nach oben angepasst. Die Nicht-OPEC-Länder fördern also zurzeit wesentlich mehr als zunächst erwartet. Alleine im 4. Quartal 01 schätzt die Agentur die Produktion außerhalb der OPEC auf 47,3 Mio. Barrel/Tag. Daran dürfte sich auch im kommenden Jahr nicht viel ändern, zumal auch die USA verstärkte Förderanstrengungen angekündigt haben, um ihre Abhängigkeit von den Importen zu verringern.

Bei Förderkürzungen würden die Kartellmitglieder somit Marktanteile verlieren, was nicht im Interesse der Scheichs sein kann. Bereits nach den Preisdiktaten 1973/74 sowie 1979/80 sank der Anteil der OPEC-Staaten an der weltweiten Erdölproduktion kräftig. Mit inzwischen rd. 36% Marktanteil befinden sich die Kartellmitglieder **nicht** mehr in der früher üblichen Monopolsituation. Den Bedarf schwächen wird 2002 auch der lahmende Luftverkehr, wenngleich die Militäreinsätze am Golf für einen gewissen Ausgleich sorgen. Weiterhin belastend dürfte es sich für das Kartell auswirken, dass etliche ehemalige Sowjetrepubliken mit Ölexporten bereits in den Startlöchern stehen. Nach dem (Wieder-) Aufbau der veralteten Infrastruktur steht hier einer verstärkten Ausbeute nichts mehr im Wege.

Für die international tätigen Ölmultis wie **Shell** oder **Chevron Texaco** bedeutet dies, dass nur Größe zählt. Fusionen/Akquisitionen werden weiterhin die Szenerie beherrschen. Erfordert doch gerade die Exploration erhebliche Investitionen. Auch die gebunkerten Öl- und Gasreserven im Portfolio der Multis werden im Kampf um zukünftiges Geschäft somit immer wichtiger. Dem längerfristig orientierten Anleger empfehlen wir, sich durchaus einige Ölwerte ins Depot zu legen.

Edelmetalle

Gold

„Gold ist nur was für Kriege und Krisen." Dieser Leitsatz von **André Kostolany** hat sich auch in diesem Jahr wieder bezahlt gemacht. Aufkommende Inflationsängste animierten den einen oder anderen, in das gelbe Metall zu investieren. Im weiteren Verlauf des Jahres pushten die Terroranschläge und die Konjunktursorgen die Nachfrage nach Gold. In der Spitze wurde für kurze Zeit ein Preis von fast 300 Dollar je Feinunze erreicht, der aber dann auf 280 Dollar nachgab. Die Niedrigzinsen in den USA führen dazu, dass der Nachteil der Zinslosigkeit von Gold nicht mehr so stark ins Gewicht fällt. Die aufgeblähte Geldmenge macht besorgt und ruft ungute Erinnerungen ins Gedächtnis.

Die lange Goldbaisse rückte ein Revival in den Bereich das Möglichen. Als Damoklesschwert baumeln über dem Gold jedoch die möglichen Verkäufe der Zentralbanken, die für Preisdruck sorgen. Bei klammer werdenden staatlichen Haushalten könnten die Staaten dann doch auf die Idee kommen, die angehäuften Reserven abzustoßen. Negativ auf den Goldmarkt durchschlagen wird mittelfristig ebenfalls die mögliche Nicht-Verlängerung des 1999 abgeschlossenen Washington Agreement on Gold (WAG), das im Jahr 2004 ausläuft. Es regelt den Verkauf der Zentralbanken.

Für deutsche Anleger ergibt sich zusätzlich das Problem, dass Edelmetalle meist in Dollar abgerechnet werden. Dadurch hängt die Wertentwicklung für deutsche Anleger nicht unwesentlich vom Währungskurs ab. Wenn der Dollar im Vergleich zu DM und Euro steigt, macht der Anleger bei haussierenden Edelmetallpreisen ein doppelt gutes Geschäft.

Statt im Keller-Tresor Barren oder Münzen zu horten, bietet sich jedoch der Einstieg in **südafrikanische oder kanadische Minenaktien** an. Zusätzlich zum möglichen Kursgewinn, oft verläuft die Notierung ähnlich wie beim Metall, können nämlich Dividenden eingestrichen werden. Anlegern, die aus Renditeerwägungen das Risiko suchen, kann dann der mögliche Hebeleffekt ein lukratives Investment aufzeigen. Bei Minengesellschaften, die höhere Produktionskosten haben (z.B. südafrikanische Minen), reagieren die Kurse i.d.R. stärker bei positiver Goldpreisentwicklung, denn die Unternehmensgewinne steigen bei einer Markterholung überproportional. Das Gleiche gilt allerdings auch in umgekehrter Richtung.

Der Kauf von Schmuck leidet zurzeit unter der Verunsicherung. Bereits im 2. Quartal 01 lag die weltweite Nachfrage der Juweliere mit 2% im Minus. Insgesamt lag die Goldnachfrage sogar mit 3% in den Miesen.

Wir erwarten für 2002 keine großen Sprünge beim **Gold.** Die Notierungen sollten sich im Bereich von **270 bis 280 Dollar** halten. Kurze Schübe nach oben oder unten durch Spekulanten sind dabei jedoch nicht auszuschließen.

Platin/Palladium

Nach den Zeiten chronischer Unterversorgung und den Unsicherheiten über das (Nicht-) Eintreffen der russischen Lieferungen läuft der Markt mehr und mehr in Richtung Gleichgewicht. Auch ein Angebotsüberschuss ist nicht mehr auszuschließen, zumal sich bereits größere Angebotsmengen aus Südafrika ankündigen.

Die Verwendung von Platin in der Schmuckverarbeitung nimmt ab. Gleichwohl gehen immer noch rd. 51% der gesamten Nachfrage auf das Konto der Juweliere. Doch in Zeiten weltweiter Wachstumsschwäche geraten zunehmend auch die Luxusgüter unter Druck. Sie sind nämlich nur bedingt konjunkturrobust.

Zusätzlich belastet wird die Nachfrage nach Platinmetallen durch die Auto-Baisse. Immerhin 23% der gesamten Fördermenge werden für die Katalysatoren gebraucht. Und rd. 75% der neuen Autos haben eine Abgasentgiftung, die auf diese Metalle zurückgreift. Ein Nachfrage-Rückgang ist somit unvermeidlich. Für das nächste Jahr gehen wir von einem durchschnittlichen **Platinpreis** von rd. **420 bis 430 Dollar/Unze** aus. Das **Palladium** sollte sich nach all den Übertreibungen bei rd. **400 Dollar** stabilisieren können.

Silber

Die kleine Schwester des Goldes leidet schon seit vielen Jahren unter dem Ruf, eher ein Industriemetall zu sein als ein Edelmetall. Damit entsteht natürlich schnell die Angst, dass auch Silber in den konjunkturellen Abwärtsstrudel geraten könnte. Noch hinzu kommt, dass jede Rally in den vergangenen 4 Jahren nicht von Dauer war. Zusätzlich dürften Spekulanten für einen weiteren Abschwung sorgen.

Darüber hinaus sorgen verstärkte Exporte aus China sowie die erhöhte Produktion von Silber in Mexiko für zusätzliches Angebot. Gleichzeitig werden wohl die Filmverkäufe zurückgehen. Einer der großen Abnehmer fällt damit weg. So hat Eastman Kodak bereits von Rückgängen berichtet. Wir sehen **Silber** auch 2002 unverändert schwach. Der Preis sollte sich nicht groß von den **4 Dollar** wegbewegen.

Kupfer

Als einer der wichtigsten Konjunkturindikatoren auf der Rohstoffseite hat Kupfer die Entwicklungen auf den Weltmärkten immer vorweggenommen. In den ersten 6 Monaten 2001 lag der Überschuss auf dem Kupfermarkt denn auch bei 121 000 t. In 2000 war noch ein Defizit von 465 000 t zu beklagen. Zusätzlich zur erhöhten Minenproduktion kommt in diesem Jahr natürlich die schwächere Nachfrage durch die abflauende Wirtschaft. Vor allem die asiatischen Länder, außer **China,** haben stark nachgelassen. Schwächelt doch gerade die Elektronik. Die „Kupferhalde" an den Metallbörsen sollte deshalb eher größer werden.

Ins Zentrum der Kupfergemeinde rückt zunehmend China. In Zeiten überall ausfallender Nachfrage entwickelt sich das Land des Lächelns zunehmend zum Staubsauger für die weltweiten Kupferbestände. China ist inzwischen sogar nach den USA zum zweitgrößten Abnehmer des roten Metalls geworden. Und auch in Zukunft soll der Verbrauch weiter wachsen. So gehen die Planungen davon aus, dass der Verbrauch bis 2005 um 9,5% p.a. zunehmen wird.

Mit der weltweiten konjunkturellen Bremsspur wird allerdings auch für Kupfer eine schwächere Preisentwicklung einhergehen. Gingen die Experten zu Jahresbeginn noch von einem sehnlichst erwarteten Preisschub im 2. Hj. 2001 aus, wird dieser wohl auch zu Beginn 2002 ausbleiben. Erst wenn absehbar ist, dass der Weltwirtschaftsmotor wieder anspringt, sollten auch die Preise des roten Metalls wieder anziehen. Im Jahresdurchschnitt sollten Notierungen **über 1 700/1 800 US-Dollar/t eher die Ausnahme bleiben.** lz

IV. Deutsche Konjunktur 2002

Keine Unterstützung von der Konjunkturfront hat Kanzler Gerhard Schröder im Wahljahr 2002 zu erwarten. Ohne außenwirtschaftliche Impulse kommt auch die Binnenkonjunktur nicht in Schwung. Die deutsche Wirtschaft wächst 2002 bestenfalls nur um magere 0,5%. Das bedeutet praktisch Stagnation. Mit in der Spitze mehr als 4 Mio. Arbeitslosen verfehlt Schröder sein wichtigstes Wahlziel, die Zahl der Beschäftigungssuchenden auf 3,5 Mio. zu begrenzen. Um seinen guten Ruf als Sparkommissar der Nation fürchten muss auch Finanzminister Hans Eichel. Der um 0,9% überproportional zum BIP steigende Staatsverbrauch drückt die Defizitquote gefährlich nah an den Maastricht-Höchstwert von 3%. Keine großen Sprünge sind auch vom privaten Konsum zu erwarten, der nur moderat um 0,8% zulegt. Die Ausrüstungsinvestitionen steigen um 0,9%. Das größte Sorgenkind bleiben auch 2002 die Bauausgaben, die sich abermals um 2% verringern. Der nur auf Sparflamme kochende Welthandel drückt das deutsche Exportwachstum auf nur noch 1,5%.

Deutsche Konjunktur – Ringen zwischen Stagnation und Rezession

Die Konjunktur in Deutschland wandelt derzeit auf einem extrem schmalen Grat. Nach einem guten Start im 1. Quartal mit einem BIP-Wachstum von 0,4% gegenüber Vorquartal rutschte die deutsche Wirtschaft im 2. Vierteljahr in eine Phase der Stagnation (0% Wachstum gegenüber Vorquartal). Die im 3. Quartal aufgekeimten Vorboten eines erneuten Aufschwungs wurden durch die Attentate vom 11. September mit einem Schlag restlos zerstört. Die Anschläge haben der gesamten westlichen Welt grausam vor Augen geführt, wie verwundbar unsere hochtechnisierten Volkswirtschaften sind. Nach einer ersten Vorausschätzung des DIW ist das deutsche Bruttoinlandsprodukt im 3. Quartal um 0,1% gesunken. Deutschland steht damit bereits **mit einem Bein in der Rezession,** wie es der Arbeitskreis der Chefvolkswirte beim Bankenverband treffend formuliert.

Platow Prognose Deutschland 2002
- in Preisen von 1995 -

	2001 1)		2002	
	in Mrd. Euro	Veränd. in %	in Mrd. Euro	Veränd. in %
Konsumausgaben	1 510,2	1,5	1 522,7	0,8
- Private Haushalte	1 126,0	1,6	1 135,0	0,8
- Staat	384,2	1,3	387,7	0,9
Anlageinvestition	430,0	-2,7	427,2	-0,7
- Ausrüstung + sonst. Anlagen	200,1	0,3	201,9	0,9
- Bauten	229,9	-5,2	225,3	-2,0
Vorratsveränderung	-10,4	---	-2,8	---
Inlandsnachfrage	1 929,8	-0,1	1 947,1	0,9
Außenbeitrag	52,6	---	45,7	---
- Export	689,9	4,7	700,2	1,5
- Import	637,3	2,3	654,5	2,7
Bruttoinlandsprodukt	1 982,4	0,7	1 992,8	0,5

1) Gemeinschaftsgutachen der Institute Herbst 2001

Gegen zu allem entschlossene Selbstmordattentäter gibt es trotz aller verschärften Sicherheitsmaßnahmen keinen hundertprozentigen Schutz. Weitere Anschläge auf die wirtschaftlichen und politischen Nervenstränge der Industrienationen sind denn auch nicht auszuschließen. Die mysteriösen Milzbrandbriefe in den

USA zeigen einmal mehr, dass die Fantasie des Schreckens keineswegs nur auf die Autoren von Hollywood-Drehbüchern beschränkt ist.

Ein weiteres spektakuläres Terrorattentat würde die Weltkonjunktur vollends erschüttern und auch die deutsche Wirtschaft in den Abgrund einer tiefen Rezession stürzen. Doch selbst wenn wir von einem solchen Horrorszenario verschont bleiben, was wir in unserer Prognose unterstellen, wird 2002 die gesamtwirtschaftliche Leistung in Deutschland bestenfalls um 0,5% wachsen. Das bedeutet praktisch Stagnation! Die Gefahr eines Abgleitens in die Rezession ist damit keineswegs gebannt. Ein plötzliches Anziehen des Öl-Preises wie im Herbst vergangenen Jahres würde augenblicklich alle Prognosen zu Makulatur machen. Anders als die Wirtschaftsforschungsinstitute erwarten wir für das nächste Jahr noch keine durchgreifende Konjunkturtrendwende.

Deutschland erlebte zuletzt 1993 nach dem Ende des Wiedervereinigungsbooms eine kurze, aber heftige Rezession. Für den Rest der 90er Jahre dümpelte die deutsche Wirtschaft nur noch mit niedrigen Wachstumsraten vor sich hin. Das war der Preis für die wirtschaftlichen und gesellschaftlichen Verkrustungen. Die Wachstumsschwäche in der Bundesrepublik wog umso schwerer, da zur gleichen Zeit die USA eine ungewöhnlich lange Aufschwungphase erlebten.

Für Kanzler **Gerhard Schröder** kommt die Konjunkturflaute zu einem denkbar ungünstigen Zeitpunkt. Im **Wahljahr** 2002 kann die um ihre Wiederwahl kämpfende Bundesregierung schlechte Nachrichten von der Konjunkturfront nicht gebrauchen. Spätestens wenn der Krieg gegen den Terror in der öffentlichen Debatte in den Hintergrund tritt, werden Wirtschaftsthemen wieder den Wahlkampf dominieren. Sein zentrales Wahlversprechen, bis zum Ende der laufenden Legislaturperiode wird die Arbeitslosigkeit auf 3,5 Mio. sinken, musste Schröder bereits kleinlaut kassieren. Kein Wunder, dass die „ruhige Hand" des Kanzlers zunehmend nervös wird.

Sein Verdikt gegen ein Konjunkturprogramm hat Schröder längst aufgeweicht. Schröder spricht inzwischen nur noch von der Unwirksamkeit nationaler Konjunkturmaßnahmen. Damit hat er sich eine Hintertür für ein international abgestimmtes Programm zur Wachstumsförderung aufgestoßen. Wir erwarten, dass der Kanzler noch rechtzeitig vor der Wahl eine **auf europäischer Ebene abgestimmte Vitaminspritze** für die lahmende Wirtschaft aufziehen wird. Gerade als Sozialdemokrat muss Schröder seinen Anhängern demonstrieren, dass ihn die steigende Arbeitslosigkeit nicht kalt lässt.

Nach der schwer gebeutelten New Economy hat die Entlassungswelle jetzt auch die etablierten Großkonzerne erreicht. Mit massiven Stellenstreichungen wehren sich die Unternehmen gegen die heftigen Erlös-Einbrüche. **Deutsche Bank, Dresdner Bank, HypoVereinsbank, Commerzbank, Siemens** und **Opel** sind nur einige prominente Adressen, die in den kommenden Jahren mehrere tausend Arbeitsplätze abbauen wollen. Der Hinweis auf den 11. September dient vielen Konzernen dabei nur als Vorwand, um die in den fetten Jahren angehäuften Kostenblöcke jetzt wieder auf Normalmaß zurückzustutzen. Das Streichkonzert der

Konzerne wird im nächsten Jahr voll auf den Arbeitsmarkt durchschlagen. In der Spitze wird die Zahl der Arbeitslosen 2002 die magische Grenze von 4 Mio. überschreiten.

Privater Konsum – Im Wahljahr ist Schmalhans Küchenmeister

Der Jubel der Bundesbürger über die Einführung des Euro-Bargelds zu Beginn des Jahres 2002 hält sich in engen Grenzen. Die Verbraucher befürchten vor allem, dass die neue Währung ihnen mehr oder weniger versteckte Preiserhöhungen bescheren wird. Um bei der Umrechnung von DM-Preisen in Euro auf „glatte" Beträge zu kommen, wird der Einzelhandel im Zweifel eher auf- als abrunden. Dieser Effekt dürfte jedoch mit der Euro-Bargeldeinführung am 1.1.2002 weitgehend abgearbeitet sein. Die meisten Einzelhändler haben bereits nach der Sommerpause damit begonnen, ihre DM-Preise auf die neue Währung anzupassen. Zudem ist der Spielraum des Handels für versteckte Preiserhöhungen im Zuge der Euro-Umstellung durch den scharfen Wettbewerb in der Branche sowie die maue Konjunktur begrenzt. Wir erwarten deshalb keinen nennenswerten Inflationsimpuls aus der Euro-Bargeldeinführung und somit auch keine besonderen Negativeffekte auf die Kaufkraft der Konsumenten.

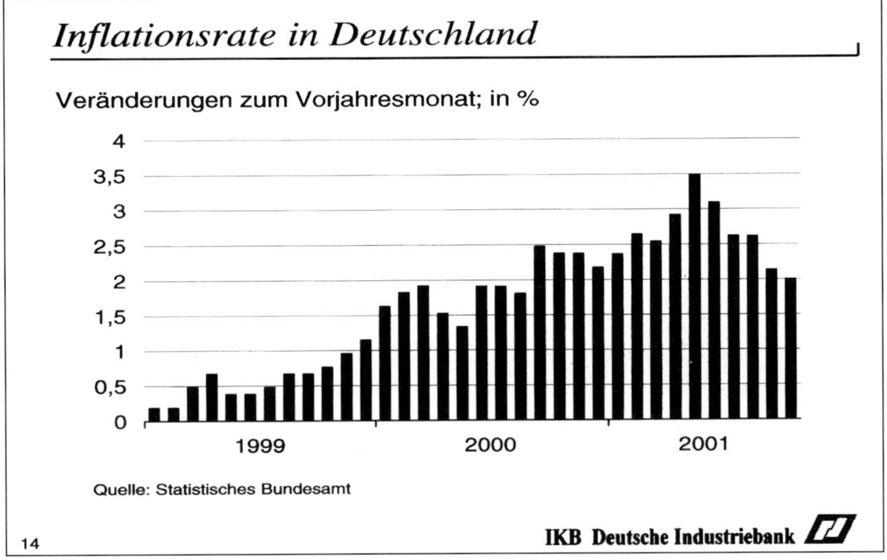

Die Rezessionsängste nach dem 11. September haben auch in Deutschland das Verbrauchervertrauen einbrechen lassen. Der durch eine Verbraucherbefragung ermittelte GfK-Konjunkturindikator fiel im Oktober auf -18 Zähler. Damit liegt das Barometer weit unter seinem langfristigen Durchschnittswert von null Punkten und erreichte fast das Niveau der Rezession von 1992/93. Dennoch schätzen die Verbraucher ihre zukünftige persönliche Einkommensentwicklung immer noch recht positiv ein. Mit 15 Punkten liegt der GfK-Index für die Einkommenserwartung weiter über seinem langjährigen Durchschnittswert.

Die Anfang 2001 in Kraft getretenen Steuererleichterungen ließen die Nettolöhne in der ersten Jahreshälfte mit einer Jahresrate von beachtlichen 4,4% steigen. Der dadurch ausgelöste Konsumschub war jedoch nur von kurzer Dauer. Die konjunkturelle Eintrübung sowie die Sorge vor weiteren Terroranschlägen haben der Konsumlaune einen dicken Dämpfer verpasst. Nicht zuletzt aus Sorge um den eigenen Arbeitsplatz legen viele Verbraucher einen Großteil ihrer Einkommenszuwächse lieber auf die hohe Kante. Die Sparquote hat sich um knapp 0,5%-Punkte erhöht. Dieser Trend wird sich im kommenden Jahr noch verstärken.

Auch im Wahljahr 2002 will Finanzminister **Hans Eichel** nicht von seinem Konsolidierungskurs abweichen. Selbst wenn sich die Bundesregierung zu einem international abgestimmten Konjunkturprogramm durchringen sollte, sind kaum staatliche Wohltaten für die Verbraucher zu erwarten. Die Erfahrung mit den US-Steuerschecks hat zudem gezeigt, dass sich der privaten Verbrauch mit Steuergeschenken nur sehr begrenzt ankurbeln lässt.

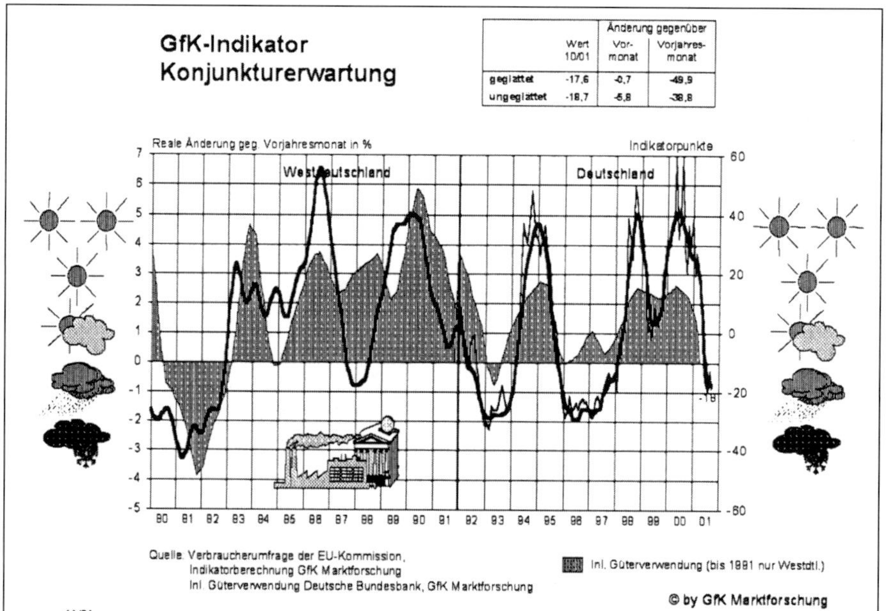

Mehr Geld vom Staat können im nächsten Jahr vor allem Familien mit Kindern erwarten. Zu Jahresbeginn 2002 tritt ein ganzes Maßnahmenbündel zur **Familien-Förderung** in Kraft. Die wichtigsten Punkte sind eine Erhöhung des Kindergelds für das erste und zweite Kind von 138 auf 154 Euro (300 DM) sowie eine Anhebung des Kinderfreibetrags von 3 564 auf 3 648 Euro. Die heftig umstrittenen Steuererhöhungen zur Finanzierung des ersten Anti-Terrorpakets sind für die Konjunktur vor allem psychologisch schädlich. Gelten die Tabak- und Versicherungssteuer doch eher als konjunkturneutral. Bei der Erhöhung der Tabaksteuer musste Eichel zudem noch einen Teilrückzieher machen. Die Tabaksteuer soll nun in 2 Schritten zum 1.1.2002 und 2003 um je 1 Cent je Zigarette steigen.

Den privaten Konsum werden 2002 vor allem zwei Faktoren maßgeblich bestimmen: Die Veränderung der Löhne und Gehälter sowie die Entwicklung der Arbeitslosigkeit. Mit markigen Worten kündigte IG Bau-Chef **Klaus Wiesehügel** auf dem Gewerkschaftstag seiner Organisation eine aggressivere Lohnpolitik an. Die moderaten Tarifabschlüsse der vergangenen Jahre haben bei vielen Mitgliedern vor allem der traditionell kampfbereiten Bau- und Metallgewerkschaften für erheblichen Unmut gesorgt. Für die Konjunktur wären saftige Lohnerhöhungen oder gar Streiks pures Gift. Das wissen auch die Gewerkschaften.

In Zeiten einer schwachen Wirtschaftsentwicklung passen Arbeitskämpfe ohnehin nicht in die Landschaft. Auch Kanzler Schröder kann wenige Monate vor der nächsten Bundestagswahl weder einen Arbeitskampf noch konjunkturkillende Lohnabschlüsse gebrauchen. Schröder wird bereits im Vorfeld der Lohnrunde im Frühjahr seinen Einfluss auf die Gewerkschaften nutzen, um für eine moderate Linie zu werben. 1,5% mehr Lohn und Gehalt sind für 2002 im Durchschnitt zu erwarten. Damit sind jedoch auch dem Wachstum des privaten Verbrauchs enge Grenzen gesetzt. Geschmälert werden die verfügbaren Einkommen zudem durch die steigende Arbeitslosigkeit, die sich 2002 sogar noch erhöhen wird. Insgesamt erwarten wir, dass der private Verbrauch im kommenden Jahr nur moderat um 0,8% steigen wird.

Staatsverbrauch – Defizitquote nahe Maastricht-Höchstwert

Finanzminister Eichel kämpft um seinen Ruf als eiserner Sparkommissar. Die müde Konjunktur lässt die Steuereinnahmen wegbrechen. Die steigende Arbeitslosigkeit reißt ein Milliarden-Defizit in den Haushalt der Nürnberger Bundesanstalt für Arbeit, das vom Bund ausgeglichen werden muss. Zusätzliche Mittel locker machen muss Eichel auch für die Beteiligung der Bundeswehr an den Anti-Terroreinsätzen in Afghanistan. Verteidigungsminister **Rudolf Scharping** liegt dem Kassenwart mit seinen Forderungen nach mehr Geld für die nur noch bedingt einsatzbereite Bundeswehr schon seit geraumer Zeit in den Ohren.

Eichel befindet sich im Schraubstock eingeklemmt zwischen rapide sinkenden Einnahmen und steigenden Ausgaben. Dabei gerät auch das im Maastricht-Vertrag fixierte Ziel, die Defizitquote gemessen am Bruttoinlandsprodukt unter 3% zu halten, in akute **Gefahr.** Nach Berechnungen der EU-Kommission steigt das deutsche Haushaltsdefizit in diesem Jahr auf 2,5% des BIP. Kleinlaut musste Eichel bereits eingestehen, dass die von ihm für 2001 angestrebte Defizitquote von 1,5% nicht mehr zu halten ist.

Richtig dicke kommt es jedoch im kommenden Jahr. Für 2002 geht die EU-Kommission von einer **deutschen Defizitquote von 2,6%** aus. Dabei ist allerdings unterstellt, dass sich die Konjunktur im Jahresverlauf wieder erholt und Deutschland ein Wirtschaftswachstum von 1,4% erreicht. Bleibt die Konjunktur jedoch, wie von uns erwartet, 2002 in der Stagnation stecken, wird auch die Defizitquote stärker steigen. Deutschland droht eines der wichtigsten Ziele des Stabilitätspakts zu verfehlen.

Der Arbeitskreis Steuerschätzung erwartet für 2002 Steuereinnahmen von insgesamt 462,5 Mrd. Euro. Dies entspricht einem um 3% höheren Steueraufkommen gegenüber Vorjahr. Im Vergleich zur Steuerschätzung von Mai 2001 müssen Bund, Länder, Gemeinden und EU im nächsten Jahr mit Mindereinahmen von 9,8 Mrd. Euro rechnen. Dabei hat der Arbeitskreis für 2002 ein recht ambitioniertes Wachstum des **nominalen** Bruttoinlandsprodukts von 3% unterstellt. Um die Steuerausfälle aufzufangen, will Eichel im kommenden Jahr weiteres **Bundesvermögen** wie beispielsweise einen Teil der noch im Bundesbesitz befindlichen Post-Aktien versilbern.

PdH-Karikatur: Burkhard Mohr

Neben den konjunkturbedingten Mindereinnahmen und Mehrausgaben werden auch die Fortentwicklung der Unternehmensbesteuerung, die staatliche Förderung der Altersvorsorge (Riester-Rente) sowie eine verbesserte Familienförderung den Haushalt belasten. Kernstück der Fortentwicklung des Unternehmenssteuerrechts ist die neue Reinvestitionsrücklage, die vor allem mittelständischen Personengesellschaften die Umstrukturierung ihres Beteiligungsbesitzes erleichtern soll. Diese Mittelstandskomponente führt zu Steuermindereinnahmen in Höhe von 150 Mio. Euro (ca. 300 Mio. DM).

Die Bundesanstalt für Arbeit verfügt 2002 über einen Etat von rd. 100 Mio. DM, etwa soviel wie in diesem Jahr. Anstaltspräsident **Bernhard Jagoda** hat allerdings bereits durchblicken lassen, dass sein Haus vor dem Hintergrund der verschärften Lage auf dem Arbeitsmarkt 2002 einen zusätzlichen Zuschussbedarf von 2 Mrd. bis 4 Mrd. DM haben wird. Diese Summen werden jedoch kaum reichen, wenn die Konjunktur im nächsten Jahr nicht, wie von Jagoda erwartet, zu einem erneuten Aufschwung ansetzt. In seinen Planungen geht Jagoda noch davon aus, dass der Anstaltsetat durch das neue „Job-Aqtiv"-Gesetz nicht zusätzlich belastet wird. Die von uns prognostizierte Stagnation wird Kanzler Schröder im Wahljahr jedoch dazu zwingen, die aktive Arbeitsmarktpolitik zu verstärken und entsprechend zusätzliche Mittel aus dem Bundeshaushalt bereit zu stellen.

Die mit dem ersten Anti-Terrorpaket verbundenen Ausgaben für die innere Sicherheit sowie den militärischen Bereich von 3 Mrd. DM holt sich Eichel durch höhere Tabak- und Versicherungssteuern zum großen Teil wieder rein. Mehreinnahmen kann Eichel aus der nächsten Stufe der Ökosteuer erwarten. Anfang 2002 steigen die Steuern je Liter Benzin und Diesel erneut um 6 Pfennig.

Im Gesundheitswesen sollen durch Kürzungen bei den Arzneimittelausgaben 2 Mrd. bis 3 Mrd. DM eingespart werden. Dennoch wird sich ein Anstieg des durchschnittlichen Beitragssatzes für die **gesetzliche Krankenversicherung** von derzeit rd. 13,6% des Bruttolohns auf bis zu **14%** kaum vermeiden lassen. Schritt für Schritt werden die Sparvorschläge von Gesundheitsministerin **Ulla Schmidt** aufgeweicht. Erst musste Schmidt eingestehen, dass ihre Festbetragsverordnung 200 Mio. DM weniger bringt als erwartet. Dann einigte sich der Kanzler mit den Pharma-Konzernen auf einen Verzicht des vorgesehenen 4%igen Preisabschlags auf patentgeschützte Arzneimittel. Damit reduzierte sich das Sparvolumen um weitere 280 Mio. DM. Das zweite wichtige Wahlversprechen der Regierung Schröder, die Lohnnebenkosten (Beiträge zur Kranken-, Renten-, Pflege- und Arbeitslosenversicherung) im Wahljahr auf unter 40% (aktuell knapp 41%) zu drücken, ist damit nicht mehr zu halten.

2002 muss Eichel mit seiner Konsolidierungspolitik eine Pause einlegen. Die flaue Konjunktur lässt das Haushaltsdefizit steigen. Die Staatsausgaben wachsen 2002 um 0,9%.

Investitionen – Mit gezogener Handbremse

Der Schock des 11. September sitzt auch den Unternehmen tief in den Knochen. Erstmals deutlich abzulesen war der durch die Attentate ausgelöste Vertrauensschwund der Unternehmen am ifo-Geschäftsklimaindex für den Monat September. Das als sehr zuverlässig anerkannte Konjunkturbarometer sackte auf 85 Punkte ab. Im August stand der ifo-Index noch bei 89,5 Punkten. Kräftig eingetrübt haben sich auch die Geschäftserwartungen. Der entsprechende Sub-Index verminderte sich im September von 95,9 auf 90,6 Zähler. In den beiden vorangegangenen Monaten hatten sich die Geschäftserwartungen noch aufgehellt.

Eingebrochen ist im September auch die Nachfrage nach industriellen Erzeugnissen. Preis- und saisonbereinigt gingen die Industrieaufträge kräftig um 4,1% gegenüber Vormonat zurück. Die Bestellungen aus dem Ausland nahmen sogar um 5% ab. Der Orderanstieg im August um 0,8% entpuppte sich somit als Schwalbe, die noch keinen Konjunktursommer macht. Der ifo-Geschäftsklimaindex für August enthielt zwar bereits zu etwa einem Viertel Einschätzungen, die nach dem 11.9. abgegeben wurden, nennenswerte Unterschiede zwischen den Urteilen vor und nach den Anschlägen wurden aber nicht festgestellt. Offensichtlich hatten die nach dem 11.9. befragten Unternehmen ihre Erwartungen noch nicht hinreichend der neuen Lage angepasst.

Die Nachfrageschwäche bekommen auch die Investitionsgüterhersteller zu spüren. Im von kurzfristigen Schwankungen weniger beeinflussten Zweimonatsvergleich August/September gegenüber Juni/Juli verzeichneten die Investitionsgüterproduzenten einen Orderrückgang um 2,5%. Die gestiegene Unsicherheit hat die Ertragserwartungen der Unternehmen kräftig eingetrübt. Schon vor dem 11.9. war die Kapazitätsauslastung auf dem absteigenden Ast. Im 2. Quartal verringerte sich die Kapazitätsauslastung in den alten Bundesländern zum zweiten Mal in Folge auf nur noch 85,7%. Unter diesen Voraussetzungen wird sich kaum ein Unternehmen auf das Abenteuer größerer Erweiterungsinvestitionen einlassen. Da helfen auch niedrige Zinsen nur wenig. Lediglich nicht mehr länger aufschiebbare Ersatzinvestitionen werden 2002 für Nachfrage bei den Investitionsgüterherstellern sorgen.

Besonders dynamisch entwickelten sich in den vergangenen Jahren die Investitionen in sonstige Anlagen. Unter dieser Position werden vor allem Investitionen in Computer-Software erfasst. Das abrupte Ende der IT-Euphorie hat jedoch auch die Nachfrage nach Software-Lösungen drastisch einbrechen lassen. Impulse sind hingegen durch den erhöhten Bedarf an elektronisch gesteuerter **Sicherheitstechnik** zu erwarten.

2002 fehlen die Impulse für ein freundlicheres Investitionsklima. Mit Ausnahme einer leicht verbesserten Mittelstandsförderung haben die Unternehmen im nächsten Jahr vom Staat keine weitere Lockerung der Steuerschraube zu erwarten. Die weiterhin lahme Weltkonjunktur lässt auch den Exportmotor nicht auf Touren kommen. Da auch die Konsumnachfrage nur schwach wächst und die Kapazitäten nur unterdurchschnittlich ausgelastet sind, besteht für die Unternehmen kaum die Notwendigkeit für Erweiterungsinvestitionen. Deshalb erwarten wir für 2002 nur ein mageres Wachstum der Ausrüstungsinvestitionen inklusive der Investitionen in sonstige Anlagen von 0,9%. FM

Bau bleibt im freien Fall – Alle Netze gerissen

Noch nie war die konjunkturelle Ausgangssituation für die Bauwirtschaft des kommenden Jahres so undurchsichtig wie im November 2001. Bereits vor dem 11. September schienen die Frühindikatoren von Kinderhand gewürfelt zu werden. Kaum stabilisierte sich eine Entwicklung, ging es schon wieder in die andere Richtung. In Backgroundgesprächen wollten die Konjunkturkollegen mit ihren Einschätzungen nicht zitiert werden. Zu groß ist in diesen Wochen noch die Fehlerwahrscheinlichkeit. Nur im groben Trend, dass es kräftig bergab gehe, sind sich alle einig.

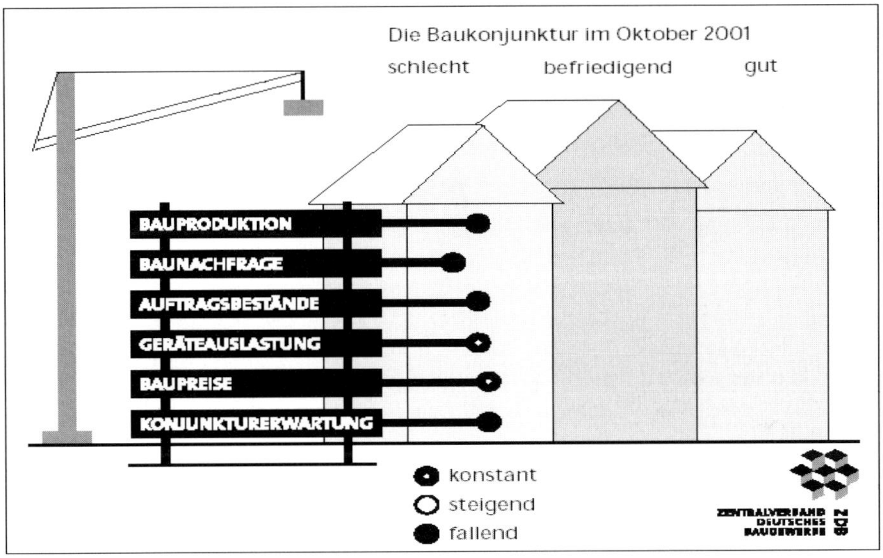

Aktuelle Prognosen werden unter „Unsicherheit“, d.h. ohne aussagefähige und extrapolierbare statistische Basisdaten und ohne eine aus Erfahrung ableitbare Wahrscheinlichkeitsfunktion getätigt. Auch Platow kann die Zukunft nur mit Logik und in den Trends erfassen. Aber für uns gilt ebenfalls, was ein renommierter Kollege formulierte, der seine eigene Prognose noch zurückhält: „Es kann um 2% bergab gehen. Aber es kann auch genauso gut um 5% oder 7% abstürzen.“ Die Platow Prognose eines realen Einbruchs von 2% in der Bauwirtschaft ist deshalb nur im Textzusammenhang und mit Blick auf die Gesamtprognose gültig. Wir wollen kein Crashszenario malen. Es ist zwar nicht auszuschließen, aber ebenfalls nicht schlüssig herzuleiten.

Bislang liegen erst die gesicherten statistischen Daten aus August vor. Auch das ist für den Prognostiker wenig hilfreich. Der Oktober dürfte der Baukonjunktur ergänzend zum Trend noch einen kräftigen Tritt gegeben haben. Entscheidungen werden verschoben. Offiziell wird zwar noch nichts abgeblasen, aber die Verantwortlichen verlangen nach detaillierteren Informationen und unterschreiben vorsichtshalber erst einmal nicht.

Reale Bauinvestitionen 1992 bis 2002 (ifo-Prognose)

Veränderung zum Vorjahr in % (real = in Preisen von 1995)

Westdeutschland	**1992**	**1993**	**1994**	**1995**	**1996**	**1997**	**1998**	**1999**	**2000**	**2001***	**2002***
Wohnungsbau	7,4	0,9	6,0	-3,2	-2,1	0,7	3,3	4,1	0,0	-5,7	-1,1
Wirtschaftsbau	1,2	-7,9	-4,0	-3,0	-5,0	-1,1	0,7	4,6	1,5	0,4	0,4
Öffentlicher Bau	1,9	-6,0	-5,7	-5,5	-7,0	-2,9	-3,2	3,0	-3,7	-1,5	0,1
Nichtwohnungsbau gesamt	1,4	-7,3	-4,6	-3,9	-5,7	-1,7	-0,5	4,1	0,0	-0,1	0,3
Bauinvestitionen gesamt	4,6	-2,8	1,4	-3,5	-3,5	-0,2	1,8	4,1	0,0	-3,5	-0,5
Ostdeutschland	**1992**	**1993**	**1994**	**1995**	**1996**	**1997**	**1998**	**1999**	**2000**	**2001**	**2002**
Wohnungsbau	35,8	27,0	40,1	13,6	6,1	-0,6	-9,1	-7,2	-12,9	-15,5	-5,0
Wirtschaftsbau	44,9	18,4	12,4	-3,2	-9,5	-9,7	-9,1	-5,2	-9,3	-7,5	-4,8
Öffentlicher Bau	51,3	11,1	22,6	-8,7	-1,7	-4,4	-2,5	-2,8	-4,5	-5,5	-1,0
Nichtwohnungsbau gesamt	47,0	16,0	15,7	-5,1	-7,0	-7,8	-6,7	-4,3	-7,5	-6,7	-3,3
Bauinvestitionen gesamt	43,0	19,6	24,3	2,4	-1,2	-4,4	-7,9	-5,7	-10,1	-10,8	-4,0
Deutschland gesamt	**1992**	**1993**	**1994**	**1995**	**1996**	**1997**	**1998**	**1999**	**2000**	**2001**	**2002**
Wohnungsbau	10,5	4,5	11,7	0,3	-0,1	0,4	0,2	1,6	-2,7	-7,5	-1,7
Wirtschaftsbau	10,2	-0,8	1,3	-3,1	-6,6	-4,1	-2,5	1,6	-1,5	-1,7	-0,9
Öffentlicher Bau	12,1	-1,3	3,2	-6,7	-5,1	-3,5	-2,9	0,8	-4,0	-2,9	-0,3
Nichtwohnungsbau gesamt	10,8	-0,9	1,9	-4,3	-6,1	-3,9	-2,6	1,3	-2,3	-2,1	-0,7
Bauinvestitionen gesamt	10,7	1,8	6,9	-1,8	-2,8	-1,5	-1,0	1,5	-2,5	-5,2	-1,3

Quelle: Hauptverband der Dt. Bauindustrie, Stat. Bundesamt, ➔ * Prognose ifo Institut 2001

Die großen Gewerbemakler, die die Reaktionen als erste merken, können davon schon Mitte November ein Lied singen. **Jones Lang LaSalle** drehte bereits in der 2. Novemberwoche weltweit an der Kostenschraube. In Deutschland werden die Niederlassungen in Köln und Stuttgart geschlossen. Sogar die österreichische Hauptstadt Wien fällt dem JLL-Rotstift zum Opfer. Die eindeutige Begründung lag in der konjunkturellen Lage und dem klaren Statement, dass die bestehende Kostenstruktur nicht der im kommenden Jahr zu erwartenden Umsatzlage angemessen sei. Die Wettbewerber haben bessere Nerven. Aber auch Sie machen im vertraulichen Backgroundgespräch keinen Hehl daraus, dass es seit Oktober deutliche Umsatzeinbrüche aus verschobenen Verträgen gibt. Die Frage ist, welche Entscheidungen eben nur in der Unsicherheit verschoben wurden und welche Expansionsentscheidung erst einmal wieder in den Schubladen verschwindet.

Zwei Grundsatzfragen ziehen sich durch die Platow-Logik dieser Prognose: **1.** Auf Basis welcher Stimmungslage und welchen konjunkturellen Zahlenwerks werden jetzt die Budgets für das kommende Jahr endgültig verabschiedet? **2.** Woher sollen die Bauumsätze des nächsten Jahres kommen?

Vorab noch ein kurzer Blick zurück: Letztes Jahr zeigten wir ein Stimmungsparadoxon auf. Bei erstklassiger Gemütsfassung in der Immobilienbranche war das

Zahlenwerk schlecht. Fast verschwundene Leerstände in den Bürometropolen und Rekordvermietungen führten zu steigenden Mieten und kräftiger, pressewirksamer Bautätigkeit in den Großstädten. Zu allgemeiner Überraschung der Auguren führte das zu einer guten Stimmung, aber nicht zu deutlich steigenden Bau-Investitionen in der volkswirtschaftlichen Statistik.

Prognose der realen Bauinvestitionen 2002

	Anteile in %	Veränderung gegen Vorjahr				
	2001*	2000 Ist	2001 *Institute	2002 *Institute	2002 **5 Weise	2002 Platow Prognose
Wohnbauten	56,8%	-2,7%	-7,5%	-1,7%		-3,0%
Nichtwohnbauten	43,3%	-2,3%	-2,1%	-0,7%		-0,8%
Gewerbebau	30,0%	-2,5%	-1,9%	-0,9%		-1,0%
Öffentl. Bau	13,2%	-1,9%	-2,3%	-0,3%		-0,5%
Bauinvestitionen	100%	-2,5%	-5,2%	-1,3%	-1,4%	-2,0%

* Progn. Der Institute, ** Prognose des Sachverständigenrates, Platow Prognose 2002

Wir zeigten Ihnen deshalb im vergangenen Jahr durch eine detaillierte Analyse der Verteilung der Bauinvestitionen auf, dass die öffentlichkeitswirksamen Bauten in den Renommierlagen mit weniger als 2% noch nicht einmal den Skontosatz der gesamten volkswirtschaftlichen Bauinvestitionen ausmachen. Die Musik spielt da, wo sie keiner hört, bei Wohnungen, beim Tiefbau, bei normalen Produktionsgebäuden oder auch bei Verwaltungsgebäuden außerhalb der spektakulären Innenstadtobjekte. Im Wohnungsbau, der immerhin knapp 60% ausmacht, war Flaute. Öffentlicher Bau litt unter knappen Kassen. Im Gewerbebau hatten die Unternehmen kein Vertrauen in die exportgepushte Konjunktur. Und wie das Jahr 2001 zeigt, lagen sie mit dieser Einschätzung richtig.

Bei gute Stimmung und angesichts der insgesamt guten Rahmendaten gaben wir den Bauten trotz der Probleme in den einzelnen Marktsegmente eine Chance und prognostizierten eine „schwarze Null“. Im Text machten wir aber deutlich, dass bei neutraler Betrachtungsweise in den einzelnen Märkten dann doch eher die Pfeile nach unten zeigen. Mit einem Rückgang von deutlich über 5% (Gemeinschaftsgutachten –5,2%, ifo ebenfalls -5,2% mit Abweichungen in den Segmenten) hat es die Bauinvestitionen und natürlich auch die Auguren kräftig gebeutelt. Da ist der WTC-Schock noch nicht einmal drin. Er wirkt erst im Überhang und in der Statistik 2002.

Kurz noch ein Blick auf die Konjunkturtrends im Oktober, die der Zentralverband des Deutschen Baugewerbes (ZDB) bei seinen Mitgliedern erfragt hat.

⇒ Bauproduktion: Es waren Rückgänge im Hochbau zu verzeichnen. Die Tiefbaubetriebe hingegen wiesen ein annähernd gleich großes Produktionsvolumen wie im Vormonat auf.

⇒ Baunachfrage: Die Ordertätigkeit tendiert generell schwächer.

⇒ Auftragsbestände: Tiefbau liegt günstig, aber im Hochbau verzeichnen die westdeutschen Betriebe nur ein durchschnittliches Auftragspolster von 1,7 und die ostdeutschen Betriebe von 1,3 Monaten.

⇒ Geräteauslastung: Im Hochbau konnten die Geräte nur zu 55% in Ostdeutschland und zu 51% in Westdeutschland ausgelastet werden (Tiefbau-West 61%).

⇒ Trend: Überwiegend ist erheblicher Pessimismus hinsichtlich der Auftrags- und Preisentwicklung in den nächsten drei Monaten anzutreffen.

Und damit ist die Ausgangslage für 2002 für Platow trotz aller Unsicherheit klar: Die Stimmung ist schlecht. Die Zahlen sind schlecht. Und die Erwartungen sind auch schlecht. Alle Pfeile zeigen nach unten. Über die baukonjunkturelle Richtung 2002 wird es wohl kaum Zweifel geben.

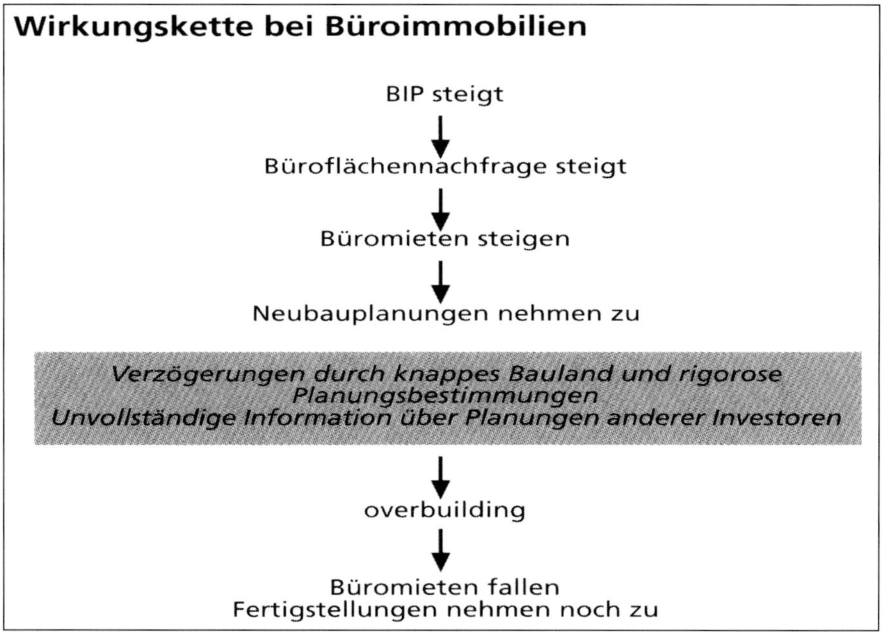

Die Frage, wo der Umsatz im kommenden Jahr herkommen soll, muss noch ergänzt werden: Wer traut sich überhaupt, etwas in Angriff zu nehmen? Bedenken Sie: Wenn nur jeder 20. seine Investitionsentscheidung verschiebt, bedeutet das einen konjunkturbedingten Einbruch um 5%. Das ist die Differenz zwischen Hochkonjunktur und tiefer Rezession. Jetzt blicken Sie in Ihr eigenes Umfeld und fragen sich, ob wirklich nur jeder 20. auf die aktuelle Situation reagiert.

Eine aktuelle Umfrage, die auf der Expo Real Ende Oktober vorgestellt wurde, kam zu dem Ergebnis, dass jeder 8. Befragte ganz konkret davon ausgeht, innerhalb der nächsten 6 Monate seinen Arbeitsplatz zu verlieren. Die Wirkung auf den Wohnungsbau ist evident. Gleichzeitig vertragen sich Kostensenkungen und Entlassungen nicht mit Immobilienexpansionen. Damit ist auch bei Gewerbe eine Pause angesagt. Last but not least sparen auch die öffentlichen Haushalte. Jetzt verdeutlichen Sie sich noch die allgemeine Situation.

Die derzeitigen Rahmenbedingungen für die Immobilienwirtschaft sind für langjährige Insider einzeln nicht neu. Restriktive Kreditpolitik der Banken hat es schon öfter gegeben. Das gleiche gilt für konjunkturelle Zyklen und steuerliche Veränderungen. Dass der steuerverwöhnte Sonder-AfA-Kapitalanleger jetzt wieder Steuern bezahlen muss, ist auch keine Überraschung. Börsencrashs mit ungeheurer Kapitalvernichtung sind gleichfalls keine Erfindung einer rot/grünen Regierung. Neu ist allerdings das WTC-Syndrom, das Unternehmen und Privathaushalte weltweit gleichzeitig zu kollektivem Ausgabenstopp und Kostensenkungsmaßnahmen veranlasst hat. Neu ist auch die Basel II-Antizipation der Banken, auf die die Immobilienwirtschaft nicht vorbereitet ist. Und neu ist das gleichzeitige Eintreffen aller negativer Rahmenbedingungen. Das bring auch die stabilste Volkswirtschaft ins Wanken.

Mit unserer Prognose eines Rückgangs der Bauinvestitonen von 2% sehen wir uns nicht auf der absolut sicheren Seite. 5% und mehr sind durchaus drin. Wenn das echte Rezessionsszenario, das auch die Institute und die Weisen in ihren Gutachten nicht ausschließen können, Wirklichkeit wird, dann sehen Bau- und Immobilienwirtschaft nächstes Jahr wirklich alt aus.

Im Osten geht die Sonne unter

Im Osten ist die Bauwirtschaft nach wie vor völlig überdimensioniert. Riesige Leerstände drücken bei Büro und Wohnen auf den Markt. Daran ändert auch der vorhandene Sanierungsbedarf außerhalb der Ballungsräume nichts. Gleichzeitig haben die neuen Bundesländer an Bevölkerung eine komplette Großstadt verloren. Wo soll die Nachfrage herkommen?

Den Bau im Osten beutelt es nächstes Jahr auf jeden Fall. Bereits dieses Jahr waren es fast 11% Rückgang. Mit mehr als 15% stürzte der Wohnungsbau förmlich ab. Besonders bedenklich ist der Rückgang bei Gewerbe um mehr als 7%. Wie wir Ihnen schon 1990 aufzeigten, ist die ostdeutsche Wirtschaft in einer Konjunkturpuffer-Situation. Rückgängige Auslastungszahlen treffen den Osten überproportional. 2002 wird sich das erst richtig auswirken.

Bereits bis August 2001 ging der Auftragseingang in den neuen Ländern bei Wohnen real um ca. 33% und bei Gewerbe um fast 12% zurück. Ein Wendepunkt ist nicht in Sicht. Die Baugenehmigungen (in Kubikmetern umbauten Raum) fielen beim Geschosswohnungsbau bis Juli um fast 37%. Ein- und Zweifamilienhäuser gaben um fast 22% nach. Einen wiederum ca. 10%igen Rückgang halten wir im Osten daher für durchaus möglich. 2002 wird allen wieder einmal zeigen, dass der Bau niemals dauerhaft eigendynamisch sein kann, sondern immer von späteren Nutzern abhängt.

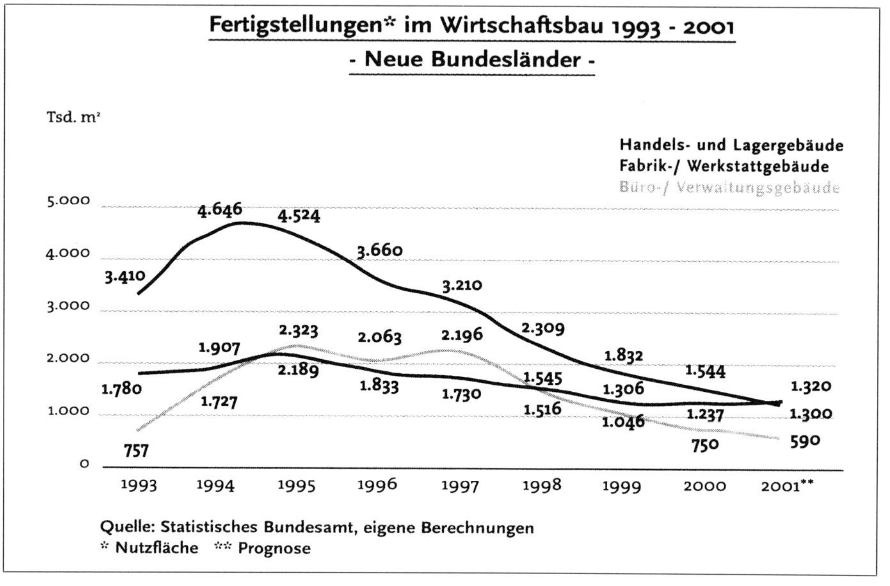

Flaute auch im Westen

Mit etwas Glück könnte der Kelch einer kräftigen Rezession an dem westdeutschen Bau vorbei gehen. Zumindest unterstellen wir dies für unser Zahlenwerk. Woher allerdings der Optimismus der Institute mit einer roten Null von –0,5% kommt, ist uns schleierhaft. Deutlich über 1% gibt der Bau auch im Westen nach – wenn wir Glück haben. Lichtblick ist der Tiefbau, der ca. 6% mehr Aufträge verzeichnen konnte. Auch die Aufträge im Wirtschaftsbau stiegen per August leicht um 2%. Danach kam der Absturz. Der Gewerbebau sieht auch noch nicht schlecht aus. Allerdings ist in den letzten 6 Wochen klar geworden, dass der weltwirtschaftliche Rahmen weiter einbricht. Das wird die Baulust kräftig dämpfen. Mit einem prognostizierten Rückgang von 1% ist das Potenzial der roten Zahlen bei weitem nicht ausgereizt. Da der westdeutsche Kapitalstock in einem hervorragenden Zustand ist, stellt sich die Frage nach der möglichen Herkunft von Bauaufträgen. Nachholbedarf gibt es nicht. Konjunkturell fehlen die Impulse aus Export, Konsum und Ausrüstungsinvestitionen.

Die Auftragseingänge gaben beim Wohnungsbau per August real um über 10% nach. Rund 57% aller Bauinvestitionen finden trotz der Einbrüche im laufenden Jahr noch im Bereich Wohnen statt. Rechnerisch könnte sich daraus ein Einbruch von rund 5% insgesamt berechnen lassen. Der WTC-Schock und die

Stimmungswirkung der anschließenden Entlassungswelle sind noch nicht vollständig eingepreist. Wir sind aber optimistisch und setzten die Marke bei -3% an.

Bedenklich stimmt uns die mittlere Zukunft. Beim Wohnungsbau dürfte in den kommenden Jahren nur wenig passieren. Bevölkerungsentwicklung, verfügbares Einkommen, steuerliche Förderung des Wohnungsneubaus, Zinsen und Zinserwartungen sowie Inflation und Inflationserwartungen, Kreditgewährungsbereitschaft der Banken, Stimmung auf dem Arbeitsmarkt und in der Wirtschaft, Stimmung auf den Wohnimmobilienmärkten und bestehende Angebotsreserven bzw. Wohnungsknappheiten sind die erkennbaren Einflussfaktoren des Neubaus.

Investitionen in den Wohnungsbau

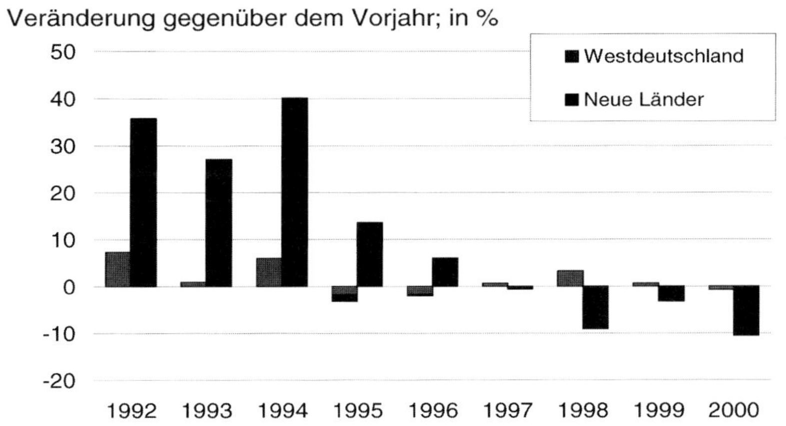

Quelle: Statistisches Bundesamt

21 IKB Deutsche Industriebank

Demographisch herrscht in den nächsten Jahren Flaute. Das gleiche gilt für die verfügbaren Einkommen. Von der steuerlichen Förderung des Wohnungsneubaus hat sich die Politik verabschiedet. Dramatische Zinsrisiken mit notwendigen Vorzieheffekten sieht im Moment keiner. Lediglich Inflation und Inflationserwartung könnten den Wohnungsbau ein wenig ankurbeln. Die Wohnungswirtschaft ist mittelständisch. Gerade diese Unternehmen können Basel II nicht erfüllen. Die Banken antizipieren bereits heute die neuen Regelungen.

Die Kreditgewährungsbereitschaft der Banken bleibt zurückhaltend. Technologische Veränderungen und WTC-Stimmungslage drücken auf den Arbeitsmarkt. Auch der sozialen Regierung gelang hier keine nachhaltige Wende. wr

Außenhandel – Sand im Export-Getriebe

Die weltweiten Rezessionsängste nach den Terrorakten gegen die USA lassen den internationalen Handel nur noch auf Sparflamme kochen. Diese Entwicklung trifft eine traditionelle Exportnation wie Deutschland natürlich besonders hart. Im Boomjahr 2000 war Deutschland mit einem Gesamtexportvolumen von 551,6 Mrd. Dollar und einem **Weltmarktanteil von 8,7% noch Export-Vizeweltmeister.** Nur die USA rangierten mit einem Exportvolumen von 782,4 Mrd. Dollar und einem Weltmarktanteil von 13,3% noch vor der Bundesrepublik.

In den vergangenen Jahren war die Ausfuhr stets eine der verlässlichsten Stützen der deutschen Konjunktur. Bis in die Sommermonate hinein präsentierte sich der deutsche Export noch in einer erstaunlich robusten Verfassung. Allein im Juli erhöhte sich die Ausfuhr gegenüber Vorjahr um beachtliche 11,3%. Besonders gefragt waren deutsche Exportartikel in **Russland (+67,1%)** und **China (+49,6%).** Der deutsche Handelsaustausch mit diesen Ländern steht vor einer großen Zukunft. Aber Amerika und die EU sind die wichtigsten Partner. Seit den US-Attentaten brechen die Exporte dorthin weg. Im September verlangsamte sich das Wachstum der deutschen Ausfuhr bereits auf 1,3%. Dies entspricht einem Exportvolumen von 49,6 Mrd. Euro. In den 8 Monaten zuvor kletterten die Exporte noch zweistellig. Der Absturz der Industriebestellungen aus dem Ausland im September um 5% gegenüber Vormonat sind ein unübersehbares Warnsignal für die Entwicklung der Exportwirtschaft 2002.

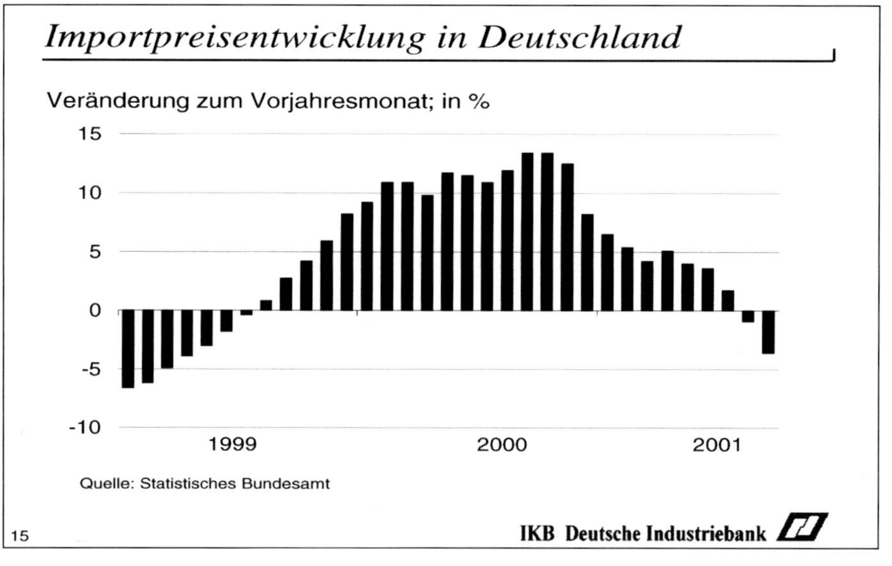

Auch von der Währungsfront haben die deutschen Exporte 2002 nur wenig Unterstützung zu erwarten. Die Konjunkturschwäche in den USA kratzt am Nimbus des US-Dollars als unangefochtener Leitwährung. Da jedoch auch die europäische Wirtschaft nicht gerade vor Kraft strotzt, **wird der Euro auch 2002 unterhalb der Parität verharren.** Eine dauerhafte Dollar-Schwäche werden US-Präsident Bush und sein Notenbankchef **Alan Greenspan** kaum zulassen. Wir erwarten 2002 währungsbedingt einen leichten Anstieg der Exportpreise.

Die lahme Binnenkonjunktur bremst den Hunger der Deutschen nach Waren aus dem Ausland. Im September ging die Importnachfrage sogar um 2,4% auf 43,7 Mrd. Euro zurück. In den ersten 8 Monaten 2001 erhöhte sich die Einfuhr durchschnittlich immerhin noch um 0,8%. Impulse für den Import kommen jedoch von den sinkenden Einfuhrpreisen. Bereits im September rutschten die Importpreise nach Berechnungen des Statistischen Bundesamts um 3,6% unter ihren Vorjahresstand. Dies ist die niedrigste Jahresveränderungsrate seit April 1999. Damals sank der Index der Einfuhrpreise um 3,9%. Ohne Erdöl lagen die Importpreise im September um 1% unter Vorjahr. Einen stärkeren Rückgang gab es zuletzt nur noch im August 1999, als die um den Ölpreis bereinigten Einfuhrpreise um 2% nachgaben.

Das Exportwachstum wird sich 2002 auf 1,5% verlangsamen. Die Importe werden noch um 2,7% zunehmen. Unter dem Strich verbleibt ein positiver Außenbeitrag von 45,7 Mrd. Euro. Das sind 6,9 Mrd. Euro weniger als 2001.

Prognosen 2001 im Rückspiegel

Als das Platowteam im Spätherbst 2000 seinen Forecast für 2001 publizierte, rangierten wir mit unserer BIP-Schätzung von +2,5% Wachstum am unteren Ende des Prognosespektrums. Die 6 führenden deutschen Konjunkturforschungsinstitute positionierten sich damals mit +2,7% leicht oberhalb von Platow, und der Sachverständigenrat erwartete ein Wachstum von 2,8%. Die meiste Zuversicht versprühte jedoch der Internationale Währungsfonds (IWF), der für Deutschland sogar noch eine Wachstumsbeschleunigung auf 3,1% vorhersagte. Selbst der ansonsten eher zurückhaltende DIHT erwartete damals nach ein Wirtschaftswachstum von knapp 3%.

Im Lichte der tatsächlichen Entwicklung waren sämtliche Konjunkturprognosen für 2001 viel zu optimistisch. Als vorläufigen Ist-Wert für das laufende Jahr haben wir für unsere Berechnungen die aktuellen 2001-Daten aus dem Gemeinschaftsgutachten der Institute aus dem Herbst 2001 herangezogen. Wenige Wochen vor Jahresschluss sind diese Schätzungen erfahrungsgemäß recht zuverlässig. An dieser Latte wollen wir die Qualität der im vergangenen Herbst vorgelegten Prognosen für 2001 messen.

Selten wurden Konjunkturprognosen so oft und so schnell nach unten korrigiert wie in diesem Jahr. Praktisch alle Propheten wurden auf dem falschen Fuß erwischt. Den drastischen Einbruch der US-Konjunktur hatte im vergangenen Herbst niemand vorhergesehen. Nach dem Daueraufschwung in den vergangenen Jahren erwarteten die Volkswirte durch die Bank weg eine weiche Landung der US-Konjunktur. Selbst im Frühjahr 2001 glaubten die meisten Experten noch an eine schnelle Erholung der amerikanischen Wirtschaft im 2. Halbjahr. Tatsächlich war das Gegenteil der Fall. Damit waren dann auch die Prognosen für den deutschen Export hinfällig.

Prognosen 2001 im Rückblick
- reale Veränderungen ggü. Vorjahr in % -

	Vorläufiges Ist 2001 1)	Platow 2)	Institute 3)	5 Weise 4)
Privater Verbrauch	1,6	2,2	2,5	2,5
Staatsverbrauch	1,3	1,5	0,7	0,8
Anlageinvestitionen	-2,7	2,8	3,2	3,4
- Ausrüstungen + sonst. Anlagen	0,3	5,5	7,2	*)
- Bauten	-5,2	0,5	-0,1	-0,5
Export	4,7	7,5	9,3	8,9
Import	2,3	7,0	8,5	8,2
Bruttoinlandsprodukt	0,7	2,5	2,7	2,8

1) Gemeinschaftsgutachten Herbst 2001; 2) Platow Prognose 2001;
3) Gemeinschaftsgutachten Herbst 2000; 4) SVR-Gutachten Herbst 2000;
**) Ausrüstungen +7,9%, sonst. Anlagen +9,7%*

Überschätzt wurden von den Volkswirten auch die positiven Wirkungen der Steuersenkungen für die privaten Haushalte auf den Konsum. Die fehlende Nachfrage nach Exporten und Konsumartikeln trübte dann auch die Investitionsfreude der Unternehmen. Die größte Enttäuschung war jedoch der Bau. Obwohl die Branche bereits seit dem Ende des Wiedervereinigungsbooms 1993 am Boden liegt, stürzte der Bau 2001 abermals tief ab.

Prognosen 2002 im Vergleich

Gebranntes Kind scheut das Feuer. Das sagen sich im Herbst 2001 offensichtlich auch die Konjunkturpropheten, die sich im vergangenen Jahr mit ihren viel zu optimistischen Prognosen die Finger verbrannten. In den Prognosen überwiegen durchweg die Molltöne. Die 6 Konjunkturinstitute haben sich auf ein gesamtwirtschaftliches Wachstum für 2002 von 1,3% festgelegt. Noch vorsichtiger ist der Sachverständigenrat, der, in Kenntnis der Oktoberzahlen, nur von einer BIP-Expansion von 0,7% ausgeht.

Weit aus dem Fenster gelehnt hat sich wieder einmal die Dresdner Bank, die mit ihrem Chefvolkswirt **Klaus Friedrich** bereits seit Jahren zu den unverbesserlichen Optimisten zählt. Das grüne Geldhaus erwartet für 2002 ein Wachstum von immerhin 1,5%. Seit auch die Commerzbank mit ihrem Chefökonom **Ulrich Ramm** ihre Deutschland-Prognose von 1,5 auf 1,3% nach unten revidiert hat, hält einzig noch die Dresdner Bank die Fahne der Optimisten hoch. Die Volkswirte der Deutschen Bank trauen der deutschen Konjunktur hingegen nur ein reales Wachstum von 0,9% zu. Nur einen Schnaps mehr, nämlich 1% Wachstum, erwartet die Helaba.

Deutschland-Prognosen 2002 im Vergleich
- reale Veränderung in % -

	Platow	Institute 1)	5 Weise 2)
Privater Verbrauch	0,8	1,5	1,0
Staatsverbrauch	0,9	1,5	1,2
Anlageinvestitionen	-0,7	0,6	-0,4
- Ausrüstungen + sonst. Anlagen	0,9	2,7	*)
- Bauten	-2,0	-1,3	-1,4
Export	1,5	2,3	1,8
Import	2,7	3,6	1,9
Bruttoinlandsprodukt	0,5	1,3	0,7

1) Gemeinschaftsgutachten Herbst 2001; 2) SVR-Gutachten Herbst 2001
**) Ausrüstungen -0,1%, sonst. Anlagen +5,3%*

Mit unserem Stagnationsszenario (+0,5% Wachstum) haben wir uns auch diesmal wieder ans untere Ende der Prognoseskala gesetzt. Vor allem beim Bau, dem privaten Konsum und den Exporten kocht die deutsche Wirtschaft 2002 auf extremer Sparflamme. Die in den meisten Szenarien unterstellte Rückkehr der Wachstumskräfte in den USA bereits zur Jahresmitte 2002 sehen wir nicht. Amerika wird sich erst gegen Ende des nächsten Jahres wieder aus dem Konjunkturtal emporarbeiten. Auch von Japan und unseren europäischen Nachbarn hat die deutsche Konjunktur kaum Schützenhilfe zu erwarten. FM

V. Märkte im Überblick

An den Märkten dreht sich primär alles um die Gretchenfrage, ob wir im abgelaufenen Jahr fürs Erste die Tiefstkurse gesehen haben oder ob eine erneute Talfahrt ansteht. Darüber hinaus wird der Aktienmarkt im kommenden Jahr unserer Ansicht nach durch 7 Basistrends nachhaltig beeinflusst. Neben der Einführung des Euro, der konjunkturellen Lage, der Steuerfreiheit für Beteiligungsveräußerungen dürften die weitere Zinsentwicklung, der M&A-Markt, die boomende Altersvorsorge und die Angst vor Gespenstern aus der Vergangenheit (1929er Wirtschaftskrise, Japan-Bubble) den Kampf zwischen Bullen und Bären entscheiden. An den US-Märkten stehen sich zudem hohe Bewertung und starke Liquidität gegenüber, während die Emerging Markets bzgl. ihrer Chancen nicht ganz außen vor bleiben sollten. Beim Euro Stoxx steht alles unter dem Zeichen der fortschreitenden Hinwendung nach Europa. Im Dax wird die Trumpfkarte Streubesitz gespielt. Während im MDax Übernahmefantasie aufkommt, hauen im Smax die Unternehmen ab. Der Neue Markt entwächst weiter seinen Kinderkrankheiten.

Das Ende der Jahrhunderthausse oder ein neuer Anfang?

Von Himmelhochjauchzend bis zu Tode betrübt: Die Aktionärsseele machte rund um den Globus in den vergangenen 3 Jahren ein ergreifendes Gefühlsbad durch. Besonders bitter hierbei, in welch schnellen Intervallen sich Euphorie und Katerstimmung ablösten. Nachdem der Aktienmarkt Mitte bis Ende der 90er Jahre von vielen Anlegern als Lizenz zum Gelddrucken empfunden wurde, gab es zur Jahrtausendwende ein böses Erwachen.

Besonders hart erwischt hat es Investoren, die (zu spät) auf die Modewelle der Hightech-Werte sprangen. Aktien großer Nasdaq-Werte wie etwa **Cisco Systems** oder **Nortel** bescherten diesen Investoren Verluste, die einem Totalausfall recht nahe kamen. Am Neuen Markt fiel ein ganzer Index um 90% und auch die bei Privatanlegern populärste große Aktie, die **Deutsche Telekom,** sechstelte sich in weniger als 2 Jahren. Was blieb, ist ein ungewisser Ausblick, getrieben von vielen Ängsten und Hoffnungen. In solchen Phasen ist in der Berichterstattung, wie es scheint, Polarisierung gefragt.

Während die Stimmen, die eine Vielzahl von Parallelen zur Weltwirtschaftskrise 1929 und der geplatzten Japan-Bubble 1989 zogen, im Abschwung immer lauter wurden, kamen in der Erholung nach dem September 2001 wieder die ewigen Berufsoptimisten aus der Deckung. Ungeachtet der Verluste, die gerade Kleinanleger an den Börsen in den letzten Jahren einfuhren, kursieren schon wieder astronomische Kursziele, die den Dax in 5-stelliger Größenordnungen sehen.

Die Wahrheit liegt wie so oft in der Mitte. Auf den nachfolgenden Seiten werden wir für Sie die großen Trends ausloten, die die Börsen beherrschen und werden Ihnen die von uns erwartete Entwicklung in den relevanten Märkten dokumentieren. Anschließend erfahren Sie auf unserem Streifzug durch die europäischen Branchen, welche Unternehmer als Sieger, und welche als Besiegte das Feld verlassen werden. An dieser Stelle geben wir Ihnen auch **konkrete** Kauf- und Verkaufsempfehlungen.

Sieben Megatrends, die den Aktienmarkt 2002 dominieren

1. Bewährungsprobe für die Euro-Zone

Mit dem endgültigen Abschied von der D-Mark und der Hinwendung zu dem (noch) fremden Zahlungsmedium Euro steht Euroland am Scheideweg. Mehr als die Umstellung im Portemonnaie wird die Gretchenfrage, ob wir uns zu einem schlagkräftigen Wirtschafts- und Währungsraum entwickeln können, im Vordergrund stehen. Sollte sich Europa weiterhin gegenüber Amerika als vielstimmiger

Chor präsentieren, werden auch die Euro-Märkte leiden. Gelingt es Europa hingegen, Stärke und Einigkeit zu beweisen, wird dies als Kurstreiber fungieren.

Pünktlich zur Einführung des Euro stehen Europas Finanzplätze zudem vor einer weiteren Reifeprüfung. Nachdem die US-Börsen in den vergangenen 10 Jahren im wahrsten Sinne des Wortes ihre Leitfunktion „erschöpfend" ausfüllten, sind nun neue Leitwölfe gefragt. Dabei muss der alte Kontinent beweisen, dass er mehr kann, als nur die Kursbewegungen nachzubilden, die am Abend zuvor von den USA vorgegeben worden sind.

Wie Sie in unserem Devisenteil ausführlich nachlesen können, denken wir, dass der Euro seine Tiefststände gegenüber dem US-Dollar gesehen hat. Diese Entwicklung macht eine Investition in Euro-Aktien attraktiv und führt bei Käufen von US-Werten zu Risiken.

2. Konjunkturdelle oder lange Durststrecke?

Aktienmärkte reflektieren nichts anderes als die wirtschaftliche Entwicklung, nur unter höheren Schwankungen. So kann die Frage, ob wir ein gutes Aktienjahr haben werden, natürlich ausschließlich im Einklang mit der ökonomischen Gesamtsituation diskutiert werden. Und diese sieht im Moment überhaupt nicht rosig aus.

Aktuelle Szenarien, die Ihnen eine schnelle wirtschaftliche Erholung vorgaukeln, fehlt der Boden der Realität. Viele Ökonomen werden ihre Wachstumserwartungen für 2002 abermals kappen müssen. Wir rechnen mit einem Konjunkturaufschwung frühestens zur Jahreswende 2002/2003.

Was das für Sie als Anleger heißt: **Anfang bis Mitte des Jahres 2002 wird die Börse einen erneuten Rückschlag erleiden.** Die Unternehmensdaten signalisieren keine grundlegende Wende. Antizyklische Anleger sollten dann **im Sommer** kommenden Jahres anfangen, das Portfolio sukzessive mit Qualitätstiteln zu füllen.

3. Steuerreform sorgt für Ende der Deutschland AG

Die Mergers & Acquisitions-Abteilungen der Banken, die im Jahre 2001 praktisch über Nacht nichts mehr zu tun hatten und reihenweise Leute entlassen, haben noch einen Trumpf im Ärmel: Das Entwirren der Deutschland AG.

Das dies mehr als eine Hoffnung ist, haben wir Ihnen oft dargelegt. Gerade weil die Unternehmen am Kapitalmarkt momentan miserable Refinanzierungsmöglichkeiten vorfinden, wird vielerorts das vermeintliche Tafelsilber verhökert: Alle Beteiligungen, die keinen strategischen Wert mehr besitzen, stehen auf dem Prüfstand. Die Steuerfreiheit von Veräußerungsgewinnen hat bereits bei ihrer

Ankündigung im Dezember 1999 für Kurskapriolen gesorgt, doch die Hoffnung auf einen zweiten Frühling ist durchaus nicht ganz unberechtigt.

Lesen Sie unter dieser Prämisse unseren Branchenteil gerade bei den Finanztiteln, dem Maschinenbau und dem Baubereich besonders sorgfältig. Dort nennen wir Ihnen zahlreiche Unternehmen, die aktiv und passiv eine wichtige Rolle bei diesem Monopoly spielen werden. Dort erfahren Sie auch, mit welchen Aktien Sie unserer Ansicht nach am besten von der Entwirrung profitieren werden.

4. Zinspolitik – Ist das Ende der Fahnenstange erreicht?

Bei allen berechtigten Hinweisen auf die hohe Bewertung von Aktien darf die Alternativanlage Anleihen nicht außer Acht gelassen werden.

Die hohen Kurs/Gewinn-Verhältnisse relativieren sich zumindest ein wenig, wenn Sie das Zinsniveau betrachten, das durch die rapiden Senkungen massiv nach unten getrieben wurde.

Sowohl in Amerika als auch in Europa dürfte das Schwert Zinssenkungen, das vor allem **Alan Greenspan** nicht zu knapp schlug, vorerst abgestumpft sein. Der Spielraum für die Notenbanken, die Leitzinsen weiter zurück zu nehmen, ist eher gering (mehr dazu im Zinsteil).

Im Gegenzug droht auch wenig Ungemach durch Zinserhöhungen. Der Preisverfall auf dem Energiemarkt hat das Gespenst der Inflation zunächst einmal vertrieben. Die Sorge vor einer ausgewachsenen Rezession hält die Notenbanken von einer Verteuerung des Geldes ab.

In der Summe sehen wir für 2002 vergleichsweise wenig Möglichkeiten der Notenbanken einzugreifen. Das meiste Pulver ist schon verschossen. Einen Tick mehr Zinssenkungsspielraum gibt es in der Euro-Zone.

5. M&A´s - Branchenkonsolidierung geht weiter

Auch im Fusionsgeschäft gilt der alte Börsengrundsatz, dass sich antizyklisches Wirtschaften auszahlt. Clevere Unternehmen halten sich im Übernahmepoker dann zurück, wenn M&A´s in Mode kommen und die Preise hoch sind. Sie schlagen erst zu, wenn die Opfer wehrlos sind.

Belege für diese These finden sich in den vergangenen Jahren reichlich: Nehmen Sie etwa die Telekommunikationsbranche. Während kaufwütige Vertreter wie **British Telecom** oder **KPN** sich unter anderem durch zu viele und zu teure Übernahmen in größte Schwierigkeiten brachten, hat der Schweizer Vertreter **Swisscom** seine stabile Kursentwicklung primär der Enthaltsamkeit im Fusionswahn der späten 90er zu verdanken.

Ein ähnliches Bild bietet sich in der Luftfahrt: Nachdem der gesamte Sektor nach den Terroranschlägen des 11.9. in die Knie ging, fielen gerade die aggressiven Aufkäufer wie die Swissair zuerst. Die **Lufthansa**, die ihr Heil zuvor in strategischen Allianzen sah, wird gestärkt aus der Krise gehen.

In Branchen, die auch jetzt noch stattliche Überkapazitäten mitschleppen, werden am Ende des Tages diejenigen bestehen, deren Kapitalausstattung und Refinanzierungsmöglichkeiten am solidesten geblieben sind. Beispiele hierfür finden Sie im Branchenteil.

6. Altersvorsorge - Riester-Rente erst der Anfang

Im Hinblick auf die private Altersvorsorge sind wir Europäer im Vergleich zu den Amerikanern noch absolute Stiefkinder. Diese Erkenntnis ist wahrlich nicht neu. Neu ist aber, dass sowohl im öffentlichen Bewusstsein als auch in den gesetzlichen Möglichkeiten (Stichwort „Riester-Rente") ein breites Umdenken eingesetzt hat.

Was folgt, wird ein nachhaltiger Kapitalstrom hin zum Aktienmarkt sein. Völlig losgelöst von der Frage, ob der Aktienmarkt hoch oder niedrig bewertet ist, sucht reichlich „Vorsorgekapital" eine Anlagemöglichkeit. Im Gegenzug ist die zu erwartende Absorption durch die Unternehmen erst einmal vergleichsweise gering, da kurz vor dem Jahreswechsel 2001/2002 der Emissionsmarkt weiter am Boden liegt. Solange dieses Missverhältnis anhält, sichert die Liquidität die Kurse an den Börsen ein gutes Stück weit nach unten ab.

7. Angst vor 1929 - Ein Gespenst macht die Runde

Es gibt im Moment zwei Schreckenszenarien, die Börsianern und Ökonomen rund um den Erdball Angst machen.

Zum Einen der Sturz des Nikkei vor 12 Jahren, von dem sich der japanische Markt auch heute noch lange nicht erholt hat. Ähnlich wie heute der US-Markt vereinte Japan vor dem Absturz im Immobilien- und auch im Aktienmarkt eine Kapitalansammlung auf sich, die vollkommen losgelöst von jeder fundamentalen Grundlage war.

Zu Ihrer Beruhigung sei hier angemerkt: Weder Euroland noch die USA haben eine solche Anhäufung struktureller Probleme und marktfeindlicher Verflechtungen wie die Japaner. Japans Anstieg war zudem von einer brutalen Inflation gekennzeichnet, die derzeit nirgendwo zu entdecken ist. Außerdem haben alle aus der Krise in Fernost ihre Lehren ziehen können.

Dies gilt auch und erst recht für die Weltwirtschaftskrise anno 1929. Sicherlich gibt es erschreckende Parallelen wie etwa die Euphorie um eine New Economy oder auch einen jahrelangen Aktienboom, angeheizt durch kursmanipulierende Maßnahmen wie Aktienrückkaufprogramme.

Allerdings ist im Gegenzug den Notenbanken ein umsichtigeres und besonneneres Verhalten als den Verantwortlichen 1929 auszusprechen. Während seinerzeit das Kapital drastisch verknappt wurde, ging Greenspan früh den entgegengesetzten Weg und drehte die Geldschleuse weit auf: Die Kernfrage, ob das Problem so ausgeschaltet oder nur temporär verlagert wurde, ist heute noch nicht seriös zu beantworten. Das Jahr 2002 wird zur Aufhellung beitragen.

Märkte im Überblick

In den vergangenen Jahren galt der allererste Blick stets den Indizes in den Vereinigten Staaten. Mehr noch als ohnehin schon in der Vergangenheit waren die US-Boys globale Kurstreiber. Auch für 2002 ist entscheidend, ob und in welchem Ausmaß sich andere Finanzplätze von der Entwicklung an der Wall Street abkoppeln können. Ein Grund für uns, im Aktienteil dem **US-Markt** genauso wie den **Emerging Markets** ein eigenes Kapitel zu widmen.

In diesen Abschnitten geben wir Ihnen umfassende und aufschlussreiche Informationen zu den Märkten und nennen Ihnen aussichtsreiche Einzelwerte mit konkreten Kaufkurszonen und trennen für Sie die Spreu vom Weizen.

Wie viel Geld oder besser gesagt, welchen Anteil Ihres Portfolios Sie für die einzelnen Märkte maximal einsetzen sollten, nennen wir Ihnen in diesem Kapitel. Neben konkreten Angaben zum empfohlenen Depotanteil etwa von Euro Stoxx-Werten oder Neuer Markt-Aktien nennen wir Ihnen Kurszielzonen für die Indizes selbst.

US-Börsen: Hohe Bewertung vs. hohe Liquidität

Keine Frage: Wenn es einen Markt gibt, der sich die Beschreibung „hoch bewertet“ redlich verdient hat, dann gilt das für amerikanischen Blue Chips. In den weltweit ausgerichteten Indizes von Morgan Stanley (MSCI-Indizes) ist Amerika gerade auf Grund der hohen Bewertung überproportional vertreten. Und genau das treibt die US-Indizes weiter nach oben. Das Ergebnis ist ein Teufelkreis, in dem die Fonds-Manager in ihrer Index-Gläubigkeit das kaufen und weiter hochjubeln, was bereits stark gewichtet ist.

Bilden Sie sich Ihr eigenes Urteil, ob die USA fair bewertet sind: Während beispielsweise deutsche Aktien eine Gesamtgewichtung von weniger als 3% auf die Waage bringen, machen US-Werte mittlerweile über 53% an einem Korb aus, der der Bewertung aller Aktien weltweit entspricht.

Auch wenn in Amerika viel mehr Firmen den Gang an die Börse wagen und die Aktie als Geldanlage in der Bevölkerung einen viel höheren Stellenwert einnimmt, ist es volkswirtschaftlich überaus fragwürdig, dass Amerika für mehr als die Hälfte aller frei handelbaren Firmenanteile rund um den Erdball steht. Wenn Sie jetzt noch die zum Teil **üppige Nettoverbindlichkeit,** die sich viele US-Firmen in den letzten 10 Jahren aufbauten, hinzu addieren, kommen Sie auf ein beachtliches Rückschlagspotenzial.

Auch in einer „bottom-up"-Betrachtung stellt sich die berechtigte Frage, ob das Bewertungsniveau in den USA nicht ein wenig zu viel des Guten vorwegnimmt. Die objektivste Methode, die Bewertung einer Aktie zu prüfen, ist wohl unstreitbar das Kurs/Gewinn-Verhältnis. Je höher der Quotient aus dem Aktienkurs und dem der Aktie zurechenbaren Gewinn ist, umso teurer ist faktisch das Unternehmen bewertet.

Dabei müssen Sie Folgendes wissen: Das durchschnittliche KGV bei amerikanischen Werten wird in der Öffentlichkeit verzerrt dargestellt, da sich die führenden Datenbanken in erster Linie auf so genannte Pro Forma-Zahlen berufen.

Hierbei ist es dem Unternehmen freigestellt, was es als Gewinn ausrechnet! Zahlreiche Aufwendungen werden als „Sonderfaktoren" eliminiert, auch wenn sie sich jährlich wiederholen. Die Folge: Einigen Unternehmen, die Milliardenverluste schreiben, werden Gewinne zugerechnet. Auch wenn ein hoher Teil hiervon Firmenwertabschreibungen sind, die wenig mit dem operativen Geschäft zu tun haben, ist die Praxis der Pro Forma-Rechnerei gefährlich.

Unter dem Strich bleiben recht magere Gewinne übrig. Auf Basis der Nettoergebnisse etwa hat der relevanteste US-Index, der **S&P 500,** ein auf etwa **40 taxiertes KGV.** Das ist eine historisch herausragende Bewertung, die es in diesem Jahrhundert **nur einmal** gab, nämlich vor dem **Jahrhundert-Crash 1929.** Andererseits darf nicht unerwähnt bleiben, dass die Zinsen aktuell sehr niedrig sind. Dies relativiert die Aktienbewertung, da Anleihen alternative Geldanlageformen zu Aktien sind.

Neben der hohen Bewertung steckt Amerika in der **Schuldenfalle.** Während der US-Staatshaushalt in den letzten Jahren sogar Überschüsse erwirtschaftete, explodierte die Verschuldung von Unternehmen, Gebietskörperschaften und der Privathaushalte in erschreckende Dimensionen.

Jüngsten Schätzungen zufolge beträgt die Gesamtverschuldung Amerikas in etwa das Dreifache des Bruttoinlandsprodukts! Das ist, als wenn ein Unternehmen mit dem Dreifachen des Umsatzes in der Kreide stünde. Bislang konnte Alan Greenspan mit dem **brutalsten Zinssenkungs-Stakkato** in der Geschichte der Fed einen Einbruch der Aktienmärkte verhindern, die immens ausgedehnte Liquidität ließ Dow Jones und S&P weiter nahe ihrer Allzeithochs notieren.

Die entscheidende Frage wird sein, ob es der US-Notenbank auch gelingt, die fundamentalen Schieflagen wie etwa die hohe Verschuldung und die schwer quantifizierbare Anzahl fauler Kredite an die Industrie und nach Südamerika zu beseitigen. Sollte dies gelingen und die jüngste Stabilität im US-Aktienmarkt somit nicht auf Sand gebaut sein, hat der US-Markt insgesamt Charme.

Denn langfristig haben die USA schon eine exponierte Stellung an den Finanzmärkten verdient. Kein Land hat eine so günstige demografische Entwicklung, kombiniert mit einem Meer von „High Potenzials", aktuellen und künftigen Nobelpreisträgern, so viel Patente, so viele weltmarktführende Unternehmen wie Amerika. Der Greenback ist bislang noch die einzige weltweit anerkannte Währung, Öl und Rohstoffe werden in Dollar abgerechnet, die gemeinsame Sprache ist ebenfalls ein Pluspunkt gegenüber dem Euroland.

Amerikanische Titel gehören selbstverständlich weiter in jedes international ausgerichtete Aktienportfolio. Eine **Obergrenze** würden wir bei **20 bis 30%** ansetzen. Welche Aktien wir für aussichtsreich halten, lesen Sie im Kapitel über den US-Markt.

Euro Stoxx: Gemeinsame Währung, aber kein gemeinsamer Markt

Die Finanzmärkte nehmen die Entwicklung der Realwirtschaft vorweg. Konjunkturelle Einbrüche oder Aufschwünge werden auf dem Parkett durchaus schon 12 bis 18 Monate im Vorhinein gehandelt.

Auch im Zeitalter der Europäisierung behalten die Börsen ihre Eigenschaft als Trendscout. Während Sie Ihre Brötchen oder auch Ihr neues Auto erst im kommenden Jahr in Euro zahlen und Ihr Gehalt seine „optische Halbierung" durch die Umstellung von DM auf Euro noch vor sich hat, gab es den Tag x an den Börsen bereits vor drei Jahren.

Seit dem 1.1.1999 werden alle Wertpapiergeschäfte in Euroland nur noch in Euro abgerechnet, und sie liefen und laufen gut. Seit der Euro-Umstellung gibt es einen klaren Trend, weg von nationalen Indizes wie dem Dax30 oder dem CAC40 hin zu paneuropäischen Börsenbarometern, allen voran der Euro Stoxx 50 und der Stoxx 50. Letzterer unterscheidet sich vom ersten dadurch, dass er auch Länder außerhalb der Euro-Zone wie etwa Großbritanien oder die Schweiz berücksichtigt. Der Euro Stoxx wurde für Anleger in den vergangenen Jahren das maßgebliche Ziel ihres Investments. Das Volumen etwa, das von deutschen

Publikumsfonds in europäische Indizes investiert wurde, überstieg im 1. Hj. 2001 das für deutsche Aktien erstmals deutlich.

Wir raten Ihnen, diesen Trend mitzugehen. Dies betrifft Fondsanleger stärker als Käufer einzelner Dividendenpapiere. Aber auch bei Einzelinvestments sollte der europäische Gedanke Ihre Brieftasche leiten.

Achten Sie bei der Auswahl von Blue Chips darauf, dass die Werte in den großen europäischen Indizes enthalten sind. Die institutionellen Anleger machen dies auch, und an der Börse macht es sich bekanntlich nie gut, gegen den Strom zu schwimmen.

Der Euro Stoxx 50 legte vom Start weg eine Kursentwicklung an den Tag, die in guten wie in schlechten Zeiten eng an die amerikanischen Vorgaben geknüpft war. Davon wird er sich im Jahr 1 nach der totalen Einführung des Euro sicherlich noch nicht los koppeln können. Dennoch erwarten wir, dass sich der europäische Aktienmarkt auf mittlere und längere Sicht vom US-Markt emanzipiert.

Der Euro Stoxx50, der im Laufe des Jahres 2001 böse unter die Räder kam, schickt sich kurz vor dem Jahreswechsel an, einige Verluste wieder gut zu machen. Auch wenn wir die alten Höchststände jenseits der 5 000er-Marke zunächst einmal für unerreichbar halten, so könnte der Euro Stoxx dennoch im kommenden Jahr für eine Outperformance gut sein. Wir halten Kurse bis 4 500 für langfristig vorstellbar.

Ausgewählte Anlageempfehlungen und umfangreiche Branchenanalysen zum kompletten europäischen Markt lesen Sie im Kapitel „Europäische Aktien“.

Insgesamt sollten europäische Werte das Rückgrat Ihres Aktienportfolios bilden. Wir raten Anlegern, je nach Risikoneigung bis zu 60% ihres Aktienvermögens in Einzelwerte oder Investmentzertifikate zu investieren.

Auslaufmodell Dax: Der Freefloat rückt in den Mittelpunkt

Die Spielregeln ändern sich. Ab August 2002 gelten für die Gewichtung im führenden Deutschen Aktienindex andere Maßstäbe. Zählte für den Anteil im Index (und somit indirekt für die Ausrichtung der marktbestimmenden institutionellen

Anleger) die Marktkapitalisierung insgesamt (Anzahl der zugelassenen Aktien multipliziert mit dem aktuellen Kurs), so folgt der Dax ab dem Sommer kommenden Jahres der europäischen Richtlinie, nur noch die Zahl der frei handelbaren Aktien (Freefloat) in die Gewichtung mit ein zu beziehen.

Das Ausmaß dieser Änderung auf dem Kurszettel ist nicht zu unterschätzen und sollte unserer Ansicht nach in Ihren strategischen Anlageentscheidungen eine gewichtige Rolle spielen.

Verlierer werden einerseits einstige Staatsbetriebe wie die **Deutsche Telekom** oder auch die **Deutsche Post** sein. Da die Bundesrepublik bzw. die KfW im jetzigen Umfeld schwer weitere Aktien auf den Markt werfen können, wird sich der Streubesitz nicht drastisch erhöhen, der Einfluss auf die Indizes geht spürbar zurück.

Bei klassischen Vertretern der „Deutschland AG" wie etwa einer **Münchener Rück** oder einer **Allianz** wird die Schlüsselfrage lauten, wie schnell die Entflechtungen vonstatten gehen. Ein schnelles Verkaufen von großen Paketbeständen vor der Umstellung im August könnte Kursfantasie mit sich bringen, ansonsten dürfte auch hier der Daumen des einen oder anderen gewichtigen Fonds nach unten zeigen.

Klare Gewinner dieser Umstellung sind die Unternehmen, die sich bereits heute durch einen hohen Streubesitz auszeichnen. Etwa **Siemens,** deren Anteil sich aktuell von 7,49 auf 10 Prozentpunkte erhöhen wird, oder auch **DaimlerChrysler** oder die **Deutsche Bank.** Am Beispiel Siemens lässt sich noch am ehesten erkennen, welche Wucht in diesen Umstellungen liegt. Indexorientierte Fonds kaufen in Zukunft mal eben ein Drittel mehr Siemens-Aktien!

Der Kursverlauf des Dax dürfte sich eng an dem des Euro Stoxx 50 ausrichten, der wiederum stark US-amerikanische Vorgaben nachvollzieht. Outperformer in dieser Marktentwicklung werden diejenigen Vertreter sein, die aus der aktuelle Bereinigung als wirkliche Marktführer hervortreten sowie die großen Nutznießer der Steuerreform. In der Summe denken wir, eine Aktienportfolio-Gewichtung von maximal 40% in Dax-Titeln entspricht der fairsten Chance-Risiko-Relation. Für das **Jahresende 2002 sehen wir im Dax eine Marke von 5600 Punkten als erreichbar an,** wobei es im Jahresverlauf kurzfristig auch zu höheren Notierungen kommen kann.

Günstige Bewertung sorgt im MDax für Übernahmefantasie

Waren es im Super-Börsenboom der späten 90er Jahre vor allem die hoch bewerteten Blue Chips, etwa aus der Telekommunikation, die in den Blickpunkt von wilden Übernahmespekulationen rückten, tritt nun die „zweite Garde“ verstärkt zum Vorschein.

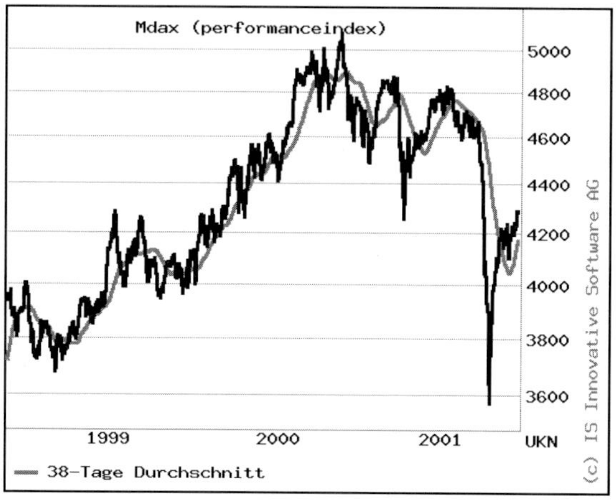

Zogen vor wenigen Jahren noch Übernahmeschlachten wie etwa Vodafone/Mannesmann die Blicke der Öffentlichkeit auf sich, schoben sich im Jahr 2001 Unternehmen in den Vordergrund des M&A-Zirkusses, die bislang eher einen behäbigen, weil unspektakulären Klang hatten. Da ist etwa die wochenlange feindliche Übernahme des Maschinenbauers **FAG Kugelfischers** durch den (nicht börsennotierten) Nachbarn **INA** zu nennen, die ja schlussendlich zu einer einvernehmlichen Lösung führte. Oder auch die Kaufgelüste der **WCM,** deren ständige Ansagen, in noch weitere im MDax notierte Unternehmen zu investieren, für Fantasie sorgten.

Was das mit Ihren Anlageentscheidungen zu tun hat? Eine Menge, schließlich erfolgten diese Übernahmen nicht nur auf Grund marktstrategischer Überlegungen, wie sie im Telekommunikationssektor oder auch Automobilbereich seit langem üblich sind. Zu den Übernahmen im MDax kam es auch deshalb, weil die Zielunternehmen günstig bewertet sind und zum Teil eine überaus interessante Anteilseignerstruktur (steuerfreie Veräußerungsgewinne!) haben. Die Logik dieser Übernahmen (verbunden mit stark anziehenden Kursen durch die Offerten) können Sie auch daran ablesen, dass wir FAG in unserer letzten Platow-Nebenwertestudie über ein halbes Jahr vor dem INA-Raubzug als „interessantes Übernahmeobjekt“ tituliert hatten. Lesen Sie auch unter dieser Prämisse unseren ausführlichen Branchenteil besonders aufmerksam.

Ein zweiter Kurstreiber im kommenden Jahr dürfte die Fortsetzung der Abschaffung der Vorzugsaktie sein. Diese antiquierte Methode, sich am Kapitalmarkt zu refinanzieren, ist international verpönt. Um keinen Kursabschlag zu erfahren und den Free Float zu erhöhen, werden noch weitere Unternehmen die Zusammenlegung beschließen. Wir erwarten bereits in 2002 weitere Ankündigungen dieser Art, die dem Kurs zu Gute kommen. Im MDax finden Sie noch ein rundes Dutzend „Vorzüge“, wovon einige am Ende des kommenden Jahres sicher nicht mehr den Kurszettel zieren werden.

Getrieben von diesen beiden Punkten sowie der weiteren Entflechtung der Deutschland AG sehen wir das Jahr für den MDax vergleichsweise freundlich. Die Chancen, die alten Höchststände knapp über 5 000 Punkten zu erreichen, sehen wir als nicht unmögliches Szenario. Ausgesuchte Einzelwertempfehlungen lesen Sie in unserem Branchenkapitel. Insgesamt sollte der **Anteil von MDax-Titeln** in Ihrem Portfolio **maximal 15-20%** ausmachen.

Smax: Verborgene Perlen oder ungeliebte Stiefkinder?

Kaum ein anderes Segment erfährt eine stärkere Nichtbeachtung als der Nebenwerteindex Smax. Während am Neuen Markt in den Anfangsjahren zum Teil überaus fragwürdige Geschäftskonzepte und Bilanzkennzahlen kritikarm mit einer Milliardenbewertung bejubelt wurden, kaufte kein Anleger die anderen Small Caps, obwohl diese teilweise wachstumsstärker und in hohem Maße renditeorientierter sowie durch die Bank günstiger bewertet waren.

Der Smax verkörpert ein Börsensegment für kleine bis mittelgroße Unternehmen, eher aus der traditionellen Ökonomie stammend und ist ähnlich wie der Neue Markt durch ein hohes Maß an Vorschriften für Transparenz und klare Rechnungslegung geprägt.

Seinem Stiefkind-Dasein konnte der Smax im Jahr 2000 nur für kurze Zeit entfleuchen. Damals stellte er mit seiner Performance ganz souverän die anderen Indizes in den Schatten. Es kam zu einer Vielzahl von Neuemissionen. Leider sieht es nicht nach einem Happyend aus, das Kursfeuerwerk entpuppte sich als Strohfeuer, die Zugehörigkeit zum Premium-Segment Smax führte **nicht** zu steigenden Kursen. Gut zwei Dutzend Unternehmen haben im Laufe des Jahres 2001 die Mitgliedschaft im Smax gekündigt.

Die Begründung liest sich nahezu immer gleich: Hohe Nebenkosten für Bankbetreuer, die die Liquidität der Aktie ankurbeln (Designated Sponsors), Quartalsberichte und Kommunikationskosten rechnen sich nicht, die Kurse würden dennoch nicht anziehen. Der totale Aderlass setzte ein, als die Börse entschied, den Subindex SDax von 100 auf 50 Werte zu kappen und für die Gewichtung auch hier den Streubesitz heranzuziehen. Zahlreiche Werte, die hier außen vor blieben, spielten die beleidigte Leberwurst und zogen sich ganz aus dem Smax zurück.

Sie als Anleger sollten die Fokussierung auf die 50 Top-Werte jedoch durchaus in Ihre Anlageentscheidungen mit einbeziehen. Auch wenn im Smax wenig Kursraketen enthalten und zahlreiche konjunkturempfindliche Branchenvertreter hier zu Hause sind, empfehlen wir SDax-Titel zur Depotbeimischung. Schon allein wegen ihres im Durchschnitt niedrigen KGVs und der stattlichen Dividendenrenditen. Der **Depotanteil von Smax-Titeln insgesamt sollte jedoch 5 bis 10% nicht überschreiten.** Auf Smax-Basis sehen wir einen **Indexstand** von 260 Punkten als erreichbar an.

Sorgenkind Neuer Markt: Wiedergeburt oder weiterer Abstieg?

Neben der „Mutter aller Aktien" hier zu Lande, der Deutschen Telekom, hat wohl kaum etwas die deutschen Privatanleger so sehr zur Aktienanlage getrieben wie der Neue Markt. Das ist bemerkenswert. Schließlich bietet dieses Segment große Chancen, aber auch Risiken mit ungewissem Ausgang an den Finanzmärkten. Für Privatanleger ist der Neue Markt also keineswegs der ideale Tummelplatz, schon gar nicht für Greenhorns.

Was kam, ist Geschichte: Die Hausse nährte die Hausse, getrieben vom Anfangserfolg in diesem Index, drängten immer neue Anleger mit in der Summe milliardenschweren Investitionen in den Neuen Markt, bis die Blase Anfang 2000 platzte. Nach dem Rausch folgten 18 Monate böser Kater mit einem bis dahin unbekannten Indexeinbruch um 90%. Der totale Ausverkauf erfolgte in den Septemberwochen 2001, anschließend verdoppelte sich der Index nahezu.

Fundamental wird uns das abgelaufene Jahr nicht nur wegen der sinkenden Kurse, sondern auch wegen der über 1 000 Gewinnwarnungen, der Skandale und Skandälchen, der Delistings und Firmenpleiten im Gedächtnis bleiben. Doch Negativmeldungen an den Finanzmärkten sind vollkommen OK, solange Sie nicht überraschend kommen. Am Neuen Markt überraschte vieles nicht. So waren Platow-Leser etwa durch „Cash Burn-Listen" durchaus vorgewarnt.

Es gibt unter den über 300 Unternehmen des Neuen Marktes durchaus Firmen, die sich zu Recht in aussichtsreichen Branchen an die Weltspitze katapultierten. Was von diesen High-Quality-Werten bleibt, ist eine Frage der weiter stattlichen Bewertung. Häufig liegen die KGVs über 100! Doch diese Bewertung ist nicht mehr uneingeschränkt als zu hoch einzustufen. Gerade die noch verbliebenen Finanzmittel aus den Börsengängen sorgten für ein Umdenken im Markt. Mit **Mediantis** (ehemals Bücher.de) und **Trius** sahen gleich 2 Unternehmen ihr Geschäftskonzept als gescheitert an und kündigten Selbstauflösung mit Ausschüttung der verbliebenen Gelder an die Aktionäre an. Andere wiederum wie etwa **Internolix** oder **Feedback** wurden auf Grund der noch hohen Rest-Liquidität aus dem IPO zu Zielscheiben mehr oder weniger freundlicher Übernahmen. Szenarien wie diese werden auch das Jahr 2002 bestimmen. Doch sollten Sie Übernahmefantasien niemals zu hoch bewerten. Rufen Sie sich bei den beiden ehemaligen Nemax50-Zöglingen **Kinowelt** und **Brokat** mal ins Gedächtnis, wie oft in den vergangenen 18 Monaten die Übernahme der beiden Firmen mehr oder minder seriös diskutiert wurde.

Ursache war hier, dass mit Siemens (Brokat) und der Münchener Rück (Kinowelt) zwei bekannte Namen den Griff ins Klo vorexerzierten und zu hohem Kurs ein paar Prozente erwarben. Dadurch wurden die Verluste der Unternehmen jedoch nicht weniger, die Kursfahrt nur temporär unterbrochen. Siemens und der Münchener Rück blieb nur eine traurige, aber beträchtliche Sonderabschreibung.

Was erwartet Sie im kommenden Jahr? Das schlechteste, was Sie tun können, ist schwarzweiß zu malen oder in eines der Extremszenarien zu verfallen. Der Neue Markt hat, das hat gerade der Abschwung bewiesen, seine Daseinsberechtigung als führendes europäisches Segment für **Risikokapital.** Weder der in Paris ansässige Nouveau Marché noch der Nasdaq-Ableger Easdaq sind ebenbürtige Kontrahenten im Kampf um die Zulassungen risikoreicher Unternehmen. Andererseits ist am Neuen Markt sicherlich noch lange nicht das letzte skandalträchtige Kapitel geschrieben worden. In einer weiter strauchelnden Konjunktur werden die Firmenpleiten genauso wie die Delistings vorerst nicht weniger. Dennoch gibt es irgendwann Untergrenzen, zudem zieht der Neue Markt schon nach kurzen Haussephasen wieder breitere Massen von Anlegern an, wie im Spätherbst 2001 einmal mehr deutlich wurde.

Die Quintessenz für Sie: Anleger, die ihr Depot nicht kontinuierlich verfolgen und täglich auf Unternehmensereignisse reagieren können und wollen, sollten den Neuen Markt ebenso meiden wie Börsenneulinge. Ihnen bleibt die Investition in ein Indexzertifikat. In der Region bei 1 000 Punkten (Nemax50) empfehlen wir, erste Positionen aufzubauen. Insgesamt ist der **Depotanteil** von Neuer Markt-Titeln auf **unter 10 bis 15% des Aktienportfolios** zu begrenzen. Die Marke von 1 600 Punkten wiederum sollte im Nemax50 fürs Erste die Obergrenze sein, die ohne weiteres nicht überboten werden sollte. rp

| mehr ideen p. a. | DIE AUFGABEN EINER BANK SIND INNERHALB DER VERGANGENEN JAHRE KOMPLEXER GEWORDEN. DENKEN IN SCHABLONEN FÜHRT DA NICHT WEITER. ES KOMMT AUF DIE RICHTIGEN IDEEN AN UND DEN ZIELORIENTIERTEN UMGANG DAMIT. WIR FREUEN UNS DARAUF, WENN SICH IHRE UND UNSERE IDEEN BEGEGNEN. FREUEN SIE SICH AUF IHREN NUTZEN DARAUS.
| ideen nach vorn |
COMMERZBANK
/ www.commerzbank.de /

VI. Bewertungsmaßstäbe

Auf dem Aktienparkett entscheidet letztendlich immer das alte Spiel über die Tendenz der Kurse: Gibt es mehr Aktien oder mehr kaufinteressierte Anleger? Dennoch folgen die Kurse auf lange Sicht natürlich der fundamentalen Entwicklung, die wir für Sie unter die Lupe nehmen. Wichtige ertragsorientierte Kenngrößen wie beispielsweise das KGV oder das KCV bilden den Kern, eine Menge weiterer Soft- und Hard Facts dokumentieren dem Analysten die Substanz des Unternehmens. Wichtig bei unseren Anlageempfehlungen ist zudem die ausgewogene Mischung und die Risikoskalierung. Zu einer Kaufempfehlung gehören zudem Ergänzungen wie etwa angesagte Kauflimite oder Stopp-Kurse.

Bewertungsmaßstäbe im Überblick

Unseren Empfehlungen liegen seit jeher quantitative und qualitative Bewertungen zu Grunde. Neben einer breit gefassten Analyse von Unternehmensdaten, Marktstudien und Bankenresearch greifen wir selbstverständlich auch Soft Factors auf, die sich nicht direkt aus Bilanzkennzahlen ableiten lassen.

Hierzu zählen neben der Marktpositionierung beispielsweise die Fähigkeiten des Managements, Prozesse im Unternehmen schnell und konsequent umzusetzen und nicht nur visionäre, sondern auch effiziente Pfade zu gehen.

Weiterhin wird das Standing am Kapitalmarkt in Augenschein genommen. Bei „Schwarzen Schafen", die sich bereits in der Vergangenheit ein massives Negativimage „erarbeitet" haben, werden Bewertungsabschläge vorgenommen.

Im Gegenzug stehen Unternehmen, die sich durch eine rege und fundierte Kommunikation mit dem Kapitalmarkt hervortun, auf dem Treppchen ein paar Stufen höher. Hier geht es nicht um die Frage, ob diese Aufschläge, die immer schon auf den Kurszetteln festzustellen waren, berechtigt sind oder nicht, sondern darum, wie Sie als Anleger davon profitieren. Populäre Beispiele für solche „Analystenlieblinge" sind übrigens **Vodafone** oder **General Electric.**

Nachfolgend wollen wir Ihnen, bevor wir Ihnen einzelne Titel ans Herz legen, kurz noch einmal die Bewertungs- und Analyseschritte darlegen sowie einen kurzen Überblick zum Aktienteil vorausschicken.

Wichtige Kennzahlen im Überblick

Generell bleiben die wichtigsten Bewertungskennzahlen Ergebnisgrößen. Am Ende des Tages zählt, wieviel das Unternehmen mit den von Ihnen eingebrachten Geldern erwirtschaftet hat. Das gute alte KGV (Kurs/Gewinn-Verhältnis) wird in eine jede Analyse von uns zentral mit eingebracht. Aus diesem Grunde führen wir in den einzelnen Kapiteln auch exemplarisch den von uns geschätzten Gewinn/Aktie sowie das daraus resultierende KGV auf.

Das heißt jedoch bei weitem nicht, dass in die Analyse nur diese Momentaufnahme einbezogen wird. Im Gegenteil: Einmaleffekte werden entsprechend relativiert, von größerer Bedeutung ist die langfristige Tendenz (Gewinnwachstum). Additiv zu den ermittelten Gewinnen werden die Zahlungsströme (Cash Flows) und Dividendenausschüttungen ebenfalls überprüft.

Wir sondieren im Geldanlageteil börsennotierte Unternehmen aus den **drei Regionen Europa, USA** sowie den **Emerging Markets.** Innerhalb der Regionen stehen Branchenvergleiche und relative Bewertungsunterschiede zwischen einzelnen Konkurrenten im Vordergrund.

Dabei haben Bewertungsunterschiede zwischen ähnlichen oder gar konkurrierenden Unternehmen eigentlich nur zwei mögliche Ursachen:

Entweder ist ein Unternehmen zu Recht „günstiger“ bewertet, da der Gesamtmarkt im Hinblick auf die Marktstellung und die daraus resultierenden künftigen Zahlungsströme einfach schlechter dasteht.

Die Analysemethoden, die wir bei unseren Bewertungen anwenden, sind vielschichtig und variieren sehr stark zwischen den einzelnen Branchen. Zudem werden die Begründungen für das Anlageurteil nur in komprimierter Form publiziert. Gemein ist jedoch allen Analysen, dass wir Unternehmen nach folgenden Gesichtspunkten abchecken:

- Ertragskraft/Renditen/Cash Flows
- Bewertung
- Produkte
- Bilanzrelationen
- Managementqualitäten
- Wachstumsfantasie
- Standing am Kapitalmarkt
- Konkurrenzsituation/Branchenfantasie
- Refinanzierungskraft
- Übernahmefantasie

Die Mischung macht's

Das wichtigste Merkmal einer vernünftigen Kapitalanlage liegt selbstverständlich in der Ausgewogenheit der Anlagestruktur. Die **Grobaufteilung** Ihres Vermögens in Immobilien, Anleihen, Geldmarkt, Aktien und sonstige Wertgegenstände ist in hohem Maße individueller Natur und kann sicher nicht von uns vorgegeben werden.

Bei der Auswahl innerhalb eines dieser Bausteine wiederum entfalten die einzelnen Kapitel ihre volle Stärke. Die Schwankungen innerhalb des Aktienmarktes sind als Risiko immer zu tragen, die Herausforderung für Sie als Anleger besteht darin, mit der richtigen Aktienauswahl den Markt zu schlagen. Ein wichtiges Werkzeug auf dem Weg dorthin könnte dieses Buch sein.

Die guten ins Töpfchen, die schlechten ins Kröpfchen

Die wahre Stärke eines Unternehmens zeigt sich in der Gewinnung von Marktanteilen. Konkurrenzbetrachtungen und Peer Group-Analysen sind die objektivste und transparenteste Art und Weise der Unternehmensbewertung.

Aus diesem Grunde bieten wir im Schwerpunkt **„Europäischen Aktien"** einen umfassenden Branchenüberblick. Dabei setzen wir im Jahr eins nach der Euro-Einführung ganz bewusst auf eine **paneuropäische Betrachtung.** Auf sämtlichen Märkten, von A wie Automobile bis Z wie Zukunftstechnologie, konkurrieren die Anbieter nicht mehr national, sondern beim Absatz wie auch in der Kapitalbeschaffung (Börse) **europaweit.** Da die Informationsdichte bei deutschen Unternehmen derzeit noch größer ist und deutsche Anleger gern auf nationale Titel setzen, haben wir diese allerdings hervorgehoben.

Bei den beiden anderen großen Märkten, die wir behandeln, den **USA** sowie den **Emerging Markets,** nehmen wir eher eine Top-Down-Betrachtung vor. Unsere Favoriten, die sich im Laufe der Zeit herauskristallisieren (und natürlich regelmäßig wechseln), werden hier nicht aus einer Branchenanalyse entwickelt, jedoch ebenfalls an Vergleichsunternehmen gemessen. Auch in diesen beiden Aktienmärkten geben wir Ihnen Anlagevorschläge für eine Vielzahl von Unternehmen aus den unterschiedlichsten Branchen an die Hand.

30 Aktien in der engeren Auswahl

Als langjähriger Leser der Platow Prognose sind Ihnen unsere „Top Ten" als wichtiger Bestandteil der langfristigen Aktienanalyse selbstverständlich ein Begriff. Um dem vielfach geäußerten Wunsch unserer Leserschaft nach einer noch breiteren Palette potenzieller Anlageobjekte und der fortschreitenden Globalisierung Rechnung zu tragen, haben wir in diesem Jahr erstmals **3 verschiedene Top Tens** für Sie erarbeitet. Für alle drei relevanten Märkte, **Europa, Amerika** und **Emerging Markets,** erhalten Sie eine Aufstellung von jeweils 10 Werten, die nach unserer Ansicht ein hervorragendes Chance/Risiko-Profil gerade für langfristige Investoren haben. Unsere Favoriten werden in einer kurzen, komprimierten Analyse nochmals auf ihre Chancen und Risiken abgeklopft. Zudem führen wir aus, für welchen Anlagehorizont und für welchen Anlagetypus (spekulativ, konservativ) sich der Titel eignet.

In die richtigen Aktien investieren, aber wann und wie lange?

Das A und O in der Aktienanlage besteht darin, zwei Zeitpunkte clever abzupassen: den richtigen Moment zum Kauf- und den richtigen Moment zum Ausstieg. Selbst die besten Aktien der Welt können irgendwann zu teuer sein. Auch für wirklich fundamental problembehaftete Unternehmen kann es logische Untergrenzen in Form von Substanz- und Zerschlagungswerten geben. Um Ihnen auch dabei zu helfen, erwähnen wir dort, was durchaus Sinn macht, empfohlene Einstiegszonen und Kaufkurse. Diese **Kursfenster** können oftmals sogar **unterhalb** der aktuellen Notierungen liegen. Sie verschenken Geld, wenn Sie die Schwankungen des Marktes ignorieren und einfach zum nächstbesten Kurs einen Titel erstehen. Dabei ist es ganz egal, wie interessant die Aktie fundamental ist! Daher nennen wir Ihnen diese empfohlenen Kaufkurse, die fundamental und charttechnisch begründet sind.

Wichtig: Nutzen Sie bei jeder Anlage in Aktien **Stopp-Kurse.** Sie werden niemals vor Fehlinvestitionen gefeit sein, allerdings haben Sie dann einen Einfluss darauf, ob Sie mit einem Wert 10, 30 oder 90% des eingesetzten Geldes verlieren. Aus diesem Grunde nennt Platow seit Jahren bei einer jeden Kaufempfehlung einen dazu passenden Stopp-Kurs. Noch deutlicher als bislang sind diese nun auch in der Platow Prognose dargestellt. rp

VII. Europäische Aktien

Während Amerika aus einer langen Boomphase in eine echte Rezession schlitterte und auch die Emerging Markets oft sehr starken Schwankungen ihrer nationalen Ökonomien unterlagen, entwickelte sich Europa vergleichsweise gemächlich. Der Aufschwung war, von wenigen Randregionen wie Irland oder Portugal abgesehen, nicht so rasant - aber auch der Abschwung fällt im globalen Vergleich milde aus. Unterhalb dieser seichten Wellen können Sie jedoch erhebliche Unterschiede zwischen den einzelnen Branchen feststellen. Wir haben für Sie die wichtigsten Industriezweige einzeln analysiert und dabei jeweils die interessantesten Aktien unter die Lupe genommen. Am Ende dieses umfangreichen Kapitels haben wir für Sie unsere Aktienfavoriten aus Europa zusammengestellt: ASML, Deutsche Bank, Deutsche Lufthansa, Electrabel, Gildemeister, Münchener Rück, Peugeot, Singulus, Vivendi und Vodafone. Ein Hinweis: Nutzen Sie bitte nicht nur die Kurzübersicht. Die beste Einschätzung für eine Aktie und damit für Ihre persönliche Anlageentscheidung erhalten Sie aus der Kombination von Brachenanalyse und Top Ten. Und außerdem würde Ihnen ansonsten so mancher Geheimtipp entgehen, der vielleicht nur knapp den Sprung in die Bestenliste verpasst hat.

Automobilsektor im Sog der drohenden Rezession

Nach den Terroranschlägen in den USA und dem deutlichen Kursverfall der europäischen Automobilaktien stellt sich die Frage, ob eine mögliche Rezession in den Kursen bereits enthalten ist oder ob sich in diesem Fall noch ein weiterer Kursrückgang ergeben würde.

Wir gehen davon aus, dass einige Aktien dramatische Absatzrückgänge in ihren Kursen bereits eskomptiert haben, die nicht als realistisch anzusehen sind. Somit verfügen einige Werte über erhebliches Erholungspotenzial. Alleine die Papiere der europäischen Automobilbauer verloren bislang über 15 Mrd. Euro an Marktkapitalisierung. Wir denken, dass dieser Einbruch insbesondere von der Befürchtung ausgelöst wurde, dass der Anschlag das ohnehin schon sinkende Konsumentenvertrauen in den USA negativ beeinflussen wird. Dass die Sorge berechtigt war, zeigte die Veröffentlichung des Kosumentenvertrauens in den vergangenen Wochen: Es fiel von 114 Punkten auf unter 100 Punkte im September. Dies ist der größte Rückgang seit Oktober 1990.

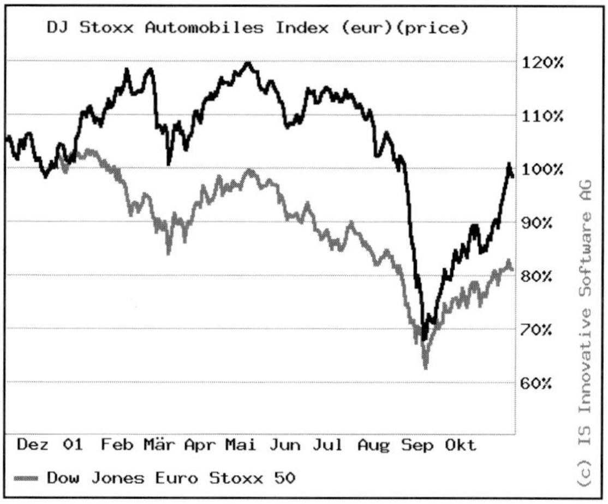

Die Ende Nov. 2001 sehr schwer zu beantwortende Frage ist, ob die Abschwächung des Consumer Confidence nur kurzfristige oder aber mittelfristige Auswirkungen auf die Konjunktur bzw. den Fahrzeugverkauf über das vierte Quartal 2001 hinaus hat. Nach den Erfahrungen der Wochen nach dem Terroranschlag herrscht mittlerweile Einigkeit, dass die Neuzulassungen in den Monaten Oktober bis Dezember von den Ereignissen negativ berührt werden. Wie lange, hängt in erster Linie von der weiteren Entwicklung der Ereignisse (Gegenschlag der USA, evtl. weitere Anschläge in den USA, Rohölpreis usw.) ab.

Die Unsicherheit bleibt groß

In den kommenden Wochen und Monaten wird sich nach weiteren Gewinnwarnungen, Produktionskürzungen, sinkenden Neuzulassungen und großer Unsicherheit die Einsicht einer fundamental veränderten Lage durchsetzen. Daher ist mit einer kurzfristigen Erholung nicht zu rechnen. Der durch den Terrorakt und den Militärschlag beschleunigte zyklische Abschwung der Autoindustrie hat zudem einen deutlich negativen Effekt auf die **Gewinne.** Die Gewinnschätzungen sind in den Wochen nach dem 11. September schon deutlich nach unten korrigiert worden. Trotz der bereits gedämpften Erwartungen des Marktes gehen wir nach den Quartalsberichten jedoch von weiterem Anpassungsbedarf aus.

Das gute Bild, das die westeuropäischen Neuzulassungen im dritten Quartal 2001 noch abgaben, sagt nichts über den weiteren Verlauf aus. Sind Unternehmen in wirtschaftlich turbulenten Zeiten zu Kostensenkungsmaßnahmen gezwungen, wird in der Regel zuerst die Neubeschaffung von Firmenfahrzeugen aufgeschoben. So gehen wir für Westeuropa von einem Rückgang um 6% gegenüber dem Vorjahresquartal aus. Margenschwache Massenhersteller dürften vom einbrechenden Konsumentenvertrauen kurzfristig ungleich stärker betroffen sein als die Premiumanbieter. Doch schon vor den Terrorakten waren die Rahmenbedingungen für die Autoindustrie alles andere als rosig.

Doch trotz dieser Horrorszenarien von Überkapazitäten, Verkaufsrückgängen, einbrechenden Renditen, niedrigen Aktienkursen ist unseres Erachtens das Jahrzehnt des Automobils angebrochen. Hersteller, Zulieferer sowie Ausrüster von Automobilen besitzen enorme Innovationspotenziale, die der individuellen Mobilität neue Dimensionen eröffnen werden. In der mit etwa 2,5 Billionen Euro sehr umsatzstarken Branche wird es zu massiven Verschiebungen zwischen den Marktteilnehmern sowie zu einer weiteren Konsolidierung kommen. Haupttreiber der technologischen Entwicklung sind die **Mikroelektronik** sowie innovative Materialien und Produktionstechnologien, die zu mehr Sicherheit, höherem Komfort, steigender Leistung und geringerem Verbrauch führen. Das Wachstum der nächsten 10 Jahre wird in erster Linie in **Asien, Osteuropa** und **Südamerika** stattfinden. Wer hier keine Kapazitäten aufbaut, wird nicht überleben. Experten gehen davon aus, dass von den heute ca. 15 größten Fahrzeugherstellern **bis zum Jahr 2010 voraussichtlich nur noch 6 bis 10 Konzerne übrig bleiben.**

Noch dramatischer sieht die Situation bei den **Zulieferern** aus: 5 500 sind es heute; bis 2010 werden 2 000 Unternehmen vom Markt verschwinden. Die Top 20 werden dann 50% (heute 27%) des Zuliefervolumens der Automobilhersteller abdecken. Parallel hierzu wird der Wertschöpfungsanteil der Zulieferer wachsen, da die Automobilhersteller ihre Produktionstiefe weiterhin verringern werden. Auf diese Weise sollten bis zum Jahr 2010 die Zulieferbetriebe etwa 330 Mrd. Euro hinzu gewinnen, die Ausrüster immerhin noch 23 Mrd. Euro.

DaimlerChrysler vom Terroranschlag am stärksten betroffen

DaimlerChrysler ist von den europäischen Autoherstellern am stärksten betroffen. Der hohe Umsatzanteil in den USA von über 50%, die Positionierung von Chrysler im Massensegment, der Anteil an EADS und nicht zuletzt die Tochter Freightliner sind dabei die **Hauptrisikofaktoren.** Trotz schwacher Verkaufszahlen verläuft die Restrukturierung von Chrysler auf Grund erheblicher Kostensenkungen erfolgreich. Dies bestätigten die vorgelegten Zahlen für das dritte Quartal auf eindrucksvolle Weise. Vor allem das (bereinigte) operative Ergebnis fiel mit 666 Mio. Euro (+23%) überraschend positiv aus. Unverändert schwach bleibt dagegen die Entwicklung der Verkaufszahlen, bei denen sich die Hoffnung auf eine Trendwende im dritten Quartal nicht bewahrheitete. Insbesondere der ruinöse US-Wettbewerb macht dem Konzern zu schaffen und verhindert vorerst eine Rückkehr in die schwarzen Zahlen.

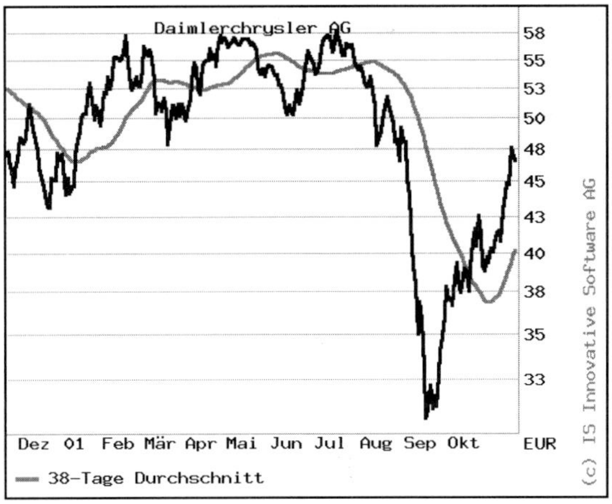

Das im Februar von dem seit Ende November 2000 für **Chrysler** zuständigen Vorstandsmitglied **Dieter Zetsche** vorgestellte Restrukturierungsprogramm beruht in erster Linie auf Einsparungen auf der Materialkostenseite sowie Anpassungen der Kapazitäten durch Werksschließungen und Personalabbau. Diese sind mit einmaligen Aufwendungen in Höhe von 3 bis 4 Mrd. Euro verbunden, von denen 3 Mrd. Euro im ersten Quartal 2001 verbucht wurden. Darüber hinaus werden operative Verluste (u.a. schwache Verfassung des amerikanischen Automobilmarktes, Modellwechsel) in Höhe von 2,2 bis 2,6 Mrd. Euro anfallen, so dass in der Summe ein operativer Verlust von über 5 Mrd. Euro zu verkraften sein wird. Sofern die amerikanische Automobilindustrie in 2002 keinen weiteren drastischen Nachfrageeinbruch erleben sollte, ist **2002** unseres Erachtens der **Turn around** realistisch. Neben dem Greifen der eingeleiteten Maßnahmen werden hierzu auch zwei Modellwechsel beitragen. Mit dem Jeep Liberty (zuvor Jeep Cherokee) und dem Dodge Ram Pickup wurden zwei umsatz- und margenstarke Modelle im zweiten bzw. dritten Quartal 2001 ersetzt. Unter der Annahme einer flachen Entwicklung der Automobilnachfrage in den USA ab 2002 scheint die avisierte Ergebnisgröße von 2 Mrd. Euro im Jahre 2003 durchaus im Bereich des Möglichen. Die alte Ertragsstärke aus dem Jahre 1999 mit knapp 8% Umsatzrendite sollte jedoch nicht vor 2005 erreichbar sein.

Anders stellt sich die Lage bei der Premiummarke **Mercedes** dar. Der positive Ertragstrend des ersten Halbjahres sollte sich hier fortsetzen lassen. Eher düster ist die Situation bei **Freightliner.** Die LKW-Tochter erwartet wegen der hohen Überproduktion in den Jahren 1997 bis 2000 keine Erholung bei schweren LKW bis Ende 2003. Entsprechend ist trotz umfangreicher Kostensenkungsmaßnahmen die Rückkehr in die schwarzen Zahlen erst für das Jahr 2003 geplant. Als Bumerang erweist sich vor allem die in Boomjahren eingegangene Verpflichtung zur Rücknahme von gebrauchten Trucks. Zudem ist die Investitionsneigung in-

folge der Turbulenzen an den Finanzmärkten spürbar zurück gegangen. Allein für das vierte Quartal müssen hierfür Restrukturierungsrückstellungen von 330 Mio. Euro verbucht werden.

Auch bei der Beteiligung **EADS** haben sich die Geschäftsaussichten eingetrübt. So wurde durch den Terrorakt eine Luftfahrtkrise ausgelöst, die zu einer Verschiebung von Aufträgen führt. Da Umsatz und Ergebnis der EADS zu 80% vom zivilen Luftfahrtgeschäft abhängen, müssen auch hier die Zahlen nach unten angepasst werden. Unterm Strich bleibt festzuhalten, dass auch DaimlerChrysler von der (nach den Terroranschlägen noch verstärkten) Kaufzurückhaltung stark betroffen ist. Außerdem belasten weiterhin die diversen Baustellen (Chrysler, Freightliner, **Mitsubishi).** Auf der anderen Seite scheinen die Probleme erkannt und zumindest teilweise gebannt zu sein. Der Markt honoriert die Maßnahmen und setzt auf eine bessere Zukunft. Die Bestätigung der Ziele dürfte der Aktie weiteren Aufwind geben und für **höhere Kurse** sorgen.

BMW mit starker Position im Premium-Segment

Obwohl BMW 28% seiner Umsätze in Nordamerika erwirtschaftet, nimmt der Autobauer mit einem Marktanteil von 1% lediglich eine Nischenposition ein. Nach dem Ausstieg bei Rover sind die Süddeutschen ausschließlich im so genannten Premiumsegment aktiv. Dieser hochpreisige Bereich zeichnet sich durch üppige Margen sowie eine konstantere Nachfrage und damit eine geringere Zyklik aus. Bei einem Neuzulassungsrückgang auf dem westeuropäischen Gesamtmarkt um 3,3% in den ersten fünf Monaten konnte BMW im gleichen Zeitraum 5,1% mehr Fahrzeuge verkaufen und den Marktanteil somit von 3,3% auf 3,5% ausbauen. Ähnlich ist die Entwicklung in den USA, dem mit einem Absatz von 28% mittlerweile wichtigsten Absatzmarkt für die Münchener (noch vor Deutschland mit 24%). Dort wurden im gleichen Zeitraum insgesamt 6% weniger Fahrzeuge verkauft, während BMW, beflügelt durch den X5, 18% mehr absetzen konnte. Im Juni stieg der US-Absatz sogar um 32%. Nach Schätzungen von BMW wird sich die Premiumklasse auch langfristig überdurchschnittlich entwickeln. In den kommenden 10 Jahren soll dieses Segment um 50% wachsen, während der Volumenbereich „nur“ um 25% expandieren soll.

Allerdings wird vor diesem Hintergrund das Produktangebot anderer Hersteller und damit auch der Konkurrenz- und Preisdruck zunehmen. Nach einem fulminanten 1. Hj. mit nahezu einer Verdreifachung des Konzernergebnisses sollte BMW für das 2. Hj. den Rückwärtsgang einlegen. Hauptgründe sind die erwarteten Einbußen bei BMW-Automobile und der Wegfall der positiven Basiseffekte durch die Rover-Verluste. Der kurzfristige Margen– und Ertragsrückgang ist jedoch kein Grund zur Sorge, sondern das Resultat der Wachstumsstrategie. Sobald die neuen Modelle eingeführt sind, werden sich die hohen Investitionen auszahlen. BMW weist im Vergleich zur Konkurrenz zwar deutlich höhere Bewertungsparameter auf, was jedoch auf Grund der Produktstruktur, der Renditestärke und der starken Markenstellung durchaus gerechtfertigt ist. Ein Investment im Bereich von 30 Euro sollte sich deshalb langfristig **lohnen.**

Volkswagen – Gewinnsteigerung durch Kosteneinsparungen

Als Massenhersteller mit beträchtlichem USA- und Emerging Markets-Anteil ist VW stark vom konjunkturellen Abschwung betroffen. Zudem bedroht der Mangel an neuen Volumenmodellen die 2002er Performance in den ohnehin schwachen Kernmärkten. Dennoch sehen wir VW als globalen Automobilhersteller mit einem breiten Markenportfolio strategisch gut positioniert. Allerdings ist zu bedenken, dass der Vorstoß ins Luxussegment aktuell und in den kommenden Jahren mit sehr hohen Forschungs- und Entwicklungskosten einher gehen wird.

Auch sollte es gerade im oberen Segment immer schwieriger werden, die Marken VW und Audi unterschiedlich zu positionieren. So besteht die Gefahr, dass VW der profitablen Tochter Audi das Wasser abgräbt. Denn gerade in der Oberklasse hat Audi mit dem A8 einen sehr schweren Stand. Das Auto ist nach Händlerangaben auf Grund seines Alters aktuell nur sehr schwer zu verkaufen und der Nachfolger ist erst Ende 2002 in Sicht. Darüber hinaus wird der neue 7er von BMW ab November die Konkurrenz noch deutlich erhöhen, so dass das Flaggschiff von Audi noch eine längere Durststrecke vor sich haben dürfte.

VW will insbesondere durch Restrukturierungsmaßnahmen das Ergebnis weiter steigern. Zum einen soll dies unverändert durch die weitere Umsetzung der Plattformstrategie erfolgen, wobei insbesondere im 0-Segment (u. a. Skoda Fabia, Seat Ibiza und VW Polo) noch Potenziale zu heben sind. Der andere große Pfeiler ist die angekündigte Modulstrategie. Dabei werden gleiche Module in verschiedenen Fahrzeugklassen Verwendung finden. So können beispielsweise gleiche Motor- und Getriebekombinationen sowohl im Polo als auch im Golf und Passat eingesetzt werden. Vorteile liegen hierbei in der Reduzierung der Teilevielfalt, geringeren Entwicklungsaufwendungen und Skaleneffekten beim Einkauf. Das Einsparvolumen wird in 10 Jahren von VW auf einen einstelligen Milliarden DM-Betrag beziffert. Bereits im Vorfeld der IAA hat VW die Erwartungen bezüglich einer Vorsteuerrendite von 6,5% für das laufende Jahr nach unten revidiert. Die Ankündigung von Produktionskürzungen in Deutschland und Brasilien deuten bereits darauf hin, dass das Abschiedsjahr von **Ferdinand Piech** alles andere als gut wird. VW ist als Massenhersteller und durch seine regionale Umsatzverteilung erheblich von der Verunsicherung durch die Terroranschläge in den USA betroffen. Deshalb ist die Aktie trotz des Kursverfalls **kein Kauf.** Wir trauen dem Papier lediglich eine Marktperformance zu.

Porsche auf der Überholspur

Als Nischenanbieter im Luxussegment weist Porsche trotz seiner hohen US-Abhängigkeit durchaus gute Geschäftsaussichten auf. Die Gefahr, dass infolge der Terroranschläge Luxusartikel verschmäht werden, ist unseres Erachtens nur kurzfristiger Natur. Der Trend zu höherwertigeren und damit margenstärkeren Modellen hält unverändert an. Im laufenden Geschäftsjahr werden allein über 4 000 911er Turbos abgesetzt, nach 1 605 im Vorjahr. Und im folgenden Jahr wird der GT2 folgen, der noch einmal 50 000 Euro teurer als der Turbo (120 000 Euro) sein wird. Auch wenn Porsche keine Margen für die einzelnen Modelle publiziert, so dürften diese beim Turbo doch bei über 20% und beim GT2 nochmals deutlich darüber liegen.

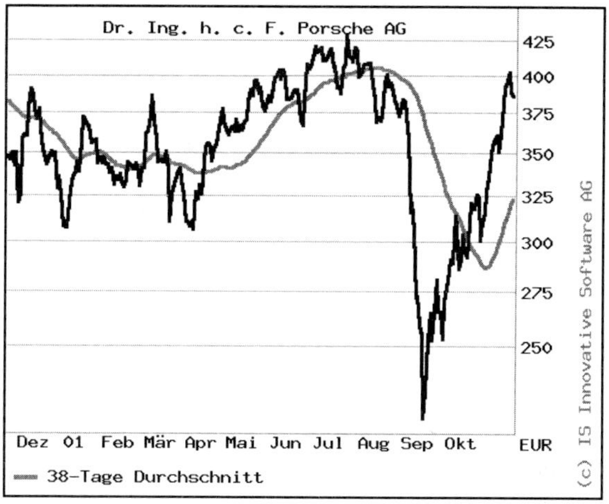

Für das Geschäftsjahr 2001/02 rechnen wir trotz erheblicher Aufwendungen für den neuen Geländewagen Cayenne mit weiterem Wachstum bei Umsatz und Ertrag. Neben der ungebrochenen Nachfrage nach den Produkten wird die Verbesserung des Mix, welche insbesondere durch das Spitzenmodell 911 Turbo erreicht wird, die Gewinne und Margen positiv beeinflussen. Mit dem sportlichen und geländegängigen Mehrzweckfahrzeug „Cayenne" wird Porsche bereits ab Februar 2002 in neue Umsatz- und Ergebnisdimensionen vorstoßen. Wir erwarten einen Umsatz- und Ergebnisschub um über 30% bzw. 50% in 2002/03. Auf Grund seiner langfristigen Währungsabsicherung ist Porsche nicht von einer weiteren eventuellen Aufwertung des Euro betroffen. Im Gegenteil: Der Sportwagenhersteller rechnet nach eigenen Angaben mit einem signifikanten Ergebnisbeitrag infolge der derzeitigen Absicherungsstrategie für das laufende Jahr. Porsche kann seine Ausnahmestellung auch in Krisenzeiten unter Beweis stellen. Auch der befürchtete MDax-Rauswurf konnte dem Unternehmen nichts anhaben. Der Kursrückgang war unseres Erachtens zu stark. Deshalb bleibt Porsche nach wie vor ein **Kauf.** Das mittelfristige Kursziel liegt bei 460 Euro.

Europäische Konkurrenz vor ungewisser Zukunft

Unter den übrigen größeren europäischen Automobilunternehmen befinden sich mit **PSA Peugeot Citroen, Fiat** und **Renault** nur noch Massenhersteller, die derzeit auf Grund der miserablen Konjunkturaussichten um ihre Marktposition hart kämpfen müssen. Eine Sonderstellung nimmt hier jedoch PSA Peugeot Citroen ein. Als Nummer zwei (Marktanteil von 13,7%) in Europa nehmen die Franzosen eine komfortable Position ein. PSA ist am Markt durch die beiden etablierten Marken Peugeot und Citroen insbesondere in Westeuropa sehr gut aufgestellt. Frankreich als Heimatmarkt mit 33,8% Umsatzanteil, Großbritannien (13,5%), Spanien (12,5%), Deutschland (8,9%) und Italien (6,4%) vereinen rund 75% der Umsätze auf sich. In der gegenwärtig schwachen Verfassung des US-PKW-Marktes profitiert PSA davon, dort nicht präsent zu sein. Darüber hinaus hat Peugeot rechtzeitig den Dieselboom erkannt und dementsprechend Kapazitäten aufgebaut. Als Modellneuheiten präsentierte Peugeot die Markteinführung des 307 als Nachfolger des sehr erfolgreichen 306. Zudem stehen der Minivan 806 im Oktober sowie der 107 im wichtigen Kleinwagensegment und der 407 Mitte 2003 an. Die Polster, die sich die Westeuropäer in den ersten neun Monaten aufgebaut haben, sollten ausreichen, die Ziele für 2001 erreichen zu können. Bei einem marginalen Umsatzanstieg rechnen wir mit einem operativen Ergebnis von 2,6 Mrd. Euro. Auf dem aktuellen Niveau stellt sich die Aktie gemessen an den fundamentalen Kennzahlen als attraktiv bewertet dar. Eine gute Marktpositionierung, ein hervorragender Modellmix, chancenreiche Markteinführungen sowie weitere Produktivitätsfortschritte sollten dem Papier zu einer Outperformance verhelfen. Mit einem Kursziel von 70 Euro ist Peugeot ein **Kauf.**

Rückschlagsrisiken sehen wir dagegen bei den Konkurrenten Fiat und Renault. Die Italiener warteten in diesem Jahr bereits mit einer Gewinnwarnung auf. Vor allem das Baumaschinengeschäft von CNH hat sich nach einem überraschend positiven 1. Hj. deutlich verschlechtert. Zudem erzielt Fiat etwa ein Drittel seiner Erlöse in den Emerging Markets Brasilien, Argentinien, Polen und der Türkei. Insbesondere die Märkte in Polen und in der Türkei befinden sich jedoch in einer einschneidenden Krise. Auch die Produktpipeline lässt zu wünschen übrig: Für die nächsten Jahre sind bis auf einen Nachfolger für den Brava/Bravo kaum neue Modelle zu erwarten. Fiat hat unter den europäischen Autobauern den schwersten Stand. Deshalb sollten Sie Kurssteigerungen zum Ausstieg nutzen. Renault steht ebenfalls keine einfache Zukunft bevor. Dem zunehmenden Gebot der Globalisierung als Automobilhersteller kam Renault im Jahr 1999 nach, als sich die Gesellschaft mit 36,8% an Nissan beteiligte und damit der starken Europa-Fokussierung ein Ende bereitete (Kaufpreis rd. 5 Mrd. Euro). Die hieraus resultierenden Vorteile ergeben sich u.E. vor allem in zweifacher Hinsicht: Zum einen muss die sehr gute regionale Ergänzung bzw. Expansion in bis dato unerschlossene Märkte hervorgehoben werden. Auf einen Schlag erhielt Renault Zugang zum amerikanischen PKW-Markt (im Moment sicherlich kein Vorteil) mit 4,4% Marktanteil sowie in Japan (17,0% Marktanteil). Zum anderen ergeben sich bedeutende Synergieeffekte auf der Kostenseite. Probleme haben die Franzosen jedoch mit ihrer alternden Modellpalette. Zudem wurde der Trend hin zum Dieselfahrzeug völlig verschlafen. Inzwischen wurde aber der Ernst der Lage erkannt und die Kapazität von 800 000 auf 1,4 Mio. Motoren ausgeweitet. Da die

Zukunftsaussichten nicht rosig sind und es im Branchenvergleich attraktivere Investmentchancen gibt, sollten Sie die Aktie an guten Tagen **verkaufen.**

Zulieferer- und Ausrüsterindustrie im Wandel

Die technologischen Neuerungen im Fahrzeug ergeben sich aus den ständig steigenden Anforderungen und Zwängen von Endkunden, Herstellern und Zulieferern. Aber auch der Gesetzgeber, die Umweltlobby sowie gesellschaftliche Entwicklungen bestimmen die Innovationsgeschwindigkeit. Vor allem der Wettbewerbs- und Kostendruck in der Industrie zwingt Automobilhersteller, Zulieferer und Ausrüster gleichermaßen zu kosteneinsparenden Weiterentwicklungen von Produktion und Montage. Dazu kommen externe Faktoren wie die Rohstoffverknappung sowie der Umwelt- und Emissionsschutz, die strengere gesetzliche Regelungen mit sich bringen. Auch die individuellen Bedürfnisse des Endkunden lösen technologische Innovationen aus. Immer mehr Funktionalitäten hinsichtlich Komfort, Prestige, Sicherheit, Kommunikation und Individualität haben im gesamten Fahrzeugbau eine Fülle von Innovationen zur Folge. Dabei werden Innovationen in erster Linie durch den Einsatz von Elektronik sowie neuer Werkstoffe und Fertigungstechnologien realisiert. Beispiele sind elektronische Komponenten für alle Module des Fahrzeugs, vor allem bei Fahrwerk, Antriebsstrang und Motor. Allein in Europa steht dies für ein Marktvolumen von ca. 3,5 Mrd. Euro. Doch nicht nur die Komponenten, auch der Fahrzeugbau selbst wird revolutioniert. Die Grenzen von Modulen und Systemen im Automobil sowie ihre Schnittstellen werden neu definiert, um Komplexität zu reduzieren und Kosteneinsparungen zu realisieren. Dies wird die Zulieferlandschaft im kommenden Jahrzehnt dramatisch verändern. Neue Spieler werden in den Markt eintreten, um profitable Nischen zu besetzen. Gut positioniert als Volumenanbieter ist **Edscha.** Das Unternehmen verfolgt eine Kostendegressions-Strategie, um in seinen Segmenten hohe Marktanteile erzielen zu können. Der globale Nischenplayer ist international bestens aufgestellt. Im Segment Türscharniere und in der Nische der Karosseriebauteile ist Edscha weltweit marktführend.

Auch bei Verdecksystemen für Cabrios nimmt Edscha eine führende Position ein. Besonders dieser wachstumsstarke Bereich zeigt sich nahezu resistent gegen die abflauende Autokonjunktur. Vor diesem Hintergrund und der günstigen Bewertung **empfehlen** wir die Aktie langfristig orientierten Anlegern zum **Kauf.**

Zudem gefallen uns die Zulieferunternehmen, die rechtzeitig die Anforderungen des Marktes richtig antizipiert haben. Hier fällt uns vor allem **Beru,** der Weltmarktführer für Diesel-Kaltstarttechnologie, auf. Trotz der sich spürbar abkühlenden Konjunktur in den USA und Europa brummt das Geschäft. Auch von der Zukunft verspricht sich der Nischenplayer noch einiges. So soll der Umsatz bereits im Geschäftsjahr 2003/04 die (DM-)Umsatzmilliarde durchbrechen. Tragende Säulen dieser Entwicklung werden nach eigenen Angaben neben der Dieselkaltstarttechnologie vor allem die neuen Geschäftsfelder Elektronik und Sensorik sein. Die Hoffnungen ruhen allerdings auf dem Bereich Reifendruckkontrolle. Vor dem Hintergrund, dass in den USA die Drucküberprüfung gesetzliche Pflicht wird, besteht für Beru ein gigantisches Umsatzpotenzial. Die Umsatzplanungen für dieses Segment für das Gj. 03/04 von 75 bis 100 Mio. Euro scheint konservativ. Die Internationalisierung schreitet erfolgreich voran. Mit Übernahmen in Mexiko, Korea und Spanien wurden lukrative Absatzmärkte erschlossen. Beru ist die Coca-Cola oder die Microsoft der Automobilzulieferindustrie. Diese Ausnahmestellung besitzt das Unternehmen durch eine Bruttomarge von über 20% und durch die Weltmarktführerschaft im Bereich der Dieselkaltstarttechnologie. Das Unternehmen kann dadurch voll an der „Neuentdeckung" des Dieselmotors partizipieren. Aus fundamentaler Sicht ist Beru bei einem 02er KGV von 12 billig zu haben. Deshalb ist das Papier für uns ein **klarer Kauf.**

Continental mit platten Reifen

Vor einer weitaus schwierigeren Zukunft steht Continental. So musste der Hersteller von Reifen und Fahrwerkssystemen in den ersten neun Monaten einen saftigen Gewinnrückgang hinnehmen. Wesentliche Gründe für den deutlichen Ergebniseinbruch von 70% sind fortgesetzte Verluste (kumuliert 77 Mio. Euro in den ersten neun Monaten) im amerikanischen Reifengeschäft (Continental Tire North America), der anhaltende Preisdruck im Geschäft mit Lkw/Pkw-Reifen, der durch Materialpreissteigerungen verstärkt worden ist, ein bisher unter den Erwartungen liegendes Geschäft mit Winterreifen sowie generell die Nachfrageabschwächung im Zuge der weltweit eingetrübten Konjunkturperspektiven. Mit einem Kostensenkungsprogramm, das erst noch konkretisiert werden muss, und der Reduzierung der Investitionen will Conti-Chef **Manfred Wennemer** die Kohlen aus dem Feuer holen und den Traditionskonzern auf den Erfolgspfad zurückführen. Allein im kommenden Jahr ist bei den Investitionen eine Reduzierung im dreistelligen Mio. Euro-Bereich geplant. Die Innovationsfähigkeit sieht Wennemer dadurch nicht gefährdet. Falls die Restrukturierungen im 4. Quartal 01 greifen, ist zumindest mit einer Steigerung beim operativen Ergebnis zu rechnen. Zusätzlich werden die ins nächste Jahr verschobenen Modelleinführungen wie der Ford Explorer oder Navigator für einen positiveren Geschäftsverlauf im 1. Hj. 2002 sorgen. Kummer bereitet dagegen vor allem das Reifengeschäft in den USA. Die Margen im Erstausrüstungsgeschäft (Marktanteil rd. 13%) sind zwar nicht riesig, aber auskömmlich. Schlimmer dagegen das Ersatzgeschäft (MA: 6 bis 7%). Hier wird Conti wohl größere Abstriche machen müssen. Insgesamt stellt der neue Vorstandschef aber ausnahmslos alle Unternehmensbereiche auf den Prüfstand, um Schwachstellen auszumerzen. Werden die dann gesteckten Ziele innerhalb der nächsten 1 bis 2 Jahre nicht erreicht, droht der „Exitus". In Zeiten schwieriger Bedingungen im früheren Kerngeschäft geht nun unter neuer Führung Profitabilität vor strategischen Überlegungen. Aktuell sehen wir an der „Baustelle" Conti für Sie als Anleger noch keinen Handlungsbedarf. mn

Unsere Favoriten in der Auto-Branche

Name	WKN	Kurs 20.11.	EPS 2002	KGV 2002	Anlageurteil
DaimlerChrysler	710 000	46,85	2,30	20	Kaufen
BMW	519 000	38,82	2,50	15	Akkum.
VW	766 400	50,40	6,05	8	Halten
Porsche	693 773	393,00	20,30	19	Kaufen
Peugeot	852 363	49,80	6,60	8	Kaufen
Renault	893 113	40,00	3,60	11	Reduzieren
Fiat	860 007	17,35	0,70	25	Reduzieren
Continental	543 900	14,35	1,00	14	Halten
Beru	507 210	46,50	3,850	12	Kaufen
Edscha	563 300	17,35	2,90	6	Kaufen

Maschinenbau – Von der Konjunkturdelle kalt erwischt

Selbst der lange Zeit sehr robuste Anlagen- und Maschinenbau bekommt die Folgen der weltweiten Konjunkturdelle deutlich zu spüren. Dabei fielen die nackten Zahlen zu Umsatz und Produktion vor allem in der 1. Jahreshälfte zumeist noch recht erfreulich aus. Das lag aber vor allem an den nachlaufenden Effekten des boomenden Vorjahres. Im Jahr 2000 konnten die Maschinenbauer in Deutschland die Produktion um 7,2% steigern und damit den Aufwärtstrend der vergangenen Jahre weiter fortsetzen. Der Auftragseingang legte sogar um 17% zu, getragen von einer boomenden Nachfrage aus dem Ausland (+24%).

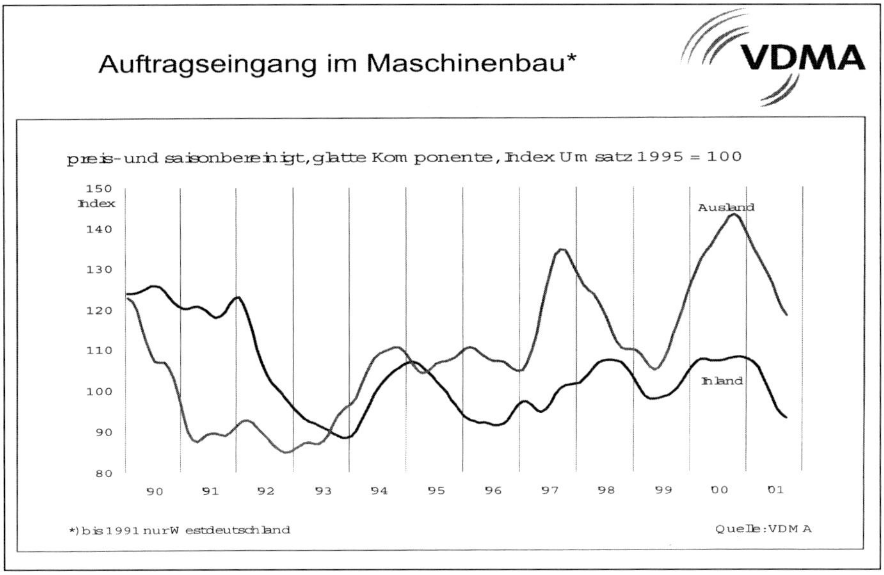

Von dieser Flut an Aufträgen lebte die Branche bis weit in das laufende Jahr hinein. Prall gefüllte Orderbücher ließen den Einfluss der wirtschaftlichen Entwicklung auf die Quartalszahlen zur Makulatur werden, da die Aufträge größtenteils einfach „nur noch" abgearbeitet werden mussten. Dementsprechend optimistisch gab sich lange Zeit auch der **VDMA** (Verband Deutscher Maschinen- und Anlagenbau e.V.) und hielt seine Prognose eines Produktionsplus von 5% bis in den Herbst hinein aufrecht. Im September dann musste diese erwartete Steigerungsrate aber auf nur noch 3% nach unten korrigiert werden.

Grund für diese Revision waren vor allem die bereits seit Ende 2000 sinkenden Aufträge aus dem Ausland. Die konjunkturelle Abkühlung insbesondere in den USA und Asien hat die Auftragseingänge stark einbrechen lassen. Im September musste im Monatsvergleich ein preisbereinigter Rückgang um 15% verbucht werden – im geglättetenen Quartalsvergleich (Q3) gingen die Auftragseingänge um 14% zurück. Während die Schwäche anfangs hauptsächlich vom Ausland ausging (Rückgang ggü. dem 3. Quartal: 16% - Inland „nur“ 13%), beschleunigte sich auf Monatsbasis auch die Flaute im Inland (Auftragseingang -20% - im Ausland „nur“ -12%).

Da sich in der Maschinenbaubranche die konjunkturelle Entwicklung erst mit einer gewissen zeitlichen Verzögerung in den Umsätzen widerspiegelt, sieht die Prognose für 2002 alles andere als rosig aus. So erwartet der VDMA für das kommende Jahr einen leichten Produktionsrückgang um 2%. Der für das Frühjahr erhoffte Aufschwung bei den Auftragseingängen wurde zudem um 3 bis 6 Monate nach hinten verlagert. Vor dem Hintergrund der von uns erwarteten längeren Konjunkturschwäche halten wir selbst diese Prognose noch für recht optimistisch und eine weitere Revidierung nach unten für wahrscheinlich. So beruhen auch die vom VDMA erwarteten positiven Wachstumsraten für 2003 lediglich auf der Hoffnung, dass die expansive Geld- und Fiskalpolitik weltweit in eine kräftige Konjunkturerholung mündet. Potenzial für weitere Enttäuschungen ist also durchaus vorhanden.

Bei der Analyse der nach Umsätzen zweitgrößten Branche in Deutschland (nach der Autoindustrie) konzentrieren wir uns – entgegen unserer sonstigen Vorgehensweise - ausschließlich auf deutsche Unternehmen. Zum einen gibt es im restlichen Europa kaum nennenswerte, börsennotierte Branchenvertreter. Zum anderen ist Deutschland mit einem Anteil von über 40% das eindeutig dominierende Maschinenbauland in Europa und zählt auch im Welthandel (18,1% Marktanteil) zu den führenden Anbietern.

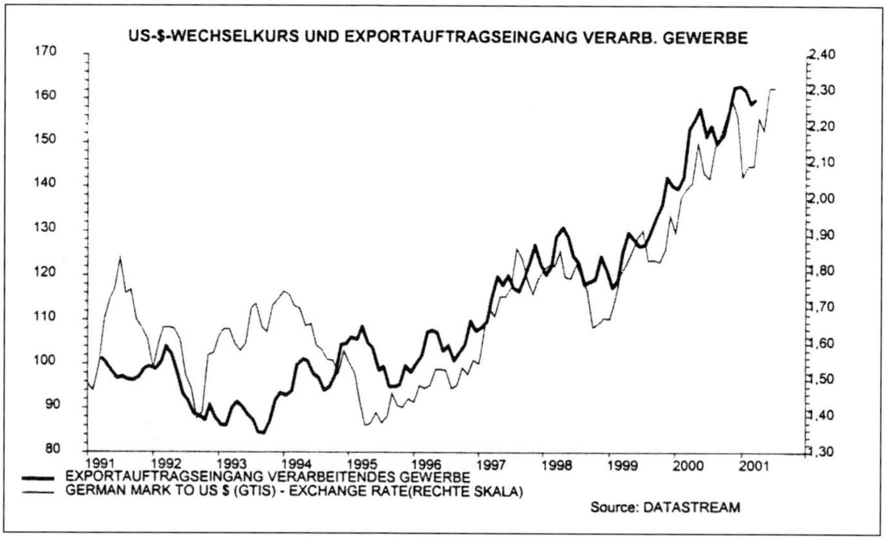

Getragen wird der deutsche Maschinenbau vor allem vom Export. Mit einer Quote von 64% waren die deutschen Maschinenbauer die Exportweltmeister im

Jahr 2000. Dabei konnten die USA mit deutlich über 10% den Löwenanteil auf sich verbuchen – was mit Blick auf die Entwicklung in den USA die Aussichten für die kommenden Monate nicht gerade verbessert. Zudem könnte mit der von uns erwarteten Stabilisierung des Euros ggü. dem US-Dollar ein weiterer positiver Faktor wegfallen. Wie die Grafik deutlich zeigt, wurde der Aufschwung der vergangenen Jahre stark positiv von dem starken Dollar beeinflusst. Bei aller allgemeinen Skepsis muss die Entwicklung in den einzelnen „Unterbranchen" schon noch differenziert betrachtet werden. Viele Unternehmen zeichnen sich durch eine extrem hohe Spezialisierung aus und erleben in den Nischenmärkten, in denen sie tätig sind, zumindest teilweise eine Sonderkonjunktur. So ging z.B. die Produktion von Maschinen zur Metallerzeugung im 1. Halbjahr um fast 20% zurück, während die Fertigung von Maschinen für das Papiergewerbe um rd. 20% zulegen konnte. Der Blick ins Detail darf hier also keinesfalls fehlen.

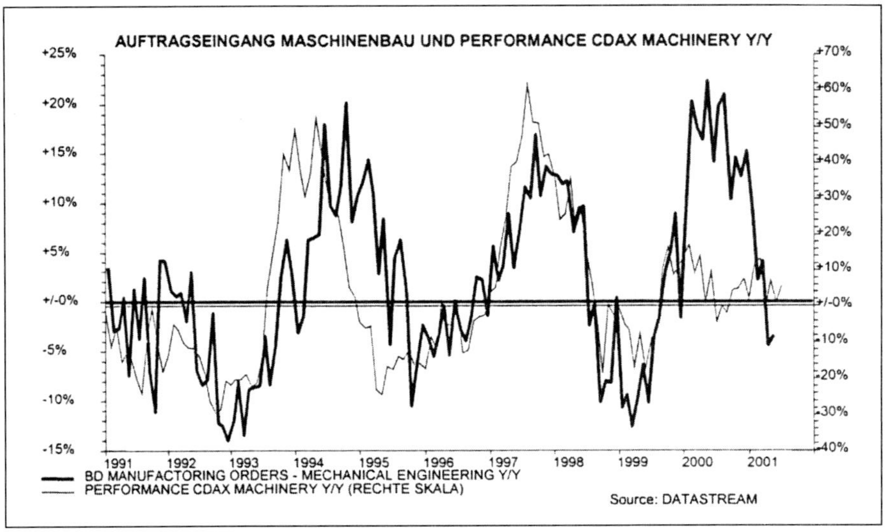

Bei der Analyse der Unternehmen aus dem Maschinenbausektor stellt sich natürlich wie so oft die Frage, inwieweit die Zukunft schon in den Kursen eingepreist ist. Die fundamentalen Daten sprechen eindeutig gegen ein Investment in diese recht zyklischen Werte. Zudem haben einige Aktien das Problem geringer Börsenumsätze, was sie für institutionelle Anleger uninteressant macht. Auf der anderen Seite stehen aber die vergleichsweise niedrige Bewertung, eine oftmals hohe Dividendenrendite sowie verstärkt aufkommende Übernahmefantasie (s. z.B. FAG Kugelfischer). Wie unsere Grafik zeigt, haben sich die Aktien aus der Maschinenbaubranche lange Zeit analog zu den Auftragseingängen entwickelt. Eigentlich logisch, weil sowohl die Auftragseingänge als auch die Börsenkurse der tatsächlichen Entwicklung zeitlich vorgreifen. Der starke Anstieg der Aufträge im Jahr 2000 wurde von der Börse aber nur in sehr geringem Maße nachgezeichnet, was durch die damalige grenzenlose Euphorie für Aktien aus dem TMT-Sektor zu erklären ist. Von daher erscheint auch das Rückschlagpotenzial begrenzt, zumal sich bei vielen Anlegern wieder der Trend zu sog. Value-Aktien abzuzeichnen scheint. Zudem haben viele Unternehmen aus der Krise Anfang der 90er Jahre gelernt und die Renditekennzahlen deutlich nach oben geschraubt. Vor allem die überdurchschnittlichen Forschungsbemühungen der deutschen Maschinenbauer („Patentweltmeister") zeigen den Trend zu verstärkter Renditeorientierung. So konnten sich die deutschen Unternehmen z.B. bei der Bruttoumsatzrendite durch überdurchschnittliche Steigerungsraten in den vergangenen Jahren wieder bis ins internationale Mittelfeld vorarbeiten. Die immer noch nicht als optimal zu bezeichnenden Bedingungen für deutsche Firmen (u.a. Thema Lohnzusatzkosten) begrenzt jedoch mögliche weitere Verbesserungen.

In der Summe bewerten wir den Sektor Maschinenbau im allgemeinen als Market Performer mit begrenztem Abwärtspotenzial, wobei sich bei den einzelnen Unterbranchen und den Unternehmen selber natürlich noch Unterschiede auftun. Generell wird aber erst ein Stabilisieren bzw. Anziehen der konjunkturellen Frühindikatoren einen deutlichen Kursanstieg in der Breite ermöglichen. Wir haben uns bei der Analyse der Einzelwerte allerdings bewußt auf die großen, bekannten und auch die aussichtsreichsten Werte konzentriert, so dass das Stimmungsbild bei den besprochenen Aktien etwas optimistischer ausfällt.

Einzeltitel unter der Lupe

MAN

Von der zusammenbrechenden Konjunktur voll erwischt worden ist der Investitionsgüterkonzern **MAN.** Gleich zweimal musste Unternehmenslenker **Rudolf Rupprecht** die Ziele für das Gesamtjahr 2001 neu formulieren. Statt des ursprünglich geplanten Ergebnisrückgangs von 10% (ggü. dem Rekordjahr 2000) soll das prozentuale Minus beim EBT nun über 70% betragen. Alles auf die schwache Konjunktur zu schieben, ist in diesem Fall aber zu kurz gedacht – zumal die Münchener im angeschlagenen US-Markt nur zu 9% vertreten sind (70% Europa). MAN belasten vielmehr neben den allgemeinen Schwierigkeiten auch gravierende hausgemachte Probleme.

Hauptsorgenkind ist der mit rd. 40% Umsatzanteil einflussreichste Bereich der Nutzfahrzeuge. Hier kämpft die gesamte Branche mit einer sich stark abschwächenden Nachfrage. Im Oktober wurden nach Angaben des Branchenverbandes VDA in Europa 20% weniger LKW über 6 Tonnen bestellt als im Vorjahr (in Deutschland gar 27%). Beim Fight um Marktanteile wird umso mehr mit harten Bandagen gekämpft, die zu Preiszugeständnissen und damit auch zu sinkenden Margen führen. Hinzu kommen MAN-spezifische Faktoren wie die unverhältnismäßig hohen Kosten durch die parallele Fertigung von 2 Baureihen (neben der neuen Trucknology-Generation auch weiterhin die alte F2000-Baureihe). Als „Krönung“ muss dann auch noch die Kröte geschluckt werden, dass wegen nachträglich ans Licht gekommener Bilanzfälschung bei der englischen LKW-Tochter ERF ein (noch nicht genau zu beziffernder) Schaden in zweistelliger Mio.-Höhe das Ergebnis verhageln wird.

Obwohl (oder vielleicht gerade weil) die aktuelle fundamentale Lage alles andere als erfreulich ist (auch die Aussichten z.B. bei der bislang noch überzeugenden Druckmaschinen-Tochter MAN Roland sind für 2002 alles andere als rosig), steckt in der Aktie in den kommenden Monaten einiges an Fantasie. Die Probleme dürften mit Hilfe der durchgeführten drastischen Maßnahmen (u.a. starker Personalabbau) in den Griff zu kriegen sein. An dem langfristigen (ambitionierten) Ziel, in den kommenden 5 Jahren den Umsatz um 50 bis 100% zu steigern und dabei eine durchschnittliche EBT-Marge von 5% zu erreichen, wird jedenfalls weiter festgehalten. Für 2002 gehen die Münchener von einer spürbaren Ergebnisverbesserung aus – 2003 wird dann wieder die Kapitalrendite aus dem Gj. 99/00 angepeilt.

Die altbekannten Gerüchte über eine drohende Aufspaltung des Konzerns sind aber nicht vom Tisch. Sowohl mit Blick auf die Steuerreform als auch vor dem Hintergrund der veränderten Kriterien für den Verbleib im Dax (Streubesitz!) sollte Interesse an einer (schon oft geforderten) „Lösung“ bestehen. Die Regina Verwaltungsgesellschaft, bestehend aus der Allianz-Gruppe, der Münchener Rück und der Commerzbank, besitzt zusammen über 36% der Stimmrechte. Ein (steuerfreier) Verkauf kann zumindest nicht gänzlich ausgeschlossen werden, falls sich nicht endlich Anzeichen einer nachhaltigen Kurserholung ergeben. Für viele Analysten ist die Sache klar: In der Sum-of-the-parts-Betrachtung liegt der Wert des Unternehmens deutlich höher als das aktuelle Kursniveau. Eine Fokussierung auf Teilbereiche bzw. die Abspaltung einzelner Segmente würde sich also anbieten.

Denkbar sind u.a. Fusionen/Übernahmen oder Kooperationen im Druckmachinenbereich (Heideldruck oder König & Bauer) sowie in der konsolidierenden LKW-Branche. Mit dem holländischen Hersteller DAF/Paccar wurden bereits Gespräche geführt (und abgebrochen) und auch VW hat schon öfter Interesse angemeldet. MAN selber hat bereits Interesse an einer Zusammenarbeit mit der schwedischen Scania bekundet. Das Problem dabei ist, dass MAN bei einem möglichen Zusammenschluss auf jeden Fall die unternehmerische Führung behalten will.

Unterm Strich sehen wir die fundamentalen Probleme noch lange nicht als gelöst an, so dass es durchaus auch 2002 noch zu Plankorrekturen kommen kann. Auf Grund der angesprochenen Fantasie überwiegen u.E. aber die Chancen, so dass Sie Kurse im Bereich um 20 Euro zum **Einstieg** nutzen sollten. Als Stopp-Kurs empfehlen wir eine Range von 16/17 Euro.

Linde

Die ebenfalls im Dax vertretene Linde-Aktie hat mittlerweile ein Niveau erreicht, das im historischen und Branchen-Vergleich durchaus als günstig zu bezeichnen ist. Trotzdem kommt das Papier nicht so recht vom Fleck. Dies könnte sich 2002 aber ändern.

Nach der Übernahme der schwedischen AGA (Fokussierung auf den bereich technische Gase) im Jahr 1999 ist das Ergebnis des Linde-Konzerns vor allem durch gestiegene Zinsaufwendungen und hohe Goodwillbelastungen geprägt worden. Unterm Strich (EPS) machte sich zudem die gestiegene Aktienanzahl (in Folge der Übernahme) negativ bemerkbar. In den kommenden Jahren dürften diese Effekte aber zu Gunsten der aus der Übernahme resultierenden Synergien in den Hintergrund treten. Nachdem die Integration von AGA erfolgreich verlaufen ist, erscheint das angestrebte Ziel, in diesem Geschäftsfeld bis 2003 eine EBITDA-Marge von 30% zu erreichen, durchaus realistisch.

Die technischen Gase sind es auch, die für die größte Fantasie bei Linde sorgen. Mit 44% Umsatzanteil und sogar 60% Anteil am EBITDA darf das Gase-Geschäft mittlerweile eindeutig als Kernaktivität der Hessen bezeichnet werden. Durch die Fokussierung auf dieses margenstarke Segment erwarten wir auch für die kommenden Jahre wieder deutliche Gewinnsteigerungen – falls nicht die schwache Konjunktur einen Strich durch die Rechnung macht. Allerdings sind die Gefahren doch deutlich geringer als bei den meisten anderen Branchenvertretern, da der Bereich technische Gase als vergleichsweise konjunkturresistent gilt. Insbesondere das On-Site-Geschäft (Entwicklung und Bereitstellung der Gase direkt beim Kunden ohne Transportwege) entwickelt sich weiterhin sehr zufriedenstellend.

Probleme könnten sich hingegen bei der wesentlich zyklischeren Fördertechnik (u.a. Flurförderzeuge) ergeben, wenngleich die Marktstellung durch die Kooperation mit der japanischen Komatsu Forklift Ltd. Mitte 2000 hier deutlich gestärkt werden konnte. Mit einem Umsatzanteil von 34% ist dieser Bereich die Nr. 2 bei Linde. Nur etwa 10% zum Geschäft trägt das Sorgenkind der Wiesbadener bei, die Kältetechnik. Da sich hier kaum Synergieeffekte mit den anderen Bereichen ergeben, halten wir eine Trennung von diesem Segment für die logische Konsequenz – vorausgesetzt, die derzeit laufende Phase der Restrukturierung wird wie geplant 2002 erfolgreich abgeschlossen.

Zusätzliche Fantasie könnte langfristig das (durch Patente gesicherte) Know-how im Bereich Wasserstoff bringen (siehe Kapitel Zukunftsbranchen). Als größte Gefahr sehen wir die geplante Ausweitung der Geschäfte in den USA und Asien, da sich diese als sehr zeitaufwändig und/oder teuer herausstellen dürfte. Unterm Strich bewerten wir die Linde-Aktie aber als Outperformer der Branche. Der eher defensive Charakter der Aktie sollte dem Kurs zu Gute kommen. Wenn sich der erwartete Trend zu wieder höheren Wachstumsraten (auch im Nettoergebnis) bestätigt, dürfte auch das Kursniveau wieder zulegen. Kurse im Bereich 40/45 Euro sollten Sie zum **Einstieg** nutzen. Sichern Sie Ihr Investment mit Stopp-Kursen bei 34/36 Euro ab.

Gildemeister

Mit der Gildemeister AG hat ein weiteres Unternehmen aus dem Bereich Maschinenbau jetzt den Sprung in die Top 100 des Deutschen Aktienindex geschafft. Per Ende Dezember wird die Aktie der Bielefelder im MDax vertreten sein. Neben dieser erfreulichen Mitteilung können die Aktionäre auch mit den Geschäftszahlen zufrieden sein. Trotz Konjunkturabschwächung wird das im Jahr 2000 erzielte Rekordergebnis (!) **2001 noch einmal getoppt werden.** Dank einer erfolgreich verlaufenen Messe im September konnte der Werkzeugmaschinenbauer nach 9 Monaten sogar einen zweistellig gestiegenen Auftragseingang (+14%) vermelden (Branchentrend -13%). Allerdings dürfte sich diese Entwicklung so nicht fortsetzen lassen. Selbst mit Messe-Effekt gingen die Auftragseingänge in Q3 nämlich bereits um 14% zurück (Branche im Schnitt –29%). So rechnet Gildemeister bei dieser wichtigen Kennzahl zum Jahresende auch mit leicht zurückgehenden Werten.

Obwohl also auch Gildemeister 2002 mit Rückgängen bei Umsatz und Ergebnis rechnen muss, erscheint uns auch hier das Rückschlagpotenzial der Aktie verhältnismäßig gering. Die konstante Verbesserung des Zahlenwerks hat die Börse in den vergangenen Jahren ebenso stetig ignoriert wie die diversen Investitionen des Unternehmens, die die Produktivität sukzessive verbessern dürften. Effekt: Die Bewertung der Aktie ist so günstig wie lange nicht und die Dividendenrendite (wenn die Ausschüttung, wie in den vergangenen Jahren üblich, konstant gehalten wird) ist weiter attraktiv. Diese beiden Punkte dürften den Kurs selbst bei schwächeren Zahlen nach unten absichern.

Der schon angesprochene Trend hin zu Value-Aktien (auch der Aspekt der Dividendenrendite rückt wieder mehr in den Fokus) könnte 2002 ebenso zu einer Outperformance der Aktie führen wie die immer wieder laut werdenden Gerüchte über einen sukzessiven Aufkauf durch einen strategischen Investor. Vor dem Hintergrund der aktuellen Bewertung und des hohen Streubesitzes (fast

90%) halten wir diese Überlegung durchaus für angebracht. Solch eine Investition braucht vor allem eins – Geduld (noch mal der Verweis auf FAG). In der Summe sehen wir aber die Chancen ganz klar überwiegen. Langfristanleger, die sich auch eine nette jährliche Ausschüttung gönnen wollen, **greifen zu,** bevor es andere tun. Stopp-Kurs bei 6/7 Euro platzieren.

Aixtron

Lange Zeit konnten sich die Aachener damit rühmen, als eines der letzten Unternehmen am Neuen Markt die Erwartungen der Analysten (und auch die eigenen Prognosen) nie zu verfehlen, sondern sogar stetig zu übertreffen. 2002 wird sich dies **ändern.** Mit den (wirklich beeindruckend guten) Zahlen zum 3. Quartal musste Aixtron einen Einbruch bei den Auftragseingängen um happige 47% vermelden. Der Auftragsbestand nach 9 Monaten liegt damit nur noch rd. 16% höher als im Vorjahr. Die lange Zeit vorherrschende Meinung, das Unternehmen könne sich durch seine unangefochtene Führerschaft in einem Wachstumsmarkt (Anlagen zur Herstellung von Verbindungshalbleitern) von der wirtschaftlichen Krise abnabeln, ist damit eindeutig widerlegt worden.

Dass die langfristigen Aussichten der Rheinländer weiter sehr gut sind, ist unbestritten. Die Marktforschungsinstitute prognostizieren den Märkten, in denen Aixtrons Maschinen benötigt werden, weiterhin enorme Wachstumspotenziale (teilweise über 100% p.a. bis 2005). Aber wir alle wissen nicht erst seit dem Platzen der ersten Internet-Blase, wie schnell solche Marktprognosen revidiert werden können. Eine ähnlich drastische Ernüchterung wie im E-Commerce muss hier aber wohl nicht befürchtet werden. Die langfristige Planung von Aixtron, im Schnitt mit 30% pro Jahr zu wachsen, halten wir zwar weiterhin für ambitioniert, aber trotzdem für machbar. Im Jahr 2002 dürfte es aber schwer werden, das 01er-Ergebnis überhaupt noch zu steigern. Sollte die (für den schwachen Auftragseingang verantwortliche) Investitionsbereitschaft der Kunden (darunter namhafte Konzerne wie HP, Lucent, Nortel, Ericsson oder Infineon) nicht schnell wieder anziehen, drohen Umsatz- und Gewinnrückgänge. Bei dem durchschnittlichen time lag zwischen Auftragserteilung und Umsatzrealisierung von rund einem halben Jahr dürfte der Großteil der im noch sehr starken 1. Hj. an Land gezogenen Aufträge bereits verarbeitet sein. Da wir nicht damit rechnen, dass es sich nur um eine kurzfristige Konjunkturdelle handelt, werden die Zahlen von Aixtron 2002 wohl ungewöhnlich „schlecht“ ausfallen.

Für langfristig orientierte Anleger könnte aber genau diese (temporäre) Schwäche eine **gute Einstiegsgelegenheit** bedeuten. Denn ohne Zweifel gehört das Unternehmen mit zu dem Besten, was der Neue Markt zu bieten hat. Auf Dauer kommen gerade institutionelle Anleger an dem (langfristig) wachstums- und margenstarken Unternehmen nicht vorbei. Wenn sich unsere Befürchtungen bestätigen, könnte die Aktie den Bereich um 15 Euro aber durchaus noch einmal testen. Hier sollte sich ein Investment dann aber auszahlen. Investierten Anlegern raten wir momentan, die Aktie mit Stopp bei 12 Euro zu **halten.**

Singulus

Ebenfalls zu den solideren Werten am Neuen Markt gehört die Singulus-Aktie. Allerdings sind die Hessen in einer Branche tätig, die zurzeit in einer echten Krise (zumindest in Teilbereichen) steckt. Ständige Negativmeldungen (Konkursanträge der Konkurrenten **4M** und **Toolex** sowie dauerhafte Verluste von **Steag Hamatech)** haben die Stimmung für den Marktführer bei der Produktion von Anlagen zur Herstellung optischer Discs stark gedrückt. Aber auch das eigene Zahlenwerk litt unter den Folgen des Konjunkturabschwungs und der Unsicherheit der Unternehmen nach den Terroranschlägen. So wird Singulus 2001 bei Umsatz und Ergebnis deutlich unter dem Rekordjahr 2000 bleiben. Während sich das Minus bei den Erlösen auf knapp unter 20% belaufen wird, dürfte der Gewinn noch etwas deutlicher einbrechen. Grund hierfür ist u.a. der aggressive Preiskampf, der von Konkurrenten entfacht wird. Allerdings wird Singulus u.E. nicht den Fehler begehen, das Ziel der Profitabilität mit Blick auf Marktanteilsgewinnung aufzugeben. So wurde folgerichtig auch schon auf die Hereinnahme von Aufträgen mit „unakzeptablen Preisbedingungen“ verzichtet.

Wir begrüßen dieses Vorgehen und sind überzeugt davon, dass das Unternehmen gestärkt aus der momentanen Konsolidierungsphase hervorgehen wird. Im Unterschied beispielsweise zu der ebenfalls am Neuen Markt notierten Steag arbeiten die Hessen auch in der aktuell prekären Lage weiter profitabel und stärken so ihre Ertragskraft, die bei der Konkurrenz mehr und mehr schwindet. Selbst die reduzierten Gewinnschätzungen bedeuten noch eine beeindruckende Nettoumsatzrendite von über 10%. Mit der Ausweitung der Produktion von Anlagen zur Herstellung einmal und mehrfach wiederbeschreibbarer DVDs setzt Singulus u.E. auf das **richtige Pferd** und wird die Margen dadurch weiter steigern können. Mehrere Indikationen aus der Branche weisen darauf hin, dass sich die wiederbeschreibbare DVD gerade in den Bereichen Videos und Spielekonsolen schneller als erwartet durchsetzt.

Zudem wartet der Markt immer noch auf die avisierte Vorstellung des neuen

Geschäftsbereiches. Eine Diversifikation würde, wenn es sich um ein ähnlich margenstarkes Segment handelt, auf jeden Fall Sinn machen. Alles in allem sehen wir Singulus in einem (trotz allem) Wachstumsmarkt gut aufgestellt und erwarten im Laufe des Jahres 2002 eine Rückkehr in die Erfolgsspur – auch bei der Aktie. Die Investitionszurückhaltung von Singulus in den kommenden Quartalen könnte aber durchaus noch mal zu Unsicherheit bei den Anlegern führen. Wir raten Ihnen daher, sich bei Kursen von rd. 24 Euro **auf die Lauer** zu legen. Für mittel- bis langfristig orientierte Anleger sollte sich ein Engagement hier auszahlen. Für Nachkäufe nutzen Sie eventuelle Rückschläge bis auf rd. 20 Euro. Den Stopp-Kurs sollten Sie in der Region um 14/15 Euro platzieren.

Druckmaschinenhersteller – Werbemarkt belastet

Der weltweite Markt für Druckmaschinen wird eindeutig dominiert von deutschen Unternehmen. Neben MAN Roland kämpfen vor allem die Heidelberger Druckmaschinen AG und König & Bauer um Marktanteile. Nach einem extrem starken 1. Hj. 2001 spüren jetzt aber auch diese beiden im MDax notierten Branchenvertreter die sich abschwächende Konjunktur. Ein ganz entscheidender Effekt dabei ist sicher der dramatische Einbruch des Werbemarktes (schwache Entwicklung bei Zeitungen, Zeitschriften und auch der Werbepost), der für eine schwächere Nachfrage nach Druckmaschinen sorgt.

Heideldruck

Voll erwischt hat es dabei Heideldruck, die unlängst ihre Prognosen für das laufende Gj. 2001/02 (bis Ende März) deutlich nach unten korrigieren mussten. Nachdem das Unternehmen gut 1 Monat zuvor noch davon gesprochen hatte, das Niveau des Vorjahres weiterhin anzustreben (eine Zielverfehlung sei jedoch nicht ausgeschlossen), fiel die Planreduzierung dann doch unerwartet stark aus. So sollen die Umsätze nun um 10% sinken – das Ergebnis gar um fast 30% einbrechen. Dabei erlitt das Unternehmen das gleiche Schicksal wie viele andere auch: Die Konjunkturflaute in den USA wurde ganz einfach unterschätzt und als temporäre Schwäche gewertet, der ein schneller und heftiger Aufschwung folgt. Nun hat sich die Krise (verstärkt durch die Folgen der Terroranschläge) ausgedehnt und auch Europa und Asien getroffen. Der für das 2. Hj. avisierte Rückgang bei den Auftragseingängen lässt auch für die nahe Zukunft keinen Wechsel zurück in die Erfolgsspur erwarten.

So sieht es wohl auch Heideldruck selber. Jedenfalls wurden sofort Kostensenkungsmaßnahmen eingeleitet. Mit einem Umsatzanteil von rd. 30% sind die USA auch eine der bedeutendsten Regionen für den Konzern, der mit über 80% ohnehin den Großteil seiner Umsätze im Ausland tätigt. Hier dürfte also die von uns tendenziell etwas schwächer eingeschätzte Entwicklung des Dollars 2002 zusätzliche Belastung bringen bzw. als Unterstützung wegfallen. Besonders hart trifft Heideldruck die Investitionszurückhaltung vieler Unternehmen, weil sich der Bereich Digitaldruck noch mitten in der Aufbauphase befindet und dementsprechend mit Anlaufverlusten zu kämpfen hat. Wenn nun die positiven Effekte aus den anderen Segmenten ausbleiben, sieht es im Zahlenwerk „düster" aus.

Positiv zu erwähnen ist neben der guten Marktstellung (Marktanteil bei Bogen-/Rollen-Offset-Maschinen rd. 40%) vor allem die **gute Bilanzqualität** der Heidelberger. Eine fast auf Null zurückgeführte Nettoverschuldung sowie eine in der Branche überdurchschnittliche EK-Quote von rd. 45% lassen Spielraum für weitere Expansion, die CEO **Bernhard Schreier** nach einer Phase der Konsolidierung bereits angekündigt hat.

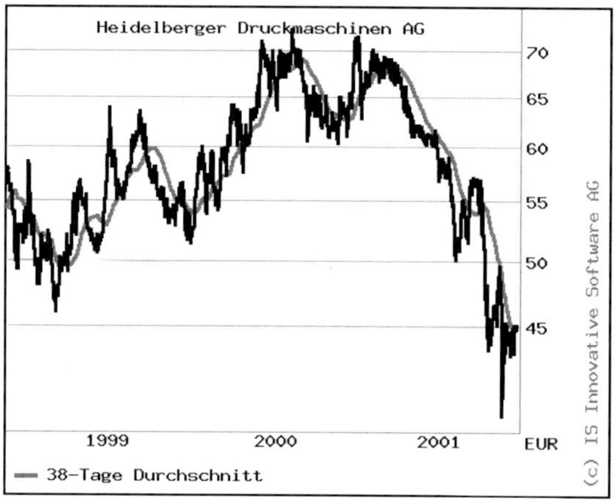

Ziel des Unternehmens bleibt mittelfristig der **Aufstieg in den Dax.** Allerdings bedarf es da noch diverser Aufräumarbeiten in der Aktionärsstruktur. Momentan steht diesem Ziel jedenfalls noch der viel zu geringe (wenn auch durch Teil-Verkäufe des Großaktionärs **RWE** schon leicht erhöhte) Streubesitz entgegen. Die weitere Vorgehensweise des Stromversorgers und der anderen Großaktionäre (Commerzbank, Allianz, Münchener Rück) wird sicherlich eine entscheidende Rolle für die weitere Kursentwicklung der Aktie spielen. Wie sich dies im Endeffekt auswirken wird, kann heute noch nicht abschließend beurteilt werden.

Unterm Strich sehen wir das Potenzial für die Aktie aber eher als begrenzt an, da das Unternehmen mit einer Wachstumsdelle zu kämpfen hat, die wohl **nicht nur auf wenige Quartale begrenzt sein wird.** Zudem antizipiert die im Branchenvergleich recht hohe Bewertung trotz der Kursrückschläge immer noch kräftige Steigerungsraten bei Umsatz und Ergebnis in den kommenden Jahren. Wir raten Ihnen daher, die Aktie bei Kursen um 50 Euro zu **reduzieren.**

König & Bauer

Nicht so hart getroffen hat es (bislang) den MDax-Aufsteiger König & Bauer. Insbesondere 2 Faktoren haben dafür gesorgt, dass an den Planzahlen weiter festgehalten werden konnte. Zum einen spielt das US-Geschäft für die Würzburger bei einem Umsatzanteil von nur gut 10% eine wesentlich kleinere Rolle. Zum anderen lebt das Unternehmen weiterhin recht gut von dem dicken Auftragspolster. So sind die Umsätze für 2001 schon lange im Sack und werden dafür sorgen, dass die Ziele auch erreicht werden, sofern es nicht noch zu Lieferverzögerungen zum Jahresende kommt. Natürlich kann sich aber auch König & Bauer dem Branchentrend nicht ganz entziehen. Die ausbleibenden Aufträge sind aber zumindest teilweise mit noch vorhandenen Bestellungen zu kompensieren. So ist der Bereich Rollenmaschinen (rd. 50% der Umsätze) bereits bis weit in das Jahr 2002 ausgelastet. Einzig bei den Bogenmaschinen könnte es zu Problemen kommen. Hier ist insbesondere bei den Großanlagen die Zurückhaltung der Kunden zu spüren. Nachdem die Fachmesse Print in Chicago (im September 2001) aus verständlichen Gründen nicht die erhofften neuen Impulse gebracht hat, steht hinter der 2002er-Prognose (Wachstum von 3 bis 5% bei Umsatz und Ergebnis der gew. Geschäftstätigkeit) ein dickes Fragezeichen.

Allerdings ändert selbst eine Stagnation oder ein leichter Rückgang 2002 nichts an der Attraktivität der Aktie. Durch die Umstellung auf IAS-Bilanzierung und die wahrscheinlich bis Mitte 2002 anhaltende „Steuerfreiheit“ durch Nutzung von Verlustvorträgen verbessert sich die ohnehin günstige Bewertung zumindest bei der KGV-Betrachtung. Als entscheidend für eine Outperformance der Aktie sehen wir erneut 2 Faktoren: 1. dürfte eine fortschreitende Konsolidierung in der Branche zu verstärkter Fusionsfantasie führen, wobei König & Bauer auf Grund der soliden Bilanzkennzahlen und der vergleichsweise niedrigen Bewertung durchaus zu einem interessanten Übernahmeobjekt (MAN Roland?) werden könnte. 2. ist durch die beschlossene Abschaffung der Vorzugsaktien und die Aufnahme in den MDax die Attraktivität des Papiers auch bei institutionellen Anlegern stark gestiegen. Der zu erwartende Trend hin zu **Value-Aktien** sollte auch den Kurs der König & Bauer-Aktie mittelfristig positiv beeinflussen. Dass sich ein langer Atem auszahlen kann, hat nicht zuletzt das Beispiel FAG Kugelfischer gezeigt, wo nach langer Kursdürre plötzlich ein Übernahmeangebot für deutliche Zugewinne sorgte. **Spekulieren Sie** mit einem etwas längeren Anlagehorizont auf eine vergleichbare Kursentwicklung bei den Würzburgern. Das Risiko nach unten erscheint uns relativ überschaubar. Trotzdem sollten Sie zur Absicherung einen Stopp-Kurs bei 15/16 Euro setzen. tk

Name	WKN	Kurs 20.11.	EPS 2002	KGV 2002	Anlageurteil
Aixtron	506 620	26,85 €	0,50	54	Halten
Gildemeister	587 800	9,03 €	1,05	9	Kaufen
König & Bauer	719 350	24,00 €	3,25	7	Kaufen
Linde	648 300	47,00 €	3,05	15	Akkumulieren
Singulus	723 890	29,30 €	1,05	28	Kaufen

Wehrtechnik: Börsenstürmer nach den Terroranschlägen

Die Terroranschläge auf die USA haben die Welt verändert. Da verwundert es nicht, dass sich seit dem 11.9.2001 auch die Verhältnisse innerhalb bestimmter Branchen völlig umgekehrt haben. Ein Paradebeispiel für diesen Effekt ist die Wehrtechnik. Jahrelang war die Rüstungsindustrie ein Sorgenkind des ansonsten erfolgsverwöhnten deutschen Maschinenbaus. So wurden nach dem Kahlschlag der 90er Jahre noch weitere 6 000 bis 8 000 Stellen abgebaut.

Seit den Terroranschlägen allerdings können zumindest die Großunternehmen auf bessere Zukunftsperspektiven hoffen. Der langfristig angelegte Kampf der USA gegen den Terror lässt vermuten, dass Rüstungsgüter nicht nur über einige Monate, sondern über Jahre hinweg verstärkt gebraucht werden.

Dabei sind allerdings zwei Unsicherheitsfaktoren zu berücksichtigen: **1.** Die jüngsten politischen Entwicklungen kommen in erster Linie Rüstungsunternehmen in den USA zugute. **2.** Die Debatte über einen Einsatz der Bundeswehr im Kampf gegen den Terror macht deutlich, dass es für eine deutsche Regierung gleich welcher politischen Couleur auf unabsehbare Zeit schwierig bleibt, den Verteidigungshaushalt um einen nennenswerten Betrag zu erhöhen. Genau davon hängt aber die künftige Entwicklung der hiesigen Branche ab - denn die deutsche wie auch die europäische Rüstungsindustrie lebt überwiegend von Aufträgen der Regierungen auf dem alten Kontinent. Daher rechnen die deutschen Rüstungsunternehmen sicher nicht zu Unrecht damit, dass sie in den nächsten Jahren weitere 10 000 Arbeitsplätze abbauen müssen.

Rheinmetall (WKN 703 000) hat sich in diesem schwierigen Umfeld hervorragend positioniert und inzwischen zu den internationalen Top 10 aufgeschlossen. So produzieren die Düsseldorfer den Spürpanzer „Fuchs". Dabei handelt es sich um ein dreiachsiges, leicht gepanzertes Fahrzeug zum Nachweis atomarer, biologischer und chemischer Waffen. Die vierköpfige Besatzung des 16 bis 17 Tonnen schweren Panzers wird durch einen leichten Überdruck im Panzer vor dem Eindringen von Kampfstoffen geschützt. Mit Hilfe technischer Vorrichtungen können Luft- und Bodenproben gesammelt und im Einsatz analysiert werden. Herzstück des „Fuchs" ist das Massenspektrometer „MM1", das chemische Kampfstoffe in kleinsten Mengen und auch in Mischformen bestimmen kann. Entwickelt und hergestellt wurde das Gerät von dem Bremer Analysegeräte-Produzenten **Brucker-Daltonik.** Der Konzern hat außerdem seit drei Jahren einen „Bio-Fuchs" in der Pipeline, mit dem es möglich wäre, vor Ort den Typ und die Menge von biologischen Waffen zu bestimmen.

Die Düsseldorfer sind auch wegen ihres Know-hows bei der Produktion von Pistolen ein gefragter Partner, vor allem in den USA. Ende April 2001 schlossen sie ein Joint Venture mit ATK. Zudem haben die Rheinländer ihre Fühler rechtzeitig nach **Griechenland** ausgestreckt. Das könnte sich aus zwei Gründen als strategisch günstig erweisen. **1.** Griechenland hat wegen der Spannungen mit

Mazedonien und der Krise in der ehemaligen jugoslawischen Teilrepublik deutlich aufgerüstet. 2. Dieses Land ist damit der einzige EU-Staat, der in jüngster Zeit seine Rüstungsausgaben erhöht hat. Als logische Folge hat die Rheinmetall-Aktie seit dem 11.9. rasant um 20% zugelegt.

Damit könnte der Titel den Großteil seines Höhenflugs aber auch schon hinter sich haben. Die Weltgemeinschaft hat ein starkes Interesse daran, dass sich der Militärschlag der USA gegen Afghanistan nicht zu einem Flächenbrand entwickelt, und bisher scheinen sich diese Hoffnungen auch zu erfüllen.

Zudem hat Rheinmetall mit **internen Querelen** zu kämpfen. Diese wurden im März ausgelöst durch den Einstieg des Amerikaners **Guy Wyser-Pratte** als neuem Großaktionär. Wyser-Pratte war mit dem erklärten Ziel gekommen, Konzernlenker **Klaus Eberhardt** dazu zu bewegen, Wehrtechnik zum alleinigen Kerngeschäft von Rheinmetall zu erklären und so den Kurs der damals stark angeschlagenen Aktie wieder deutlich nach oben zu befördern.

Wyser-Pratte hatte dabei offenbar nicht mit dem zähen **Widerstand der Familie Röchling** gerechnet. Diese ist strikt gegen einen rendite-orientierten Konzernumbau via Fokussierung auf die Rüstungsindustrie. Zudem wollen die Röchlings, die mit 66% der Stämme Großaktionär bei Rheinmetall sind, offenbar nicht von ihrem Einfluss lassen. Deshalb wird wohl nichts aus der Zusammenlegung der Aktiengattungen, auf die viele Anleger spekuliert hatten.

Trotz allem könnten kurzfristige Veränderungen der politischen Lage den Titel in 2002 deutlich beflügeln. Daher bewerten wir die Aktie mit **„Akkumulieren"** (Einstieg bis 22 Euro, Stopp bei 14 Euro).

Rückenwind gewonnen haben nach dem 11.9.2001 auch die Aktien von **EADS (WKN 005 730),** der weltweiten Nummer 3 unter den Rüstungsproduzenten. Vorstandschef **Rainer Hertrich** sieht der Zukunft allerdings mit einem lachenden und einem weinenden Auge entgegen. Wegen der Krise der Airlines drohen dem Mischkonzern deutliche Einbußen in puncto Flugzeugbau. Deshalb will Hertrich den Geschäftsbereich Verteidigung weiter ausbauen und ist an einer Zusammenlegung der Rüstungselektroniksparte mit der französischen **Thales** interessiert. Ideal wäre aus seiner Sicht eine Fusion von EADS mit Thales und **Dassault Aviation.** Mit diesen Plänen steht Hertrich konzernintern jedoch relativ allein auf weiter Flur, was die Position des ohnehin angeschlagenen Konzernchefs weiter schwächt. Auch Thales steht einem Deal ablehnend gegenüber: Die Fusion sei für EADS zu teuer und könnte im Zweifel von der EU-Wettbewerbsbehörde blockiert werden.

2002 könnte für EADS also zum **Schicksalsjahr** werden. Schützenhilfe könnte Hertrich noch von der Bundesregierung bekommen. Diese will im Rahmen ihrer Sicherheitsmaßnahmen nach dem 11.9. den Verteidigungsetat ab 2003 um jährlich 1,5 Mrd. DM anheben. Möglicherweise wird sie auch den Investitionsanteil im deutschen Verteidigungsetat von derzeit 20 auf 30% anheben. Im Gegenzug steht allerdings ihre Zustimmung zum europäischen Militärtransporter von Airbus (A 400 M) und zum Eurofighterbewaffnungsprogramm Meteor aus.

In puncto Luftfahrt setzt EADS große Hoffnungen auf **China.** Das bevölkerungsreichste Land der Welt könnte sich zum größten Markt außerhalb der USA entwickeln. Experten erwarten für den Luftverkehr in China ein Wachstum von 9,3% p.a.. Aber auch hier müssen die Weichen erst noch gestellt werden: Airbus und die chinesische Regierung können voraussichtlich erst 2002 miteinander ins Geschäft kommen. Gelingt der Deal, wäre EADS allerdings um einen einstelligen Milliarden-Dollarbetrag reicher.

Insgesamt steht die Entwicklung des Konzerns also kurz- und mittelfristig unter höchst unsicheren Vorzeichen. Aus unserer Sicht bietet sich der Titel daher im nächsten Jahr nur für äußerst **risikofreudige** Einsteiger an. Investierte Anleger sollten die Kursentwicklung genauestens im Auge behalten und die Aktie gegebenenfalls frühzeitig abstoßen. Unser Votum: **„Halten“.** kb

Name	WKN	Kurs 20.11.	EPS 2002	KGV 2002	Anlageurteil
Rheinmetall	703 000	19,40 €	0,83	23	Akkumulieren
EADS	005 730	13,93 €	0,84	17	Halten

Stahl: Stehen die Hochöfen schon am Wendepunkt?

Die Stahlkocher zählen zu den typischen Vertretern der so genannten Old Economy: Dauerkrisen, die durch staatliche Interventionen gemildert und verlängert werden, ein verstaubtes Image, kaum Fantasie. Dabei ist die Branche durchaus innovativ. Ein Beispiel unter vielen: Mitte November kündigte **ThyssenKrupp** an, mit einer neuen Stahlfelge den Vormarsch von Alu beim Pkw stoppen und Marktanteile zurückgewinnen zu wollen. Das vom Fahrzeugradhersteller Hayes Lemmerz in Königswinter entwickelte Rad besteht aus Spezialstahl und hat ein geringeres Gewicht als herkömmliche Alufelgen. Ab 2003 soll die neue Felge vermarktet werden.

Der europäischen Stahlindustrie kann nicht gerade der Vorwurf gemacht werden, sie sei untätig. Die Branche hat in den sehr schwierigen 90er Jahren sogar erhebliche Rationalisierungen unternommen und messbare Produktivitätssteigerungen erzielt. Die Zahl innovativer Produkte ist hoch. Mit neuen Fertigungstechniken werden immer dünnere und leichtere Stahlprodukte erzeugt. Über die Hälfte der Stahlsorten ist jünger als 5 Jahre. Der Anteil von Edelstahl an der Stahlerzeugung erreicht in Deutschland bereits mehr als 20% (1993 noch 16%).

Gleichwohl bleibt das Grunddilemma bestehen, dass der Stahlverbrauch kaum noch wächst. In den vergangenen 10 Jahren pendelte die Absatzmenge an Rohstahl aus Deutschland zwischen knapp 40 und gut 46 Mio. Tonnen. Ende der 90er wurde die Branche von der Krise in den Schwellenländern erwischt - 1999 gingen Absatzmengen und (wechselkursbedingt) auch die Preise gegenüber dem Vorjahr prozentual zweistellig zurück. Inzwischen hat sich die Stahlindustrie wieder etwas erholt. Mehr als eine Normalisierung ist das aber nicht.

Wie unser Beispiel mit den Felgen zeigt, steht die Branche dauerhaft in hartem Wettbewerb mit Anbietern alternativer Werkstoffe. Der Marktanteil von Alufelgen kletterte nach Angaben von ThyssenKrupp in den vergangenen 5 Jahren von 25 auf 35 % aller in Europa hergestellten Felgen. Hinzu kommt für die Europäer die Konkurrenzsituation mit den Stahlkochern aus den Emerging Markets, die mit überwiegend niedrigeren Löhnen, geringeren Energiekosten und weniger Umweltauflagen am Weltmarkt wesentlich günstigeren Massenstahl anbieten können. Gegen die US-Konkurrenz half zuletzt zumindest der schwache Euro. Da wir erwarten, dass sich der Euro im Jahr 2002 gegenüber dem Dollar etwas festigt, schwindet auch dieser Vorteil.

Schwer kalkulierbar ist zuletzt das Ausmaß staatlicher Intervention. Im Sommer 2001 schreckte z.B. US-Präsident **George Bush** die Branche mit der Ankündigung auf, die angeschlagene US-Stahlindustrie durch Importbeschränkungen schützen zu wollen. Eine grundsätzliche Entschärfung der Situation beim Stahl ist mit Blick auf die Konjunkturflaute in den Hauptabnehmerbranchen Bau, Automobil- und Maschinenbauindustrie auch für 2002 nicht zu erwarten, zumal die Preise schon Ende 2001 wieder so tief sind, dass sie kaum noch Spielraum lassen.

Die deutschen Stahlproduzenten mit ThyssenKrupp und **Salzgitter** an der Spitze rechnen für 2001 nur mit einer Rohstahlproduktion von 44,7 Mio. Tonnen. Das wäre gegenüber Vorjahr ein Minus von rd. 3%. Im Jahr 2000 stand hier noch ein Plus von 5% - was aber mehr an der niedrigen Ausgangsbasis lag. Für das Jahr 2002 wollte der Branchenverband noch nicht einmal Ende November erste Prognosen abgeben. Die Lage bleibt also weiterhin kritisch.

Die schwierige ökonomische Gesamtsituation wird die Aktienkurse der europäischen Stahlunternehmen im kommenden Jahr belasten. Allerdings dürfte die Entwicklung der Werte mindestens genauso stark von der Diskussion um Fusionen, internationale Expansion und Veräußerungen der Großanteilseigner bestimmt werden.

Die Konsolidierung der Stahlbranche wird Ende 2001 aller Voraussicht nach einen weiteren großen Schritt voran gehen. Unter dem Arbeitstitel **Newco** formiert sich der neue Branchenriese, eine Fusion des französischen Stahlkonzerns **Usinor,** der spanischen **Aceralia** und der luxemburgischen **Arbed.** Es entsteht der weltgrößte Stahllieferant mit einer Jahresproduktion von rd. 46 Mio. Tonnen Rohstahl, 30 Mrd. Euro Umsatz und mehr als 11 000 Mitarbeitern. Das Einverständnis der Kartellwächter aus Brüssel dürfte noch im Jahr 2001 erfolgen. Die Börse hat die Fusion bereits eingepreist. Jetzt kommt es darauf an, welche Auflagen (Drosselung der Produktion, Verkauf von Beteiligungen) die drei Konzerne erfüllen müssen und wie schnell die tatsächliche Fusion gelingt.

Wir befürchten, dass es auch bei dieser Großfusion zunächst zu (temporären) Schwierigkeiten des Zusammenwachsens kommt und sich die erhofften Synergien erst später einstellen. Die Geschäftszahlen aller 3 Partner hatten zuletzt jedenfalls nicht überzeugt. Usinor will auf Grund der schwachen Nachfrage aus der Auto- und Verpackungsindustrie in der 2. Jahreshälfte 2001 ihre Flachstahlproduktion um rd. 10% zurückfahren. Aceralia meldete nach 9 Monaten einen Einbruch beim Nettogewinn um 22 %. Und Arbed wies schon für das 1. Hj. bei stagnierenden Umsätzen einen Gewinneinbruch von gut 250 Mio. Euro auf knapp 88 Mio. Euro aus. Das Gerangel um die Festsetzung der Anteile jedes einzelnen Unternehmens am Gesamtkonzern im Vorfeld der Fusion macht uns zusätzlich skeptisch. Warten Sie hier vorerst noch die weitere Entwicklung ab.

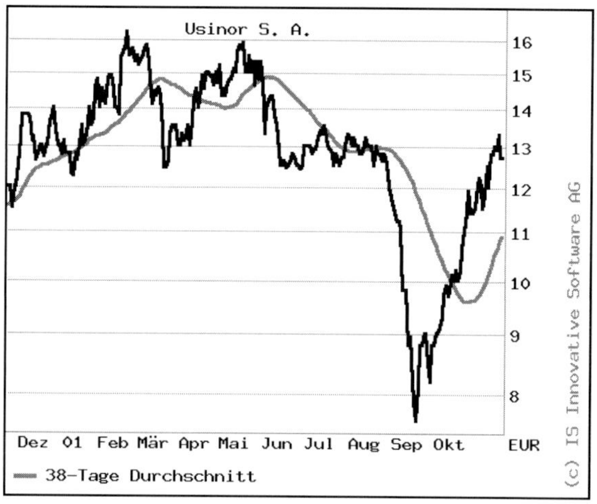

Vergleichsweise gut, aber doch enttäuschend kam ThyssenKrupp durch das Ende September abgelaufene Geschäftsjahr. Bei leicht erhöhtem Umsatz fiel das Vorsteuerergebnis nur von 1,1 Mrd. auf rd. 850 Mio. Euro. Bereinigt um Verkäufe von Unternehmensanteilen bleibt allerdings lediglich ein Ergebnis von 500 Mio. Euro. Der Ausblick macht keine Hoffnung auf eine Wende: Die Düsseldorfer gingen schon im November davon aus, das (bereinigte) Vorsteuerergebnis im Geschäftsjahr 2001/02 nicht zu erreichen. Sogar ein Verlust im 1. Quartal wird nicht ausgeschlossen. Mit einem (weiteren) Effizienzsteigerungsprogramm will ThyssenKrupp der **Krise** begegnen. Da sich diese u.E. noch länger hinziehen wird, erwarten wir operativ keine Erholung. Bei Werten um 16/18 Euro ist die Thyssen-Aktie in der Langfristbetrachtung zwar historisch niedrig bewertet. Angesichts einer negativen Gewinnentwicklung, die sich nicht schon in der 2. Geschäftsjahreshälfte wesentlich entspannen wird, erwarten wir kaum Zugewinne. Eine Turn-around-Spekulation lohnt nur mit Horizont von über einem Jahr. Wer bereits investiert ist, sollte die Aktie auch mit Blick auf die (gekürzte) Dividende jedoch **halten.**

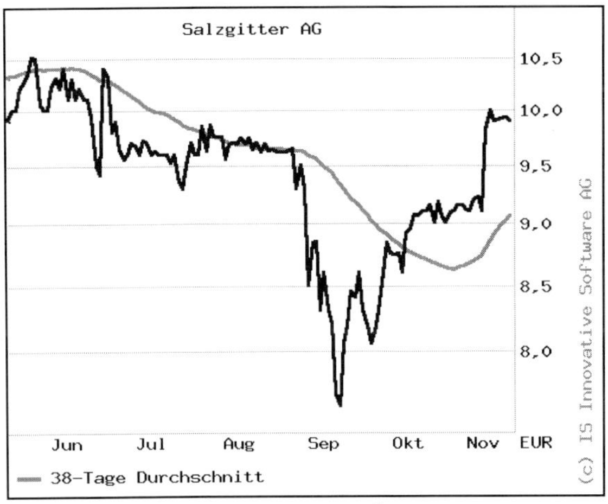

Am besten gefällt uns noch die im MDax gelistete **Salzgitter.** Der Stahl- und Röhrenkonzern ist bis auf die Handelssparte kaum in den USA engagiert. Der Konzern gehört trotz seiner über 80 nationalen und internationalen Tochter- und Beteiligungsgesellschaften nicht zu den ganz Großen der Branche. Immerhin: Die Teilhabe an dem im Herbst 2001 gegründeten Konsortium mit der Newco-Gruppe und ThyssenKrupp zur (Teil-)Übernahme von insgesamt 4 polnischen Stahlwerken zeigt, dass Salzgitter als Partner der wirklich Großen ernst genommen wird. Entscheidender aber ist, dass Salzgitter durch die Übernahme der Mannesmannröhren-Werke international eine Top-Position bei Groß- und nahtlosen Rohren einnimmt. Trotz der Einbrüche beim Ölpreis ist die Nachfrage nach Röhren für Öl- und Gas-Pipelines weiter hoch. Da wir erwarten, dass sich der Ölpreis im kommenden Jahr wieder bei 22 bis 25 Dollar je Barrel bewegen wird (gegenüber 16 Dollar Ende November 2001), gehen wir von einer konstant guten Auftragslage aus. Positiv ist auch, dass Salzgitter keine finanziellen Sorgen hat. Die Bilanzstrukturen sind solide. Das Anlagevermögen von 1,6 Mrd. Euro ist über Eigenkapital (EK-Quote: 30%) und langfristige Verbindlichkeiten gedeckt.

Die Fantasie für die Aktie steckt letztlich aber in den Übernahme-Aktivitäten, auch wenn das so genannte M&A-Geschäft auf Grund der oft sehr komplexen

des von der Regierung geforderten Fahrplans zum Atomausstieg steht immer noch bevor. Daraus müssen jedoch in absehbarer Zeit keine negativen Ergebnisauswirkungen auf die Stromversorgungsunternehmen resultieren. Kostensenkungen und hohe Erträge aus dem Stromhandel versetzen unsere Stromriesen in die Lage, ihre Produktionskosten zu senken und durch den Abbau der Überkapazitäten Preisanpassungen vorzunehmen.

Die Situation auf dem Kontinent erscheint dagegen wesentlich risikobehafteter. Hintergrund: Die vollen Auswirkungen der Liberalisierung in Südeuropa sind noch nicht zu spüren. Der Margendruck wird mit der Entwicklung dieser Märkte und ihrer Öffnung gegenüber Wettbewerbern weiter zunehmen. Auch im Bereich der M&A-Aktivitäten ergeben sich **Risiken.** Der Aufbau pan-europäischer und transatlantischer Marktpositionen muss weiter vorangetrieben werden. Hier bestehen zahlreiche finanzielle Risiken, die noch dadurch verstärkt werden, dass Energieversorger Akquisitionen gerne mit Barmitteln tätigen und die Verschuldung der neu gewonnenen Tochtergesellschaften übernehmen. Zudem hat sich die staatliche Aufsicht in vielen Ländern zu einem zweischneidigen Schwert entwickelt. Die Regulierungsbehörden könnten den Versorgern künftig zu Preissenkungen oder zu einer Änderung der Besitzstruktur raten. Das könnte wiederum zu einer Herabstufung von Ratings führen.

Regenerative Energien – Viel Potenzial, aber auch Risiko

Die Diskussion um den Atomausstieg und die Verpflichtung zur Reduzierung von Kohlendioxid haben in Deutschland ein starkes politisches Commitment zur Stromerzeugung aus regenerativen Quellen zur Folge gehabt. Der Ersatz der Stromerzeugung aus Atomkraft in Deutschland durch regenerative Energieerzeugung ist jedoch nur in begrenztem Umfang möglich. Der vollständige Ersatz der Kernkraftwerke durch regenerative Energieerzeugung scheitert an fehlenden Standorten und technischen Restriktionen.

Seit fast eineinhalb Jahren haben fast alle mit regenerativer Energie befassten Unternehmen in Bezug zum Gesamtmarkt eine deutliche Outperformance erzielt. Das hängt mit den zwischenzeitlich gestiegenen Öl- und Gaspreisen und einer damit einhergehenden Sensibilität für alternative Energiequellen zusammen. Aber auch die Wachstumsaussichten für die Unternehmen sind äußerst günstig. Allerdings sind in jüngster Zeit Projektierer wie Hersteller von Windparks stark unter Druck gekommen. Das ist vor allem auf eingetrübte Perspektiven in den USA zurückzuführen.

Prinzipiell ist davon auszugehen, dass die Bäume in der Branche nicht in den Himmel wachsen können. Die prognostizierten glänzenden Wachstumsraten könnten sich infolge des Basiseffekts abschwächen. Das wird spätestens dann geschehen, wenn sich die in der Planung befindlichen und zum Teil schon genehmigten Offshore-Projekte wegen technischer oder witterungsbedingter

Schwierigkeiten zeitlich verzögern werden. Trotzdem erscheint uns ein Investment in diese Titel überwiegend als günstig.

Deutscher Energiemix und weltweiter Energiebedarf

Gut die Hälfte der deutschen Stromproduktion stammt derzeit aus Kohle. Der Beitrag der Steinkohle sank im Vorjahr auf 25%. Zu Beginn des Jahrzehnts hatte er noch 28% betragen. Die vorwiegend heimische Braunkohle stellte dem Verband der Elektrizitätswirtschaft zufolge 26 (1991: 29)% der Erzeugung. Der Anteil der Kernenergie belief sich auf 30 (1991: 27)%.

Der Beitrag der Importenergie Erdgas stieg leicht auf 9 (1991: 7)%. Der Einsatz von Erdöl wurde von 3 auf 1% zurückgefahren. Wasser- und Windkraft flossen mit 4 (1991: 3)% bzw. 2 (1991: 0)% stärker in den Energiemix ein. Sonstige Energiequellen wie erzeugte Gase, Biomasse und Müll lieferten unverändert 3% des gesamten deutschen Stroms. Der jüngste World Energy Outlook sieht die Nachfrage nach fossilen Brennstoffen bis 2020 um 50% steigen. Erdöl als führender Energieträger wird um 2% auf 35% zulegen. Der Anteil von Erdgas wird sich um 3,2 auf 23,9% erhöhen. Kohle wird um 0,9% zurückgehen auf 22,6%.

Die Möglichkeiten erneuerbarer Energieträger in Deutschland sind einer Studie der Commerzbank zufolge noch völlig unausgeschöpft. So könnte die gesamte heutige Bruttostromerzeugung auf diese Weise aufgebracht werden; bei der Endenergie für die Wärmeerzeugung sind es 70%. Das Potenzial wird heute (ohne Wasserkraft) nur zu 6% ausgenutzt. Die Schätzungen, wie groß das Potenzial der erneuerbaren Energieträger ist, weichen jedoch z.T. erheblich voneinander ab.

Am stärksten genutzt wird aktuell die Wasserkraft. Ihr Potenzial wird zu gut 75% ausgeschöpft. Eine dynamische Entwicklung ist daher in diesem Bereich nicht zu erwarten. Biomasse unterteilt sich in feste, flüssige und gasförmige Energieträger. Insgesamt könnten Bioenergieträger immerhin zwischen 5 und 10% des Primärenergiebedarfs in Deutschland decken.

Windkraft wird nach 2020 die wichtigste erneuerbare Energie sein. Sie wird die aktuell an 1. Stelle liegende Wasserkraft einholen. Schätzungen zum Potenzial der Windkraft gehen sehr weit auseinander. Sie reichen von 59 bis 238 Mrd. Kilowattstunden. Größtenteils wird der Strom von Offshore-Windparks erzeugt werden. Großes Potenzial wird der Solarenergie zugesprochen. Deutschland ist allerdings kein idealer Standort, die Stromerzeugung wird wahrscheinlich auch auf Dauer zu teuer bleiben. Nur auf sehr lange Frist oder bei entscheidenden technischen Fortschritten wird die Solarenergie mehr Bedeutung erlangen. Zur Stromerzeugung dienen Photovoltaikanlagen. Insgesamt waren in 2000 in Deutschland netzgekoppelte Anlagen mit einer Höchstleistung von 96,5 Megawatt installiert. Der Deutsche Fachverband Solarenergie geht davon aus, dass sich diese Leistung bis 2003 mehr als verdreifachen wird.

Absolut wird der Anteil der erneuerbaren Energien am Primärenergieverbrauch in den nächsten Jahren stark steigen. Relativ gesehen zu den herkömmlichen Energien wird ihr Anteil jedoch gering bleiben.

Die EU-Kommission plant ein groß angelegtes Förderprogramm für alternative Brennstoffe. In den nächsten 20 Jahren soll ein Fünftel des fossilen Energieträgers Erdöl durch Biokraftstoffe, Erdgas und Wasserstoff ersetzt werden. Die Kosten für 1 450 zusätzliche Tankstellen werden auf rd. 800 Mio. Euro geschätzt. Der Marktanteil soll bis 2020 auf mindestens 5% steigen. Jedes EU-Land soll bis 2005 sicherstellen, dass mind. 2% des verkauften Treibstoffs aus Biomasse stammen. Bisher sind es im EU-Schnitt weniger als 0,5%.

Ab 2005 soll der EU-weite Handel mit Schadstoffzertifikaten für die Emission von Kohlendioxid beginnen. Damit will die Union ihre Verpflichtung aus dem Kyoto-Protokoll erfüllen, bis 2012 8% weniger klimaschädliche Gase in die Atmosphäre entweichen zu lassen als 1990. Bis 2005 wird den Unternehmen der Energiewirtschaft mitgeteilt, wieviel Kohlendioxid sie jährlich emittieren dürfen. Wer diese Menge nicht ausschöpft, kann seine Rechte an Interessenten verkaufen.

Stromriesen expandieren in Europa und nach Übersee

Mit guten Perspektiven bewegt sich **RWE** auf dem Börsenparkett. Das Kostensenkungsprogramm der Essener beginnt zu greifen. Mit seinen jüngsten Akquisitionen (Thames Water, American Water Works) hat sich der Konzern eine starke Position in Europa und Übersee gesichert.

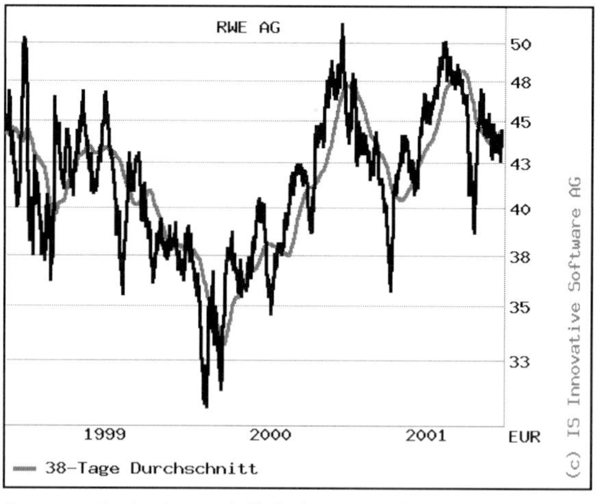

Derzeit deutet alles auf positive Veränderungen in der operativen Geschäftstätigkeit hin. Der Umfang der Ertragsverbesserung im Gj. 00/01 wird durch den Anstieg des Betriebsergebnisses nur teilweise wiedergegeben. Die Liberalisierung des deutschen Strommarkts hatte nämlich erhebliche Preissenkungen zur Folge und erzwang eine Rückstellung über 2,7 Mrd. Euro. Der Ergebnisrückgang fiel entsprechend deutlich aus. Zwischenzeitlich konnte der massive Einbruch im operativen Geschäft mehr als aufgeholt werden. So verbesserte sich das Ergebnis der betrieblichen Tätigkeit auf 3,1 Mrd. Euro.

Eine Aufwärtsbewegung ist seit dem Frühjahr auch im Stromgeschäft zu erkennen. Auslaufende Stromverträge werden von RWE genutzt, um höhere Strompreise durchzusetzen. Zudem sorgten der vorübergehende Anstieg des Ölpreises auf durchschnittlich 28 Dollar für das Barrel Brent-Rohöl und der Ausbau des ertragsstarken Wassergeschäftes für eine Verbesserung des Cash Flows. Besondere Beachtung verdient das unlängst stark ausgebaute Wassergeschäft. Mit der Übernahme von Thames Water, American Water Works und zuletzt dem Einstieg bei der chilenischen Essam ist RWE zur **Nummer 3** im weltweiten Wassergeschäft aufgestiegen. Mit einer Marge von 33% ist das Wassergeschäft neben der Mineralölförderung einer der profitabelsten Unternehmensbereiche.

Im Wassergeschäft wird das weltweite Marktvolumen für private Marktteilnehmer wie RWE auf 100 Mrd. Euro p.a. geschätzt. Vor allem die angespannte Kassenlage der Kommunen führt vermehrt zu einem steigenden Interesse an privaten Investitionsprojekten. Nach Beginn der Privatisierung im britischen Wassergeschäft in den 90er Jahren ist auch für Deutschland, andere westeuropäische Staaten und die USA eine zunehmende Nachfrage nach privaten Finanzierungen anzunehmen. Wir sehen daher erhebliche Wachstumspotenziale und Chancen, mögliche Einbußen in anderen Konzernbereichen mehr als zu kompensieren, und stufen RWE auf **„Akkumulieren“** (Einstieg bei 38 bis 40 Euro, Stopp bei 30 Euro) ein.

Wegen der günstigen Aussichten für das weltweite Wassergeschäft beurteilen wir auch die beiden Weltmarktführer Vivendi Environnement und Suez Lyonnaise des Eaux relativ günstig.

Die **Suez Lyonnaise des Eaux-Gruppe** ist der fünftgrößte Energieversorger in Europa und nach Vivendi die weltweite Nr. 2 der Wasserversorger. Den Umbau von einem vielfältig ausgerichteten Mischkonzern zu einem auf Energie- und Wasserversorgung, Entsorgung und Kommunikation ausgerichteten Unternehmen haben die Franzosen inzwischen abgeschlossen. Nun wollen sie die klassischen Versorgeraktivitäten ausbauen. Bis 2004 sollen 50% der Umsätze aus Versorgungsdienstleistungen für Industriekunden resultieren. Im Strom profitieren die Franzosen besonders vom immer wichtigeren Handel. Bei Wasser liefern sie sich ein Kopf-an-Kopf-Rennen mit Vivendi. Ihr ehrgeiziges Ziel: In 3 Jahren soll das Segment 13 Mrd. Euro zu den Erlösen beisteuern. Das entspricht einer jährlichen Wachstumsrate von 60%!

Chancen sind, wie auch bei RWE, vor allem beim städtischen und industriellen Outsourcing zu sehen. In den Bereichen Entsorgung und Kommunikation planen die Franzosen nach eigenem Bekunden vorerst keine weiteren Zukäufe. Mit Lyonnaise Cable, Coditel und Electrabel verfügt Suez über eine starke Position auf dem Kabel-TV-Markt. Allerdings werden doch immer wieder Gerüchte über geplante Akquisitionen laut. Insoweit scheint die Suez-Führung sich nicht vollständig im Klaren über die Zukunft dieser Sparte zu sein. Auf Grund dieser Unsicherheiten bewerten wir die Aktien des ansonsten sehr solide positionierten Konzerns mit **„Akkumulieren“** (Einstieg bei 31 bis 33 Euro, Stopp bei 26).

Vivendi Environnement (WKN 501 451) ist in den vier Kerngeschäftbereichen Wasserversorgung, Energie, Abfallwirtschaft und Transport tätig. Entstanden ist der Konzern durch Abspaltung der Versorgungssparte der heutigen Vivendi Universal und stellt damit quasi die Wiedergeburt der Générale des Eaux vor dem Ausflug in die Geschäftsbereiche Kommunikation und Medien dar. Unter den europäischen Versorgern, die trotz zahlreicher Portfolio-Bereinigungen vielfach noch immer stark konglomerate Strukturen aufweisen, stellt sich Vivendi Environnement derzeit als das Unternehmen mit dem klarsten Geschäftsprofil dar. Zudem ist der Konzern schon in den europäischen Schlüsselmärkten präsent, was seine führende Stellung auf Dauer festigen wird.

Vivendi Water, die 50% zum Gesamtumsatz des Konzerns beiträgt, konzentriert sich zunehmend auf das Geschäft mit Industriekunden, die wegen steigender Umweltauflagen verstärkt Wasseraktivitäten auslagern, sowie auf Städte und Kommunen. Damit verfügt das Unternehmen über vergleichsweise langfristige Verträge mit entsprechender Planungssicherheit. Das macht Vivendi zu einem Favoriten für konservative Anleger. Allerdings lässt die vergleichsweise Risikoarmut der Geschäftstätigkeit vorerst keine großen Ausreißer nach oben vermuten. Wir bewerten den Titel daher mit **„Akkumulieren“.**

E.ON peilt seit der Übernahme der britischen Powergen die vollständige Konzentration auf die Kernbereiche Strom, Gas und Wasser an. Mit der Übernahme von **Sydkraft** sind die Düsseldorfer zur Nummer 3 in Europa hinter **EDF** und **Enel** aufgerückt, mit dem Zukauf von Powergen sind die Rheinländer künftig mit 323 TWh die Nummer 2 hinter EDF. Der Stromabsatz würde danach nur noch zu 56% auf Deutschland (bisher 75%) entfallen. 28% würden in Europa und 16% in den USA abgesetzt. Vorstandsvorsitzender **Ulrich Hartmann,** der über eine Kriegskasse von rd. 40 Mrd. Euro verfügt, hat zahlreiche Zukäufe für die nächste Zeit angekündigt. Zu den Akquisitionskandidaten könnten neben US-Stromgesellschaften auch Gasversorger aus Europa und Übersee gehören. Desinvestments in den restlichen Bereichen (Stinnes, Degussa, Viterra) werden spätestens in den nächsten 3 Jahren umgesetzt werden.

Innerhalb des E.ON-Konzerns weist die Energiesparte schon jetzt die höchsten Margen auf. Wegen der Kostensenkungsprogramme und der niedrigen Strompreise sollten sich diese sogar noch verbessern. Mit deutlichen Risiken behaftet ist indes die Expansion des Konzerns gen Westen. In den Zielmärkten Strom (USA), Gas und Wasser steht die Liberalisierung erst noch bevor. Deshalb besteht die Gefahr eines künftigen Preisdrucks. Die von E.ON übernommenen Unternehmen könnten zudem nicht die Renditeerwartungen erfüllen. So war etwa bei Powergen gemunkelt worden, E.ON habe das Unternehmen zu teuer erworben. Hartmann hat sich aber gerade in jüngster Zeit, etwa beim Erwerb der Mehrheit an **Ruhrgas,** als geradezu genialer Stratege erwiesen, der sein Unternehmen auch durch schwierigste Gewässer zu lenken weiß. Unser Votum: **„Akkumulieren“** (Einstieg bei 53 bis 55 Euro, Stopp bei 41 Euro).

Als deutsches Börsen-Gegengewicht zu RWE und E.ON versteht sich die Mannheimer **MVV.** Bislang haben jedoch weder die Entwicklung der Aktie im Smax noch der strategische Kurs der Baden-Württemberger überzeugt.

Oberste Priorität hat für den Vorstandsvorsitzenden **Roland Hartung** die Wahrung der eigenen Unabhängigkeit. Da sich das Unternehmen inzwischen auf vielen Feldern engagiert und insoweit in der Breite schwer angreifbar ist, mag das sogar gelingen. Der Preis dafür ist allerdings hoch. Denn MVV verfolgt bislang keinen Unternehmensbereich mit besonderem Nachdruck. So ist das Unternehmen gleichermaßen bei Strom, Gas, Fernwärme und regenerativen Energien engagiert. Zudem haben es die Mannheimer, anders als etwa ihr regionaler Konkurrent EnBW, bisher nicht geschafft, sich einen internationalen Partner an Bord zu holen. Damit werden sie im sich verschärfenden Wettbewerb auf dem Kontinent künftig kaum eine Chance haben. Wir bewerten die Aktie deshalb mit **„Reduzieren“.**

Alles andere als verlockend verlief bis September auch die Kursentwicklung bei unserem Branchenfavoriten **Electrabel.** Seither geht es jedoch wieder aufwärts. Zudem kann der belgische Versorger mit mehreren Pfunden wuchern, die ihn unserer Einschätzung nach zum Geheimtipp der Branche machen. Electrabel ist in mehreren Sparten (Stromerzeugung, Strom-, Gas- und Wasserversorgung sowie Kabelfernsehen) sehr gut positioniert und hat mit einem Anteil von rd. 80% ein sehr starkes Standbein im heimischen Markt.

Außerdem haben die Belgier ihre Geschäftstätigkeit in Europa bisher sehr geschickt und relativ unauffällig ausgedehnt, etwa durch eine Kooperation mit den Stadtwerken Saarbrücken oder über Beteiligungen an den spanischen Versorgern Hidroelectrica del Cantabrico und Iberdrola. Zudem haben sie längst einen Fuß in Italien, das als wichtigster Markt für Akquisitionen in den nächsten beiden Jahren gehandelt wird. Daher erscheint Electrabels erklärtes mittelfristiges Strategieziel einer Verdoppelung ihres Marktanteils in Europa auf knapp 10% durchaus nicht aus der Luft gegriffen.

Ein erneutes Aufflammen der Spekulationen um eine mögliche vollständige Übernahme durch Suez Lyonnaise des Eaux, die zurzeit 46% an Electrabel hält, ist weniger denn je auszuschließen. Die Strompreise in Belgien sind die niedrigsten innerhalb der EU, was ein Engagement in dem Benelux-Staat sehr reizvoll macht. Übernahmefantasien könnten dem Kurs also weiter Auftrieb verleihen. Unser Votum: **„Kaufen“.** Wir empfehlen einen Einstieg bei 220 bis 225 Euro, unser Stoppkurs liegt bei 170 Euro.

Electrabel ist in Italien vielen größeren Konkurrenten eine gute Nasenlänge voraus. Seit einigen Monaten ist in den dortigen Strommarkt Bewegung gekommen. Noch wird er dominiert vom früheren Monopolisten **Enel.** Dieser ist Europas größter börsennotierter Stromversorger mit rd. 30 Mio. Kunden. Im Zuge der Liberalisierung muss Enel bis 2002 allerdings 15 000 seiner 57 000 Megawatt an Generationskapazitäten abgeben. Zusätzlich ist die Privatisierung des Stromnetzes in Italien vorgesehen. Inzwischen hält der Staat noch knapp 50% an Enel.

Kompensation suchen die Italiener im Telekommunikations- sowie im Gas- und Wassergeschäft. Zugute kommt ihnen, dass auch bei Gas ein bisheriger Monopolist an Macht verliert, **Snam.** Dieser Ableger von Eni muss seinen Marktanteil bis 2010 auf 60% reduzieren. Das sind solide Aussichten für Enel, die wir auf **„Halten"** einstufen.

Schwer gebeutelt von der Finanzkrise in Argentinien könnten bis auf weiteres die beiden stark in Lateinamerika investierten spanischen Stromkonzerne **Endesa** und **Iberdrola** sein. Endesa ist Spaniens führender Stromkonzern. Bis vor kurzem wurde die starke Marktstellung auf den lateinamerikanischen Wachstumsmärkten noch als besondere Stärke des Konzerns gesehen. Angesichts der Wirtschafts- und Währungskrise in Argentinien ist die gute Positionierung in Südamerika allerdings eher zur Last geworden.

Nach dem Scheitern der Fusion mit Iberdrola ist das Unternehmen außerdem noch auf der Suche nach einer Europastrategie. Weiter ausgebaut werden sollen die Telekomaktivitäten, die in 5 Jahren 30% am Konzernumsatz haben sollen, sowie die Bereiche Internet-Dienste, Radio, Fernsehen und E-Commerce. Mit Blick auf die Kundenbasis eröffnen sich hier weitere Wachstumschancen.

Wir sehen allerdings noch keine klare Zukunftsstategie bei den Spaniern, was mit Blick auf den scharfen Wettbewerb sowohl in der Energie- wie auch in der Telekommunikationsbranche höchst bedenklich ist. Daher bewerten wir die Aktie aktuell mit **„Reduzieren".**

Mit einer Kapazität von 16 000 Megawatt und über 8 Mio. Kunden ist Iberdrola der zweitgrößte Stromproduzent auf der iberischen Halbinsel. Die meisten Kunden (5 Mio.) hat Iberdrola in Südamerika. Im Gegensatz zu europäischen Konkurrenten ist noch keine Fokussierung auf ein bestimmtes Kerngeschäft deutlich geworden. So gehören nach wie vor auch Beteiligungen in den Segmenten Luftfahrt, Multimedia und IT zum Portfolio. Neben dem klassischen Stromgeschäft setzen die Basken mehr und mehr auf Windenergie. In ganz Europa sollen nach der Vorstellung von Vorstandschef **Ignacio Galan** hochmoderne Windparks wie Pilze aus dem Boden schießen. Das Geld hierfür soll größtenteils aus dem geplanten Verkauf von zahlreichen Beteiligungen kommen. Daraus könnten in nächster Zeit Impulse für den Kurs rühren, schon investierte Anleger sollten also an dem Titel festhalten. Ansonsten ist wegen des überaus starken Engagements der Spanier in Emerging Markets zu äußerster **Vorsicht** zu raten. Ein Einstieg ist nur höchst nervenstarken Anlegern zu empfehlen. Wir bewerten Iberdrola daher mit **„Halten".**

Regenerative Energien: Politisch gewollte Hoffnungsträger

Nach der Genehmigung des ersten deutschen Offshore-Windparks nahe Borkum wird sich die Position der Windenergie künftig nicht nur gegenüber fossilen Energieträgern, sondern auch im Vergleich zu anderen regenerativen Energien weiter verbessern. Deshalb sind in unserer Auswahl „alternativer" Aktien überwiegend Titel mit einem Schwerpunkt bei Windenergie zu finden.

Vestas Wind Systems ist der weltweit größte Windturbinenhersteller. Die Hauptabsatzmärkte des **dänischen** Unternehmens liegen mit insgesamt 85% in Spanien, Deutschland, USA und Dänemark. Die Dänen verzeichnen seit Jahren deutliche Umsatzsprünge und eine einwandfreie Gewinnsituation. Im Geschäftsjahr 1999 wurde bei einem Erlös von 4,7 Mrd. DKK ein EBIT von 477 Mio. DKK erzielt, dies entspricht einer EBIT-Marge von rd. 10%. Im Geschäftsjahr 2000 erhöhten sich der Umsatz auf 6,4 Mrd. DKK und das EBIT auf 647,9 Mio. DKK. Für das laufende und das kommende Geschäftsjahr rechnet das Unternehmen mit weiteren Umsatzsteigerungen von jeweils rd. 50%. Unserer Meinung nach handelt es sich bei Vestas um eine sichere Bank. Der Titel eignet sich daher besonders auch für Einsteiger. Unser Votum: **„Kaufen"** (Einstieg zwischen 29 und 31 Euro, Stopp bei 22 Euro).

Nordex besitzt mit der N80/2,5 MW die größte Windkraft-Anlage der Welt und kann mit 11 installierten Maschinen gewisse Erfahrungswerte mit der Anlage vorweisen. Insgesamt wurde die N80 schon 40 Male verkauft. Bis 2002 rechnet Nordex mit 110 installierten Maschinen.

Der Leistungssprung vom bisherigen Nordex-Standardmodell S70/77 (1,5 Megawatt) auf die N80 erscheint problematisch. Möglicher Nachteil der N80: Die Maschine ist noch nicht „stressgetestet" an besonders windreichen Standorten. Jedoch wird die extra für Binnen- und Schwachwind-Standorte entwickelte N90 (2,3 MW) die Produktpalette hervorragend ergänzen.

Mit dem Aufbau einer eigenen Flügel-Technologie erhöht Nordex die Wertschöpfungstiefe und das Basis-Know-how. Die geplanten Kosteneinsparungen könnten sich schon im kommenden Geschäftsjahr auswirken.

Nordex bewegt sich in einem sehr dyamischen Umfeld und ist technologischer Pionier in der Megawatt-Klasse. Der technologische Vorsprung gegenüber den Wettbewerbern beträgt mindestens ein Jahr. Von daher stufen wir Nordex auf **„Akkumuliren"** (Einstieg bei 6 oder 7 Euro, Stopp bei 4,80 Euro) ein.

Energiekontor, mit einer installierten Kapazität von rd. 60 Megawatt deutscher Windkraft-Marktführer, weist in der Branche die höchsten Margen auf. Das mag mit der langjährigen Erfahrung der Bremer und ihrem eindeutigen Bekenntnis zur Windkraft zu tun haben. In jedem Fall haben die Norddeutschen auch in puncto Offshore-Windparks die Nase vorn. Vor kurzem haben sie sich um ein derartiges Projekt in Großbritannien (ab 2005) beworben. Zudem sind sie stark präsent in Griechenland, einem Schlüsselmarkt für Windenergie. Im Prinzip hat Energiekontor die Marken für die Zukunft gut gesetzt. Es hapert allerdings noch bei den internen Strukturen. Bisher haben nur 2 Personen volle Entscheidungsbefugnis. Das könnte sich insbesondere bei einer stärkeren Expansion ins Ausland als Problem erweisen. Wir bewerten die Aktie daher mit **„Akkumulieren“** (Einstieg bei 12 oder 13 Euro, Stopp bei 9,50 Euro).

Umweltkontor plant und erstellt Energieanlagen zur Stromerzeugung aus sämtlichen regenerativen Energiequellen. Für die nächsten 5 Jahre ist daher ein überdurchschnittliches jährliches Wachstum zu erwarten. Umweltkontor verfügt über 2 interessante Projekte im Bereich Biomasse mit einer Gesamtleistung von 13,2 Megawatt. Des Weiteren sind 2 Offshore-Projekte mit einer Leistung von 1 240 Megawatt bzw. 2,5 Mrd. Euro Umsatz geplant. Mit 7 Auslandsniederlassungen in Spanien, Griechenland, Irland, Frankreich, Sardinien, Türkei und Kroatien ist Umweltkontor in den wichtigsten Ländern präsent. Die grundsätzlich positiven Aussichten für das Unternehmen werden allerdings immer noch durch eine gewagte Transaktion der Vorstände im Juni 2001 getrübt. Damals hatte sich die Unternehmensführung zu 36% an der Nevag beteiligt, die sich in einer finanziellen Schieflage befand. Das hatte zu einem nachhaltigen Vertrauensverlust bei den Aktionären geführt. Diese negativen Impulse werden sich aber im Verlauf des kommenden Jahres verlieren. Unser Votum daher: **„Akkumulieren“** (Einstieg zwischen 10 und 11 Euro, Stopp bei 7,50 Euro).

Plambeck Neue Energien konzentriert sich auf die Realisierung von Onshore-Windparks im Binnenland sowie auf die Errichtung von Offshore-Windparks im Meer. So ist das Unternehmen beim inzwischen genehmigten „Borkum Riffgrund“ dabei. Weitere Wachstumsimpulse ergeben sich durch eine Expansion in das europäische Ausland, vor allem auf den bisher kaum erschlossenen osteuropäischen Markt. In Polen wurde mit **Salomon Industries** das Joint Venture **Plambeck New Energy** gegründet. Darüber hinaus engagiert sich das Unternehmen verstärkt in den Bereichen Biomasse und Solarenergie, was sich beispielsweise in der Projektierung und Errichtung des Holzheizkraftwerks Silbitz konkretisiert. Der Unternehmensbereich Stromhandel wurde Ende 2000 veräußert. Das hat in Ansätzen zur Beseitigung eines wesentlichen Kritikpunkts an Plambeck geführt: Das Unternehmen weise bis heute kein klares Profil auf. Trotzdem ist nicht zu verkennen, dass Plambeck weiterhin eine dezidierte Unternehmensstrategie fehlt. Unser Votum: **„Reduzieren“.**

Solarworld ist mit einem Marktanteil von 20% weltweit führend bei herkömmlichen Photovoltaik-Anlagen. Auch bei der Produktion moderner Photovoltaik-Module besitzt das Unternehmen gegenüber den Wettbewerbern einen technologischen Vorsprung. Damit ist Solarworld ihrem Ziel sehr nahe gekommen, die gesamte Wertschöpfungskette bei Solarenergie in führender Position abzudekken. Allerdings kann es sich als Nachteil erweisen, dass der Windenergie-Ableger von Solarworld, Windwelt, am Markt kaum eine Rolle spielt. Unseres Erachtens ist die Nachfrage nach Produkten zur Nutzung von Solarenergie zwar längst nicht erschöpft; diese regenerative Energie wird in den kommenden Monaten aber keinen derartigen Boom erleben wie die Windenergie. Unser Votum lautet daher auf: **„Halten“.** kb

Name	WKN	Kurs 20.11.	EPS 2002	KGV 2002	Anlageurteil
Electrabel	853 469	230,00 €	16,50	14	Kaufen
RWE	703 712	43,90 €	2,95	15	Akkumulieren
E.ON	761 440	58,50 €	4,12	14	Akkumulieren
Suez	852 491	33,30 €	2,00	17	Akkumulieren
Vestas	913 769	35,50 €	1,13	31	Kaufen

Bau: Können die Kellerkinder noch klettern?

Die Baubranche hat mehr zu bieten als Pleiten, Preiskämpfe und verfehlte Profitprognosen. Das liegt unter anderem auch daran, dass zumindest die großen europäischen Bauunternehmen längst mehr sind als rein nationale Anbieter von Bauleistungen. Sie sind **global agierende** Konzerne, die neben dem klassischen Hoch- und Tiefbau neue Geschäftsfelder entwickelt haben. Eine ganze Reihe von Bau-Konzernen haben sich inzwischen sogar auf völlig branchenfremde Geschäftsbereiche konzentriert und dadurch den Charakter von Konglomeraten erlangt. So wird etwa der französische Riesenkonzern **Bouygues** noch der Baubranche zugerechnet. Durch den kontinuierlichen Ausbau der Kommunikationssparte (UMTS) ist diese Einordnung aber kaum mehr sinnvoll. Wir wollen uns hier auf die Analyse der mehr oder weniger reinen Baukonzerne beschränken.

Aus Anlegersicht interessant scheinen uns innerhalb der traditionellen Baubranche vor allem der Zementhersteller **Lafarge** sowie einige deutsche Anbieter. Andere europäische Baukonzerne wie z.B. der irische Bausstoffriese **CRH,** die lange Zeit von einem Boom in ihren Heimatmärkten profitierten, müssen sich jetzt erstmals einer konjunkturellen Talfahrt stellen. Die kurzfristigen Vorzeichen sind eher negativ. Wir würden derzeit von einem Engagement in solche Aktien absehen. Für die Papiere der deutschen Bauunternehmen spricht, dass die Negativszenarien längst eingepreist sind und schon eine Stabilisierung der Baukonjunktur eine Überwindung der Dauerkrise bedeutet.

Ein kurzer Rückblick: In Deutschland wird beim Bau nicht von einer erst noch drohenden Rezession gesprochen, für diese Branche ist sie längst Alltag. Nach dem schnellen Ende des Baubooms in Folge des Mauerfalls befindet sich der Sektor seit Jahren im Keller. Der Umsatz im Bauhauptgewerbe sank im Jahr 2000 auf den niedrigsten Stand seit 1991! Und die Talfahrt ging auch 2001 weiter. Siehe hierzu unser Extra-Kapitel im Prognoseteil.

Zu einem kräftigen Turn-around bei den Gewinnen der Unternehmen wird es 2002 zwar nicht reichen. Es besteht aber durchaus realistische Hoffnung, dass sich in der Branche allmählich wieder die positiven Signale durchsetzen, die sich dann auch in den Aktienkursen widerspiegeln. Dabei sollten Sie aber nur auf ausgewählte Titel setzen. Achten Sie auf Chancen und Risiken aus dem operativen Geschäft, vor allem auf die Entwicklung der Liquiditätssituation. Der Fall **Philipp Holzmann** hat gezeigt, dass Unternehmensgröße allein kein hinreichendes Argument gegen eine drohende Insolvenz ist. Darüber hinaus sollten Sie bedenken, dass viele Bauunternehmen in (Teil-)Besitz von Finanz- und Versicherungskonzernen sind. Spätestens ab 2002, wenn der Verkauf von Beteiligungen steuerfrei möglich ist, könnten Aktien bestimmter Baukonzerne in die Schlagzeilen rücken.

Wir favorisieren die Werte **Hochtief** und **Bilfinger & Berger.** Interessant sind beide, weil sie nach zahlreichen Akquisitionen die klassischen deutschen Bauunternehmen mit dem stärksten Auslandsanteil sind.

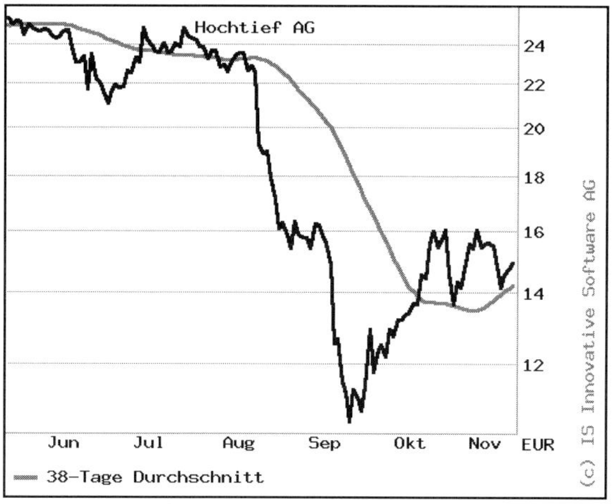

Deutschlands größter Baukonzern, Hochtief, hat seine Bauleistung im Geschäftsjahr 2000 gegenüber dem Vorjahr trotz Rückgang im Inland um über 54% auf 13 Mrd. Euro gesteigert - über 75% davon im Ausland. Erheblich dazu beigetragen haben die inzwischen übernommenen Baukonzerne Turner (USA) und Leighton (Australien). Gerade Turner hat sich im 1. Hj. 2001 positiv entwickelt und hat im Jahr 2002 gute Chancen, von dem von der Regierung Bush angekündigten Bauprogramm für Kernreaktoren zu profitieren. Gleichzeitig hat sich Hochtief klar auf seine Kernkompetenzen besonnen (wozu inzwischen auch der Betrieb von Flughäfen gehört) und trennte sich schrittweise von Randaktivitäten. Dieser Prozess ist inzwischen weitgehend abgeschlossen.

Hochtief hat sich in jüngster Vergangenheit aus den Gebieten in Deutschland zurück gezogen, die dauerhaft keine Besserung versprechen. Gleichwohl musste das Unternehmen im Jahr 2000 einen Rückgang beim Gewinn von 205 Mio. auf 127 Mio. Euro vermelden. Hauptgründe waren der anhaltende Preisverfall im Inland und die verschlechterte Zahlungsmoral, gerade auch der öffentlichen Hand. Das hat sich im Geschäftsjahr 2001 prinzipiell nicht geändert. Der Essener Konzern musste zur Jahresmitte seine Prognose zurückstutzen und einräumen, im Deutschlandgeschäft **rote Zahlen** zu schreiben. Kommt es im Wahljahr 2002 aber zu einer Belebung im deutschen Tiefbau, sollte Hochtief davon profitieren.

Für Unsicherheit sorgt allerdings der hohe Anteil, den Banken (10%) und vor allem RWE (über 50%) am Unternehmen halten. Hier könnten kurzfristige Abgaben eine bessere Kursentwicklung verhindern. Wir rechnen daher insgesamt nur mit einer Entwicklung der Aktie, die parallel zum MDax läuft.

Vor allem die Aktie von **Bilfinger & Berger** überzeugt uns. Die Nummer 3 unter den deutschen Baukonzernen weist einen hohen **Spezialisierungsgrad** auf und ist u.E. eine interessante Turnaround-Spekulation. Töchter in Asien, Australien, USA und Afrika (Nigeria) machen das Unternehmen nicht nur zu einem auch international bedeutenden Player der Branche - sie sind (inzwischen) auch die Ertragssäulen des Konzerns.

Die Ausrichtung auf eine verbesserte Profitabilität spiegelt das Ergebnis schon des Jahres 2000 wider. So fiel die Gesamtleistung zwar um 3% auf 4,43 Mrd.

Euro, der Jahresüberschuss konnte indes auf fast 40 Mio. Euro (+86%) deutlich gesteigert werden. Und trotz stagnierender Umsätze will und könnte Bilfinger & Berger beim Gewinn weiter zulegen. Besonders attraktiv ist die Aktie deshalb, weil der Konzern 28,5% am Heizungsbauer **Buderus** hält. Anfang 2002 wird voraussichtlich die Entscheidung fallen, ob die Mannheimer ihren Anteil an dem hochprofitablen Unternehmen erhöhen (und es dann mehrheitlich übernehmen) oder aber diesen verkaufen. Das bietet Stoff für interessante Spekulationen.

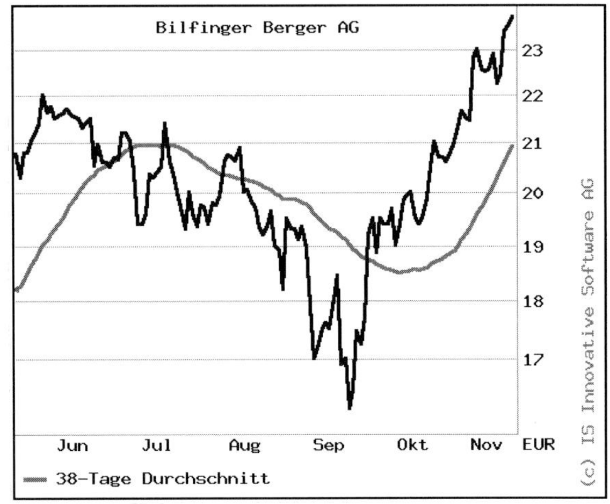

Bedenken Sie aber auch die Beteiligung der Dresdner Bank von 25%. Gerade wenn im Jahr 2002 wirklich eine Belebung beim Inlandsbau einsetzen sollte, könnte die Aktie durch Verkäufe des Großaktionärs belastet werden. Wir stufen das Risiko hier aber geringer ein. Nutzen Sie Rückschläge auf 20/22 Euro zum Kauf.

Dyckerhoff ist in Deutschland Marktführer bei Zement (und Nr. 2 bei Beton) und hat gerade am wichtigen US-Markt mit Lone Star (dort Nr. 7) eine auch nach Firmenwertabschreibung ergebnispositive Tochtergesellschaft gekauft. Osteuropa bietet langfristig weitere interessante Perspektiven. Doch bleiben speziell bei Dyckerhoff Risiken durch den anhaltend hohen Anteil des Inlandsgeschäfts (über 50%), mögliche Abgaben der Dresdner Bank (15,4%) und der R+V Versicherung (10,7%) und das Desinteresse mancher institutioneller Anleger an Vorzügen. Ab und zu aufflammende Übernahmegerüchte sind bei der aktuellen Aktionärsstruktur nicht ernst zu nehmen. **Warten Sie hier ab.**

Ganz ähnlich die Situation bei **Heidelberger Zement.** Die Phase der Stabilisierung und Konsolidierung nach zahlreichen Übernahmen (Umsatzanstieg 1998-2000 um 74% auf 6,8 Mrd. Euro) ist noch nicht abgeschlossen. Der Ausblick bleibt verhalten. Vorrangiges Ziel ist Abbau der Verbindlichkeiten (über 3,5 Mrd. Euro) aus einem gesteigerten Cash Flow. Die Großaktionäre hier: Dresdner und Deutsche Bank. Wir erwarten auch hier **eine MDax-neutrale Entwicklung.**

Der Zementmarkt bietet gleichwohl **Chancen.** Wir empfehlen Ihnen, auf den Weltmarktführer **Lafarge** zu setzen. Die Franzosen verzeichnen aktuell hervorragende Zuwächse in den Emerging Markets. Dies ist vor allem auf die erfolgreiche Übernahme von Blue Circle zurückzuführen. Hier besteht in der Integration zudem noch hohes Sparpotenzial in Höhe von jährlich rd. 100 Mio. Euro. Allerdings hat Lafarge, die im 1. Hj. 2001 auch ohne Blue Circle Umsatz und Gewinn steigern konnten, noch einen **Verschuldungsgrad** von fast **82%** aufzuweisen. Dies verhindert eine allzu agressive Expansion. Die gute Position am Weltmarkt macht das Unternehmen aber auch so interessant. Nutzen Sie Notierungen von 90/95 Euro zum Kauf. cts

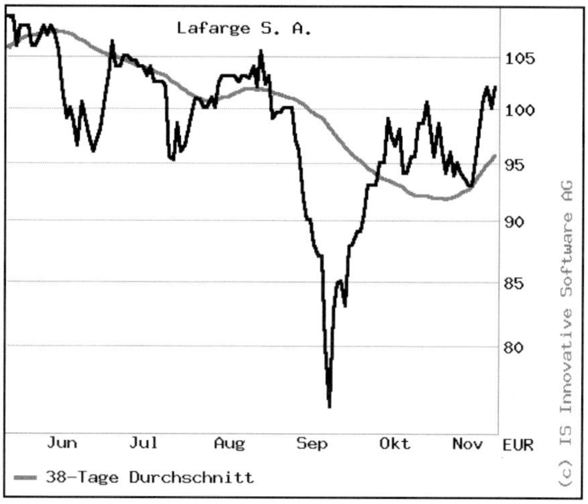

Name	WKN	Kurs 20.11.	EPS 2002	KGV 2002	Anlageurteil
Hochtief	607 000	14,70 €	2,15	6,8	Halten
Bilfinger&Berger	590 900	23,55 €	1,60	14,7	Akkumulieren
Dyckerhoff	559 103	14,60 €	2,65	5,5	Halten
Heidelb. Zement	604 700	48,00 €	5,05	9,5	Halten
Lafarge	850 646	100,00 €	7,25	14	Akkumulieren

Die Konzentration in der Logistik steht bevor

Der europäische Logistikmarkt ist in all seinen Bereichen noch sehr fragmentiert. Wir rechnen damit, dass es in Zukunft zu einer starken Konzentration kommen wird. Weit mehr als 1 Billion Euro Jahresumsatz bringt der weltweite Transport von Gütern und Dienstleistungen jetzt schon. Selbst Katastrophen wie der Angriff auf die USA halten das Wachstum nicht auf. Lufttransporte in die Vereinigten Staaten wurden zwar einige Tage ausgesetzt, doch die Tendenz zur globalen Arbeitsteilung bleibt. Derzeit wandern 20% aller Produkte über Landesgrenzen hinweg. Laut einer McKinsey-Studie sollen es in 20 Jahren 80% sein.

Outsourcing sorgt für überdurchschnittliches Wachstum

Das große Wachstumspotenzial der Logistikdienstleister resultiert vor allem aus dem Zwang der Unternehmen, wegen des anhaltenden Wettbewerbsdrucks Kostensenkungspotenziale auszuschöpfen. Die Einsparmöglichkeiten durch logistische Maßnahmen belaufen sich bei Industrie und Handel auf 6 bzw. 7% der Gesamtkosten. Viele produzierende Gesellschaften betrachten den Logistikprozess nicht länger als einen Teil ihres Kerngeschäfts, sondern konzentrieren sich auf ihr Know How als Produzent. Deshalb werden immer häufiger spezialisierte Logistikdienstleister mit der Übernahme entsprechender Aufgaben betraut. Dieses wachstumsstärkste Segment wird allgemein als **Kontraktlogistik** bezeichnet. In Europa gibt es in diesem Bereich lediglich zwei Gesellschaften, die über einen Marktanteil von 5% oder mehr verfügen. Dies sind die britischen **Exel** (7,8%) und **Tibbett & Britten** (5%). Speziell in diesem Marktsegment wird es in den nächsten Jahren zu einer deutlich erhöhten Konsolidierung kommen.

Fortschreitende Globalisierung liefert Impulse

Der Logistikmarkt in Europa wird generell in den kommenden Jahren Impulse durch die zunehmende Globalisierung und Verzahnung der Märkte erhalten. Die Transportwege werden sich dadurch deutlich erhöhen. Wegen seiner zentralen Lage innerhalb Europas wird der deutsche Logistikmarkt in besonderem Maße von dem weiter steigenden Welthandel und vor allen Dingen von der kontinuierlichen Öffnung der Märkte Mittel- und Osteuropas profitieren. Auf die Logistikbranche kommt daher die Aufgabe zu, die zunehmende Globalisierung der Geschäftsaktivitäten durch das Angebot eines weltweit funktionierenden Logistikprozesses für die Kunden zu unterstützen. Zudem wird die aus Personalkostengründen weiter steigende Produktionsverlagerung von Deutschland in die Billiglohnländer Osteuropas zu Wachstumsimpulsen führen, da sich die notwendige Distributionsleistung zwischen den Fertigungsstandorten sowie die Anforderungen an den gesamten Logistikprozess erhöhen werden. Angesichts dieser guten Aussichten ist es nicht verwunderlich, dass die Logistikaktien im vergangenen Jahr zu den Gewinnern der Hausse zählten. In diesem Jahr sorgten jedoch schlechte Konjunkturprognosen und schwache Umsätze im E-Commerce für umgekehrte Vorzeichen. Hinzu kommen die Folgen des Terroranschlags: Betroffen sind vor allem Firmen mit einem hohen Umsatzanteil in den USA. Zu diesen zählen wiederum Exel und Tibbett & Britten. Bei den anderen europäischen Anbietern liegt der US-Anteil dagegen weit unter 20%. Hier sind lediglich geringe Auswirkungen zu erwarten.

An der deutschen Börse finden Sie eine Reihe von Logistikunternehmen. Das größte ist mit Abstand die **Deutsche Post World Net,** die sich nach diversen Akquisitionen in vorderster Reihe etabliert hat. Vor allem mit einem weiteren Ausbau der Kontraktlogistik will der ehemalige Monopolist sein Wachstum vorantreiben. Auch die Postbank dürfte durch einen verbesserten Produktmix die Rentabilität erhöhen. Mit der Tochter **Danzas** verfügt die Deutsche Post über die Nummer 1 im Bereich **Luftfracht,** die allerdings mit dem Einbruch im Flugverkehr zu kämpfen hat. Weitere Risiken sehen wir auch im **Briefgeschäft,** das durch das fallende Briefmonopol (voraussichtlich 2003) stark unter Margendruck kommen sollte. Darüber hinaus verunsichern die Milzbrandfälle, die zu vorübergehender Stilllegung von Briefzentren führen könnten. Insgesamt ist das Chance-Risiko-Verhältnis unseres Erachtens negativ. Die Fantasie für steigende Kurse ist nicht gegeben. Unser Votum lautet daher **Underperformer.**

Stinnes – Wachstumswert par excellence

Das laufende Geschäftsjahr ist für Stinnes trotz ungünstiger Rahmenbedingungen sehr gut verlaufen. Bei einem zweistelligen Umsatzwachstum in den ersten 6 Monaten und einer deutlich überproportionalen operativen Ergebnissteigerung war die Geschäftsentwicklung unverändert dynamisch. Auch in den USA sind im bisherigen Verlauf keinerlei Abschwächungstendenzen erkennbar. Selbst die deutliche weltweite Konjunkturabschwächung wirkte sich nicht gravierend aus, da Stinnes über flexible Kostenstrukturen und sehr breite Kundenstämme in allen Sparten verfügt. Zudem mindert die Stärkung von Added-Value-Service-Aktivitäten (Dienstleistungen) die Zyklik des Geschäfts. Nach der Übernahme der niederländischen HCI ist das Unternehmen weltweiter Marktführer in der Chemiedistribution, die ebenfalls wesentlich weniger zyklisch ist als die Chemiebranche selbst. Als vorübergehenden Malus sehen wir den vermutlich im Jahr 2002 sattfindenden Beteiligungsabbau der Muttergesellschaft E.ON. Viele Anleger werden sich deshalb mit Engagements zurückhalten oder kurzfristig von Anteilen trennen, in der Erwartung, während der Kapitalmaßnahmen günstigere Einstiegsmöglichkeiten zu erhalten. Allerdings wird durch die Erhöhung des Free Floats die Attraktivität für institutionelle Anleger erhöht, was sich langfristig wiederum positiv auf die Kursperformance auswirken sollte.

Für das Geschäftsjahr 2001 rechnen wir mit einer Umsatzsteigerung von mindestens 10% sowie einer überproportionalen EBIT-Steigerung von 30%. Auch

2002 will der Logistiker ein Ergebniswachstum von über 20% erreichen. Damit ist die Aktie mit einem 02er KGV von knapp 7 deutlich unterbewertet. Durch Akquisitionen mit Fokus auf den Verkehrsbereich und Desinvestitionen „logistikfremder Aktivitäten" wird sich die Gesellschaft in Zukunft noch stärker als reiner Logistikwert positionieren, wodurch sich das Bewertungsniveau weiter erhöhen dürfte. Unser mittelfristiges Kursziel liegt bei 30 Euro, so dass wir den Wert auf dem aktuellen Niveau zum **Kauf** empfehlen.

Verglühte Logistikstars am Neuen Markt?

Der Hype der Logistikaktien am Neuen Markt hat in diesem Jahr ein jähes Ende gefunden. Vor allem **D.Logistics** macht die starke Expansion in der Vergangenheit zu schaffen. Die hierdurch entstandenen Goodwill-Abschreibungen belasten die Ertragslage. Zusätzliche Sorgen bereitet die Entwicklung in der IT-Sparte. Trotz des kürzlich ins Leben gerufenen Restrukturierungsprogramms erwarten wir in diesem Geschäftsjahr keine nachhaltige Verbesserung des Bereichs. Zudem dürfte sich der angekündigte Verkauf der Wiener E-Commerce-Tochter Mondealnet im aktuellen Marktumfeld als schwierig erweisen. Erst im Geschäftsjahr 2002 rechnen wir hier wieder mit einer Belebung. Gleichzeitig wird das Segment Airport auf Grund der wirtschaftlichen Folgen der US-Anschläge kurzfristig Gegenwind verspüren. Zudem hinterlassen die wegen der weltweiten Konjunkturschwäche gesunkenen Frachtmengen Spuren in der Bilanz. Da der Kurs jedoch schon einiges vorweg genommen hat, sollten Sie den Wert **halten.**

Thiel hat sich dagegen auf den profitablen Gesundheitsbereich fokussiert, der sich als Wachstumsmotor herausgestellt hat. Allein in dieser Sparte ist der Umsatz um 380% auf 57 Mio. Euro gestiegen. Wegen der zahlreichen Reformen im Gesundheitswesen dürfte der Sektor auch weiterhin überproportional zulegen. Nach Experten-Meinung lassen sich mit fachgerechter Logistik im Klinikbereich bundesweit 1,2 Mrd. Euro einsparen.

Die bisherigen 4 Säulen – Kontraktlogistik, Health-Care, Value-Added-Services und IT-Lösungen – werden zudem um Reverselogistik ergänzt. Der

Konzern erwartet durch die Einführung der gesetzlichen Rücknahmeverpflichtungen für elektrische Geräte ab 2005 lukrative Potenziale. Die EBIT-Marge sollte sich deshalb mit zunehmendem Anteil der sehr rentablen Health-Care-Logistics weiter verbessern. Wegen der guten Halbjahreszahlen gehen wir davon aus, dass Thiel seinen ursprünglich prognostizierten Jahresumsatz von 830 Mio. Euro erreichen kann. Das Unternehmen befindet sich weiterhin auf einem starken Wachstumskurs. Bei einem organischen Wachstum von über 30% ist die Aktie mit einem 02er KGV von 18 auf Basis der Konsensschätzungen für 2002 nicht zu hoch bewertet. Die Aktie dürfte bei einer nachhaltigen allgemeinen Markterholung zu den Unternehmen am Neuen Markt gehören, die als erste davon profitieren. Vor diesem Hintergrund sollte sich ein Engagement lohnen.

Microlog muss wie die Konkurrenten erst seine Akquisitionstour verkraften. Mit der Übernahme der Locton Mitte März wurde das Kerngeschäft durch den Bereich Beschaffungs- und Produktionslogistik ergänzt. Die Integration schreitet zügig voran und ist heute nahezu abgeschlossen. Dank der Großakquisition konnte Micrólog den Umsatz im 1. Hj. des laufenden Geschäftsjahres von 17,6 auf 83,2 Mio. Euro ausweiten. Allein diese Übernahme wird jedoch das Nettoergebnis mit etwa 7 Mio. Euro Goodwill belasten. Auch die EBIT-Marge von 3,3% für die ersten 6 Monate liegt weit unter dem Branchendurchschnitt. Deshalb raten wir, die Aktie auch nach den Kursverlusten zu **„reduzieren"**. mn

Name	WKN	Kurs 20.11.	EPS 2002	KGV 2002	Anlageurteil
Deutsche Post	555200	16,15 €	1,20	13	Reduzieren
Stinnes	726430	22,80 €	3,25	7	Kaufen
Thiel	931705	24,30 €	1,35	18	Kaufen
D.Logistics	510150	11,00 €	0,70	16	Halten
Micralog	549431	25,25 €	0,60	42	Reduzieren
Exel	855062	13,30 €	0,60	22	Halten

Chemie – Der Konjunktur-Nebel ist dichter denn je

Bisher gingen viele Branchenbeobachter davon aus, dass nach der Erholung in den USA die Chemiker als Frühzykliker deutlich von diesem Aufschwung profitieren würden. Doch die Wende in den Vereinigten Staaten ist weiter weg denn je. Den Tiefpunkt werden die Chemiewerte deshalb wohl erst noch sehen. So werden die Zahlen zum 4. Quartal doch nochmals wesentlich schlechter ausfallen als die Ergebnisse des dritten Vierteljahres. Zu stark werden die Kosten der zahlreichen angestoßenen Umstrukturierungsprogramme und die Folgen der Terroranschläge durchschlagen. Immerhin liegt der US-Anteil am weltweiten Markt für Chemikalien bei rd. 30%. Die Krise auf dem amerikanischen Chemiemarkt, die sich bereits in 2000 abzeichnete, wird sich deshalb entsprechend auch bei den deutschen Unternehmen bemerkbar machen.

Als frühzyklische Industrie steht die Zunahme der Mengenkonjunktur bei den Chemieunternehmen in starker Korrelation zur Weltkonjunktur. Immerhin gehen 67,7% der deutschen Chemie-Waren in den Export. Wenn also die Zuversicht wächst, dass die Wirtschaft Fahrt aufnimmt, dann werden auch diese Branchen-Aktien anziehen. Doch noch wird die Zunahme der abgesetzten Menge stark von der Entwicklung bei der Automobilindustrie, dem Bau und der Papierbranche bestimmt. Und hier zeigen die Daumen weltweit nach wie vor eher nach unten.

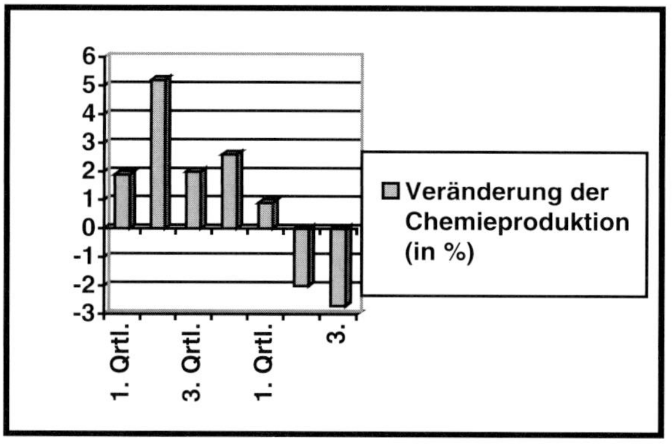

Etwas Entlastung für die Branche ergibt sich aus dem nachlassenden Ölpreis, von dem wir annehmen, dass er sich im kommenden Jahr unter der 25 Dollar-Marke halten sollte. Gerade die Basischemiker werden hier überdurchschnittlich profitieren. Die Gefahr, dass die Kunden wieder verlangen werden, die gesunkenen Kosten über die Preise weiterzugeben, ist dabei jedoch nicht von der Hand zu weisen. Damit lässt sich die Lücke zwischend den Kosten und Preisen nicht weiter schließen. Erst wenn die Mengenkonjunktur tatsächlich wieder anzieht, ist diese Gefahr gebannt. Verbessert sich doch gleichzeitig die Verhandlungsposition der Chemiegrößen gegenüber ihren Abnehmern und die lang ersehnten Preisanpassungen lassen sich dann endlich durchsetzen. Dafür wird es auch Zeit. Denn seit April 2001 befinden sich die Erzeugerpreise auf Talfahrt.

Problematisch könnte sich auf die Preise auswirken, dass mit nachlassender Nachfrage in den USA die Unternehmen jenseits des Atlantiks andere Märkte ins

Visier nehmen und damit für zusätzliche Konkurrenz sorgen könnten. Auf die Preise würde sich dies negativ auswirken und somit die Margen weiter unter Druck bringen.

Lange gewehrt gegen einen Einbruch hat sich dagegen die **Spezialchemie.** Aber auf Dauer kann auch sie sich nicht gegen die Trends der allgemeinen Konjunktur stemmen. Profitiert haben die Spezialisten auch davon, dass sie bei der Produktion nicht so nahe am Öl agieren. Die zeitweise deutlich höheren Notierungen bei Öl haben sie wesentlich weniger hart getroffen.

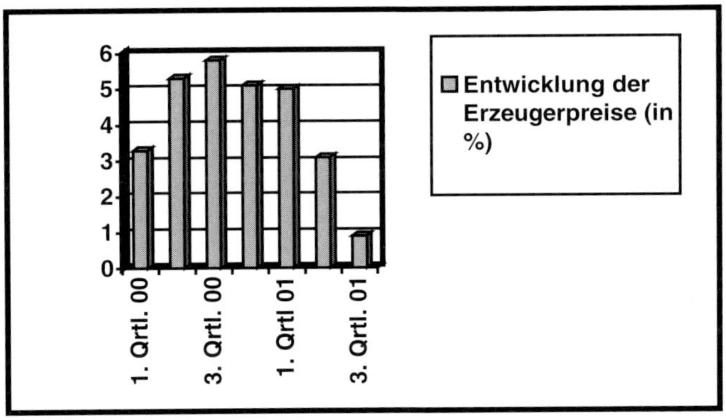

Bei einem etwas schwächeren Dollar, von dem wir ausgehen, werden allerdings für die deutschen Unternehmen auch die Windfall Profits von der Währungsseite sinken. Außerdem erschwert ein gefestigter Euro die Exporte. Glücklich kann sich deshalb schätzen, wer rechtzeitig vorgesorgt hat und mit seiner Vor-Ort-Produktion unabhängiger von den Währungen ist. Aber immerhin rd. 70% der Ausfuhren der deutschen Chemie gehen sowieso in Richtung Europa und damit in wechselkurssichere Gebiete.

BASF

Lange Zeit wollte es Vorstandschef **Jürgen Strube** einfach nicht wahrhaben, dass seine BASF unter die Konjunkturräder geraten könnte. An den mittelfristigen Zielen einer Steigerung beim Ergebnis der Betriebstätigkeit um durchschnittlich 10% bis Ende 2002 hielt er stoisch fest, bis es nach dem 11.9. einfach nicht mehr ging. Auf neue Benchmarks wollte sich Strube aber noch nicht einlassen. Zu dicht ist der Konjunkturnebel. Zumindest soll das Aktienrückkaufprogramm weiter laufen, denn die Ludwigshafener halten ihr Kapital im internationalen Vergleich für zu hoch.

Trotz der Umstrukturierung des Portfolios etwa durch Ausgliederung des Polyolefin- und Textilfarbengeschäftes im Hinblick auf mehr Konjunkturstabilität kann sich BASF nicht von der weltwirtschaftlichen Entwicklung abkoppeln. Als Glücksgriff erweist sich die Strategie, ins Öl- und Gasgeschäft zu investieren. Ist doch diese Sparte inzwischen der Bereich, der die größten Gewinnbeiträge liefert. Und in Zukunft dürfte vor allem das Gas zusammen mit Gazprom zunehmend Umsatz- und Ergebnisbeiträge liefern. Auch der Kauf von American Cyanamid von AHP für rd. 3,9 Mrd. Dollar sichert ein weitgehend konjunkturstabiles und konkretes Geschäft im weltweiten Pflanzenschutzmarkt, das bereits im 1. Hj. 2002 positive Gewinnbeiträge abliefern sollte. Früh sicherten sich die Pfälzer ein gutes Standbein in dieser sich rasch konsolidierenden Branche. In 2 bis 3 Jahren dürften nur noch 6 bis 7 Anbieter übrig bleiben. Positiv auch, dass die Belastungen aus der Integration der Pflanzenschutz-Sparte wegfallen werden. Nicht so ganz ins Konzept, auf die stabileren Geschäfte zu setzen, passt der Verkauf der Pharmasparte an Abbott. Doch im Weltmaßstab war BASF im Pillendrehen einfach zu klein, um mitreden zu können. Die eingenommenen über 6 Mrd. Euro können gut für den Abbau der Nettoverschuldung und die Fortführung des Aktienrückkaufprogrammes eingesetzt werden. Mit ihrer finanziellen Potenz rangieren die Pfälzer weit vor der Konkurrenz. Dies schafft das notwendige Polster für Akquisitionen und in Zukunft auch wieder höhere Dividenden. Allerdings ist von den Ludwigshafenern kein großer Coup zu erwarten. Die M&A-Aktivitäten finden fast ausschließlich noch auf Geschäftsfeldebene statt, weil es auf Konzernlevel auf Grund der Größe kaum noch Möglichkeiten gibt.

Mit der Absicherung der Kosten- und Marktführerschaft in den zyklischen Arbeitsgebieten durch den Einsatz neuer Technologien und Kooperationsvereinbarungen sollen die weniger robusten Felder auf den Erfolgspfad zurückgeführt werden. Auch regional ist die BASF auf dem Weg, ein ausgewogenes Portfolio aufzubauen. Selbst in der Krise sollen deshalb die Investitionen weiter fortgeführt werden. Speziell in Asien hat Strube auch bisher schon einen langen Atem bewiesen. Daran soll sich in Zukunft nichts ändern. Kummer hat Strube damit, dass nun zum ersten Mal seit 2 Dekaden **alle 3 großen Wirtschaftsräume** zur gleichen Zeit den Rückwärtsgang eingelegt haben.

Mit einem groß angelegten Maßnahmenpaket, zu dem auch Werksstilllegungen gehören, sollen die Kohlen aus dem Feuer geholt werden. Allein für 2001 sind dafür Sonderbelastungen von 850 Mio. Euro eingeplant.

Auch in der Zukunft bauen die Rheinland-Pfälzer auf ihre weltberühmte Verbundstrategie, die enge materialtechnische Verzahnung der einzelnen Wertschöpfungsketten, um damit Kostenersparnisse im Bereich Logistik, Energie, Transport und Einkauf realisieren zu können. Mit ihrem breiten Produktspektrum gehört die BASF bei einem Konjunkturaufschwung eindeutig zu den Profiteuren. Im Zusammenspiel mit dem angestoßenen Restrukturierungsprogramm sollten es die Pfälzer schaffen, **gestärkt aus der Krise** hervorzugehen. Allerdings sind Gewinnaussagen für das nächste Jahr kaum möglich. Zu unsicher ist die derzeitige Lage auf allen wichtigen Chemiemärkten. Für Anleger ergibt sich die Chance, **Stücke bei Rückschlägen einzusammeln** und dann überdurchschnittlich vom konjunkturellen Aufschwung zu profitieren, der am dynamischsten bei Basis-Chemikern wie BASF zu erwarten ist. Den Stopp würden wir bei 38 Euro setzen.

Bayer

Die unter dem Arzneimittel-Flop mit Lipobay leidende Bayer AG muss nach all den Querelen nun erst die finanzielle Flexibilität wieder gewinnen. Dazu müssen die Leverkusener auch noch den Aventis Crop Science-Deal im Umfang von 7,25 Mrd. Euro verkraften. Im ersten Quartal 2002 soll die Übernahme abgeschlossen sein. Damit katapultiert Vorstandschef **Manfred Schneider** die Pflanzenschutzsparte auf einen weltweiten Spitzenplatz und rückt dem Krösus Syngenta gewaltig auf die Pelle.

Die Ausgangslage für einen zügigen Ausbau der Sparte ist nicht schlecht. Bereits jetzt erreicht die Landwirtschaftssparte mit einer Rendite von 17% einen internationalen Spitzenplatz. Bis 2005 stehen sogar 20% auf der Agenda. Allerdings wird Crop Science erst ab 2004 einen positiven Ergebnisbeitrag abliefern. **Positiv:** Die Probleme mit dem Produkt Star Link, einem gentechnisch veränderten Saatgut, das unerlaubterweise in Lebensmitteln gefunden wurde, verbleiben bei Aventis und werden deshalb Bayer nicht belasten.

Negativ: Der größte Zukauf der Firmengeschichte wird die Verschuldung kräftig aufblähen. 2002 wird sie wohl 15 Mrd. Euro erreichen. Eine große Herausforderung fürs Management ist die Suche nach einem strategischen Partner für die umstrittene Pharmasparte. Immerhin hat die Bayer-Forschung aufgeholt. Mittelfristig befinden sich 42 Produkte in der Pipeline, 18 sind in der klinischen Prüfung. Unter den viel versprechenden Produkten ist auch das Potenzmittel Vardenafil, das in Konkurrenz zu Viagra von Pfizer steht. In der 2. Hälfte 2002 soll es in den USA und Mexiko auf den Markt kommen, etwas später in Europa.

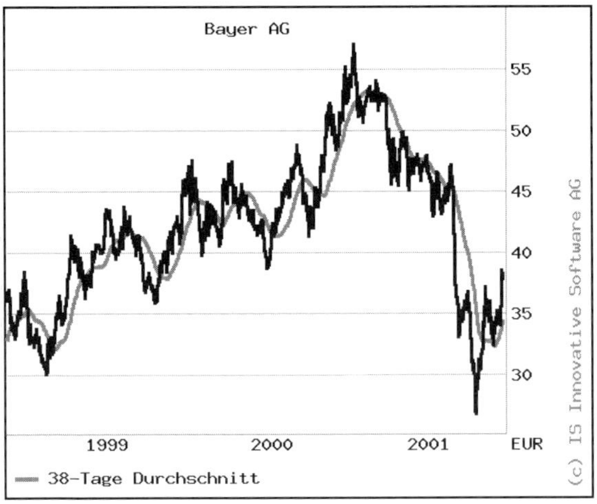

Während Pharma durch hausgemachte Probleme ins Schlingern geraten ist, leidet der Polymerbereich von Bayer unter der Konjunkturschwäche und den höheren Rohstoffkosten. Doch gerade dieser Bereich, der mit seinen Produkten Marktpositionen unter den Top 2 erreicht, wird von einer wieder anziehenden Wirtschaft überdurchschnittlich profitieren. Hier liegt denn auch die Fantasie für die mittelfristige Entwicklung. Auch die Chemiesparte wird zu den Profiteuren gehören.

Wie Kollege Strube von BASF setzt auch Schneider stark auf China. So sind 3,1 Mrd. US-Dollar an Investitionen für ein neues Werk geplant. Mit jährlichen

Wachstumsraten von 17% im Durchschnitt der vergangenen 10 Jahre war die Region China für Bayer einer der am schnellsten wachsenden Märkte weltweit. Bis 2010 soll denn auch der Asienanteil am Konzernumsatz von 16 auf 25% gehievt werden. Wenn Schneider seine Probleme mit Pharma in den Griff bekommt und einen potenten strategischen Partner aus der Tasche zieht, ist Bayer interessant und wird vom nächsten Konjunkturaufschwung profitieren. Kurzfristig sehen wir die Aktie als Halteposition. Längerfristig ergeben sich durchaus Chancen, so dass uns ein Akkumulieren gerechtfertigt erscheint. Den Stoppkurs setzen wir bei 33 Euro an.

Degussa

Nach der Fusion von Degussa (alt) mit SKW Trostberg sowie der vielbeachteten Akquisition der britischen Laporte (Feinchemie) geht es für Konzernlenker **Utz-Hellmuth Felcht** um die Wurst. Er muss seine Strategie, einen der größten Spezialchemie-Konzerne zu zimmern, konsequent umsetzen. Die Integration der Briten wurde Mitte Oktober 2001 endgültig abgeschlossen und auch beim Heben der Synergieschätze ist die Degussa auf Kurs. In 3 bis 5 Jahren soll der Feinchemieumsatz denn auch von 1 Mrd. Euro um mindestens 25% steigen. Und dies aus eigener Kraft. Auch die stärkere downstream-Verankerung mit Laporte hilft, die Konjunktur- und Ölabhängigkeit zu vermindern.

Trotz der Probleme auch in der Spezialchemie bringt sie es nach wie vor auf höhere Wachstumsraten als die „Allerweltschemie". So wird das druchschnittliche Marktwachstum auf jährlich rd. 5% geschätzt, während sonst nur 2 bis 3% drin sind. Daraus ergibt sich eine höhere EBITDA-Marge von rd. 18% gegenüber 14% bei den anderen Chemikern.

Bei der EBITDA-Marge zielt Felcht auf 20%. Das ist aber nur realistisch, wenn die Konjunktur wieder an Fahrt gewinnt. Größtes Risiko für die Degussa-Aktie sind die erklärten Verkaufsabsichten des Großaktionärs E.ON (64,56%). Diese sollten allerdings erst in 4 bis 6 Jahren zum Tragen kommen. Mittelfristig orientierten Anlegern bietet der Chemiespezialist durchaus Entwicklungsperspektiven, in der Summe raten wir zum Halten mit Stopp bei 25 Euro.

Henkel

Mit dem angekündigten Verkauf der Chemietochter Cognis an die Investorengemeinschaft Permira, der nun endlich unter Dach und Fach gebracht ist, können die Düsseldorfer ihr Portfolio stärker in Richtung **Konsum** schärfen. Zusätzlich lässt sich die finanzielle Flexibilität wieder erhöhen. Henkel kann deshalb selbst auf Akquisitionstour gehen. Vor allem der Bereich Kosmetik müsste stärker nach vorne gebracht werden, soll der Sprung in die weltweite Top 5-Liga gelingen. Zwar sind die Rheinländer in Europa einer der führenden Anbieter auf den Gebieten Haarkosmetik, Körper-, Mund- und Hautpflege sowie im Friseurgeschäft, doch weltweit fehlt die notwendige Masse, um im Konzert der Großen wie L'Oreal ein Wörtchen mitreden zu können. Die Globalisierung hat deshalb oberste Priorität. Kosmetik/Körperpflege ist zum Glück für Henkel der Bereich, der in den nächsten Jahren am schnellsten wachsen dürfte.

Von der Konjunkturflaute können sich allerdings auch die Düsseldorfer nicht abkoppeln. Mit einem Restrukturierungsprogramm sollen die Kosten jährlich um 130 Mio. Euro gesenkt werden. Auch die Schließung von Standorten ist kein Tabu mehr.

Wir stufen das Papier auf „Akkumulieren", da durch den Verkauf von Cognis die stärkere Konzentration auf den Konsumbereich endlich gelingt. Durch den Geldsegen gibt es ferner wieder Akquisitionsfantasie in den Kernbereichen. Anlegern empfehlen wir, die liquideren Vorzugsaktien zu präferieren. lz

Pharma – Pillen werden immer gebraucht

Keine Frage, die Pharmabranche wird auch in Zukunft zu den Wachstumssektoren gehören. Dafür werden allein schon die steigende Lebenserwartung mit der veränderten Altersstruktur sowie die damit verbundenen wachsenden Ausgaben im Gesundheitswesen sorgen. Für immerhin rd. 2/3 der 30 000 bekannten Erkrankungen gibt es nach wie vor keine Heilung. Das Potenzial ist also enorm. Dass es sich bei den Pillendrehern jedoch keinesfalls um den Safe Haven handelt, für den die Pharmagilde immer gehalten wird, zeigt der **Fall Bayer** mit dem Lipobay-Skandal. Nur ein Medikament hat einen ganzen Konzern zum Wanken gebracht.

Es wurde deutlich: Nur ein **großes Portfolio** an innovativen Medikamenten schützt vor Rückschlägen. Dafür sind allerdings immer höhere Forschungsaufwendungen nötig. Dauert es doch mittlerweile im Durchschnitt 10 Jahre, bis ein neues Arzneimittel marktreif ist. Fielen dafür Mitte der 70er Jahre noch 50 Mio. US-Dollar an Kosten an, hat sich dieser Betrag auf nunmehr rd. 500 Mio. Dollar katapultiert. Dies zeigt die Wichtigkeit des Patentschutzes für die Unternehmen. Nur mit einer staatlich garantierten, zeitlich befristeten Monopolsituation lässt sich der Mehraufwand und ein entsprechender Gewinn wieder einfahren. Der bei vielen Unternehmen auslaufende Patentschutz ist deshalb kritisch zu beurteilen. Bis 2005 dürften fast 20 Mrd. US-Dollar an Umsatz durch Patentauslauf betroffen sein, so Schätzungen. Umso kritischer ist die Diskussion in vielen ärmeren Ländern (z.B. Südafrika: HIV-Debatte) zu sehen, den Patentschutz zu verletzen, falls die Pharmariesen ihre Preise nicht senken.

Große Sorge bereitet der Branche die Reaktion der US-Regierung auf die Anthrax-Attacke. Die Drohungen gegenüber Bayer, den Patentschutz zu knacken, führte zu Preiszugeständnissen der Leverkusener. Weiterhin belastend könnte sich auswirken, dass die Diskussionen um die Bezahlbarkeit der Sozialversicherungssysteme an Schärfe zunehmen. Maßnahmen zur Kostendämpfung werden deshalb intensiv diskutiert. Kostendämpfung wird somit immer häufiger die Debatten bestimmen und die Margen tendenziell eher drücken.

Die Konsolidierung der Branche wird auch in Zukunft ein Thema bleiben. Der Zwang zur Größe mit der Verstärkung von Marketing und Vertrieb sowie die Steigerung des Marktanteils hat oberste Priorität. So liegt der Marktanteil der 10 größten Pharmafirmen inzwischen mit rd. 45% auch nach den zahlreichen Fusionen nur geringfügig höher als in 1998 (41%).

Doch trotz aller Kritikpunkte: Es handelt sich nach wie vor um einen Wachstumsmarkt. Lt. IMS Health soll der weltweite Pharmamarkt bis 2005 durchschnittlich um 9,1% p.a. zulegen. Noch höher rangieren, wie nicht anders zu erwarten, die USA (11,8%) als immer noch wichtigster und lukrativster Markt für Medikamente. Der geschätzte weltweite Marktanteil der Vereinigten Staaten wird dann bei bemerkenswerten 60,5% liegen. Eine starke Position im Land der unbegrenzten Möglchkeiten ist deshalb für alle Pillendreher unabdingbar.

GlaxoSmithKline

Der europäische Branchenkrösus **GlaxoSmithKline** (GSK), der aus Glaxo-Wellcome und Smith Kline Beecham hervorgegangen ist, hat im Gegensatz zu vielen europäischen Konkurrenten bereits jetzt eine sehr gute Vertrriebsposition in den USA. Dies spiegelt sich auch im hohen US-Umsatzanteil von rd. 54% wider. Im wichtigsten Pharmamarkt der Welt ist GSK also gut vertreten. Die Briten kämpfen nach der Fusion allerdings damit, eine neue Story liefern zu müssen. Zwar dürfte GSK in Zukunft von den Synergien aus dem Zusammenschluss profitieren. Ab 2003 stehen Kosteneinsparungen von über 1,6 Mrd. Pfund auf der Agenda, aber die recht schwache Phase III-Pipeline sorgt für traurige Gesichter. Die drohenden Patentausläufe können somit erst allmählich ersetzt werden. Bis es soweit ist, setzen die GSK-Mannen auf eine Verlängerung des Lebenszyklus der vorhandenen Produktpalette. Daneben läuft die Suche nach Lizenzabkommen auf Hochtouren, um den eigenen Vertrieb auszulasten. Besser sieht es bei den frühen klinischen Entwicklungen aus. Hier harren 117 Projekte auf Vollzug.

Positiv: Für GSK spricht ferner die Weltmarktführerschaft in Teilgebieten z.B. Antiinfektiva oder Atemwegserkrankungen. Der Pharmaanteil bei GSK liegt bei rd. 85%, Consumer Health Care erreicht etwa 15%. Doch dies ist kein Nachteil. Im Gegenteil, der Health Care-Bereich spielt eine starke Rolle in der Zahnhygiene und der Raucherentwöhnung. Die reine Pillendrehersparte kann sich sehen lassen. Die Top 10-Produkte kommen auf einen Anteil bei den Pharmaumsätzen von knapp unter 50% Sie liegen damit überdurchschnittlich.

Bei den drohenden Patentausläufen ist dagegen vor allem Flovent (Asthma) von Bedeutung. Immerhin über 10% der Top 10-Umsätze wurden damit bisher generiert. Der Ausgleich sollte GSK aber durchaus gelingen können. Es zeigt sich allerdings, dass die pure Größe kein Entscheidungskriterium sein sollte. Gerade bei der F & E-Ausbeute hat GSK bisher eher enttäuscht. Mit der Umstrukturierung des Research-Bereiches soll nun mehr Dampf in die Kessel kommen. Mit überschaubaren Einheiten soll eine Annäherung an die Arbeitsweise der kleinen Biotech-Firmen erfolgen. Schneller und flexibler zu reagieren, wird zur Handlungsmaxime. Daneben sollen neue Indikationen für zusätzlichen Umsatz sorgen. Erst jüngst machte das Unternehmen von sich reden, als es gelang, für das Medikament Coreg (Beta Blocker) in den USA auch für die Behandlung schweren Herzversagens eine Zulassung zu erhalten. Damit ist dies der einzige Beta Blocker, der die Überlebensrate bei leichteren und schweren Fällen von Herzversagen steigern kann. Damit ist dieses Produkt auf gutem Wege, ein neuer Blockbuster mit Umsätzen von rd. 1 Mrd. US-Dollar zu werden.

Positiv schlägt für GSK weiterhin zu Buche, dass ein Aktienrückkaufprogramm in Höhe von 4 Mrd. Pfund angekündigt wurde. Weiterhin überzeugt das angepeilte EPS-Wachstum von +13% für 2001. Und damit soll es auch im nächsten Jahr mit mittlerem zweistelligen EPS-Wachstum weitergehen.

Sollte es GSK gelingen, die Innovationsfreudigkeit zu steigern, werden die Briten zu einer der Top-Adressen in der Pharmagilde gehören. Auch das gute Standbein in den USA spricht für stetig wachsendes Geschäft. Doch bis die Probleme gelöst sind, halten wir unser Urteil bei **Halten.** Zu wenig Fantasie steckt in diesem sicherlich interessanten Wert.

Aventis

Auch der zweite fusionierte Konzern (aus Hoechst und Rhone Poulenc) hat sich bisher recht wacker geschlagen. Von Reibungsverlusten auf Grund der doch recht verschiedenen Mentalitäten in Deutschland und Frankreich ist bisher nichts zu hören. Beileibe keine Selbstverständlichkeit. Dies liegt wohl auch daran, dass sich die Spitze um **Jürgen Dormann** und **Jean René Fourtou** gut versteht.

Auch in puncto Synergien läuft bei **Aventis** alles nach Plan. Bis Ende 2002 stehen jährlich Kosteneinsparungen von 850 Mio. Euro auf der Agenda. Diese werden wohl auch eingehalten. Positiv ist zu werten, dass die Aufgabe des noch bei der Fusion hoch gelobten Life Science-Konzeptes mittlerweile beschlossene Sache ist. Die Neuausrichtung mit dem Ziel Pure Pharma ist auf gutem Wege. Mit dem Verkauf des Crop Science-Anteils ist der größte Brocken weg. Auch das Tierernährungsgeschäft kommt unter den Hammer. Falls alles glatt geht, wird CVC Capital Partners im ersten Quartal 2002 neuer Eigentümer. Mit diesen Einnahmen lassen sich dann endlich die Finanzschulden zurückfahren. Die wieder gewonnene finanzielle Handlungsfähigkeit lässt sich dann für den einen oder anderen Deal einsetzen.

Zu leiden haben die Straßburger immer noch an ihrer schwachen operativen Marge und den hohen Goodwill-Abschreibungen. Auch der Umsatzanteil von 35,9% in den Vereinigten Staaten ist noch ausbaufähig. Doch das Wachstum jenseits des großen Teiches ist zumindest überdurchschnittlich, was für eine relative Steigerung im nächsten Jahr spricht.

Weiteres Manko: Die Top 10 Pharma-Produkte erreichen nur rd. 32% Umsatzanteil und liegen damit unter dem Schnitt der Branche. Außerdem befinden sich etliche alte Produkte im Programm. Doch die Pipeline verspricht hier Abhilfe. Ertragspfeiler ist zurzeit Allegra. Das Mittel gegen Heuschnupfen erzielte allein in den ersten 9 Monaten 2001 bereits einen Umsatz von 1,25 Mrd. Euro. In Zukunft soll mit verstärkter Allianzbildung mit Forschungs- und Biotech-Unternehmen die Innovationskraft weiter gestärkt werden. Außerdem wird nach dem Abstoßen des Pflanzenschutzes die volle Aufmerksamkeit in Richtung Pharma gelenkt, was sich mittelfristig in der Pipeline bemerkbar machen dürfte.

Zurzeit sind 30 Projekte in der klinischen Entwicklung. Zudem sollten neue Indikationen weiteren Schub bringen. Positiv: Aus der Fusion sind keine Sonderaufwendungen mehr zu erwarten. Die Franzosen sind mit einem KGV von fast 30 recht hoch bewertet und damit wird die Luft nach oben zunehmend dünner. Wir stufen das Papier deshalb als **Halteposition** ein.

Schering

Die Berliner **Schering AG** wird als kleines, aber feines Unternehmen immer wieder als Übernahmekandidat ins Gespräch gebracht. Gerade die äußerst potenten Amerikaner, die ihr Standbein in Europa oder ihr Produktportfolio aufpeppen wollen, kämen hier in Frage.

Als Nischenplayer mit guter Marktposition auf viel versprechenden Feldern wie Onkologie oder Fertilitätskontrolle sowie Kontrastmitteln geht es Schering neben der eigenen F & E vor allem auch um die Einlizenzierung innovativer Entwicklungskandidaten. Im Biotech-Bereich haben sich die Deutschen bereits eine gute Position erarbeitet. Kooperationen mit bioLeads oder NetGenics u.a. sorgen für eine gute Ausgangsbasis.

Weiterhin müssen die Berliner ihre Standbeine in den USA und Japan stärken. Bis 2005 soll der US-Anteil von knapp über 20% auf 30% gehievt werden. Von den Großen der Branche ist Schering damit immer noch weit entfernt. Gut gebrauchen bei der Expansionsstrategie kann Vorstandschef **Hubertus Erlen** den Geldfluss aus dem Crop Science-Deal. Schließlich halten die Berliner 24% am Pflanzenschutzspezialisten. Dieser Betrag ist für weitere Akquisitionen reserviert, speziell für Biotech-Verstärkungen.

Diese können die Berliner auch gut gebrauchen. Denn, ein Großteil der Top 10-Produkte hat bereits die Exklusivität verloren. Dies ist jedoch nicht als dramatisch zu beurteilen. Für ein Unternehmen seiner Größe hat Schering eine recht gute Pipeline, und Rückschläge bei den Zulassungen sind an der Spree eher selten. Daneben dürfte auch bei der intensiven Zusammenarbeit mit Biotech-Unternehmen die eine oder andere Innovation abfallen.

Wegn der im Vergleich zu anderen Branchenvertretern niedrigen Bewertung von 23 beim KGV und den bevorstehenden innovativen Einführungen sowie der zusätzlichen Fantasie aus dem Geldfluss des Crop Science-Deals (rd. 1,5 Mrd. Euro), der für Akquisitionen genutzt werden soll, halten wir die Einstufung **Akkumulieren** für gerechtfertigt. Den Stopp platzieren wir bei 52 Euro.

Altana

Bei der Altana AG sorgt vor allem deren möglicher Aufstieg in den Dax für weitere Kursfantasie. Doch bei den Bad Homburgern gilt es zu bedenken, dass es sich nach wie vor um ein Mischunternehmen handelt. Sie haben es also mit keinem reinrassigen Pharmaspieler zu tun, so wie ihn sich die Analysten wünschen. Und eine Abkehr vom Mischkonzern wird es auch nicht geben, so die Unternehmensverlautbarungen. Weiter an Bord bleibt somit die **Spezialchemie,** die in der Vergangenheit stets für gute Renditen gesorgt hat und damit eine Ausgleichsfunktion übernehmen konnte. Doch die schlechte Konjunktur macht auch vor diesem Zweig nicht Halt, so dass Einbußen bei der Rendite hingenommen werden müssen.

Größter Nachteil bei Altana: Im Prinzip handelt es sich nach wie vor um ein 1-Produkt-Unternehmen mit der extremen Abhängigkeit von **Pantoprazol** (Magenmittel). Auch ist die US-Stellung bislang noch vernachlässigbar klein. Doch gerade dort spielt ja die Musik am lautesten. Mit der Technologieallianz mit **GPC Biotech** sollen nun in eine eigene Forschungseinheit in den USA bis 2007 120 Mio. Dollar investiert werden. Dies dürfte auch der dritte Unternehmensbereich (Biotech) der Hessen werden. Altana **bleibt** somit **nicht** bei den klassischen Produkten **stehen.**

Wir sehen die Abhängigkeit von Pantoprazol als den größten Hemmschuh. Fast 30% trägt allein dieses Medikament zum Konzernumsatz bei. Ab 2005 droht der Patentablauf in den USA. Die Suche nach einem äquivalenten Nachfolgeprodukt ist zumindest bisher noch nicht von Erfolg gekrönt. Der **Rückschlag** beim zunächst viel versprechenden Kandidaten LSF ist allen Beobachtern in Erinnerung. Vom Tisch ist LSF aber dennoch nicht. Und die Nachrichten bei den Medikamenten Roflumilast und Ciclesonide sind deutlich besser. Die Markteinführung steht Ende 2003 auf dem Plan. Nur wenn dies gelingt, ist jedoch die Zukunft auf dem jetzigen Niveau gesichert. Ob nämlich die angestrebte Einlizenzierung fremder Produkte den gewünschten Erfolg bringt, steht in den Sternen. Schließlich buhlen alle Pharmagrößen um diese Produkte. Und gerade die großen Player wuchern mit ihrer Vertriebskraft. Negativ könnte der hohe Festbesitz von **Susanne Klatten** (50,1%) gesehen werden. Dennoch sollte die Fantasie eines Dax-Aufstiegs für weiteren Schub sorgen. Ein **Einstieg** bei Rückschlägen auf Niveaus um die 50 sollte allerdings mit engen Stopp-Kursen um die 42 Euro abgesichert werden. Auch das geschätzte 2002er-KGV liegt bei teuren rd. 26 und damit auf Höhe der reinen Pharmaunternehmen.

Fresenius Medical Care

Die Negativüberraschung von **FMC,** des weltweit führenden Anbieters von Dialyse-Produkten und Behandlungstherapien für Patienten mit chronischem Nierenversagen, mit den Wertberechtigungen auf Forderungen privater Versicherer in den USA und höheren Rechtskosten wegen der gekauften NMC bis Ende 2002 verunsicherte die Anleger. Gleichzeitig mussten die Jahresziele für 2001 reduziert werden. Das Ergebnis nach Steuern soll nur noch zwischen 10 und 15% steigen. Diese Belastungen werden auch das kommende Jahr prägen.

Solange die Folgen nicht klar sind, baumelt dieses Damoklesschwert über dem Aktienkurs. Langfristig sehen wir aber das Unternehmen als Profiteur des steten Wachstums im Dialysemarkt. Auf Grund ihrer guten Marktstellung sollte es den Bad Homburgern gelingen, überdurchschnittlich zu wachsen. Mittelfristig sollten auch wieder EPS-Wachstumsraten im Bereich von 15 bis 20% erzielt werden. Dafür sorgt allein schon die starke Stellung auf dem lukrativen US-Markt mit einem Anteil von 75%. Kurzfristig belastend wirken sich dagegen die Prozesse in den USA aus. Immer mit einem Risiko behaftet ist der Ausgang solcher Verfahren. Es könnte also noch die eine oder andere schlechte Nachricht lauern. Für Langfristanleger empfiehlt es sich jedoch, **einige Stücke mit Stopp bei 65 Euro ins Depot** zu legen.

Stada

Eine ganz andere Strategie als die bisher genannten Pharmagrößen fährt **Stada.** Die Bad Vilbeler setzen stark auf **Generika,** die wegen der fehlenden Grundlagenforschung kostengünstiger angeboten werden können. Angesichts dieses Preisvorteils sind Generika seit Jahren auf dem Vormarsch: Ihr Marktanteil am Gesamt-Apothekenumsatz betrug in Deutschland im vergangenen Jahr 21% und damit 11,4 Mrd. DM, was den ersten Platz in Europa bedeutet. Noch deutlicher fällt die Zahl aus, wenn nur Medikamente betrachtet werden, bei denen die Patente abgelaufen sind. Hier verschreiben die Ärzte nur noch zu 30% das Originalpräparat und zu 70% die billigeren Kopien. Bis 2005 soll dieser Markt im Schnitt immerhin mit 15 bis 20% zulegen.

Davon profitiert Stada als Nr. 3 auf dem deutschen Generikamarkt. Der Kostendruck im öffentlichen Gesundheitswesen wird den „Billiganbietern“ neue Chancen eröffnen. Zusätzlich schaffen die in Zukunft auslaufenden Patente der Großen weitere Produktmöglichkeiten. Davon wird vor allem auch Stada profitieren. Haben die Hessen doch eine gute Stellung bei der Patentrecherche, um möglichst schnell die Nachahmerprodukte auf den Markt zu bringen und somit der Konkurrenz ein Schnippchen zu schlagen. Die Investition in die Patentrecherche, d.h. in die Erstellung der Unterlagen für Zulassungsanträge und die Entwicklung von Generika für die internationale Vermarktung, ist bei Stada vorbildlich. Wichtig bleibt dabei, dass die rechtzeitige Ermittlung des rechtlich eindeutigen Termins, zu dem ein Patent abläuft, um teure Patentprozesse zu vermeiden, auch erfolgt. Gleichzeitig muss es das Ziel sein, als erster an den Markt zu kommen.

Stark ist Stada auch im Vertrieb. Hier wird mehrgleisig gefahren. Zusätzlich zur eigenen Oragnisation wird auf Direktversand und Internet-Plattform gesetzt. Daneben gibt es zahltreiche Abkommen mit Großhändlern. Auch erfolgt über das kleine Markengeschäft (Wellness, Selbstmedikation) eine Kontaktpflege zu den Apotheken. Fantasie für den MDax-Wert ergibt sich auch aus dem Biopharma-Geschäft, das ab 2005 erste Produkte beisteuern soll. Hier liegen zwar große Gewinnchancen. Handelt es sich doch oft um Blockbuster der großen Pillendreher. Aber die Risiken sind nicht von der Hand zu weisen. Zu komplex sind die Produkte und Rückschläge sind deshalb nicht auszuschließen.

Schwachpunkt ist die bisher schlechte Stellung auf den großen Pharmamärkten USA und Japan. Der Generikamarkt jenseits des Atlantiks ist mit einem Weltanteil von 41% nicht zu ignorieren. Obwohl dort natürlich auch ein knochenharter Wettebwerb herrscht. Besonderheiten im Zulassungsverfahren machen den Einstieg nicht leichter. Mit der Akquisition des Geschäftes des Generikaanbieters MOVA Laboratories zum 1.1.2002 haben die Bad Vilbeler aber nun erste Pflöcke eingeschlagen. Dies sorgt für weitere Fantasie.

Im Rahmen der Akquisition übernimmt Stada die arzneimittelrechtlichen Zulassungen sowie die MOVA-Umsätze in den USA, die sich im Jahr 2001 auf voraussichtlich 26 Mio. US-$ belaufen. Die Produktpalette besteht aus 15 Generika und einem Markenprodukt. Stada übernimmt von MOVA außerdem 5 Entwicklungsprojekte für weitere generische US-Zulassungen, 12 weitere zurzeit nicht vermarktete generische US-Zulassungen sowie alle zum Geschäftsbetrieb notwendigen Unterlagen und Verträge mit Kunden und Lieferanten. Mit der Akquisition erwerben die Hessen zusätzlich eine schlanke Marketing- und Vertriebseinheit und preisgünstige Markenprodukte. Geplant sind weitere Zukäufe von Zulassungen und Produkten. Mit einem geschätzten 2002er KGV von unter 22 sind die Hessen in der Branche günstig bewertet. Die neu aufkommende Fantasie sollte mittelfristig für weiteren Schwung sorgen. Rückschläge sollten Sie deshalb bei Interesse zum **Kauf** nutzen. Den Stopp setzen wir bei 29 Euro. lz

Name	WKN	Kurs 20.11.	EPS 2002	KGV 2002	Anlageurteil
BASF	515 100	43,30 €	2,15	20	Akkumulieren
Henkel	604 843	67,80 €	3,70	18,3	Akkumulieren
Schering	717 200	60,50 €	2,60	23	Akkumulieren
Stada	725 180	34,10 €	1,59	21,4	Kaufen
Degussa	542 190	29,00 €	1,50	19,3	Halten

Biotechnologie: Nur eine Wette auf Übermorgen?

Der Biotechnologie-Sektor bleibt fraglos auch im kommenden Jahr eine Wachstumsbranche par excellence. Experten rechnen mit Zuwachsraten von 20 bis 25%, da kann kaum noch ein anderes Segment mithalten. Doch trotz aller Dynamik lauern gerade bei diesen „Zukunftsaktien“ nicht zu unterschätzende Gefahren. Dies gilt besonders für das eine oder andere Papier am Neuen Markt. Gewinne sind meist noch in weiter Ferne, die Bewertung ist dagegen schon fast Schwindel erregend. So plant die dänische Genmab beispielsweise erst im kommenden Jahr mit ersten Umsätzen. Handfeste Erträge werden den Aktionären für 2005 in Aussicht gestellt. Doch Genmab ist wahrlich kein Einzelfall. Bei vielen Biotech-Vertretern am Neuen Markt stellt sich die Frage, ob hier das in frühen Unternehmensstadien wenig kalkulierbare Risiko nicht in einer völlig verfrühten Phase an die Aktionäre weitergegeben wurde? Ein Risiko, das selbst Branchenkenner schwer quantifizieren können.

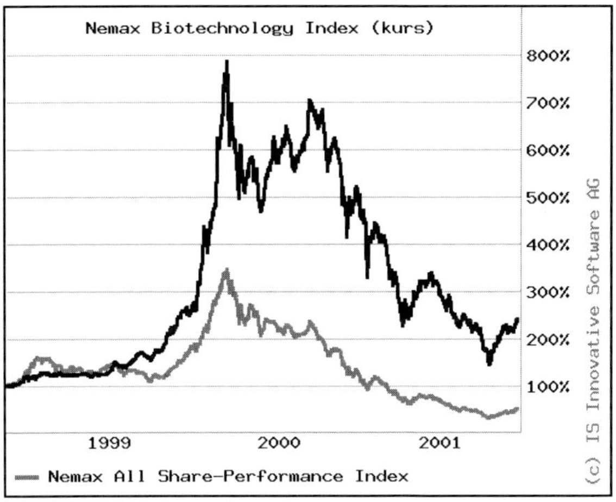

Die Musik spielt darüber hinaus weiter in den **USA.** Hier wird aber nicht nur das Gros der weltweiten Erlöse des Sektors eingespielt, besonders in puncto fehlender gesetzlicher Restriktionen stehen den Unternehmen nahezu „unbegrenzte“ Möglichkeiten zur Verfügung. Gemeint ist dabei die **Stammzellenforschung,** die in Deutschland zu emotionalen Auseindersetzungen in Regierungskreisen geführt hat und weiter ein Tabu bleiben soll. Dieser **ethische Riegel** hilft u.a. den US-Unternehmen, den schon bestehenden Vorsprung in der Gen-Forschung weiter auszubauen.

Dass dennoch vorrangig Aktien der Biotechnologie den Nemax-All-Share outperformen konnten, hat einen eher bedenklichen Hintergrund. Und auch hier sind es die Folgen des Terror-Anschlages vom 11. September. So hat die Angst vor chemischen oder biologischen Angriffen von Extremisten die Biotech-Werte erneut stärker in den Fokus gerückt. Alleine die Ankündigung, sich zukünftig wieder auf die Herstellung entsprechender Impfstoffe zu konzentrieren, hat für diverse Kurskapriolen gesorgt. Dass es am Ende doch wieder „Big-Pharma“ war, die das Rennen gemacht hat, interessierte kaum. Während nämlich die kleinen „Biotech-Buden“ nur Fantasie versprühen konnten, hatte Bayer etwas Handfestes zu bieten: Das Antibiotikum Ciprobay fand reißenden Absatz, wenngleich Analysten dies bis dato lediglich als einmaligen Sondereffekt verstehen wollen.

Was nach dem Milzbrand-Erreger kommt

Auch wenn sich das „Thema Milzbrand" jüngst aus den Schlagzeilen verabschiedet hat, die Gefahr von chemisch-biologischen Übergriffen ist keinesfalls gebannt. So hat die Bundesregierung vor wenigen Wochen für rd. 50 Mio. Euro satte 6 Mio. Dosen Pockenimpfstoff erworben. Pocken gelten bei Medizinern als eine der gefährlichsten Infektionskrankheiten. Seit über 20 Jahren wird die Seuche als ausgerottet bezeichnet, Pflichtimpfungen gibt es schon lange keine mehr. Eine besonders heimtückische Waffe träfe auf eine völlig unvorbereitete Bevölkerung. Doch es lauern noch andere Gefahren.

Die Verseuchung von Lebensmitteln oder gar unseres Trinkwassers bleibt eine weitere Variante im Handbuch des Terrorismus. Und für diesen hoffentlich nie eintretenden Fall hält die Börse ihre Favoriten bereit. Dabei handelt es sich um Unternehmen aus der Sparte der Bioanalytik, die Lebensmittel auf etwaige Kontaminationen untersuchen können. Unser Favorit ist dabei die französische **Eurofins.** Neben dem „Horror-Szenario" der terroristischen Gefahren, das besagte Untersuchungen der Lebensmittel erfordern würde, zielt die Analyse-Palette auf die Bereiche Pharma und Kosmetik. Das Gesamtvolumen des für Eurofins relevanten Marktes wird aktuell auf 1,5 Mrd. Euro geschätzt. Bis 2005 erwarten Experten eine Vervielfachung auf 12,5 Mrd. Euro.

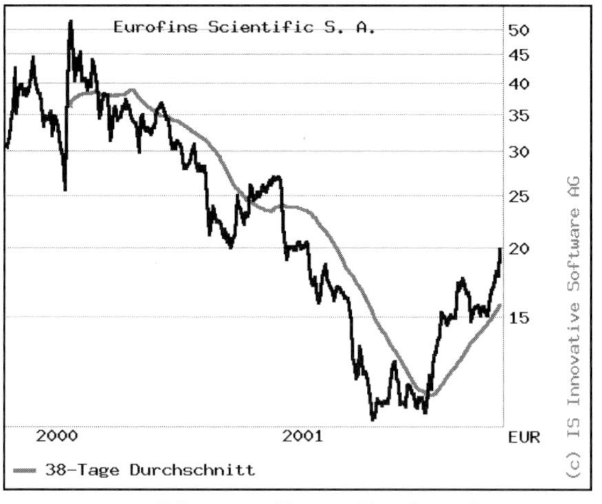

Das Papier der Bioanalytik-Crew passt in die gegenwärtige Landschaft, ist aber schon recht hoch gepreist. Unter Berücksichtigung der Goodwill-Abschreibungen für die 2001 getätigten Zukäufe erwarten wir für das kommende Jahr einen Gewinn/Aktie von 0,15 Euro. Damit errechnet sich auf Basis der aktuellen Kurse ein KGV von über 100. Zudem haben viele Researchhäuser ihre im vergangenen Jahr getroffenen Gewinnschätzungen teilweise deutlich nach unten angepasst. Wir sehen hier zwar langfristig Potenzial, raten jedoch, zunächst eine neuerliche Schwächephase um 15 Euro zum Einstieg abzuwarten und die dann vorgenommenen Engagements eng abzusichern . Ein erstes **Kursziel** sehen wir bei rd. 20/22 Euro.

Als ein Gewinner der Milzbrand-Hysterie hat sich zudem der Impfstoffentwickler **Rhein Biotech** herauskristallisiert. Hier dürfte zwar die Fantasie der Anleger den wahren Entwicklungsstand der Forschungs- und Entwicklungsarbeit im Bereich der Milzbrand-Antibiotika stark überschätzt haben, die Niederländer können aber auch ohne diesen Zusatztreiber einiges bieten. Besonders erfolgversprechend zeigt sich bisher der Hepatitis B-Impfstoff . Der Markt für Impfstoffe wird gegenwärtig auf rd. 5 Mrd. Dollar beziffert. Die prognostizierten Wachstumsraten liegen bei etwa 12%, die größtenteils auf jene Hepatitis-Impfungen zurückzuführen sind. Überzeugend präsentiert sich darüber hinaus die Entwicklungs-Pipeline und die geglückte Akquisition von Green Cross Vaccine Corporation, die sich im koreanischen Markt etabliert hat und dort Standardimpfstoffe vermarktet. Mit einem Gewinn-Multiple auf Basis der Ergebnisprojektion für 2002 von rd. 30 ist das Papier bei Wachstumsraten von etwa 25% noch nicht zu teuer. Langfristige Investoren bauen Positionen um 70 Euro auf und sichern diese um 55 Euro ab. Als größten Risikofaktor werten wir das Auslaufen diverser Patente 2007. Allerdings verbleibt bis dahin noch genügend Zeit, um aus der Wirkstoff-Pipeline neue Präparate mit entsprechendem Patentschutz zu generieren.

Hohe Chancen und Risiken auch bei den Technologie-Anbietern

Während die Wirkstoffentwickler insbesondere das Risiko tragen, dass Forschungsprojekte nicht bis zur Marktreife bzw. Zulassung gelangen, haben die Anbieter von Technologien für die Herstellungsprozesse dieser Stoffe scheinbar nur wenige Unabwägbarkeiten zu überwinden. Doch der Schein trügt. Läuft das Geschäft der Entwickler schlecht, stehen auch die Technologielieferanten auf dem Prüfstand. So hat der einstige Highflyer **Cybio** im laufenden Geschäftsjahr ein wahres Waterloo erlebt. Der Lieferant von innovativen Laborsystemen wird die 2001er-Ziele drastisch verfehlen. Besser sieht es da aber bei **Qiagen** aus, einem Spezialisten für Aufreinigungs- und Isoliersysteme von Nukleinsäuren. Wenngleich die Umsatz- und Ergebnisziele für 2001 leicht revidiert werden mussten, bleibt der „Weltmarktführer" weiter erste Wahl. Hintergrund der Planabweichung ist dabei die zeitweise Einstellung des zivilen Luftverkehrs nach den Terror-Anschlägen in den USA, die Produktauslieferungen und somit kalkulierte Umsätze verzögert haben. Statt 80 Mio. Euro sollen nun für 2001 etwa 72 Mio. Euro erlöst werden. Beim Gewinn/Aktie erwarten wir 0,27 Euro. Bei durchschnittlich geschätzten Gewinnwachstumsraten von über 50% und Umsatzzuwächsen von knapp 40% bleibt das Papier aussichtsreich. Als Hemmschuh könnte sich jedoch die ambitionierte Bewertung eines 02er KGV´s von über 60 erweisen. Risikobewussten Anlegern empfehlen wir die Papiere um 20 Euro zur **Beimischung,** Stopp-Kurse bei etwa 15 Euro sind jedoch dringend anzuraten.

Weniger Risiko mit Biotech-Fonds

Um die hohen Risiken des Sektors aufzufangen, bieten sich Biotech-Fonds als Alternative an. Neben einschlägigen Publikumsfonds bietet hier auch der Neue Markt eine interessante Option. Gemeint sind die so genannten Miteigentumsanteile von **BB Biotech,** die quasi als eine Art Fonds verstanden werden können. Das Portfolio der Schweizer umfasst mehr als 20 Einzelengagements, darunter u.a. die beiden „Biotech-Blue-Chips“ **MedImmune** und **Amgen.** Gerade an MedImmune ist die Wertentwicklung von BB Biotech eng gekoppelt. So beträgt der Anteil an dem US-Wert fast 25% des gesamten Portfoliovolumens. Dennoch, trotz Diversifikation sind die Unwägbarkeiten der Branche nicht ganz zu eliminieren. So hat der Kurseinbruch von **Aviron,** die für ihren Grippeimpfstoff „FluMist“ keine Zulassung bei der FDA erhalten haben, auch beim BB Biotech-Kurs Spuren hinterlassen. Der Abschlag fiel jedoch recht moderat aus. Eine Investition in das Portfolio der Eidgenossen lohnt sich vorrangig dann, wenn die aktuelle Börsenbewertung des Miteigentumsanteiles unter dem inneren Wert des Papieres liegt. Langfristig orientierte Anleger nutzen dies zum Aufbau **erster Positionen.** Eine Absicherung mit Stopp-Kursen sollte dennoch rd. 25 bis 30% unterhalb des Einstiegsniveaus installiert werden. gr

Name	WKN	Kurs 20.11.	EPS 2002	KGV 2002	Anlageurteil
BB Biotech	888 509	79,95 €	n.a.	n.a.	Kaufen
Eurofins	910 251	18,00 €	0,15	120	Akkumulieren
Qiagen	901 626	22,35 €	0,45	50	Akkumulieren
Rhein Biotech	919 544	74,50 €	2,70	28	Kaufen

Telekommunikation – Hoffnungslos verschuldet?

Die Telekommunikationsaktien stehen vor einer grandiosen Entwicklung. Telekommunikationsaktien sind out.

Beim Studium der Berichte und Analysen zur Telekommunikationsbranche können Sie beide Thesen immer wieder finden. Beide Sichtweisen sind von ihrer Kernaussage her nicht verkehrt. Je nach Interessenlage werden aber die positiven oder die negativen Aspekte in den Vordergrund gestellt. Dies führt dazu, dass sich Anleger nur schwer ein vollständiges Bild über die aktuelle Situation machen können. Von daher leben die Kurse der Telko-Aktien derzeit auch stark von der Stimmung.

Die boomenden Aktienmärkte sind in der Vergangenheit von den Telekomkonzernen intensivst genutzt worden. Anders als in anderen Branchen gilt hier das Motto „Größe macht behäbig" nicht. Dies ist zumindest die Meinung der Unternehmenslenker.

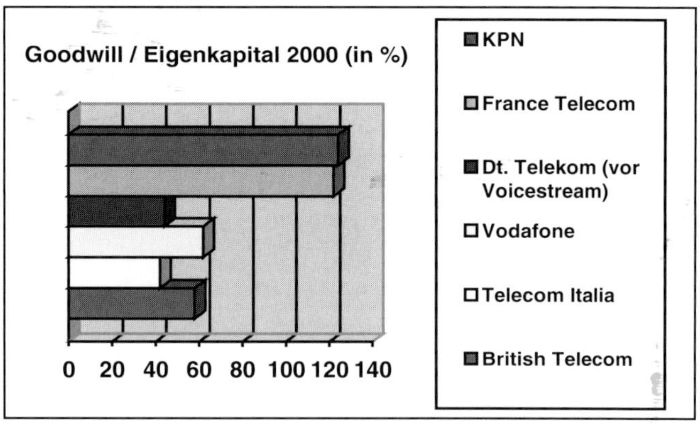

So verfielen einige Branchenvertreter in einen wahren Kaufrausch – und das zu einer Zeit, in der der Markt nicht unbedingt Schnäppchen im Angebot hatte. Als gutes Beispiel dient der Kauf von **Voicestream** durch die **Deutsche Telekom,** der zwar von vielen Analysten lange Zeit gefordert, mittlerweile aber als viel zu teuer eingestuft wird. Eine Anpassung der Bewertungen (Stichwort Goodwill) könnte im Laufe des Jahres bei einigen Branchenvertretern durchaus zu Turbulenzen in den Bilanzen und damit auch im Aktienkurs führen. Besonders gefährdet sind u.E. neben der T-Aktie (in der Grafik ist der Voicestream-Deal noch nicht berücksichtigt!) auch **France Telecom** und **KPN,** in deren Bilanz der Anteil des Goodwills (per Ende 2000) sogar das Eigenkapital übersteigt. Dagegen sehen die Relationen bei der spanischen **Telefonica** und **Telecom Italia** vergleichsweise solide aus, so dass die Risiken hier wesentlich geringer anzusetzen sind.

Das größte Problem ist und bleibt aber das hohe Maß der Verschuldung. Insbesondere die Ersteigerung der UMTS-Lizenzen in einigen Ländern hat bei vielen Unternehmen ein großes Loch in die Kasse gerissen. Hier zeigen sich vor allem die Unterschiede bei der Vergabe der Lizenzen in den einzelnen Ländern. So kostete die Auktion in Deutschland jeden „Gewinner" 8,4 Mrd. Euro. Auch in Großbritannien (bis zu 10,34 Mrd. Euro) und Frankreich (rd. 5 Mrd. Euro) mussten die Konzerne tief in den Geldbeutel langen, um die begehrten Lizenzen zu ergattern. Währenddessen zahlte die Mobilfunktochter von Telecom Italia (TIM) in ihrer Heimat „nur" 2,4 Mrd. Euro. In anderen Ländern fiel die Gebühr noch wesentlich geringer aus. Davon profitierten die Bilanzrelationen bei Telefonica, Telecom Italia und Vodafone.

Nettoverschuldung/EBITDA		
	2000	**2001 e**
Telefonica	2,3	2,0
Vodafone	1,2	1,4
France Telecom	5,8	4,9
Dt. Telekom (vor Voicestream)	4,8	4,0
British Telecom	3,9	2,4
Telecom Italia	1,5	1,4
KPN	6,4	6,0

Durch die derzeit nicht mehr in ausreichendem Maße vorhandenen Möglichkeiten der Kapitalbeschaffung über den Aktienmarkt (Kapitalerhöhungen etc.) fehlen den Konzernen in der Regel die notwendigen Alternativen, um die Schulden schnell zurückzufahren. Ein Lied davon singen kann Telekom-Chef **Ron Sommer,** der den geplanten Börsengang von T-Mobil immer weiter hinausschieben muss. Ob er überhaupt jemals den ihm vorschwebenden Preis für seine Tochter erzielen wird, erscheint überaus fraglich.

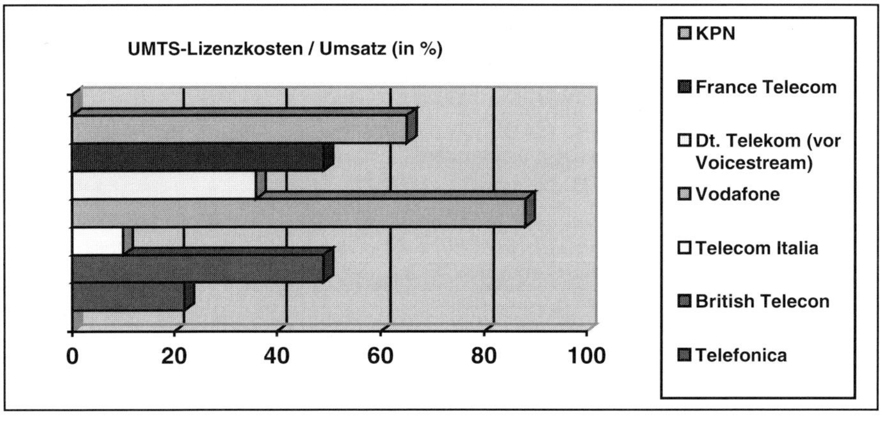

Allgemein zahlt es sich aus, wenn zumindest Teile des operativen Geschäfts einen positiven Cashflow erzeugen, so dass wenigstens die Zinszahlungen gesichert sind. Da auch dies bei einigen nicht in ausreichendem Maße gegeben ist, haben bereits die Rating-Agenturen ihre Konsequenzen gezogen und ihr Urteil bzw. die Ausblicke für einige Telekoms in den vergangenen Monaten sukzessive runtergestuft. Dies wiederum schränkt die (zuletzt gerne genutzte) Möglichkeit der Kapitalaufnahme über den Rentenmarkt deutlich ein bzw. verteuert sie ungemein. Am derbsten getroffen hat es hier die British Telecom und KPN, die innerhalb der vergangenen 2 Jahre massiv zurückgestuft wurden. Auch hier zeigt sich die Stärke von Telefonica. Die Spanier haben ihr Rating in dieser Zeit nicht verändert.

Aktuelle Kreditratings (S&P)	
Telefonica	A+
Vodafone	A
Deutsche Telekom	A-
British Telecom	A-
France Telecom	BBB+
Telecom Italia	BBB+
KPN	BBB-

Jetzt, wo der Stein bei einigen Konzernen einmal ins Rollen gekommen ist, gibt es keinen Ausweg mehr. Vielen Unternehmen bleibt daher nur die Möglichkeit, sich von Unternehmensteilen zu trennen, um sich auf diesem Weg neue Liquidität zu beschaffen. Dies wird zwar zumeist vom Markt honoriert, wobei aber nicht vergessen werden darf, dass wir aktuell eben nicht mehr das gleiche Umfeld haben wie noch vor etwa 2 Jahren. Dies wirkt sich bei den zu erzielenden Preisen aus, deren Niveau zumeist deutlich unter dem liegt, was damals für vergleichbare Unternehmensteile gezahlt wurde.

Normale Bewertungskriterien bringen keine Klarheit

Die Gefahr der Goodwill-Abschreibung und das Problem der Verschuldung sollten bei der Unternehmensanalyse ganz oben auf der Prioritätenliste stehen. Der gerne praktizierte reine Vergleich altbewährter Kennziffern wie z.B. KGV führt in der Telekommunikationsbranche wie auch bei Medienaktien zu Verzerrungen, da die Abschreibungsmodalitäten (u.a. für die UMTS-Lizenzen) bei den einzelnen Unternehmen doch stark voneinander abweichen (zwischen 5 und 20 Jahre), so dass die Gewinnentwicklung kurzfristig unterschiedlich stark beeinflusst wird. Die Aussageschwäche der in letzter Zeit gerne angewandten Kennzahl des KUV (Kurs/Umsatz-Verhältnisses) zeigt sich bei den Telkos überdeutlich, da sich diese durch die fremdfinanzierten Zukäufe der Unternehmen stark ermäßigt hat, ohne die Bewertung des Konzerns zu verbessern.

Was die Zukunft bringt

Neben der Analyse der aktuellen, vor allem finanziellen Situation sollte natürlich auch in Betracht gezogen werden, wie die Zukunftsaussichten der Branche sind und wie die einzelnen Vertreter sich hier positioniert haben.

Zu unterscheiden sind vor allem die einzelnen Geschäftsfelder. Die großen europäischen Telekommunikationskonzerne sind überwiegend in den Segmenten Festnetz, Mobilfunk, Daten- und Systemlösungen sowie Internet/Medien tätig – lediglich Vodafone agiert nur im Bereich **Mobilfunk.** Dies ist auch der Bereich, dem Branchenkenner die größten Wachstumschancen bescheinigen – und das trotz bereits hervorragender Entwicklung. So stieg die Zahl der mobil telefonierenden Kunden von 205 Mio. (1997) auf 705 Mio. im Jahr 2000, was einer durchschnittlichen jährliche Steigerung von 51% (!) entspricht. Zwar dürfte das Wachstum begrenzt sein (vor allem in Europa ist der Markt schon sehr gesättigt), aber die 1 Mrd.-Grenze sollte trotzdem 2004 geknackt werden können. Damit würde dann die Zahl der Festnetzanschlüsse ertsmals übertroffen werden.

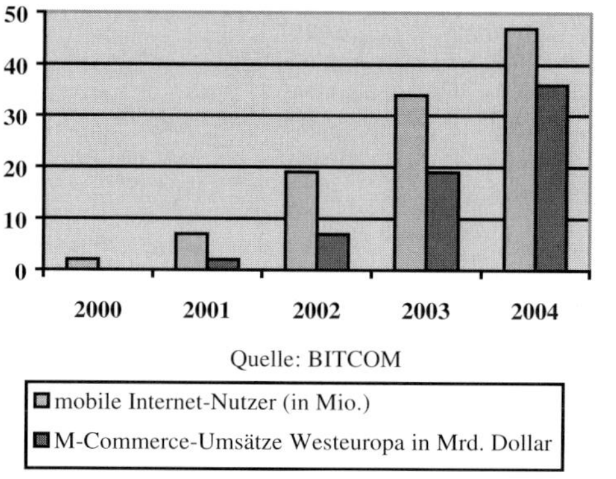

Quelle: BITCOM

Von der großen Euphorie, die Ende 1999 zu einem großen Andrang auf der Anbieterseite und einem unvergleichlichen Kampf um Marktanteile führte, ist allerdings derzeit nicht mehr viel zu spüren – vor allem nicht an den Aktienmärkten. Auf Grund der schwer wiegenden Folgen kostspieliger Transaktionen hat sich die Bilanzstruktur der meisten Unternehmen **gravierend** verschlechtert (s.o.), was nach der Rückkehr zur Fundamentalanalyse an den Börsen zu einem Zusammenbruch der Unternehmensbewertungen führte.

Das große Problem beim Mobilfunk sehen wir darin, dass die etablierten Märkte mittlerweile einen gewissen Sättigungsgrad erreicht haben (in Deutschland wird es bis Ende 2001 rd. 58 Mio. Handy-Nutzer geben, was einer Penetration des Marktes von gut 70% entspricht) – das Wachstumspotenzial erscheint also begrenzt. Zudem sind die Margen hier in den letzten Jahren deutlich gesunken. Auf der einen Seite haben sich Mobilfunkgespräche seit 1998 um 40,7% verbilligt (2002 wird nochmals mit einem Rückgang um 6,5% gerechnet), auf der anderen Seite mussten die Unternehmen sehr viel Geld in die Kundenakquisition stecken.

Die Hoffnung ruht nun vor allem auf neuen Wachstumstreibern wie z.B. dem M-Commerce. Nachdem das Handy als Medium für den Eintritt ins Internet mit Hilfe von WAP kläglich gescheitert ist, sollen nun GPRS und UMTS die Wende bringen. Aktuelle Studien besagen, dass bereits 2005 mehr Menschen über mobile Geräte ins Internet gelangen als über den herkömmlichen PC. Es ist unbestritten, dass die riesigen Möglichkeiten, die UMTS bietet, zu einem Umdenken beim Konsumenten führen werden. Davon werden mit Sicherheit auch die Telekommunikationsfirmen profitieren. Allerdings können wir den Optimismus einiger Firmenlenker hinsichtlich einer rasanten Entwicklung nicht teilen. Die Aussage, dass sich UMTS als Massenmedium erst nach 2005 (einige Experten sprechen gar von 2008) etablieren wird, halten wir jedenfalls für wesentlich realistischer. Von daher dürften in den kommenden Jahren auch noch weitere Unternehmen **in große finanzielle Schwierigkeiten** geraten. Der Konkurs von Enitel (immerhin zweitgrößter norwegischer Telekom-Konzern) wird also kein Einzelfall bleiben. Wir bleiben skeptisch, ob sich die teilweise enormen Investitionen schon mittelfristig auszahlen.

Von Vorteil ist daher, wenn die Unternehmen (neben einer gesunden Bilanz) Geschäftsfelder besitzen, die diesen Druck kompensieren können. Bei den meisten ist dies der Bereich Festnetztelefonie, der häufig immer noch der größte Umsatz- und Ergebnisbringer ist. Der erwartete Verlust von Marktanteilen bei den großen Ex-Monopolisten ist zwar eingetreten (bei fast 2 000 Anbietern von TK-Dienstleistungen alleine in Deutschland auch kein Wunder), aber lange nicht in dem Maße wie befürchtet.

Festnetz-Marktanteil der Ex-Monopolisten (Ende 2000)	
Telefonica	91%
Telecom Italia	89%
France Telecom	85%
Deutsche Telekom	78%
KPN	75%
British Telecom	68%

Auch für die Zukunft rechnen wir hier nicht mit drastischen Einbußen, sondern damit, dass die Big Player durch verbesserten Service und gebündelte Angebote (z.B. in Kombination mit Internet-Leistungen) ihren Kundenbestand weitgehend stabil halten können. Große Wachstumsperspektiven sehen wir hier allerdings nicht. Auch die Aussichten für den Bereich Internet sprechen eher für die großen Unternehmen. Die Tendenz weist mittelfristig klar in Richtung Breitbandzugänge. Die für den Aufbau der eigenen Infrastruktur notwendigen Investitionen dürften von den kleineren Vertretern der Zunft kaum zu bewältigen sein.

Branchenvertreter unter der Analysten-Lupe

Deutsche Telekom

Die "Volksaktie" der Deutschen hat viel von ihrem anfänglichen Glanz verloren. Von den ehemaligen Höchstständen ist das Papier meilenweit entfernt – ebenso wie die Anleger der 2. und 3. Tranche von ihren Einstiegskursen. Neben der Kursentwicklung dient auch die Informationspolitik (z.B. Verheimlichung des enormen Nettoverlustes in der Ad hoc Meldung zu den vorläufigen Q3-Zahlen) nicht wirklich dazu, das Vertrauen der Investoren (wichtig für das geplante T-Mobil-IPO) zurückzugewinnen. Zudem dürfte noch ein Großteil der Aktien, die als Akquisitionswährung eingesetzt wurden, bei steigenden Notierungen von den ehemailgen Voicestream-Großaktionären (u.a. Sonera und Hutchison) auf den

Markt geworfen werden und den Kurs damit belasten. Auch die drohende Verringerung des Gewichtes der Telekom im Dax (und damit bei diversen Fonds) durch den Übergang auf die Free-Float-Regel wird dem Kurs nicht gut tun.

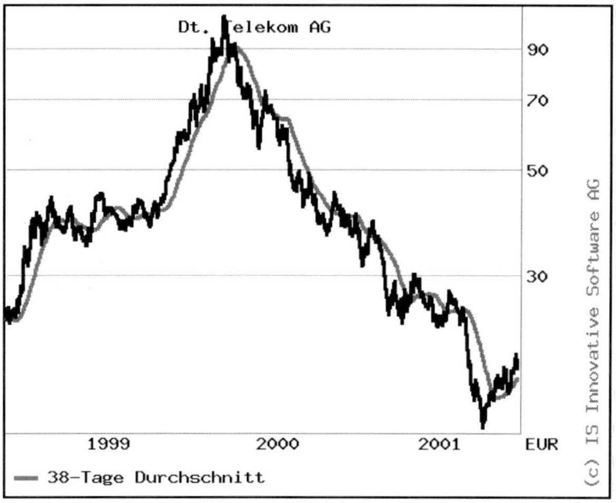

Das "operative" Geschäft gestaltet sich derweil recht positiv (insbesondere im Mobilfunkbereich – auch das Festnetz zeigt Stabilisierungstendenzen). Allerdings wird das Ergebnis untern Strich wohl noch lange durch Goodwill-Abschreibungen und UMTS-Kosten verhagelt werden. Zudem hegen wir große Zweifel, ob der geplante Abbau der Verschuldung (Netto-Finanzverbindlichkeiten per 30.9.: über 65 Mrd. Euro) wie versprochen durchgeführt werden kann. Die hohe Schuldenlast dürfte auch die weitere Expansion (im Mobilfunkbereich besteht in Europa noch Handlungsbedarf) erschweren, so dass die oftmals gelobte "gute Positionierung" auch weiterhin einige Schwachstellen aufweisen wird. Wenn die positive Stimmung für die Branche noch etwas anhält, könnte die Aktie durchaus kurz bis in den Bereich um 25 Euro vorstoßen. In der Summe sehen wir jedoch die Belastungsfaktoren überwiegen und raten, die Aktie im genannten Zielbereich zu **reduzieren.**

Telecom Italia

Der ehemalige Monopolist aus Italien ging 1999 nach einer Übernahmeschlacht, an der auch die Deutsche Telekom beteiligt war, mehrheitlich in den Besitz von Olivetti über. Bei Olivetti wiederum ist im Sommer 2000 der Kabel- und Reifenhersteller Pirelli eingestiegen. Während sich das Problem der Verschuldung bei Telecom Italia selber noch in Grenzen hält, stellt sich genau dieser Punkt als größter Risikofaktor bei Olivetti dar. Da beide Konzerne zusammengelegt werden sollen, sehen wir dies auch als Hauptproblem des Konzerns. Beseitigt werden soll dies durch eine Fokussierung auf den Mobilfunksektor und den Verkauf nicht zum Kernbereich gehörender Beteiligungen. Ob der zu erzielende Preis dieser Transaktionen allerdings die gewünschte Höhe erreicht, stellen wir in der aktuellen Marktlage in Frage. Die Wachstumsaussichten sind mit Blick auf die vor allem auf den Heimatmarkt ausgerichtete Strategie ebenfalls begrenzt.

Die Zurückhaltung der Italiener im Hinblick auf Expansionen und den UMTS-

Wahnsinn sorgt allerdings dafür, dass das Ergebnis nicht so stark belastet wird wie bei anderen Branchenvertretern. Das (im Jahresverlauf trotzdem enttäuschende) Zahlenwerk tritt aber auf Grund der enormern Restrukturierungsbemühungen derzeit ohnehin in den Hintergrund. Der Kurs der Aktie wird stark davon beeinflusst werden, inwieweit von dieser Seite Erfolgmeldungen verzeichnet werden können. An eine dauerhafte Outperformance in den kommenden Monaten glauben wir nicht. Zudem gehört auch Telecom Italia zu den Verlierern bei der Umstellung der Indizes nach Free-Float-Kriterien. Unser Votum lautet daher auch hier (trotz vergleichsweise günstiger Bewertung): Reduzieren.

KPN

Der holländische Ex-Monopolist hangelt sich am Rande des Abgrunds entlang. Positive Kursbewegungen entstehen nur, wenn Hoffnung auf ein dauerhaftes Überleben z.B. durch personelle Veränderungen in der Führungsriege, die Einräumung zusätzlicher Kreditlinien oder Fusionsgerüchte aufkeimt. Die Schuldenfalle (u.a. durch den Erwerb von E-Plus entstanden) erscheint uns auf Dauer aber kaum zu umgehen sein, zumal die dringend notwendigen Veräußerungen von Unternehmensteilen (u.a. die gerade erst mit positiven Zahlen überraschende KPNQwest) zu einem denkbar ungünstigen Zeitpunkt vollzogen werden müssen. Weitere Rating-Abstufungen drohen. Der Rettungsanker, eine Übernahme durch einen schuldenarmen Konkurrenten, würde den endgültigen Untergang zwar verhindern, wir sehen die Chancen für einen solchen Deal zu attraktiven Konditionen für die Aktionäre aber als eher gering an. Verkaufen.

British Telecom

Die Briten haben das Schuldenproblem vorerst aus dem Weg geräumt. Die Umstrukturierung mündete im November 2001 in der Abspaltung der Mobilfunktochter in eine eigene Konzerneinheit (mmO2). Der verbliebene Teil agiert mittlerweile unter dem Namen Future BT und konzentriert sich auf das Festnetzgeschäft und den Bereich Daten- und IT-Service. Das Unternehmen fokussiert sich stark auf den Heimatmarkt – so wurde das (defizitäre) Datendienst-JV mit AT&T im Herbst beendet. Nach der Trennung vom Mobilfunksektor sind zwar die finanziellen Sorgen geringer geworden – Gleiches gilt aber leider auch für die Wachstumsfantasie, zumal der Festnetzbereich in Großbritannien sehr wettbewerbsintensiv ist. Diese Aktie müssen Sie nicht haben – Verkaufen.

France Telecom

Der zweitgrößte integrierte Telko-Konzern in Europa lebt von einem starken Festnetzbereich (vergleichsweise freundliche Wettbewerbsbedingungen), der das

Wachstum u.a. der Mobilfunk-Tochter Orange (starke Präsenz in Europa) finanziert. Die Franzosen sind in allen Bereichen recht gut positioniert, was sich auch in den zuletzt vorgelegten Zahlen widerspiegelt. Kurzfristig beflügeln dürfte den Kurs vor allem die Entscheidung des französischen Regulierers, die UMTS-Lizenzdauer entgeltlos von 15 auf 20 Jahre zu verlängern sowie die Grundgebühr zu verringern.

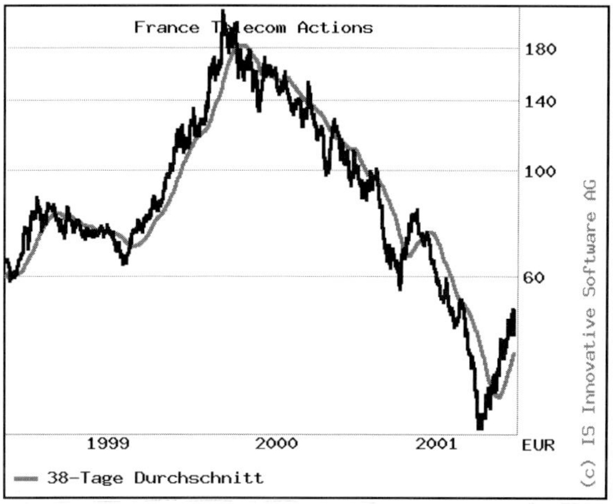

Problematisch sehen wir allerdings die extrem hohe Verschuldung, die sich 2002 tendenziell sogar noch leicht erhöhen dürfte, sowie die Vereinbarung mit Mobilcom. France Telecom hat sich verpflichtet, das UMTS-Engagement der Deutschen so lange zu finanzieren, bis die Crew um Gerhard Schmid mit den Diensten an den Markt geht. Zudem dürfen keine Transaktionen vorgenommen werden, die gegen das Interesse von Mobilcom gerichtet sind. Dieser "Deal" dürfte zusammen mit den hohen Zinsbelastungen noch einige Zeit einer dauerhaft positiven Kursentwicklung im Wege stehen. Auf Grund der wirklich guten internationalen Aufstellung stufen wir das Papier aber auf Halten.

Mobilcom

Das vor noch gar nicht so langer Zeit sogar als Dax-Kandidat hochgelobte Unternehmen wird aller Voraussicht nach in den kommenden 5-6 Jahren unterm Strich keine Gewinne erzielen. Selbst der operative Cashflow dürfte kaum für die enormen Zinsaufwendungen ausreichen, so dass eine weitere Erhöhung der Netto-Finanzverbindlichkeiten wahrscheinlich ist. Mobilcom hängt wie kaum ein anderes Unternehmen am Erfolg von UMTS. Da wir hier (s.o.) eher skeptisch sind, wagen wir die These, dass die Marke Mobilcom in ihrer heutigen Form auf Dauer nicht mehr existieren wird. Eine (bislang konsequent abgelehnte) Verschmelzung auf E-Plus (ggf. unter dem Dach von Orange) wird sicherlich weiterhin eine Option darstellen. Das Wohl und Wehe hängt u.E. ausschließlich von France Telecom ab. Von daher sollten Sie die Aktie von Mobilcom – wegen der höheren Volatilität – allerhöchstens als Spekulationsobjekt bei positiver Stimmung für die Mobilfunkbranche nutzen. Als strategisches Investment halten wir die Aktie für ungeeignet.

Vodafone

Die Briten sind der einzig reinrassige und damit führende Mobilfunkbetreiber in Europa. Das branchenübliche Phänomen der Schulden-Problematik konnte durch die frühzeitige Fokussierung inkl. Veräußerung der nicht zum Mobilfunk gehörenden Unternehmensbereiche (u.a. Teile von Mannesmann) umgangen werden. Die Positionierung in Europa ist hervorragend, die finanziellen Möglichkeiten erlauben zudem weitere Expansionsschritte (z.B. Richtung Asien – Ausbau der Beteiligung an Japan Telecom – oder USA). Das Kreditrating (s.o.) ist zudem weiter stark und derzeit wohl auch nicht gefährdet.

Als Belastungsfaktoren sehen wir folgende Punkte: Zum einen wird das Nettoergebnis durch die relativ hohen Goodwill-Abschreibungen in Folge der vielen Expansionen belastet, zum anderen dürfte die Fokussierung auf UMTS (in Europa fast flächendeckend mit Lizenzen eingedeckt) recht kostspielig werden. Zu Kursrückschlägen wird u.E. aber vor allem auch der zu erwartende Aktienrückfluss in Folge der zum Teil mit Shares bezahlten Übernahmen (ähnliches Problem wie bei der Deutschen Telekom) führen. Auf Grund der exzellenten Positionierung und auch der vorhandenen kritischen Größe zählt Vodafone langfristig zu unseren Favoriten in der Branche. Die vor allem kurzfristigen Belastungsfaktoren sowie die u.E. momentan zu optimistisch eingeschätzten Aussichten für UMTS und M-Commerce sollten als Risikofaktoren aber nicht außer Acht gelassen werden. Wir raten risikobewussten Anlegern, die Aktie bei Kursen in der Range von 2,50 bis 2,70 Euro zu kaufen. Stopp bei 1,80/1,85 Euro.

Telefonica

Der mittlerweile (bis auf 1 "goldene Aktie") vollkommen privatisierte Ex-Monopolist aus Spanien ist einer der profitabelsten Telekommunikationskonzerne in Europa. Besonders im spanisch/portugiesischen Sprachraum ist das Unternehmen bestens positioniert. Im Gegensatz zu vielen Konkurrenten glänzt Telefonica auch im Festnetzbereich mit hohen Wachstumsraten. Die Stellung im europ. Mobilfunkmarkt konnte durch den Erwerb einiger UMTS-Lizenzen ausgebaut werden. Beeindruckend sind vor allem die guten Bilanzrelationen (s.o.) der Spanier. Das lässt auch für die Zukunft hinsichtlich weiterer Expan-

sionen noch einiges erwarten, zumal die börsennotierten Töchter (u.a. Terra Lycos) zusätzlich als Akquisitionswährung eingesetzt werden können.

Als Sorgenkind muss vor allem kurzfristig die hohe Abhängigkeit von der Region Lateinamerika (rd. 50% des Betriebsergebnisses werden hier erwirtschaftet) bezeichnet werden. Insbesondere eine Abwertung der (nicht unbedingt als stabil einzuschätzenden) Währung in Argentinien könnte das Ergebnis der Spanier belasten. Von daher dürften die nicht abebben wollenden Berichte über eine argentinische Finanzkrise das Potenzial der Aktie in Grenzen halten. Langfristig sollte sich ein Engagement aber lohnen. Setzen Sie auch hier auf ein Abstauberlimit. Akkumulieren bei 12/13 Euro – Stopp bei 9 Euro.

Sonera

Der finnische Telekommunikationsanbieter ist den meisten Anlegern hier in Deutschland vor allem durch die Paketverkäufe der Aktien der Deutschen Telekom bekannt geworden. Dieser Zug und die Ankündigung, weitere solcher Transaktionen folgen zu lassen, beschreibt auch das Hauptproblem der Finnen. Das Phänomen kennen Sie mittlerweile von anderen Branchengrößen: Die hohe Verschuldung und die von uns angezweifelten Erfolgsaussichten beim Verkauf von Unternehmensbeteiligungen zur Verringerung der Schuldenlast. Es gibt interessantere Aktien - reduzieren.

Swisscom

Der Schweizer Telekommunikationskonzern passt im Grunde so gar nicht in die Riege der anderen Branchenvertreter. Dank einer antizyklischen Geschäftsstrategie (kaum teure Akquisitionen, Zurückhaltung bei den kostspieligen UMTS-Lizenz-Versteigerungen) ist das Unternehmen nettoschuldenfrei – ein echtes Phänomen in dieser Branche. Dies gibt den Eidgenossen nun den finanziellen Spielraum für Expansion (insbesondere im Mobilfunkbereich wird eine Verstärkung angestrebt). Weiterer Vorteil: Die Preise möglicher Kandidaten sind heute wesentlich günstiger als zurzeit der großen Telekom-Euphorie.

Momentan glänzt Swisscom mit relativ starken Margen im Festnetz- und Mobilfunkbereich, ist allerdings stark auf den Heimatmarkt fokussiert. Der defensive Charakter der Aktie inkl. einer vergleichsweise attraktiven Dividendenrendite haben dafür gesorgt, dass sich der Kurs der allgemeinen Schwäche bisher weit gehend entziehen konnte. Auf der anderen Seite erscheint uns die Fantasie auf dem akt. Niveau eher begrenzt. Zudem wird Swisscom auf Grund des geringen Free-Floats zu den Verlierern der bevorstehenden Index-Umstellungen gehören. In der Summe stellt das Papier eine gute Halteposition insbesondere auch für konservative Anleger dar.

Handyhersteller – Hardware-Produzenten hoffen auf die Wende

Die weltweite konjunkturelle Abkühlung hat auch die Hersteller von Mobiltelefonen hart getroffen. Je weiter das Jahr ins Land zog, desto skeptischer zeigten sich Unternehmen und Branchenexperten über die Entwicklung des Marktes. Gingen die Prognosen zu Beginn des Jahres noch von über 500 Mio. weltweit verkauften Handys aus (Steigerung um gut 30%), liegen die Schätzungen kurz vor Jahresende bereits bei unter 400 Mio. Stück, was sogar einen Rückgang ggü. dem Vorjahr bedeuten würde. Komplett zusammengebrochen ist der Bereich der drahtlosen Infrastruktur (Netzwerke). Galt dieses Geschäftsfeld lange Zeit als Wachstumsmarkt par excellence, ist in diesem Sektor derzeit kaum Geld zu verdienen. Die Telekommunikationsgesellschaften können es sich auf Grund ihrer finanziellen Sorgen aktuell nicht leisten, zu früh zu viel Geld zu investieren. Hier wird also abgewartet, bis sich eine Verbesserung der Lage abzeichnet.

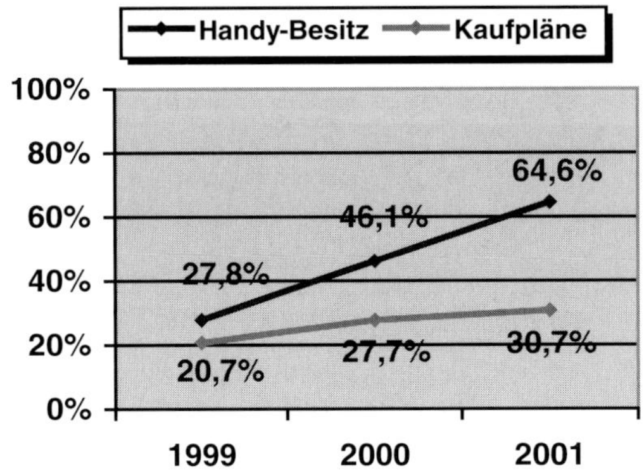

Quelle: ACTA

Blicken wir in die Zukunft: Eine Prognose fällt schwer, aber der Optimismus überwiegt zurzeit – zumindest für die Handyproduktion. Aktuellen Umfragen zufolge planen z.B. in Deutschland über 30% der (14- bis 64-jährigen) Bevölkerung, in den kommenden 1 bis 2 Jahren ein neues Handy zu kaufen. Andererseits ist auch jedes 2. Handy in Deutschland jünger als 12 Monate, was für einen nachhaltigen Aufschwung erst 2003 spricht. Entscheidend wird sein, inwieweit sich die Konsumenten für die 2002 auf den Markt kommenden neuen Geräte interessieren werden. Zwar ist das Interesse an Zusatzfunktionen (Spiele etc.) oder neuen Modellen (mit GPRS, Farbdisplay oder Multimedia-Fähigkeiten) gerade bei den jüngeren Usern zuletzt stark angestiegen, aber der für die Branche so wichtige Durchbruch beim M-Commerce lässt weiter auf sich warten. Von daher und in Erwartung einer tendenziell eher sinkenden Konsumbereitschaft rechnen wir auch nur mit einer geringen Erholung der Handynachfrage, die wahrscheinlich auch erst im 2. Hj. einsetzen wird.

Der Bereich der Netzwerktechnik wird mit Blick auf die weiterhin zurückhaltende Investitionstätigkeit der Telko-Konzerne 2002 wohl maximal stagnieren, wenn nicht sogar leicht zurückgehen.

Ericsson

Genau diese schwache Entwicklung des Netzwerksektors führt zu riesigen Problemen bei Ericsson. Immerhin generieren die Schweden gut 80% ihrer Umsätze aus diesem Bereich. In den vergangenen Quartalen gingen die Aufträge immer stärker zurück – Q3 bescherte hier ein Minus von 35%. Aussicht auf kurzfristige Besserung ist zudem nicht in Sicht (s.o.). Hinzu kommt, dass Ericsson mit seiner Mobilfunksparte weiter keinen durchschlagenden Erfolg hat – der weltweite Marktanteil ist mit rd. 8% verschwindend gering. Selbst nach dem Joint Venture mit Sony (seit Oktober 2001) erreichen beide Unternehmen zusammen damit einen im Verhältnis zu Nokia zu vernachlässigen Anteil.

Da Ericsson die Entwicklung der beiden Geschäftsfelder selber sehr pessimistisch einschätzt, setzen die Schweden vorrangig auf Kosteneinsparungen. Zwar sind hier bereits erste Erfolge zu vermelden, für eine nachhaltige Outperformance der Aktie dürfte dies aber nicht reichen. Solange keine neue Wachstumsfantasie erkennbar ist (und die sehen wir im kommenden Jahr noch nicht), drängt sich der Wert nicht als Investment auf. Das stark reduzierte Kursniveau lässt zwar (auch stärkere) Kursaufschläge kurzfristig durchaus zu, diese sollten Sie dann aber zum Ausstieg nutzen. Reduzieren.

Nokia

Ganz anders gestaltet sich die Situation bei Nokia. Zwar bleiben auch die Finnen von den Turbulenzen in der Branche nicht gänzlich verschont, die Auswirkungen halten sich aber in Grenzen. So konnte trotz Umsatz- und Gewinnrückgängen das Ergebnis weiterhin (auch unterm Strich) im positiven Terrain gehalten werden. Im Mobilfunkbereich (75% Umsatzanteil) waren in Q3 sogar wieder steigende Margen zu verzeichnen. Selbst bei einer (wenn überhaupt) nur leicht steigenden Nachfrage nach Mobiltelefonen dürfte Nokia in diesem Bereich 2002 wieder Umsatzzuwächse vermelden können. Die neuesten Umfragen belegen, dass die Geräte der Finnen weiter an Beliebtheit gewinnen. Einer erneuten Steigerung des Marktanteils Richtung 40% (aktuell 33%) steht also wenig im Wege.

Nokia selbst zeigt sich für 2002 zwar optimistisch, will (und kann wohl auch) jedoch keinen konkreten Zeitpunkt für eine Erholung nennen. Das Unternehmen hat aber bewiesen, dass es sich auch in einem schwierigen Marktumfeld behaupten kann. Wir sehen die Aktie daher langfristig als Basisinvestment in diesem Bereich an. Da wir aber kurzfristig nicht mit hohem Wachstum rechnen und auch die UMTS-Fantasie wohl nicht so schnell aufkommen wird, dürften sich überragende Nachrichten so schnell nicht einstellen. Wir raten Ihnen daher, unter langfristigem Horizont Kurse um 24 Euro zum ersten Einstieg zu nutzen. Nachkäufe empfehlen sich bei möglichen Rückschlägen in die Region um 20 Euro. Sichern Sie Ihr Investment mit Stopp-Kursen bei 14/15 Euro ab. tk

Name	WKN	Kurs 20.11.	EPS 2002	KGV 2002	Anlageurteil
Dt. Telekom	555 750	19,40 €	-0,15	--	Reduzieren
KPN	890 963	6,12 €	-0,70	--	Verkaufen
Nokia	870 737	26,85 €	0,75	36	Akkumulieren
Telefonica	850 775	15,69 €	0,60	26	Akkumulieren
Vodafone	875 999	2,98 €	0,08	37	Kaufen

Medien: Die Branche muss erwachsen werden

Wir leben in einer Informationsgesellschaft. Und wir leben im Entertainment-Zeitalter. Und trotzdem sieht es zum Ende des Jahres 2001 bei den meisten börsennotierten Medien- und Unterhaltungsunternehmen noch schlechter aus als ein Jahr zuvor, als die Jahresbilanz bereits negativ ausfiel. Inzwischen sind einige Ex-Mediensternchen des Neuen Marktes wie EM.TV oder Kinowelt fast komplett verglüht. Der Index für Medienaktien etwa zählt zu den 3 schlechtesten Unterindizes des Neuen Marktes.

IM Internationalmedia: Unser Favorit schlug sich beachtlich

Als klarer Outperformer hat sich hier unser Favorit aus der Prognose des vergangenen Jahres erwiesen: IM Internationalmedia. Die Aktie des Vermarkters und Produzenten lag nicht nur besser als die meisten anderen Medienwerte, sie schlug sogar den Gesamtindex des Neuen Marktes. Und doch half die vergleichsweise gute Entwicklung den Anlegern wenig. Die Aktie verlor auf Jahressicht fast die Hälfte des Wertes. Bei einem Börsenwert von rd. 700 Mio. Euro (bei einem Aktienkurs von 23,50 Euro) zählt das Medienunternehmen aber mehr denn je zu den Großen der Branche in Deutschland und hat gute Chancen, die unausweichliche Bereinigung und Konsolidierung der Medienindustrie als Sieger zu überstehen. Behalten Sie bei IM Ihre Bestände mit Stopp bei 20 Euro.

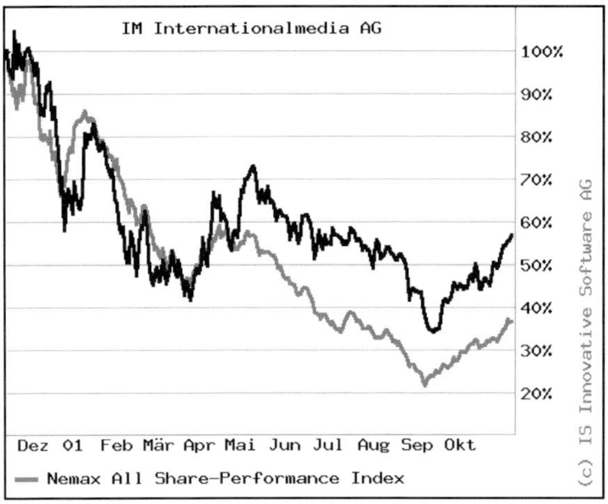

Vor der weiteren Einzelwertanalyse müssen wir kurz ausholen, ein Vorfilm über die Entwicklung der Branche sozusagen. Die Medienbranche umspannt ein weites Feld. Alles, was zu Film, Funk, Fernsehen, Internet und Print zählt, gehört dazu, sofern es sich um die Herstellung und Vermarktung von Inhalten handelt. In den vergangenen Jahren warben die börsennotierten Unternehmen bei Anlegern stets mit den von ihnen eroberten Marktanteilen. Mit viel Kapital aus den Börsengängen ausgestattet, galt Marktführerschaft als DAS Ziel, das genügte, um dauerhaft erfolgreich sein zu können. Da wurden - nicht nur bei EM.TV - Mondpreise für Übernahmen gezahlt. Das ging so lange gut, wie die Aktien stiegen. Für das interne und externe Wachstum konnte so leicht immer mehr

Geld über die Börse beschafft werden. Dieser lebenswichtige Mittelzufluss-Kanal ist inzwischen verstopft. Und so wird die Diagnose bei einigen Vertretern der Branche bald nur noch heißen: Filmriss.

Richten Sie den Blick bei der Medienbranche mehr noch als bei den anderen hier besprochenen Industriezweigen auf die Entwicklung der Erlösströme. Wer zahlt für was, und wie wird es weitergehen? 2 Aspekte sind dabei maßgeblich zu berücksichtigen: Die Vermarktung der Produkte und die Werbeeinnahmen.

Die Crux der Medienwirtschaft ist es, dass es ihr in der jüngsten Vergangenheit nur bedingt gelang, die eigenen Produkte Gewinn bringend zu verkaufen, und sie gleichzeitig drastische Einbußen beim Verkauf von Anzeigen (bzw. TV-Spots oder Internet-Bannern) hinnehmen musste. Ganz selbstverständlich erwartet der moderne Medienkonsument, dass das Fernsehprogramm 24 Stunden läuft, die Zeitung/Zeitschrift den gewohnten Umfang hat, das Kino ständig neue und aufwändigere Filme präsentiert und das Internet-Angebot laufend aktualisiert und ergänzt wird. Er ist aber nicht bereit, dafür mehr zu zahlen. Soll das Medienangebot aber qualitativ hochwertig bleiben, so müssen die Unternehmen die Entstehungskosten vergleichsweise fix halten, haben damit also kaum Spielraum für Einsparungen.

Das Jahr 2001 hat vielen Anbietern von Medienprodukten schmerzlich klar gemacht, dass eine finanzielle Besserung ihrer zum Teil schon prekären Situation nur dann eintritt, wenn ein Paradigmenwechsel stattfindet. Denn es sieht auch für das Jahr 2002 so aus, als würden die Werbeeinnahmen nach Jahren des Anstiegs nicht mehr sprudeln, weil die Werber selbst aus der so genannten Old Economy (von den Bierbrauern über die Parfumhersteller bis zu den Automobilkonzernen) ihre Marketingbudgets kürzen (müssen), definitiv aber nicht ausweiten können. Und so kommt es darauf an, dass sich der Verkauf von Medienprodukten künftig stärker selbst trägt.

Hier hat es 2001 bereits Weichen stellende Entscheidungen gegeben. Etwa die Übernahme der Musiktauschbörse Napster durch die Bertelsmann-Gruppe. Napster war der Prototyp einer im Internet entstandenen und durch zusätzliche Technologien (mp3) erweiterten Konzentration von Verbrauchern, die ohne Rücksicht auf Verletzung von Urheberrechten Musikprodukte kostenlos konsumiert haben. Napster ist seit Juli „gezähmt". Aber sofort versuchten andere Internet-Gemeinden, das Modell zu kopieren. Das Tauschfieber hat bis heute nicht abgenommen! Da die Medienindustrie (in diesem Fall die Musikindustrie) inzwischen entschlossen ist, hier eine grundsätzliche Änderung herbeizuführen und Rechte künftig stärker zu schützen, weil sonst ihr Überleben bedroht ist, wird das Jahr 2002 richtungsweisend werden. Und das bietet Chancen für Aktionäre.

ProSiebenSat1: Die Zukunft unter KirchMedia ist unklar

Endverbraucher zu finden, die für Medienprodukte so viel Geld zahlen, dass der

Anbieter komplett auf Werbeeinnahmen verzichten kann, ist nicht leicht. Prominentester Fall in Deutschland: die Kirch-Gruppe. Die Münchener versuchen seit Jahren, ihr Bezahlfernsehformat Premiere an den Endkonsumenten zu bringen, bisher trotz aufwändiger Werbekampagnen mit eher bescheidenem Erfolg. Zudem hat die Mediengruppe mit Schwierigkeiten der im MDax gelisteten Tochter ProSiebenSat1Media AG zu kämpfen. Monat für Monat wurden hier im Jahr 2001 die Prognosen für die Werbeeinnahmen nach unten revidiert, aus einem deutlich wachsenden wurde zuletzt ein schrumpfender Markt. Gleichzeitig konnten die Kosten z.B. für den Aufbau des Nachrichtensenders N24 nicht nachhaltig reduziert werden. Das Problem: Die TV-Gruppe finanziert sich zu mehr als 90% über den Verkauf von TV-Spots. Die Ziele für das Gesamtjahr mussten entsprechend reduziert werden. Das Ergebnis: Die Aktie, die zum Jahresbeginn 2001 (splittbereinigt) 32 Euro kostete, verlor bis Spätherbst rd. 80%.

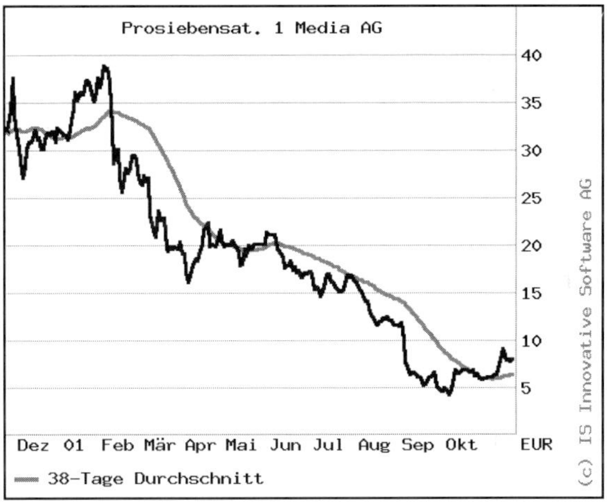

Der Vorteil der ProSiebenSat1-Aktie ist, dass ihr Auf und Ab direkt in Zusammenhang mit den Schwankungen der TV-Werbeetats steht. Nun könnte sich hier im Jahr 2002 eine Beruhigung einstellen, was der Aktie auf Grund der insgesamt doch starken Position des Gruppe am deutschen Fernsehmarkt (größter Konkurrent: die Bertelsmann-Tochter RTL Group) wieder nach oben helfen sollte. Seit Herbst gehört die Fernsehgruppe mehrheitlich aber zur KirchMedia AG und wird voraussichtlich im Frühjahr 2002 am Kurszettel durch die Muttergesellschaft ersetzt.

Das klingt prinzipiell nicht schlecht. Denn so wird eine weitere Entwicklung der Branche fortgesetzt - die Entstehung integrierter Medienkonzerne. Als Vorreiter gilt hier AOL Time Warner. Ziel ist es, Medienprodukte über möglichst viele Kanäle (über das Internet, im Fernsehen, im Kino, über Videotheken, im Einzelverkauf auf DVDs....) zu vermarkten, um so die hohen Entstehungskosten (die Produktion oder auch nur die Rechte daran - denken Sie z.B. an die teuren Rechte für Sport-Live-Übertragungen) risikoloser einzuspielen. Hier geht KirchMedia sicherlich einen interessanten Weg. Aber auch wenn uns das Konzept überzeugt: Die KirchMedia hat bislang wenig Unternehmenszahlen veröffentlicht, die eine Fundamentalanalyse ermöglichen. Vor allem ist der Verschuldungsgrad der Gesellschaft und die Abgrenzung zur gesamten Kirch-Gruppe noch unklar. Zudem hat etwa der australische Medientycoon Rupert Murdoch, der über die britische BSkyB mit 22% (oder 1,5 Mrd. Euro) an Premiere beteiligt ist, bereits im Herbst 2001 gedroht, vor der vereinbarten Frist am 1.10.2002 wieder aussteigen zu wollen. Die Aktie ist nur für sehr spekulative Anleger mit kurzfristigem Anlagehorizont geeignet. Langfristanleger reduzieren weiter.

Ein kurzer Seitenblick auf T-online. Das Neuer Markt-Schwergewicht ist anders als AOL Time Warner bislang noch überwiegend als Anbieter von Internetzugangsleistungen postitioniert. Deshalb stellen wir Ihnen das Unternehmen auch in Zusammenhang mit anderen Anbietern von Informationstechnologien vor (siehe Kapitel Technologie). Es ist aber durchaus möglich, dass die Telekom-Tochter in Zukunft weniger Technologie- denn Informationsanbieter ist und sich zunehmend über den Verkauf von Inhalten finanziert! Erste Schritte wurden hierzu unternommen und bestätigen zumindest den Richtungswechsel, den wir für die Medien erwarten. Gut möglich, dass T-online in der Platow-Prognose 2003 schon in diesem Kapitel behandelt wird.

Vivendi Universal: Europäische Antwort auf AOL Time Warner?

Dass der Wechsel vom Technologiekonzern zum Medienunternehmen nicht unmöglich ist, hat nicht nur AOL bewiesen. Der größte europäische Multimediakonzern heißt heute Vivendi Universal. Eine Komplettbeurteilung der Entwicklung fällt nicht leicht, weil der Konzern noch Ende 2001 eher an einen Gemischtwarenladen als an den aussichtsreichsten Konkurrenten von AOL Time Warner erinnerte. So umfassen die Vivendi-Aktivitäten die Distribution von Wasser, die thermische Energieversorgung, Bauleistungen, Abfallentsorgung, elektrische Energiedienstleistungen und Immobilienhandel. Die Zukunft heißt aber Telekommunikation und Medien. Mit 12,4 Mrd. Euro machte der Bereich im 1. Hj. 2001 bereits rd. 47% des Konzernumsatzes aus - 1 Jahr zuvor waren es gerade mal 31%. Die Entwicklung dieser Zukunftssektoren wird den Kursverlauf künftig immer stärker bestimmen. Dabei könnte ein Blick auf den längerfristigen Chart die Vermutung nahe legen, dass der Vivendi-Kurs umso tiefer fällt, je mehr sich der Konzern in Richtung neue Medien begibt.

Richtig ist, dass die Aktie Ende September bei Werten um 40 Euro neue 3-Jahrestiefs markierte. Der Kurs ist binnen 6 Wochen aber wieder auf über 50 Euro gestiegen. Die Veröffentlichung der Zahlen zum 3. Quartal Ende Oktober zeigte, dass es bei allen Problemen etwa im Musikgeschäft, wo Vivendi trotz fallendem Gesamtmarkt auf Grund seiner führenden Position noch immer eine stabile Umsatzentwicklung aufweist. Vor allem die Bereiche Telekom, Fernsehen und Film laufen. Gut gefällt uns, dass die Abhängigkeit von Werbeeinnahmen vergleichsweise gering ist. Mit Canal Plus (dem französischen Pendant zur deutschen Premiere) zeigt das Unternehmen, dass zumindest auf bestimmten, wettbewerbsärmeren nationalen Märkten das Bezahlfernsehen auch erfolgreich etabliert werden kann.

Viel hängt nun davon ab, ob die künftige Portfoliostrategie der Franzosen mit (Teil-)Veräußerung der Randaktivitäten so erfolgreich ist, dass die Kasse für den raschen Ausbau der Zukunftssparten gefüllt bleibt. Hier könnten sich Verzögerungen ergeben. Eine Kehrtwende bei der Strategie erwarten wir aber nicht. Wir empfehlen Ihnen die Aktie bis zu Notierungen um 60 Euro zum Kauf.

Hier noch ein kurzer Kameraschwenk in Richtung Bezahlfernsehen. In der jüngsten Vergangenheit gab es sehr viel Fantasie um die Zukunft des Digital-TV. Wir stellen inzwischen fest, dass ein breiter Durchbruch des digitalen Fernsehens in Europa noch nicht gelungen. Zwar stieg im Jahr 2000 die Anzahl der Digitalhaushalte in Europa von etwa 10 Mio. auf etwa 16 Mio., also um beachtliche 60 %. Das ist aber in den meisten Ländern zu wenig. So lohnt sich Geschäft etwa für die deutsche Premiere erst bei ca. 4 Mio. Nutzern, Ende 2001 waren es gerade einmal etwas mehr als die Hälfte. Rundweg zu verdammen ist die Zukunftstechnologie aber nicht! Bedenken Sie, dass es innerhalb Europas große nationale Unterschiede gibt. Mit einer Verbreitung von knapp 1 % spielt digitales Fernsehen in Zentral- und Osteuropa bisher (von Polen und der Türkei abgesehen) überhaupt keine Rolle. In Westeuropa sind digitale Fernsehprogramme auch nur bei rd. 6% aller Haushalte verfügbar. Deutschland liegt im Mittelfeld, etwas besser ist die Durchdringung (und damit auch die Akzeptanz) in Italien, Norwegen und Dänemark (fast 9%). Deutlich dafür liegen Frankreich (rd. 14%) und Großbritannien. Auf der Insel nutzte schon Ende 2000 mehr als jeder 4 Haushalt die Möglichkeiten des digitales Fernsehens. Entsprechend gut laufen die Geschäfte beim britischen Anbieter BSkyB. Der lange fallende Aktienkurs des Unternehmens spiegelt lediglich die viel zu hohe Euphorie zum Anfang (im März 2000: 2260 brit. Cent) wieder. Inzwischen ist ein Boden gefunden, die Aktie steigt seit Anfang Oktober 2001. Wer etwas risikofreudiger ist, dem empfehlen wir neben Vivendi auch kleinere Engagements bei BSkyB.

Pearson: Das Ende einer langen Talfahrt?

Wenn wir schon in in England sind, wollen wir auch einen Blick auf Pearson richten. Der Medienkonzern, zu dem etwa die Financial Times gehört, war im Jahr 2001 auf Grund des schwachen Werbemarkt auf dem Rückzug. Bei der FT

Group wird für 2001 inzwischen mit einem Gewinnrückgang um 40% gerechnet. Und auch die 22%-Beteiligung an der mehrheitlich zu Bertelsmann gehörenden Fernsehgruppe RTL, die wie ProSiebenSat1 unter dem sinkenden TV-Spotmarkt leidet, belastet. Zudem erwartet Pearson in der 2. Jahreshälfte 2001 einen Verlust in Höhe von fast 100 Mio. Euro im Online-Geschäft. Die Entwicklung der Aktie erinnert stark an die Performance der Aktien vieler Medienwerte vom Neuen Markt. Von 2 578 britischen Cent (März 2000) fiel der Kurs kontinuierlich bis auf 645 Cent (Oktober 2001) um 75%. Besteht wie bei BSkyB die realistische Chance auf eine Wende? Sehr risikofreudige Anleger spekulieren darauf.

Während bei Neuer Markt Unternehmen auf Grund der finanziellen Engpässe und der geringen Unternehmensgröße mehr denn je zu befürchten ist, dass sie bestenfalls übernommen werden und schlimmstenfalls insolvent gehen, ist Pearson durchaus in der Lage, die Krise zu überstehen. Ende 2001 zeichnet sich zwar noch keine Besserung am Werbehimmel ab. Sollte sich aber im kommenden Jahr - zumindest ab der zweiten Jahreshälfte - wieder ein Aufschwung abzeichnen, raten wir Ihnen zu spekulativen Engagements in Pearson-Aktien. Im Herbst/Winter 2001 ist die Aktie nur für sehr mutige und kurzfristig agierende Trader lohnend.

Abschließend noch ein Verweis auf zwei erfolgreiche niederländische Medien-Großkonzerne, die Reed Elsevier (Börsenwert: rd. 10 Mrd. Euro) und die Wolters Kluwer Gruppe (Börsenwert: rd. 6,7 Mrd. Euro). Die Aktien beider Unternehmen kamen vergleichsweise stabil durch das Krisenjahr 2001 - weil auch sie nicht in hohem Maße vom Werbemarkt abhängig sind. Bei beiden fehlt uns aber etwas die Fantasie in der Unternehmensstory. Wolters halten wir zumindest für eine gute Depot-Beimischung.

Fazit: Größe allein ist in der Medienbranche nicht alles. Entscheidend sind weniger technische Innovationen als der Erfolg beim Verkauf von Produkten. Kleinere Werte können kurzfristig interessant sein, zumal Übernahmespekulationen an den Börsen immer für Kursfantasie sorgen. Langfristig orientierte Anleger sollten sich aber auf die wirklich großen Konzerne der Branche beschränken. cts

Name	WKN	Kurs 20.11.	EPS 2002	KGV 2002	Anlageurteil
Internationalmedia	548 880	25,40 €	1,70	15	Akkumulieren
BSkyB	893 517	13,00 €	- 1,50	n.a.	Akkumulieren
Pearson	858 266	14,00 €	0,73	19	Akkumulieren
ProSiebenSat.1	777 117	7,60 €	0,50	15	Reduzieren
Vivendi	591 068	58,70 €	0,30	196	Kaufen

Finanzen – Revolution bei Banken und Versicherungen

„Banking is essential, banks are not." Diese von **Bill Gates,** dem Microsoft-Gründer, nicht ohne Zynismus der etablierten Bankenwelt vor knapp 2 Jahren entgegengeschleuderte Bemerkung traf, wie wir heute wissen, des Pudels Kern. Insbesondere das Retailbanking der etablierten Adressen ist bedroht. Es ist nicht kundenbezogen genug, es wirft auf Grund der für Deutschland noch typischen Dreigliedrigkeit des Bankensystems (Privatbanken, Sparkassen, Genossenschaftsbanken) und dem daraus resultierenden Overbanking bei zu hohen Kosten zu geringe Margen ab. Schon vor über einer Dekade entwickelte der frühere Vorstand der Deutschen Bank, **Ulrich Cartellieri,** das Bild von den Banken als der „Stahlindustrie der 90er Jahre". Die Vergrößerung des Heimatmarktes durch die deutsche Vereinigung und im Anschluss daran die mehrjährige Aktienhausse haben bewirkt, dass die Defizite im Private Banking lange Zeit nicht so sichtbar wurden.

Der steile Absturz an den Weltbörsen, der den sich anschließenden massiven Konjunktureinbruch nur vorweg nahm, führte dazu, dass die Banken ihre strukturellen Defizite nicht länger unter den Teppich kehren konnten. Der 11.9. wurde schließlich zum Anlass genommen, den längst überfälligen Stellenabbau anzugehen, um das schon lange virulente Kostenproblem endlich in den Griff zu bekommen. Doch der radikale Wandel der Bankenwelt, der in 2002 und den Folgejahren speziell im Retailbanking zum Tragen kommt, wird nicht nur von der Kostenseite stimuliert, sondern von insgesamt 4 Katalysatoren aus dem wirtschaftlichen Umfeld, wie es die Consulter von Deloitte Research in einer lesenswerten Studie herausgearbeitet haben:

1. Die zum 1.1.2002 wirksam werdende Reform der Kapitalertragsteuer ermöglicht es deutschen Finanzkonzernen (allen voran **Deutsche Bank, Allianz, Münchener Rück),** sich steuerschonend von ihren Industriebeteiligungen zu trennen. Diese im In- und Ausland begrüßte „Entflechtung der Deutschland AG" wird nach seriösen Berechnungen in den nächsten 5 Jahren jährlich zu einem Liquiditätszufluss von ca. 30 Mrd. Euro führen. Dieses Finanz-Polster werden Banken und Versicherungen dazu nutzen, ihre Wettbewerbsposition auf ihren Kerngebieten zu verbessern, durch technologische Aufrüstung und/oder Übernahmen.

2. Der Einzug des Euro in die Portemonnais der Kundschaft beseitigt die letzte Hürde auf dem Weg zum europäischen Retailmarkt. Nach der holländischen **ING Group** werden auch andere ausländische Banken wie Italiens **Unicredito** oder Großbritanniens **HBOS** verstärkt nach Deutschland drängen, deutsche Banken, die sich bisher anders als die deutsche Industrie weniger aggressiv außerhalb des Heimatmarktes bewegt haben, ins benachbarte Ausland. Dadurch eröffnen sich Chancen, mit standardisierten Angeboten mehr als nur kostendeckende economies of scale zu erreichen.

3. Die Reformen in der Altersvorsorge, national (Riester-Rente), aber auch europaweit, werden den Wandel im Retailbanking beschleunigen. In Deutschland fördert der Staat neuerdings auch Einzahlungen in private Pensionsfonds. Nach unseren Schätzungen (s. auch Platow-Sonderreport zur Riester-Rente) dürfte das deutschen Finanzdienstleistern 30-40 Mrd. Euro zusätzliches Geschäft bringen. Nicht zuletzt um sich auf diesem Markt besser zu positionieren, hat die Allianz die **Dresdner Bank** übernommen.

4. Basel II wird die Finanzwelt ebenfalls aufmischen. Demnach müssen in Zukunft Bankaktivitäten je nach ihrer Risikogewichtung mit unterschiedlich viel Eigenkaptial unterlegt werden. Die Banken werden ihre geschäftlichen Schwerpunkte in Folge von Basel II anders ausrichten. Die Zusammenlegung und Ausgliederung des Hypothekenbankgeschäfts (**HVB Real Estate** oder **Eurohypo**) sind nur ein Vorgeschmack auf den Wandel, den die neuen Eigenkapitalvorschriften bewirken werden.

Der durch diese stark veränderten Rahmenbedingungen beschleunigte Prozess wird das Privatkundengeschäft der Banken in Europa auch im kommenden Jahr revolutionieren. Es werden neue Anbieter auf den Markt kommen, Near- und Non-Banks, aber auch die zur Anpassung an die Kundenwünsche bereiten etablierten Player haben gute Chancen, sich am Markt zu behaupten. So etwa die Deutsche Bank, die als erstes deutsches Institut in großem Stil nicht nur eigene Produkte anbietet und die Zweigstellen ihrer Retailtochter **Bank 24** als stark an den Kundenwünschen orientierte Verkaufsstellen (point of sale) entwickelt. Auch nutzt die Deutsche Bank die europaweite Harmonisierung durch Euro und Angleichungen der Gesetze, um dem überbesetzten Heimatmarkt zu entkommen.

Nur wenige Vollservice-Anbieter

Darunter verstehen wir neben der Deutschen Bank die Allianz, wobei es zwischen beiden durchaus eklatante Strategieunterschiede gibt, und es wird sich zeigen, welches Konzept erfolgreicher am Markt sein wird. Während die Allianz durch die Übernahme der Dresdner Bank von der Versicherung über Bankprodukte bis hin zu Investmentfonds alles aus eigener Produktion anbietet und mit 2 Kulturen unter einem Dach fertig werden muss, fokussiert sich die Deutsche Bank in ihren Bank 24-Filialen auf das Retailbanking und das Asset Management, setzt darüber hinaus aber auf die Kooperationskarte.

So hat **Rolf-E. Breuer Reinfried Pohls DVAG** für den Vertriebs seiner **DWS-**Produkte mit ins Boot genommen und arbeitet darüber hinaus mit einer großen Versicherung, der **Zürich Financial Services,** zusammen. An ZFS gaben die Frankfurter den Herold und sicherten sich im Gegenzug den Asset Manager **Scudder.** Mit Scudder springt das Institut immerhin auf Platz 4 der weltweit größten Asset Manager, nach dem US-Fondsverwalter **Fidelity,** der Schweizer **UBS-**Gruppe und der Allianz. Bemerkenswert ist, dass es nach jahrelangen Anstrengungen immerhin 2 deutsche Adressen geschafft haben, im financial business an die Spitze der Weltliga vorzustoßen.

„Aus einem Banker wird nie ein gescheiter Versicherungsvertreter"

Reinfried Pohl, der die Erfolgsstory der DVAG geschrieben hat, ist der Auffassung: „Allfinanz muss mit der Muttermilch eingesogen werden. Aus einem Banker machen Sie keinen gescheiten Versicherungsvertreter." Das Gleiche gelte natürlich auch umgekehrt. Diese Meinung eines alten Vertiebshasen wie Pohl wurde in der jüngeren deutschen Wirtschaftsgeschichte bereits einmal bestätigt: von der euphorisch gestarteten Übernahme der **BfG** durch die **AMB,** ein Projekt, für das viel Geld versenkt wurde und das am Ende scheitern musste. Vor diesem Hintergrund erscheint uns das Konzept, das die Deutsche Bank mit ihren Partnern verwirklicht, geradezu genial. Nicht zuletzt deshalb haben wir die Deutsche Bank in die Platow Top 10 (s. Extrakapitel) aufgenommen.

Im Strategieansatz der Deutschen Bank wie auch der **HVB** und der **Münchener Rück** bleibt jeder seinen Leisten treu, der Banker auf der einen der Versicherungsvertreter auf der anderen Seite. Fairerweise muss der Allianz zugute gehalten werden, dass sie die Dresdner Bank, an der sie bereits nennenswert beteiligt war, sicher nicht aus Freude ganz übernommen hat, sondern als das geringere Übel, aus dem nun das Beste gemacht werden muss. Erst nachdem mehrere Anläufe, die Dresdner Bank los zu werden, gescheitert waren, entschloss sich die Allianz zur Totalumarmung des mittlerweile zum Problemfall gewordenen Instituts, das in der alten Form nicht überlebensfähig war. Die Beteiligung hätte andernfalls weiter rapide an Wert verloren. Unter **Wolfgang Röller** hatte die Dresdner Bank noch ein eigenes Profil und wurde in einem Atemzug mit Deutscher Bank und Commerzbank genannt. Der Ära Röller schlossen sich nicht zuletzt von ihm selbst mit verursachte Fehlbesetzungen an, zunächst der glücklose **Jürgen Sarrazin,** dann **Bernhard Walter.** Während dieser Zeit verlor die Dresdner Bank den Anschluss, so dass dem amtierenden **Bernd Fahrholz** nur noch die Allianz als Rettungsanker übrig blieb.

Vollservice-Anbieter wie Deutsche Bank und Allianz haben den Vorteil, dass sie Cross Selling nutzen können. Wissenschaftliche Erhebungen haben ergeben, dass nur sie eine Querverkaufsrate von 2,5 Produkten je Kunde erreichen, während die Spezialisten 1,25 schaffen. Das erfordert aber erhebliche Investitionen in einheitliche Technologieplattformen, wozu wiederum nur Wenige in der Lage sind. Damit es sich richtig lohnt und nennenswerte Skaleneffekte im Retailbanking und im Asset Management erzielt werden können, sind hohe Volumina jenseits von 500 Mrd. Euro und ein Kundenstamm in zweistelliger Millionenhöhe erforderlich. Hier trennt sich die Spreu vom Weizen. In Deutschland hatte ursprünglich nicht einmal die Deutsche Bank so viele Assets in Verwaltung und so viele Kunden. Erst durch Übernahmen und Kooperationen ist zwischenzeitlich diese Grenze deutlich überschritten, ebenso von der Formation Allianz/Dresdner Bank.

Das Jahr 2002 wird in ersten Ansätzen zeigen, welches der Geschäftsmodelle sich im Massenmarkt der Finanzdienste am besten schlägt. Ist der Weg der Deutschen Bank der bessere, die in puncto Versicherungen auf Kooperation setzt, oder landet die Allianz am Ende vorn, die das Fusionsmodell praktiziert. Noch nicht ganz klar ist, in welche Richtung die **Commerzbank** unter ihrem neuen Lenker **Klaus-Peter Müller** steuert. Auf jeden Fall hat sie noch nicht die kostenoptimale Größe. Sie kann sie nur erlangen in einem interessanten Kooperationsmodell oder auf dem Weg einer Übernahme durch ein anderes, größeres Institut. Die Spekulationen darüber werden auch 2002 nicht abreißen. Aber die Interessenten stehen nicht gerade Schlange. Deshalb muss Müller sein Haus zunächst einmal einem Fitness-Programm unterziehen. Dazu bedarf es in den nächsten Monaten einer klaren Handschrift. Bis zum Frühjahr muss Müller Erfolge vorweisen, andernfalls wird es eng für ihn und seine Bank. Für uns ist die Aktie interessant für eine turn around-Spekulation, aber auch mit Blick auf eine Übernahme.

Strategisch schon bedeutend weiter ist **Albrecht Schmidt** mit seiner Hypo-Vereinsbank. Das Kerngeschäft Immoblien ist in der HVB Real Estate gebündelt. In Zentraleuropa hat die HVB nicht nur in Deutschland, sondern auch in Österreich und dem zukünftigen EU-Land Polen eine respektable Position. Durch die Kooperation mit der **Münchener Rück** hat Schmidt auch ein Bein im Versicherungsmarkt.

In anderen europäischen Ländern lassen sich im Retailbanking ähnliche Entwicklungen erkennen, beispielsweise in Großbritannien. Dort ist aus der Hypotheken- und Sparbank **Halifax** und der **Bank of Scotland HBOS** entstanden, ein neuer Riese im Retailbanking. Zuvor hatte sich bereits **Royal Bank of Scotland** die **NatWest** einverleibt. Dabei ist der Konsolidierungsdruck auf den Britischen Inseln längst nicht so groß wie auf dem viel fragmentierteren deutschen Bankenmarkt. Das äußert sich denn auch häufig in sehr viel ungünstigeren Konditionen für den Kunden. So werden Girokonten in UK selten mit mehr als 0,1% verzinst und Überziehungen des Kontos mit zuweilen geradezu konfiskatorischen Sätzen von 18 bis 20% bedacht.

Mehr Zweigstellen als Bäckereien

In Sachen Konsolidierung steht dem deutschen Bankenmarkt der größte Teil der Wegstrecke noch bevor. Von den 4.700 Banken, die es 1990 in der Bundesrepublik noch gab, waren 10 Jahre später nur noch 2.900 am Markt tätig. Das ist immer noch weit mehr als in Fankreich oder Spanien. Von den einst 465 französischen Instituten existieren 1997 noch 34, heute sind es noch weniger. Auf der iberischen Halbinsel hat sich die Zahl seit 1990 von 91 auf heute deutlich weniger als die Hälfte reduziert. Gemessen an der Filialdichte hat sich in Deutschland noch am wenigsten getan. Hier verringerte sich die Zahl der Zweigstellen innerhalb eines Jahrzehnts gerade mal von 49.000 auf 46.200, also um nicht einmal 6%. Damit gibt es, wie zynische Beobachter behaupten, in Deutschland immer noch mehr Bankfilialen als Bäckereien.

Hier ist in 2002 und den Folgejahren mit tiefen Einschnitten zu rechnen. Davon betroffen werden übrigens alle Institutsgruppen sein, neben den Groß- und Regionalbanken auch die **Sparkassen** und **Genossenschaftsbanken,** denn seit die Ertragsquellen nicht mehr so reichlich sprudeln, schlägt der Kostendruck voll durch. In der Gruppe der Volks- und Raiffeisenbanken, die es, gemessen an ihrer Bilanzsumme, in Deutschland immerhin auf einen Marktanteil von knapp 16% bringen, sinkt nicht nur die Zahl der Bankstellen auf der Primärstufe, auch weiter oben in der Hierarchie haben die Probleme der DG Bank den Weg zu einem Spitzeninstitut beschleunigt. Neben der aus DG Bank und GZ-Bank (vormals SGZ und GZB) hervorgegangenen **DZ Bank** gibt es als letztes verbliebenes Regionalinstitut nur noch die Düsseldorfer **WGZ-Bank.** Das neue Institut ist Zentralbank für über 1.400 Volks- und Raiffeisenbanken. Daneben aber auch Geschäftsbank, die den Großbanken im Mittelstand, Investment Banking, Asset Management und Private Banking Paroli bieten soll.

Bei den Sparkassen, die mit den Landesbanken einen Marktanteil von über 46% zu verteidigen haben, ist der Konzentrationsprozess ebenfalls in vollem Gange. So haben acht große Institute der Gruppe angekündigt, ihre Kräfte in wichtigen Geschäftsbereichen (u.a. Corporate Finance, Emissionsgeschäft) zu bündeln.

Das zweite Gesicht der Deutschen Bank

Die Deutsche Bank zeichnet sich dadurch aus, dass sie quasi zwei Institute unter einem Dach vereint: neben der Retailbank eine Investmentbank. Als Retailbank ist sie, wie weiter oben dargelegt, bereits gut aufgestellt, aber auch im Investment Banking hat die Frankfurter Großbank im Vergleich zu den amerikanischen Wettbewerbern deutlich aufgeholt. In den verschiedenen Sparten spielen die Deutschbanker mit **JP Morgan, Morgan Stanley Dean Witter**, **Goldman Sachs, Salomon Smith Barney Credit Swiss** oder **Merill Lynch** in der Top-Liga, insbesondere bei den Anleiheemissionen, weniger im M&A-Geschäft oder bei IPO's. In ihrer gesamten Breite ist die Deutsche Bank jedoch besser aufgestellt, so dass sie von der Börsenbaisse nicht so stark betroffen ist wie die Amerikaner. Jedenfalls gehörte sie mit einem Vorsteuergewinn im Investment Banking von 1,4 Mrd. Dollar im 1. Hj. 2001 bereits zu den Top-Performern, vor Goldman Sachs und CSFB und nur knapp hinter Merill Lynch und UBS Warburg.

Diese gute Positionierung im Massengeschäft wie auch im Investment Banking vereint Ertragsdynamik mit Stabilität. Deshalb gehört die Deutsche Bank in die

Platow Top 10, nicht als spekulativer Wert, sondern als Standardinvestment, das in unsicheren Zeiten dafür sorgt, dass Sie als Anleger ruhig schlafen können.

„Size matters“ dürfte auch einer der wichtigsten Grundsätze sein, warum der eine Finanztitel im kommenden Jahr besser, der andere schlechter performen wird. Wir erwarten im kommenden Jahr auch auf dem Börsenparkett eine Fortsetzung dieses Trends, der im Großen und Ganzen auch 2001 seine Gültigkeit hatte.

Da ist es nur konsequent, wenn wir uns den Branchenprimus **Deutsche Bank,** für Sie herausgepickt haben. Die Deutschbanker lassen sich mit der heimischen Konkurrenz gar nicht mehr vergleichen und spielen im Sextett der erfolgreichsten Global Player sehr gut mit, sowohl gemessen an der Quantität als auch an der Qualität und Substanz der vorgelegten Zahlen (s. Kapitel Top Ten Europa).

Name	WKN	Kurs 20.11.	EPS 2002	KGV 2002	Anlageurteil
Deutsche Bank	514 000	74,55 €	4,20	18	Kaufen
HBOS	677 485	13,50 €	0,90	15	Akkumulieren
BBV	875 773	14,00 €	0,85	16	Akkumulieren
Unicredito	850 832	4,45 €	0,33	14	Akkumulieren

Auch jenseits der Landesgrenzen gibt es durchaus interessante Werte, die zumindest eine Depotbeimischung wert sind. Dazu zählen wir wegen ihrer guten Positionierung im Retailgeschäft die Aktien der aus einer Fusion entstandenen schottischen **HBOS.** Auch unser Vorjahres-Top Pick, der spanische **BBV** und der italienische **Unicredito** sind interessant fürs Depot.

Alle **drei** ausländische Titel sind freilich nicht ohne Wagnisse (bei BBV könnte die starke Stellung in Lateinamerika sich durchaus als Bumerang erweisen). Sie sollten nur in kleinen Mengen von risikofreudigen Anlegern gekauft werden. Andererseits sehen wir bei einer Markterholung durchaus einiges an Kursfantasie bei diesen fundamental gut positionierten Werten.

Achten Sie wegen der in Deutschland vorliegenden Marktenge auf strikte Limite und vergessen Sie auch hier die obligatorischen Stopp-Kurse nicht.

Wir raten Ihnen, Abstauberlimite jeweils rd. 10% unterhalb des aktuellen Kursniveaus zu platzieren. Der individuelle Stopp-Kurs wird in gewohnter Manier rd. 20 bis 25% unterhalb des Einstiegskurses angeraten. Sollte sich die Kursentwicklung positiv gestalten, bietet es sich an, den Stopp-Kurs sukzessive nachzuziehen.

Online Broker zurück in die Arme der Mutter

Die Geschichte und letztendlich die Rolle, die die Online Broker für die Finanzwirtschaft spielen bzw. gespielt haben, liest sich wie aus dem Lehrbuch. Im schwerfälligen und viel zu satt gewordenen Banking der späten 90er Jahre gingen sie an den Start und mischten die Finanzgilde mächtig auf. Die Börseneuphorie und das Phänomen der Heavy Treader, einer Spezies, die im Spätherbst 2001 wie ausgestorben erscheint, erleichterten ihnen den Start.

Mit attraktiven Service- und Gebührenmodellen zogen die Pioniere der Online Broker wie **Consors, Direkt Anlage Bank** oder **Easytrade** Kundschaft von den etablierten Banken ab und zwangen diese, zu reagieren. Am beweglichsten erwies sich die Commerzbank, die relativ schnell mit **Comdirect** einen Online Broker ins Rennen schickte. **Deutsche Bank** und **Dresdner Bank** operieren mit **Maxblue** bzw. **Advance Bank.** Erheblich länger brauchten die Sparkassen (S-Broker) und die Genossenschaftsbanken. Inzwischen sind aber alle Institutsgruppen in der Lage, die Bedürfnisse der Online-Klientel mehr oder weniger gut zu befriedigen. Der Wettbewerb hat die Margen mit Kampfpreisen in einem zudem schwierigen Markt unter die Null-Linie gedrückt. Dem steilen Aufstieg, der die Börsenbewertung einiger Online Broker fast auf das Niveau mittelgroßer Banken hievte, folgte der rasante Absturz.

Bei Redaktionsschluss dieser Prognose schrieben alle bekannten Online Broker tiefrote Zahlen. Der Konsolidierungsdruck ist riesengroß. Die Marktbereinigung hat, ausgehend von den Vereinigten Staaten, durch Fusionen bereits eingesetzt. Die Schieflage der SchmidtBank droht für die Online-Tochter **Consors** zum Fanal zu werden. Aber auch ein anderer Weg wird beschritten: Die zuvor auf dem Peak zur ungebremsten Entfaltung ausgegliederten Töchter kehren zurück in die Arme ihrer Mütter. Ihre Aufgabe haben die Online-Banken, auch wenn viele von ihnen jetzt vom Markt verschwinden werden, jedoch gleich in mehrfacher Weise erfüllt: Sie haben mit kundenfreundlichen Gebührenmodellen frischen Wind in die fest gefügte Financial Community geblasen und Gebietsmonopole als Anachronismus entlarvt. Inzwischen werden sie weniger gebraucht, denn Internet Banking kann heute jede Bank. Weil die Zukunftsaussichten für Online Broker sehr vage sind, haben wir darauf verzichtet, in diesem Kapitel ausdrückliche Empfehlungen auszusprechen.

Versicherungen von Katastrophen gebeutelt

Auch in der Versicherungswirtschaft ist seit den Anschlägen vom 11.9.2001 nichts mehr so, wie es einmal war. Der mit schätzungsweise 40 Mrd. Dollar größte Schadenfall in der Geschichte der Assekuranz hat die Kurse der börsennotierten Gesellschaften aber nur vorübergehend in den Keller geschickt. Bei Redaktionsschluss Ende November notierten die Aktien der führenden Player

Allianz, Münchener Rück, Swiss Re, Axa oder Generali bereits wieder deutlich über den Kursen vor den Terror-Angriffen.

Diese Situation zeigt, dass die Börse ein sehr gutes Gespür für die weiteren Chancen und Risiken der Versicherungswirtschaft entwickelt hat. Die Abschlüsse 2001 werden geprägt sein von einem starken Anstieg der Schadenquoten. Die Erträge aus Kapitalanlagen können auf Grund der hohen Verluste mit Aktien keinen adäquaten Ausgleich beisteuern. Aber die weiteren Perspektiven sind gar nicht so schlecht. Der Markt erwartet eine starke Konsolidierung und gleichzeitig eine deutliche Prämienerhöhung. Vielen Industrieunternehmen und Dienstleistern ist überdies bewusst geworden, dass sie ausreichenden Versicherungsschutz ernster nehmen müssen. Das bringt den großen Versicherungen das Wachstum zurück, das, wie der Verband in seinem Jahrbuch 2001 beklagt, in den letzten Jahren ausgeblieben war. Jedenfalls sei die „Versicherungsdurchdringung", die Relation von Prämienaufkommen zu Bruttoinlandsprodukt, in den letzten Jahren nur noch zögerlich auf 6,7% angestiegen. In der Schweiz, in Großbritannien und in Japan ist sie mit über 13% deutlich höher. In den Niederlanden werden mit 11% und in den USA und Frankreich mit 8,5% ebenfalls deutlich höhere Werte erzielt als in der Bundesrepublik. Das liegt sicher auch an dem dort wesentlich größeren Gewicht, das in diesen Ländern die Lebensversicherung für die Altersvorsorge und Geldvermögensbildung spielt. Mit der Krise der umlagenfinanzierten staatlichen Altersversorgung steigen aber auch in Deutschland die Chancen der Versicherer.

Mehr Privatschutz fürs Alter

Mit der Riester-Rente ist der Anfang einer öffentlich geförderten privaten Altersvorsorge gemacht. Von diesem Geldzufluss in den nächsten Jahren werden die Versicherungen profitieren. Schließlich wird durch die Riester-Rente auch in Deutschland das Bewusstsein geschärft, sich persönlich um eine ausreichende Versorgung im Alter zu kümmern.

Wir erwarten, dass sich die Rahmenbedingungen für Sach- und Rückversicherer in den nächsten 1 bis 2 Jahren durch den Teilrückzug von Versicherungen, der z. T. kräftige Prämienerhöhungen ermöglicht, deutlich verbessern werden. Mit dem Liquiditätszufluss aus steuerfrei veräußerbaren Industriebeteiligungen können die Assekuranzunternehmen ihr Kerngeschäft stärken. Die Erträge aus Kapitalanlagen werden sich durch die Erholung an den Weltbörsen stabilisieren, allerdings neigt sich die Zinssenkungsfantasie ihrem Ende zu. Vom Kuchen der Altersvorsorge und Geldvermögensbildung werden sich die Assekuranzen ein schönes Stück abschneiden. Grenzüberschreitende Allianzen, die auch mit Beteiligungen unterlegt sind, werden sich durchsetzen und z.B. der Allianz oder Generale neue Wachstumsspielräume eröffnen.

Auch im Versicherungsbereich ist Größe Trumpf. Hier sehen wir die Notwendigkeit des Allfinanzgedankens und der breiten internationalen Aufstellung. Kein Zufall ist es also, wenn wir mit der **Münchener Rück,** der **Swiss Re** und der **Axa** gleich 3 Konzerne auf unserer langfristigen Watch List haben.

Weshalb wir den Evergreen Münchener Rück als Kauf einstufen, lesen Sie bitte im Top Ten-Europa-Teil.

Name	WKN	Kurs 20.11.	EPS 2002	KGV 2002	Anlageurteil
Axa	855 705	25,85 €	1,50	17	Kaufen
Aegon	858185	30,00 €	1,90	16	Halten
Generali	850 312	30,70 €	1,10	28	Akkumulieren
Münchener Rück	843 002	303,65 €	11,80	26	Kaufen
Swiss Re	852 246	115,00 €	7,50	15	Akkumulieren

Bei der Swiss Re haben wir eine ganz ähnlich Argumentation. Die durch die Terroranschläge eingeläutete Konsolidierung dürfte dem Riesen aus der Schweiz am Ende nützen. An schwachen Tagen raten wir Ihnen, Stücke einzusammeln.

Bei Axa sehen wir uns durch die drastische Verbilligung ermutigt, den Titel zum **Kauf** zu empfehlen. Auch wenn die Aktie sich von den umittelbaren Kursstürzen bereits ein gutes Stück erholt hat, halten wir 35 Euro langfristig durchaus wieder für eine realistische Zielgröße.

Das ausgereifte Allfinanzkonzept überzeugt uns bei **Generali.** Bei Kursen unter 28 Euro raten wir, Stücke einzusammmeln. Bei all diesen Kaufempfehlungen sollte zwar das Engagement langfristig ausgerichtet sein, ein Stopp zur Absicherung jeweils ca. 25% unter Einstiegskurs ist jedoch Pflichtprogramm. afs/rp

Software, IT, Elektro – Chancenreicher Markt in Europa

Trotz düsterer Konjunkturprognosen und herber Kursverluste in den vergangenen Monaten ist das Wachstum des Informationstechnik- und Telekommunikationsmarktes (ITK) in Europa ungebrochen und liegt weiterhin über dem weltweiten Durchschnitt. Vor allem bei der Nachfrage nach Software und Dienstleistungen schneidet Europa deutlich besser ab als beispielsweise die USA und Japan. So geht der Bundesverband BITKOM in seinem neuesten Marktforschungsprojekt, der European Information Technology Observatory (EITO), davon aus, dass der westeuropäische ITK-Markt, der auch die Bereiche Hardware, Software und Services einschließt, im laufenden Jahr 2001 um rd. 6,8% auf 574 Mrd. Euro wachsen wird. Für das kommende Jahr soll dann ein Wachstum von 7% auf 615 Mrd. Euro erreicht werden. Im Vergleich hierzu kommen die USA auf lediglich 5,4%, Japan sogar nur auf ein Wachstum von 4,7%.

Weltweit rechnen die Experten für das Jahr 2002 mit einem Zuwachs um 6,7% auf rd. 2 300 Mrd. Euro. Die gesamte ITK-Branche lässt sich zukünftig dennoch nicht über einem Kamm scheren. So sieht BITKOM-Hauptgeschäftsführer Bernhard Rohleder im ITK-Markt eine stärkere zyklische Entwicklung voraus. Zwar werde die Branche insgesamt auch in Zukunft wachsen, einzelne Segmente wie der Telekommunikationsbereich (weltweiter ITK-Anteil 54%) jedoch zeitweise weiter nach unten tendieren, so Rohleder.

Positiv entwickelt sich momentan hingegen der Bereich Informationstechnik einschließlich Software und IT-Services, der im Jahr 2001 in Westeuropa um 7,5% auf 266 Mrd. Euro zulegen wird. Im kommenden Jahr wird dort sogar ein Zuwachs von 8,6% auf 290 Mrd. Euro erwartet. Gefragt sind derzeit vor allem die informationstechnischen Dienstleistungen und Software (Professional Services), die mit 9,3% (2001) bzw. 9,8% (2002) überdurchschnittliche Zuwachsraten erzielen dürften. Allen voran liegt derzeit die Softwarebranche, für die im gleichen Zeitraum sogar ein Wachstum um 10,5% bzw. 11,6% prognostiziert wird.

Einen regelrechten Wachstumsknick erlebt z.Zt. der Bereich ITK-Equipment. So investieren viele Unternehmen, um konkurrenzfähig zu bleiben, große Summen in Software und Services, wodurch finanzielle Mittel gebunden werden. Zudem sorgen ein extremer Preisdruck bei Servern und der Absatzeinbruch bei Endgeräten der Mobilkommunikation im Jahr 2001 für magere Umsätze in Höhe von 186 Mrd. Euro (+1,9%). Kräftig aufwärts soll es jedoch schon im kommenden Jahr gehen. So erwarten Experten im Jahr 2002 ein Wachstum von 5,1%, das vor allem durch Umsatzzuwächse im Bereich PC und Notebooks getrieben sein wird.

Obwohl die weltweit angespannte konjunkturelle Lage die ITK-Märkte auch in den kommenden Monaten noch unter Druck halten wird, gehen wir im Jahr 2002 von einem überdurchschnittlichen Wachstumsszenario für die europäische ITK-Branche aus. So sollten sich auf Grund erhöhter Nachfrage der Endverbraucher nach integrierten IT-Lösungen gerade die Sparten Software und Services stärker entwickeln. Durch eine stärkere Nutzung des Internets in allen Bereichen der Wirtschaft werden große Unternehmen Investitionen auf internetbasierte Anwendungen wie Customer Relationship Management (CRM), Supply Chain Management (SCM), Electronic und Mobile Business sowie Business Itelligence (BI) konzentrieren, wovon vor allem IT-Softwareunternehmen profitieren dürften. Auch Investitionen in Breitband-Technologien für den Internetzugang sowie Neuentwicklungen in der drahtlosen Kommunikationstechnik sollten u.E. die Nachfrage nach neuen Anwendungen und Diensten anregen. Um jedoch das Wachstum im ITK-Bereich nicht zusätzlich zu verlangsamen, ist auch die Politik gefragt. Hier gilt es besonders Maßnahmen zu unterlassen, die zu einer Verschärfung der wirtschaftlichen Situation beitragen könnten. Diskussionen um zusätzliche Entsorgungsabgaben, Rundfunkgebühren auf PCs und eine wissenschaftlich nicht begründete Absenkung der Emissionsgrenzwerte von ITK-Geräten dürften somit kaum wachstumsförderlich sein.

In den 18 Monaten Börsenbaisse, die mittlerweile hinter uns liegen, kamen insbesondere Technologieaktien unter die Räder. Kaum verwunderlich, dass auch die IT-/Softwarebranche davon nicht verschont blieb. Unterschiede zwischen großen, mittelgroßen und kleinen Unternehmen wurden dabei aus Anlegersicht keine gemacht - verkauft wurden sie alle. Gute Gründe für eine differenziertere Sichtweise gibt es für Investoren, die ihren Blick in die Zukunft richten, mittlerweile jedoch wieder zuhauf. Um zu wissen, welche Investments sich zukünftig als lohnenswert erweisen und nicht in einem Desaster à la **Brokat** oder **Intershop** enden, ist ein Blick hinter die Kulissen allerdings unabdingbar.

So ist beispielsweise der Markt für IT-Services vor allem durch eine hohe Fragmentierung gekennzeichnet. Im Markt tummeln sich neben vielen kleinen und mittelgroßen vor allem die großen Beratungsunternehmen **(IBM, Cap Gemini, EDS, Siemens** usw.). Diese Branchenriesen haben auf Grund ihrer jahrelangen Erfahrung sowie Mitarbeiter und Kundenzahl im Vergleich zur kleineren Konkurrenz die bessere Ausgangsbasis. Der Vorteil der kleinen Unternehmen, die z.B. im Bereich System-Integratoren mit Speziallösungen und Branchen-Know-how aufwarten können, liegt dabei in ihrer höheren Flexibilität, die ausreichend erscheint, um der großen Konkurrenz Paroli bieten zu können.

SAP SI: Kleine Tochter - großer Name

Ein Unternehmen, das diese Faktoren aufweisen kann, ist **SAP SI.** Die kleine Tochter von Branchenprimus **SAP** notiert am Neuen Markt und gehörte im Jahr 2000 am Umsatz gemessen zu den Top 10 der deutschen System-Integratoren. Zwar belegte die IT-Schmiede dabei nur den neunten Platz, ein starker Markenname und die kritische Größe gewährleisten dem Unternehmen jedoch Zugang zu bedeutenden Großkunden. Ein Umstand, der SAP SI in den kommenden Jahren zugute kommen und damit diese Position noch stärken dürfte. Das ausgeprägte Branchen-Know-how und Spezialwissen in einer vielfältigen SAP-

Produktpalette (v.a. der hochmargigen Bereiche SCM, CRM und Outsourcing) bietet deutliche Vorteile und lässt Mitarbeiter Tagessätze von 600 bis 2000 Euro verdienen. Zudem generiert SAP SI rd. 50% der Folgeprojekte aus ihrem bestehenden Kundenstamm. Dabei erweist sich die enge Verbindung zum Mutterkonzern und Großaktionär (60%) SAP, der mit seinen installierten Basisprodukten (ERP-Marktanteil Deutschland 51%) Zugang zu einer breiten Kundenbasis bietet, als klarer Wettbewerbsvorteil. Zwar ergibt sich durch die starke Verbindung zum Mutterkonzern eine große Abhängigkeit, der Vorteil von SAP SI liegt jedoch darin, dass das Unternehmen im Gegensatz zu SAP nicht direkt vom schwierigen Umfeld im Bereich der Softwarelizenzen betroffen ist, sondern von einem anhaltenden Trend zum Outscourcing von IT-Dienstleistungen profitiert.

Dass die Geschäfte mit SAP-Produkten weiter gut laufen, spiegelt sich auch im Personalbestand wider. Während viele Konkurrenten aus Kostengründen Personal abbauen, stockte SAP SI seit Jahresanfang den Mitarbeiterstab um 30% auf 1 600 auf. Auch im Zahlenwerk macht sich die positive Tendenz deutlich. Nach 9 Monaten wuchs der Umsatz um 50% auf 194 Mio. Euro, der Fehlbetrag verringerte sich von 9 auf 5,8 Mio. Euro. Schon im laufenden Geschäftsjahr 01/02 (30.9.) erwarten wir einen kräftigen Durchbruch in die Gewinnzone und taxieren das 02er EPS auf gut 0,90 Euro. Optimistisch stimmt derzeit auch der niedrige Marktanteil im US-Geschäft (10%) sowie die nur geringe Abhängigkeit vom Softwarelizenzgeschäft.

Um jedoch auch zukünftig ordentliche Wachstumsraten erzielen zu können, ist der Abbau des deutschlandlastigen Geschäfts (Umsatz 80%) durch eine stärkere Internationalisierung unabdingbar. Vor allem im schwachen US-Markt sehen wir momentan hervorragende Möglichkeiten, antizyklische Akquisitionen zu tätigen. SAP SI ist im Vergleich zur Konkurrenz ein äußerst profitables Unternehmen, das in einem boomenden Marktumfeld gut positioniert ist. Im Bereich um 22 Euro halten wir die Aktie jedoch für vorerst fair bewertet. Langfristig orientierte Anleger, die sich des Risikos einer technologielastigen Aktie bewusst sind, können sich unter 20 Euro ein paar Stücke ins Depot legen.

SAP: Profiteur des Investitionsaufschwungs

Viel spricht dafür, dass die Softwarebranche trotz der Unsicherheiten durch die

Terrorereignisse in den USA und dem Konflikt in Nahost auch im kommenden Jahr ordentliche Wachstumsraten aufweisen wird. Vor allem im 2. Hj. 2002 erwarten wir eine deutliche Aufhellung im Bereich IT-Investitionen und somit eine höhere Nachfrage nach unternehmensspezifischen Softwarelösungen. Für den Investor stellt sich daher die Frage, ob SAP ein Hauptprofiteur dieses Trends sein könnte. Die Walldorfer Softwareschmiede, die auf Grund ihres breiten Produktportfolios,weltweit zu den wohl am besten positionierten Unternehmens-Softwareherstellern zählt, kann mit einer fast 30-jährigen Markterfahrung mittlerweile auf eine Datei mit über 15 000 Kunden zurückgreifen. Diese breite Kundenbasis ermöglicht es, von einem potenziellen Markt für neue Anwendungen und Module zu profitieren. Ein weiterer Vorteil liegt bei SAP in dem sehr bekannten Markennamen, der sogar in der Schul- und Universitätslehre ausführlich behandelt wird. Der betriebswirtschaftliche und technologische Wissens-Stand wird damit praktisch kostenlos auf hohem Niveau gehalten und der Nachschub an Nachwuchskräften gesichert.

Ein weiterer Vorteil für SAP ist der Bereich Portallösungen. Dieser von Marktexperten als äußerst zukunftsträchtiges Wachstumsfeld für die Softwarebranche identifizierter Bereich ist durch die Übernahme des US-Marktführers **TOPTIER** erweitert worden. Durch die Integration des Tochterunternehmens **eSAP** und der Sparte "Business Itelligence" ist dem Unternehmen ein wichtiger Schritt in Richtung einer führenden Marktpositionierung gelungen. Allerdings macht SAP derzeit das anhaltend schwierige konjunkturelle Umfeld zu schaffen. So verschoben erst jüngst verschiedene Großkunden Softwareprojekte um einen Zeitraum von sechs bis zwölf Monate. Kaum verwunderlich, dass Mitte Oktober dann kam, was kommen musste (und von uns mehrfach prophezeit wurde) - eine Umsatz- und Gewinnwarnung für das laufende Geschäftsjahr 2001. Dabei zeigten im Vergleich zum Vorjahr vor allem die sinkenden Umsätze mit den Zukunft weisenden Softwarelizenzen die Probleme auf. In den USA und Asien betrug das Umsatzminus sogar jeweils satte 34%! Für das Gesamtjahr rechnet SAP jetzt nur noch mit einer Wachstumsrate von knapp 15%, was für das 4. Quartal einen Umsatz auf Vorjahresniveau bedeutet.

Noch schlimmer sieht derzeit die Gewinnseite der Walldorfer aus. Das „operative Ergebnis“ (ohne diverse Sonderfaktoren) kam im 3. Quartal gerade einmal auf die 2000er Ergebnisse und halbierte sich ggü. Q2 sogar. Unterm Strich sank das Nettoergebnis vor allem durch die 20%-Beteiligung an **Commerce One** (Belastung von 24 Mio. Euro in Q3) um 54% auf nur noch 37 Mio. Euro oder 12 Cents je Aktie. SAP steht mit diesem Problem jedoch nicht alleine da. Durch die schwierigen Marktverhältnisse in den USA und Asien, einer geringen Visibilität sowie dem unsicheren Umfeld halten viele Unternehmen ihre ursprünglich geplanten Investitionen zurück, was auch die SAP-Konkurrenz mit Umsatzeinbrüchen von bis zu 70% kräftig zu spüren bekam.

Obwohl das Unternehmen im Vergleich zu den Konkurrenten **Oracle, Siebel** und **i2** trotz eines schwierigen Marktumfeldes sogar weitere Marktanteile gewinnen konnte, ist eine Besserung kurzfristig nicht in Sicht. Da SAP das „operative“

Margenziel (ohne Sonderfaktoren) auf rd. 20% herunterschraubte, taxieren wir den Gewinn je Aktie (ohne Goodwill durch Commerce-One Übernahme) im Jahr 2001 auf deutlich unter 2 Euro. Nachdem die Aktie Mitte Oktober kräftig absackte, die 100 Euro-Marke jedoch hielt, ging es im Zuge der jüngsten Technologiehausse wieder kräftig aufwärts. Den aktuellen Kurs von 130 Euro halten wir aus den genannten Gründen derzeit jedoch für völlig überteuert. Interessierte Anleger sollten daher eine kräftige Korrektur, die bis in den Bereich um 85 Euro führen könnte, abwarten. Bis dahin sollten Bestände reduziert werden.

Software AG: Teure Expansionsstrategie zahlt sich aus

Ein weiterer Profiteur der anstehenden Hausse im Bereich Systemsoftware könnte die im MDax gelistete Software AG sein. Europas größter Hersteller von Systemsoftware, der weltweit in über 70 Ländern mit 30 Niederlassungen und 90 Vertretungen präsent ist, hat durch den Kauf von **SAGA Systems** jüngst den amerikanischen Kontinent erobert und die dortige Marktposition deutlich ausgebaut. Die Übernahme kostete die Software AG jedoch hohe Abschreibungen, die die Bilanz kräftig verhagelten und das sehr gute operative Ergebnis von 83 Mio. Euro (+71%) auf der Nettoseite auf schlappe 22 Mio. Euro drückte. Dennoch zahlt sich die Übernahme aus.

Durch die Präsenz in den USA wurden viele US-amerikanische Unternehmen auf die Software AG aufmerksam. Kaum verwunderlich, dass auch nähere Kontakte entstanden und verschiedene Vertragsabschlüsse folgten. Durch die jüngsten Kooperationsverträge mit IBM und HP eröffnete sich das Unternehmen sodann neue Vertriebswege zu den traditionellen Produkten wie Datenbank-Managementsysteme, Unternehmensanwendungen sowie E-Commerce-Plattformen.

Ein großer Hoffnungsträger ist derzeit die Internetdatenbank Tamino, ein Informationsserver für das E-Business, der sich mit einem Umsatz von 5,3 Mio. Euro allerdings noch nicht übermäßig auf die Geschäftsentwicklung der Software AG ausgewirkt hat. Bei einem Gesamtumsatz im 3. Quartal von 141,5 Mio. Euro (+37% gegenüber dem Vorjahr) erwiesen sich vor allem die Bereiche Wartung und Professional Services als die Zugpferde. Negativ entwickelte sich das Lizenzgeschäft, das auf Grund hoher Marktanteilseinbußen von **EntireX** deutlich unter den Erwartungen lag. Belastend wirkte sich auch der überproportionale Aufwandsanstieg durch die Aufstockung von rd. 600 Mitarbeitern seit Anfang des Geschäftsjahres aus. Zudem sorgten Restrukturierungsaufwendungen für die getätigten Akquisitionen für zusätzliche Kosten.

Die jetzigen Personalüberkapazitäten dürften zwar kurzfristig noch belasten, positive Entwicklungstrends in den jüngsten Quartalsberichten einiger US-Konkurrenten (IBM, BEA Systems) lassen jedoch Hoffnung auf Besserung aufkommen. Mit einem 02er KGV von knapp 19 ist die Aktie im Vergleich zur Konkurrenz nicht gerade ein Schnäppchen. Die gute Unternehmenspositionierung und Produktvielfalt lässt jedoch bei einem erwarteten Marktaufschwung weitere Kursfantasie aufkommen. Da die Aktie in der jüngsten Zeit jedoch deutlich zulegen konnte, raten wir Investoren, zunächst auf einen Rücksetzer in den Bereich um 40 Euro zu warten und dann zu kaufen.

Siemens – Zurück zu alter Stärke

Eine Sonderrolle unter den europäischen Elektrokonzernen nimmt Siemens ein. So verloren Anleger, die seit Anfang des Jahres in Aktien der Münchner investiert sind, bis dato rd. 50% ihres eingesetzten Kapitals. Gründe hierfür waren zum einen die flaue Konjunkturlage, andererseits sorgten hausgemachte Probleme für herbe Abschläge. Investoren, die hingegen erst Anfang September 2001 eingestiegen waren, konnten bislang mehr als 50% Kursgewinn einfahren. Für Anleger, die jedoch das Auf und Ab verpassten und noch nicht investiert sind, stellt sich daher die Frage, lohnt ein Investment oder führt der Weg wieder in die Verlustzone. Den zweiten Fall will Firmenlenker **Heinrich von Pierer** um jeden Preis verhindern. Das Losungswort dabei heißt „Operation 2003“.

Die „Operation 2003”

Mit einer 170-köpfigen Beratercrew will der „Sanierer“, wie schon so oft, aufräumen. 4 von insgesamt 13 Geschäftsbereichen werden im Geschäftsjahr 2001 rote Zahlen schreiben, die restlichen Sparten lassen das Erreichen der 2003er

Ziele zum jetzigen Zeitpunkt als wahre Herausforderung erscheinen. Der Sanierungsplan „Operation 2003“ sieht vor, bis zum Jahr 2003 rd. 7,5 Mrd. Euro einzusparen. Dabei stehen insgesamt 22 000 Mitarbeiter auf der Streichliste, 5 000 allein beim Tochterunternehmen **Infineon.**

Die Halbleiter-Tochter nimmt bei Siemens zudem einen Sonderstatus ein. Nachdem Infineon-Lenker Ulrich Schumacher die Gewinnvorgaben (2,1 Mrd. Euro) deutlich verpasste und nun sogar mit –0,9 Mrd. Euro dasteht, beschloss der Mutterkonzern den Ausstieg auf Raten. Finanzchef Hans-Joachim Neubürger verkauft Zug um Zug Infineon-Papiere, um den Gesamtanteil unter die 50-Prozentmarke zu drücken. Fällt sie, hat Neubürger ein Problem weniger und Infineon muss in der Siemens-Bilanz nicht mehr konsolidiert werden.

Renditeziele der „Operation 2003“ - Angaben in Prozent -			
Geschäftsbereiche	Umsatzanteil 2001	Umsatzrendite Ist 2001*	Umsatzrendite Soll 2003*
Medizintechnik	8,9	11,2	12,0
Automatisierung/Antrieb	9,8	11,0	12,0
Osram	5,5	10,3	10,5
Energieerzeugung	10,1	7,3	11,5
Verkehrstechnik	4,9	4,4	6,0
Siemens Building Tech.	6,2	2,4	8,0
Energieübertagung	4,5	2,1	6,0
Siemens Business Ser.	5,4	1,0	5,5
Anlagenbau und technische Dienste	4,0	0,5	5,0
Siemens Dematic	2,7	-1,4	12,0
VDO	6,5	-2,7	5,5
Information und Kommunikation Mobil	13,9	-3,5	9,5
Info u. Kommunikation Netzwerke	15,0	-3,9	9,5
** Gewinn v. St., Zinsen und Firmenwertabschreibungen im Verhältnis zum Umsatz*			

USA-Geschäft mit großem Potenzial

Auch in den USA hat von Pierer einiges vor. Zwar machten die Siemens-Töchter fast 20 Mrd. Euro Umsatz, unterm Strich wird bislang jedoch nichts verdient. Das soll sich ändern. Erfüllungsgehilfe für von Pierer ist US-Chef **Gerhard Schulmeyer** (ab 2002: **Klaus Kleinfeldt),** der jede der 20 Siemens-Einheiten in die Gewinnzone bringen muss - unabdinglich. Schaffen die US-Chefs die Zielvorgabe nicht, wird dichtgemacht oder verkauft. Das Konzept ist stringent und klar geordnet: Ertragsschwache Geschäfte bündeln, Projektcontrolling stärken und Gesamtkosten senken. Zudem sollen neue Vertriebskanäle Marktanteile steigern. Großes Einsparpotenzial (2,2 Mrd. Euro) erhofft sich Siemens durch die beschleunigte Integration der beiden ehemaligen Mannesmann-Töchter **VDO** und **Dematic.** Auch der Bereich Information und Kommunikation bekommt ein engeres Korsett. Neben dem Wegfall von 10 000 Arbeitsplätzen werden auch 9 der 18 Fabriken geschlossen und auf wenige Fertigungsstandorte konzentriert.

In summa hat Siemens bis zum Erreichen der Ziele noch viel Arbeit vor sich. Sollte es dem Konzern jedoch gelingen, das angestrebte Sparkonzept in „bare Münze" umzuwandeln und die Renditevorgaben zu schaffen, ist die Aktie aus heutiger Sicht langfristig ein klarer Kauf.

Infineon: Hoffung ruht auf 2002

Wie schon erwähnt, will der Siemens-Konzern den Anteil am Tochterunternehmen Infineon (akt. 51,1%) auf unter 50% verringern. Dabei ist der jetzige Kurs denkbar ungünstig. Zwar hat sich die Aktie von ihrem Tief bei 11,50 Euro schnell wieder erholt. Im Vergleich zur Erstnotiz bei knapp 80 Euro ist sie jedoch nur noch ein Viertel wert. Der Wertverfall der einst so hoch gelobten „Volksaktie" kommt allerdings nicht von ungefähr. Zum einen sorgte die allgemeine Konjunkturschwäche der Halbleiterbranche für herbe Verluste im Chipbereich, zum anderen belastete die schwache Nachfrage in

der Telekommunikationssparte (v. a. Mobilfunk) die Umsatz- und Gewinnsituation bei Infineon deutlich. Mit 5,6 Mrd. Euro setzte Infineon im Geschäftsjahr 2000/01 rd. 22% weniger um als noch ein Jahr zuvor. Hohe Abschreibungen von Lagerbeständen, der Preisverfall vor allem bei Speicherprodukten, Restukturierungskosten sowie Aufwendungen für Akquisitionen ließen das Ergebnis unterm Strich mit knapp 590 Mio. Euro in die Miesen rutschen. Zum Vergleich: Im Jahr zuvor wurden im Konzern noch 1,13 Mrd. Euro verdient.

Problematisch wirkt sich bei Infineon der starke Rückgang am gesamten Halbleitermarkt aus. Dieser zyklische Bereich, der laut Marktprognosen im Kalenderjahr 2001 um 30% sinken wird, macht die Abhängigkeit Infineons deutlich. Da das Unternehmen zudem Speicherprodukte für den angeschlagenen Mobilfunksektor herstellt, war u.E. abzusehen, dass Infineon bei einer konjunkturellen und zyklischen Tiefphase Probleme bekommt.

Positiv entwickelten sich im Geschäftsjahr 2000/01 hingegen die Nicht-Speicherbereiche, mit denen das Unternehmen rd. 10% mehr umsetzen konnte. Dabei verzeichneten vor allem die Segmente drahtgebundene Kommunikation, Sicherheits- und Chipkarten sowie Automobil- und Industrieelektronik beträchtliche Zuwächse. Der Bereich Automotive und Industrial war zudem der einzige, in dem bislang keine Abschreibungen auf Lagerbestände vorgenommen werden mussten. Wir gehen davon aus, dass dieser Trend auch im laufenden Geschäftsjahr 2001/02 anhält und eine stabile Entwicklung ermöglicht. Längerfristige Lieferbeziehungen garantieren eine kontinuierlich hohe Nachfrage, die von volatilen Schwankungen weitgehend unberührt bleiben dürfte.

Inwieweit sich die Terroranschläge in den USA über eine verhaltenere Automobilkonjunktur auf diesen Bereich auswirken werden, ist derzeit schwer abschätzbar. Der steigende Anteil elektronischer Komponenten im Automobilbau könnte jedoch einen Rückgang im Absatz kompensieren. Dadurch dürfte in diesem Bereich die Produktionsauslastung weiterhin hoch bleiben und trotz leicht sinkender Preise die jetzige Marge gehalten werden. Um wieder aus dem Tal der Tränen zu kommen, hat der Konzern einen Restrukturierungs- und Kosteneinsparplan ins Leben gerufen. So will Infineon vor allem weniger investieren. Für das Jahr 2002 kürzte Firmenlenker Schumacher das Budget um 600 Mio. auf 900 Mio. Euro. Betroffen sind dabei die Produktionsverbesserungen/-automatisierungen in den Nicht-Speicherbereichen sowie das Equipment der Werke in White Oak und Dresden. Auch im Bereich Logistik wird der Gürtel enger geschnallt und eine geplante Ausweitung vorerst auf Eis gelegt.

Um konkurrenzfähig zu bleiben und von einer Erholung im Chipbereich profitieren zu können, ist eine Investitionskürzung im Bereich Technologie, auch wenn es Infineon-Chef Schumacher Bauchschmerzen bereitet, nicht machbar. Eine Kapitalerhöhung will Schumacher unter allen Umständen verhindern. Deshalb müssen die notwendigen Investitionen bei einer momentanen Nettoverschuldung von rd. 500 Mio. Euro über weitere Außenfinanzierung (aktuelle Kreditlinie laut Infineon: rd. 2 Mrd. Euro) getätigt werden. Die Aktie von Infineon ist nur etwas für den risikobereiten Anleger, der sich der Gefahr eines zyklischen Verlaufs durchaus bewusst ist. Wir halten die Aktie auf dem momentanen Niveau für etwas zu heiß gelaufen. Unsere Empfehlung lautet daher Halten.

Epcos: Zurück zu alter Stärke

Ein weiteres Sorgenkind im Siemens-Konzern ist Epcos. Der Hersteller passiver Bauelemente für die Halbleiterindustrie befindet sich derzeit ebenfalls in einem zyklischem Tief. Im Gegensatz zu den Halbleiterproduzenten muss das Unternehmen zwar weniger in Forschung, Entwicklung und Produktionsanlagen investieren, da ein Großteil der Bauelemente längere Produktlebenszyklen aufweist. Im Bereich der Oberflächenwellenfilter (OFW), der in den vergangenen Jahren auf Grund des Mobilfunk-Booms der Hauptwachstumstreiber war, erweist sich die allgemein eingetrübte konjunkturelle Situation mittlerweile jedoch als Problem. Da ist es kaum verwunderlich, dass Epcos die enormen Wachstumsraten der Vergangenheit, die weit über dem langfristigen Marktdurchschnitt lagen, nicht durchstehen konnte.

Mit der Gewinnwarnung, die schließlich im dritten Quartal des laufenden Geschäftsjahres folgte, machte Epcos dann auch deutlich, dass in diesem Jahr (4. Qu.) mit keiner Besserung mehr zu rechnen ist. Für den interessierten Anleger stellt sich daher die Frage, wann der Zeitpunkt eines Investments gekommen ist. Der Aufschwung, der unweigerlich kommen wird, steht allerdings noch nicht unmittelbar bevor. Weder makroökonomische Indikatoren noch die aktuellen Unternehmensdaten deuten kurzfristig auf eine Erholung der Geschäftslage hin. Deshalb erwarten wir in der ersten Jahreshälfte des neuen Geschäftsjahres 2001/02 (bis 30.9.) eine Stagnation auf dem niedrigen Niveau des laufenden Quartals. Positive Impulse der tendenziell sinkenden Lagerbestände dürften dann jedoch im zweiten Semester spürbar werden.

Dann werden die Umsätze von Epcos auf Grund des auslaufenden Lagerabbaus von Quartal zu Quartal steigen. Zudem dürften die bereits seit einigen Quartalen laufenden Kostensenkungsmaßnahmen mehr und mehr greifen und den derzeitigen Margendruck infolge niedriger Preisstrukturen deutlich entschärfen. Wir gehen deshalb bei Epcos von folgendem Szenario aus. Umsatz, Margen und Ergebnis bleiben im 1. und 2. Quartal weiterhin schwach und liegen klar unter den Vorjahreswerten, ab dem 3. Quartal dürfte das Ergebnis wieder zulegen, am Jahresende jedoch unter dem des abgelaufenen Geschäftsjahres 2000/01 liegen. Langfristig gehen wir jedoch von überdurchschnittlichen Wachstumsraten aus.

Epcos ist mit der angebotenen Produktpalette sehr gut positioniert. Durch stetige Kostensenkung gelingt es dem Unternehmen zudem, trotz der Zyklik des Marktes positive Margen zu erzielen. Die Aktie eignet sich nur für langfristig orientierte Anleger, die an die Zukunft dieser Technologie glauben und auch mit Kursschwankungen leben können.

Philips: 2002 sollen die Gewinne wieder sprudeln

Die momentane Schwächephase des Mobilfunk- und PC-Marktes schlägt auch bei der niederländischen Philips deutlich negativ zu Buche. So musste der Philips-Konzern, der zu den größten Elektrounternehmen weltweit zählt, vor allem im Bereich Konsumelektronik (35% vom Jahresumsatz) deutliche Verluste hinnehmen. Auch die Sparten elektrische Komponenten (13% vom Jahresumsatz) und Halbleiter (17%) schwächelten. Zudem belasteten auch weniger zyklische Bereiche wie Lichttechnik (16%) und Haushaltsgeräte (6%) die Bilanz. In der Medizintechniksparte (13%) führten Integrationskosten für die von Hewlett-Packard erworbene Agilent Healthcare zu operativ negativen Ergebnissen. Unterm Strich musste das Unternehmen nach 9 Monaten im Geschäftsjahr 2001 einen Verlust von fast 800 Mio. Euro verkraften.

Der negativen Geschäftsentwicklung will der Konzern nun mit Restrukturierungsplänen entgegenwirken. Doch bevor diese sich positiv in den Geschäftsbereichen niederschlagen, wird das 4. Quartal zunächst durch weitere 200 bis 250 Mio. Euro belastet. Auch dürfte die zurückhaltende Konsumbereitschaft der Verbraucher den sonst saisonal bedingten starken Umsatzanstieg im Schlussquartal in diesem Jahr moderater ausfallen lassen. Das 4. Quartal wird daher zwar besser als das Vorquartal, an einem negativen EBIT werden die Niederländer jedoch nicht vorbeikommen.

Mit Blick auf das neue Geschäftsjahr 2002 sehen wir allerdings erste Silberstreifen am Horizont. So dürften ein verbessertes Umfeld sowie positive Auswirkungen der Restrukturierungen mit einer kontinuierlichen Verbesserung des Nettoergebnisses im 2. Quartal 2002 zu einem Gewinnausweis führen. Entscheidend dabei ist jedoch die Erholung des Halbleitermarktes sowie eine positive Entwicklung der Konsumausgaben. Auf Grund der beschriebenen Umstände halten wir Philips zurzeit nur für einen Marketperformer mit einer fairen Bewertung.

ABB: Für den Aufschwung vorbereitet

Das Thema Restrukturierung und Reorganisation steht auch bei Europas größtem Technikkonzern ABB ganz oben auf der Unternehmensagenda. Die Schweizer reagierten mit dem kontinuierlichen Abbau von Arbeitsplätzen bereits relativ früh auf den sich andeutenden konjunkturellen Abschwung. Insgesamt will der

Konzern bis zum Ende des Jahres rd. 12 000 der 160 000 Stellen streichen und sich vor allem auf seine Kerngeschäftsfelder fokussieren. Dabei geht der Blick von Vorstand Jörgen Centermann bereits über das vierte Quartal hinaus.

Langfristig will der Firmenlenker das Umsatzwachstum jährlich um durchschnittlich 6% sowie die EBIT-Marge auf 9 bis 10% bis zum Jahr 2005 steigern. Aktuell liegt die EBIT-Marge bei 4,5%. ABB bereitet sich momentan recht forsch auf den nächsten Konjunkturaufschwung vor, der nach eigenen Aussagen Mitte nächsten Jahres anstehen wird. ABB ist ein eher antizyklischer Technologiewert, den es durch einen beschleunigten Abschwung in diesem Jahr dennoch besonders herb erwischt hat. Sollte es im kommenden Jahr jedoch wieder zu einem konjunkturellen Aufschwung kommen, dürfte ABB zu den Gewinnern zählen.

ASML: Das Hoffen auf den Halbleiter-Aufschwung

Hoffnung auf einen Aufschwung im kommenden Jahr herrscht derzeit auch beim niederländischen Spezialmaschinenbauer ASML. So sieht das Unternehmen trotz schwacher Halbjahreszahlen (Umsatz 1 Mrd. Euro, EPS –0,20 Euro) und einem trüben Ausblick für die noch laufende Periode bereits wieder Licht am Ende des Tunnels. Spätestens im 2. Hj. 2002 rechnet das Unternehmen mit einer Erholung des internationalen Halbleitermarktes. Dabei ruht die Hoffnung vor allem darauf, dass viele der jüngst stornierten, insgesamt milliardenschweren Aufträge im Jahr 2002 erneut vergeben werden und sich dies unmittelbar auf Umsatz und Ergebnis auswirkt. Bis zu diesem Zeitpunkt sollen dann auch die Restrukturierungsmaßnahmen abgeschlossen sein und durch den Abbau von rd. 1 600 der 8 000 Stellen kräftig gespart werden.

Bislang führten diese Schritte jedoch zu erheblichen Zusatzkosten von 370 bis 400 Mio. Euro. Allein die Entlassung von rd. 1 600 der insgesamt 8 000 Mitarbeiter wird im Konzern in den kommenden 18 Monaten rd. 130 Mio. Euro verschlingen. Trotz der momentan schwierigen Wirtschaftslage ist die Marktposition der Niederländer dennoch hervorragend. Hinter Nikon ist ASML bereits weltweit zur Nr. 2 im Bereich Photolithographie-Ausrüstung aufgestiegen. Vor allem bei den strategisch wichtigen Komponenten "Stepper" und "Scanner" ist es ASML durch die technologische Überlegenheit gelungen, den Marktanteil von 15% auf über 40% auszubauen.

Nachdem ASML bereits im 1. Hj. 2001 deutlich in die Verlustzone gerutscht war, dürfte es auch am Jahresende noch keine Besserung geben. Deshalb rechnen wir im Jahr 2001 zwar noch mit einem Verlust pro Aktie von 0,20 Euro, für das kommende Geschäftsjahr 2002 halten wir dann allerdings nur noch ein leichtes Minus von 0,05 Euro für wahrscheinlich und sehen in einem verbesserten Marktumfeld der Halbleitersparte sogar die Chance zum Erreichen der schwarzen Null. Die endgültigen Jahresergebnisse wird ASML am 17. Januar 2002 präsentieren. Spannend dürfte es allerdings 2 Monate später werden. Dann nämlich legt das Unternehmen die interne Planung für die kommenden 3 Jahre offen.

Die Aktie von ASML befindet sich charttechnisch deutlich im Aufwärtstrend. Nachdem das Papier durch die Terrorakte im September bis auf knapp 10 Euro fiel, hat sich der Titel mittlerweile wieder fast verdoppelt und ist auf gutem Wege, die im Bereich um 24 Euro verlaufende 200-Tagelinie zu durchbrechen.

Dort warten dann allerdings massive Widerstände, die einen weiteren Anstieg vorerst unterbinden. Für Langfristanleger bieten sich fundamental derzeit gleichwohl günstige Einstiegschancen. Denn die Risiken von ASML liegen mehr in der Zyklik der Halbleitersparte als im Unternehmen selbst. Da die Aktie jedoch in den vergangenen Wochen schon kräftig zulegen konnte, ist eine kurzfristige Korrektur wahrscheinlich. Wir empfehlen Anlegern daher, ein Kauflimit im Bereich um 15/17 Euro zu platzieren.

ST Microelectronics: Hoher Kassenbestand

Obwohl auch beim französischen Halbleiterproduzenten ST Microelectronics, kurz STM, die wirtschaftliche Schwächephase nicht ohne Auswirkungen blieb, hat sich das Unternehmen im Vergleich zur Konkurrenz noch recht wacker geschlagen. So lag der Umsatz im dritten Quartal zwar gut 12% unter dem Vorquartal, mit einem Gewinn vor Zinsen und Steuern (EBIT) in Höhe von 71,5 Mio. US-Dollar konnten die Prognosen der Analysten von 34 Mio. Dollar jedoch weit übertroffen werden. Der Grund für diese recht erfreuliche Entwicklung lag vor allem in der Reduktion der betrieblichen Kosten um 63 Mio. Dollar.

Nachdem sich im operativen Geschäft die Bereiche Telekom und Konsumelektronik noch relativ gut entwickelten und im Jahresvergleich nur moderate Umsatzrückgänge zu verzeichnen waren, war im Kfz-Bereich der Rückgang in der Autoproduktion mit einem Umsatzeinbruch um 12,1% gegenüber dem 2. Quartal erstmals deutlich spürbar. Mit einem Rückgang von fast 40% im Vergleich zum Vorjahr besonders hart getroffen hat es jedoch den Industriesektor, der auch im Vergleich zum Vorquartal mit -31,3% derzeit kaum Besserung verspricht.

Trotz aller Schwierigkeiten bleibt die Bilanz von STM stark: Das Unternehmen verfügt über einen hohen Cashbestand (2,3 Mrd. Dollar zum 30.9.). Positiv sehen wir auch das Vorhaben von STM, bis zum Jahresende insgesamt 10 Millionen eigene Aktien zurück zu kaufen (5 Mio. wurden bereits im 3. Quartal gekauft). Der Ausblick auf die kommende Geschäftsentwicklung fällt bei STM allerdings nicht so rosig aus. So rechnet der Vorstand im 4. Qu. zwar mit Umsätzen und Bruttomargen in Höhe des 3. Qu. und damit nicht mit einem weiteren Abschwung. Auf Grund der allgemeinen Marktsituation ist im Geschäftsjahr 2002 jedoch nur mit einem Nullwachstum zu rechnen. Der Aufschwung der Halbleiterbranche zögert sich nach Aussagen des Unternehmens bis in das Jahr 2003 hinaus.

Auf Grund dieser Aussagen taxieren wir unsere Gewinnschätzungen für 2001 und 2002 auf moderate 0,33 bzw. 0,39 Euro. Im Jahr 2003 erwarteten wir dann jedoch wieder einen kräftigen Gewinn je Aktie von 0,88 Euro. Kurzfristig ist das Kurspotenzial eher gering. Zudem besteht wegen der mauen Aussichten im kommenden Jahr und der hohen Bewertung (KGV über 60) nach wie vor ein deutliches Kursrisiko. Da auch von der Nachrichtenfront nur wenig zu erwarten sein wird, rechnen wir mit einer marktkonformen Entwicklung bei STM. Den fairen Wert der Aktie sehen wir derzeit bei 36 Euro.

T-Online: Strategiewechsel soll den Aufschwung bringen

Europas größter Internet Service Provider (ISP), T-Online, hat seinen 9,3 Mio. Kunden mittlerweile mehr zu bieten als den reinen Zugang zum Internet. Auf insgesamt 12 verschiedene Themenportale können die Kunden zurückgreifen und so alle denkbaren Interessen befriedigen. Doch der Weg zum bislang Erreichten war nicht einfach. T-Online musste zahlreiche Beteiligungen eingehen, um sich durch eine höhere Kundenzahl und Nutzungsintensität als europäischer ISP zu positionieren. Neben einer Vielzahl von Beteiligungen in Deutschland, Frankreich und Österreich ist das Unternehmen durch die Übernahme von **Ya.com Internet Factory SA** mittlerweile auch in Spanien und Portugal aktiv. Durch die konsequente Akquisitionspolitik gelang es T-Online, das Kunden- und Umsatzwachstum deutlich voranzutreiben. Wachstumsmotor war dabei vor allem des Accessgeschäft, das mit 80% die Umsatzentwicklung klar dominierte.

Die Nachteile dieser Beteiligungsstrategie waren jedoch hohe Vertriebs- und Marketingkosten, die das Ergebnis auch weiterhin stark belasten. Zudem führten große Unterschiede zwischen Kaufpreis und Buchwert der erworbenen Unternehmen zu extrem hohen Goodwill-Abschreibungen. Um die Kundenzahl und Nutzungsdauer pro Kunde deutlich zu erhöhen, bietet T-Online seit längerem einen sog. Flatrate-Tarif an. Danach wird es Nutzern ermöglicht, nach Zahlung eines monatlichen Fixbetrags das Internet ohne weitere Kosten zeitlich unbeschränkt nutzen zu können.

Das Problem hierbei war eine wahre Kostenexplosion, die sich unter ökonomischen Gesichtspunkten bislang nicht auszahlte. Mit der Neubesetzung des Chefsessels mit **Thomas Holtrop** änderte sich jedoch auch die Strategie des Unternehmens. Neben einem stringenten Kostenmanagement und der Fokussierung auf Profitabilitätssteigerung soll vor allem das Portalgeschäft (Service- und Contentangebot), das deutlich höhere Wachstumsraten als das Zugangsgeschäft bietet, erweitert und vorangetrieben werden. Mit einer Vielzahl von Kooperationspartnern **(ERGO, T-Vision, DaimlerChrysler)** setzt der Konzern zukünftig auf die sog. „Value Content Services", d.h. Dienste (Zeitungen, Börseninformationen usw.), die Kunden gegen eine Zusatzgebühr herunterladen können.

Um jedoch langfristig den Hauptumsatzträger (Accessgeschäft) durch die angepeilte Content- und Servicestrategie ablösen zu können, sind wohl noch viele Kooperationen nötig. Die größte Herausforderung sehen wir jedoch darin, dass T-Online durch diesen Schritt die Abkehr von der „for-free-culture" im Internet einleitet. T-Online muss erst noch beweisen, dass die durch Kostenlosangebote verwöhnte Usergemeinde die neuen, kostenpflichtigen Mehrwertdienste auch tatsächlich annehmen. Zudem ist der Titel extrem hoch bewertet. Sollte der jüngste Aufschwung am Aktienmarkt anhalten, dürfte auch T-Online profitieren. Für langfristig orientierte Anleger gilt es jedoch, eine deutliche Verbesserung der fundamentalen Daten abzuwarten und zu beobachten, ob das Portalgeschäft hält, was sich die Crew um Vorstand Thomas Holtrop davon verspricht.

Alcatel: Gestärkt aus der Krise

Der französische Telekommunikationsausrüster Alcatel, der sich vor allem auf Netzwerktechnik, Optoelektronik, Satelliten und Komponenten sowie Telekommunikationsprodukte spezialisiert hat, erwartet in diesem Jahr einen horrenden Nettoverlust in Höhe von 5 Mrd. Euro. Zum Vergleich: Im Vorjahr erwirtschaftete der Konzern noch einen Gewinn von rd. 1,3 Mrd. Euro. Auch die Umsätze kränkeln. Allein im dritten Quartal gingen die Erlöse um 17% auf 5,6 Mrd. Euro zurück. Neben der Sparte Telekommunikationsprodukte ist auch die Netzwerktechnik auf operativer Basis tief in die roten Zahlen abgerutscht. Ausschlaggebend hierfür waren vor allem die stark gesunkenen Verkaufszahlen in den USA. Ein weiteres Sorgenkind ist der Bereich Optoelektronik, der insbesondere im Unterwasserkabelgeschäft Schwäche zeigte.

Trotz hoher Verluste im zweiten Quartal hat sich auf Gesamtjahressicht der Geschäftsbereich Satelliten und Komponenten bislang am stabilsten entwickelt. Das grundlegende Problem für Alcatel war jedoch die scharfe Konkurrenzsituation der Vergangenheit, in der es galt, um jeden Preis mit anderen Technologieunternehmen mitzuhalten – frei nach dem Motto: koste es, was es wolle. So wurde in den vergangenen 2 Jahren kräftig akquiriert, produziert und kooperiert. Im Frühjahr 2000 platzte dann die Spekulationsblase am Technologiemarkt. Der extreme Preisverfall, hohe Lagerbestände und eine dürftige Konjunkturlage enthüllten ein gewaltiges Kostenproblem. Zudem stoppten viele Telekomunternehmen ihre Investitionsmaßnahmen, Verträge wurden gekündigt, Aufträge verschoben.

Um diese negative Situation nun in den Griff zu bekommen, hat Alcatel Sparmaßnahmen in vielen Geschäftsbereichen beschlossen. Erste Erfolge sind schon erkennbar: Die Fixkosten wurden um 300 Mio. Euro gesenkt, Lagerbestände um rd. 900 Mio. Euro abgebaut. Die kurzfristigen Prognosen sehen allerdings weiterhin trübe aus. So ist der Markt für Telekommunikationsausrüstung derzeit immer noch von Kapazitätsüberhängen gekennzeichnet. Um den dadurch weiter sinkenden Umsätzen in den kommenden Quartalen entgegentreten zu können, sollen weitere 10 000 Arbeitsplätze gestrichen werden, was zu einer Reduktion der Fixkosten von ca. 10 Mrd. Euro jährlich um 20 % führen dürfte.

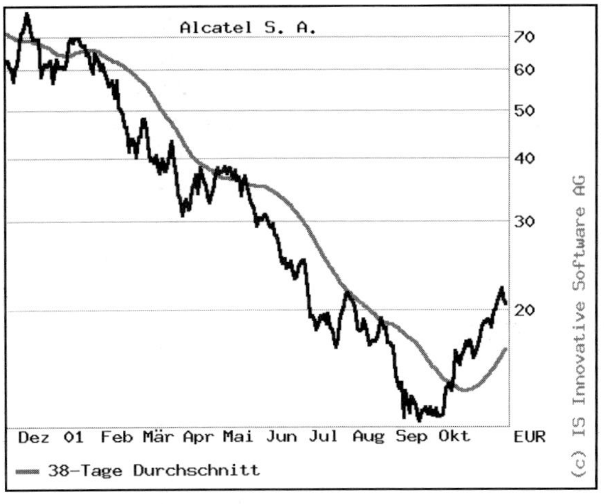

Wir gehen bei Alcatel von folgendem Szenario für 2002 aus: Der anhaltend hohe Margendruck wird zu einer weiteren negativen Ergebnissituation im 1. Hj. führen. Durch nochmalige Kostensenkungen sollte es dem Konzern jedoch gelingen, im dritten Quartal 2002 sowohl operativ als auch auf Basis des Nettoergebnisses in die positiven Zahlen zurückzukehren. Den Gewinn je Aktie taxieren wir auf Grund des schwachen ersten Halbjahres jedoch nur auf 0,17 Euro. Die Aktie Alcatel hat seit Mitte Oktober einen Aufwärtstrend bilden können, der jedoch durch starke Widerstände bei 22 Euro geprägt ist. Obwohl Alcatel im Vergleich zur Konkurrenz aus fundamentaler Sicht für das schwierige Jahr 2002 gut gerüstet ist und durch Hinzugewinnung von Marktanteilen bei einer Konjunkturerholung gestärkt aus der Krise hervorgehen dürfte, eignet sich die Aktie nur für spekulative Langzeitanleger, die sich der momentanen Situation am Technologiemarkt bewusst sind und auch Rückschläge aussitzen können. lw

Wichtige Technologie-Aktien im Überblick:

Name	WKN	Kurs 20.11.	EPS 2002	KGV 2002	Anlageurteil
SAP SI	501 111	22,40 €	0,90	24	Akkumulieren
SAP	716 460	130,40 €	2,40	65	Reduzieren
Software AG	724 264	50,00 €	2,60	19	Akkumulieren
Siemens	723 610	66,66 €	2,30	28	Kaufen
Infineon	623 100	21,10 €	-0,75	negativ	Halten
Epcos	512 800	56,30 €	1,90	29,6	Halten
Philips	940 602	30,70 €	0,70	43	Halten
ABB	919 730	11,70 €	0,60	19,5	Akkumulieren
ASML	894 248	22,25 €	0,00	negativ	Kaufen
ST Micro	893 438	38,00 €	0,40	95	Halten
T-Online	555 770	13,75 €	-0,20	negativ	Reduzieren
Alcatel	873 102	21,00 €	0,17	123	Akkumulieren

Konsum: Ist auf den Kunden noch Verlass?

Im Herbst 2001 herrscht Winterklima. Nicht beim Wetter: Ein goldener Oktober hat für so manchen regnerischen Sommertag entschädigt, auch an der Börse! Für Trübsinn sorgt aber der Verbraucher, die große Unbekannte bei der Frage nach der Entwicklung der globalen Wirtschaft. Nach der Terrorserie in den USA am 11. September und den folgenden Milzbrand-Attacken herrscht völlige Verunsicherung darüber, ob und wann die Konsumenten zu ihrem gewöhnlichen und damit kalkulierbaren Verhalten zurückkehren. Kein Wunder, dass die Expertenschätzungen zum Kaufverhalten der Verbraucher weit auseinander gehen.

Die Pessimisten prognostizieren einen allgemeinen Konsumboykott angesichts leerer Kassen der privaten Haushalte (v.a. in den USA) oder zumindest einen gestiegenen Sparzwang angesichts wachsender Sorgen um den Arbeitsplatz. Ende Oktober gab das Bundesfinanzministerium Zahlen zum deutschen Einzelhandelsumsatz in den „Vor-Terror"-Monaten Juli/August heraus: Schon diese lagen preis- und saisonbereinigt um 1% unter den Werten für Mai/Juni. Wenig euphorisch war auch der Ausblick: Die Stimmungsindikatoren für den privaten Konsum zeigten keine Steigerung der Verbrauchsneigung an, hieß es aus dem Hause Eichel. Eine verlässliche Beurteilung der wirtschaftlichen Lage in Deutschland sei derzeit kaum möglich. Vielmehr sei davon auszugehen, dass die schon im 3. Quartal verhaltenen Wirtschaftsaktivitäten in einigen Sektoren (namentlich Luftverkehr und Tourismusbranche) einen zusätzlichen Dämpfer erhalten hätten.

Die Optimisten prophezeien eine allenfalls kurzfristige Delle, also eine baldige Rückkehr zur Normalität. Sie stützen sich z.B. auf eine Studie der Universität Michigan, die das Vertrauen der Amerikaner in die wirtschaftliche Entwicklung ihres Landes im Oktober wieder steigen sieht. Zwar rechnen auch die US-Konsumenten mit einer Rezession, wollen aber geplante Anschaffungen nicht zurückstellen. Für Europa erwarten die „Bullen" daher nur eine kurze Phase der Stagnation und wegen der Steuerreformen, niedriger Energiekosten und sinkender Kurzfristzinsen eine rasche Besserung der Konsumlaune.

In der Mitte bewegt sich die EU-Kommission. Sie hat die Wachstumsprognose für 2002 für Euroland von ursprünglich 2,9 auf 1,5% deutlich gesenkt. Die Gewinnentwicklung dürfte sogar noch schwächer ausfallen (vgl. Kapitel II.). Schließlich verschärft sich mit der Einführung des Euro ab 1.1.2002 nochmals der Wettbewerb. Die immer wieder angeführten Preiserhöhungen im Vorfeld der Währungsumstellung werden so wohl rasch wieder zurück genommen werden müssen. Ein Vorteil für die Verbraucher - eine Belastung für die Margen der Händler, die zudem einen Großteil der Kosten des Tausches der nationalen Scheine und Münzen in Euro-Geld tragen.

Wir gehen für die europäische Konsumwirtschaft von einer Entwicklung entlang der allgemeinen Wirtschaftsentwicklung aus. Das organische Wachstumspotenzial ist damit begrenzt. Entscheidend wird vielmehr sein, ob sich die relevanten Unternehmen durch Expansion in neue Märkte (Osteuropa, asiatische Tigerstaaten und China, Südamerika), Zukäufe und Koperation oder aber Diversifikation (neue Geschäftsfelder) der allgemein verhaltenen Entwicklung entziehen können.

Aus **Anlegersicht** interessant sind die großen europäischen Einzelhändler, Anbieter von Tourismusleistungen wie auch ganz bestimmte Luftfahrtgesellschaften, ausgesuchte Bekleidungshersteller sowie Hersteller und Vermarkter von Kosmetika. Da deren Ausgangslage und Wachstumsperspektive höchst unterschiedlich sind, stellen wir Ihnen die einzelnen Unternehmen in verschiedenen Unterkapiteln vor.

Einzelhandel: Eine globale Kette von Einkaufstempeln

Im vergangenen Jahr hatten wir Ihnen an gleicher Stelle den Handel in Aufbruchstimmung („Licht am Ende des Tunnels") vorstellen können. Nicht nur das Konsumklima schien sich in vorweihnachtlicher Freude aufzuhellen. Experten erwarteten vor allem vom E-Commerce (Verkauf von Waren über das Internet) völlig neue Entwicklungsmöglichkeiten. Von Umsatzexplosion war die Rede, von der Ablösung von reellen durch virtuelle Warenhäuser.

Inzwischen sind die Wachstumsprognosen korrigiert und das Thema auf seinen realen Wert zurückgestuft. E-Commerce ist eine mittelfristig attraktive, zunächst aber kostspielige Variante des stationären Handels mit hohem Wachstumspotenzial für wenige Produktgruppen (wie Bücher oder CDs) und einem eingrenzbaren Nutzerkreis. Für die großen Handelsketten bleibt die Technologie vor allem für die Optimierung des eigenen Einkaufs und des internen Warenflusses (Supply Chain Management) von Bedeutung. Als Absatzweg ist E-Commerce allenfalls ein (allmählich ausbaufähiges) Randthema.

In den Mittelpunkt ist wieder die Entwicklung des stationären Stammgeschäfts gerückt. Und hier heißt das Thema nach wie vor: Mehr Marktanteil durch immer neue (Super-)Märkte auf attraktiven (regionalen) Märkten.

Wer die umsatzstärksten Einzelhändler in Europa ins Visier nimmt, kommt an einem kurzen Blick auf **Wal-Mart** nicht vorbei. Schließlich ist der US-Gigant mit einem Börsenwert von über 250 Mrd. (!) Euro der Betreiber von über 3 000 Supermärkten in den USA und über 1 100 im Ausland mit insgesamt 1,3 Mio. Mitarbeitern. Am 2. Oktober 2001 kündigte Wal Mart an, weitere 120 bis 130 neue Geschäfte im Ausland zu eröffnen. In Deutschland soll zudem die Renovierung der übernommenen (Interspar-)Supermärkte forciert werden. Die Geschäftsfläche soll um 4,2 Mio. Quadratmeter vergrößert werden - dies wäre der stärkste flächenmäßige Ausbau in der Geschichte des Unternehmens innerhalb eines Jahres und eine klare Kampfansage von Wal-Mart-Chef **Lee Scott** gerade an die europäische Konkurrenz. Davon wollen wir Ihnen 4 Unternehmen vorstellen. Die Nummer 1, den französischen **Carrefour-Konzern,** die Nummer 2, die niederländische **Ahold-Gruppe** sowie die größten deutschen Handelsgruppen **Metro** und **KarstadtQuelle.**

Carrefour konnte die Erwartungen zuletzt weitgehend erfüllen. In den ersten 9 Monaten 2001 wuchs der Umsatz um 7,6% auf 56,8 Mrd. Euro. Die Messlatte für das Gesamtjahr lag Ende Oktober aber noch bei 8%. Ein ehrgeiziges Ziel nach einem vergleichsweise verhaltenen 3. Quartal, in dem es „nur" um 5,4% voran ging. Beim Ertrag sind bis dato nur die Zahlen zum 1. Hj. bekannt - die Zuwächse sind unterproportional zum Umsatz. Das operative Ergebnis stieg nur um 6,8% auf 1,04 Mrd. Euro, der Nettogewinn erhöhte sich nach Goodwill und ohne einmalige Verkaufserlöse gerade mal 5,8% auf 320 Mio. Euro.

Regional entwickelt sich der größte Einzelhändler mit Sitz in Europa höchst unterschiedlich. In den europäischen Ländern außer dem Heimatmarkt konnte Carrefour Umsatzzuwächse von gut 30% erzielen (bei Verlusten in der Schweiz und in Belgien). In Frankreich selbst kommt der Konzern nur zwischen 1 und 2% voran, gewinnt demnach wie auch in Spanien keine oder kaum Marktanteile hinzu. In Asien steigen die Erlöse um über 10% - allerdings ist die Region für Carrefour erst im Aufbau. In Amerika verzeichnet der Konzern sogar Rückgänge von rd. 7%. Zu schaffen machte lange Zeit die (Energie-)Krise in Brasilien. Ende September gestand Carrefour zudem ein, den geplanten Bau von 10 zusätzlichen Riesenmärkten (Hypermarchés) auf Grund von Problemen mit den Provinzregierungen in Argentinien verschieben zu müssen.

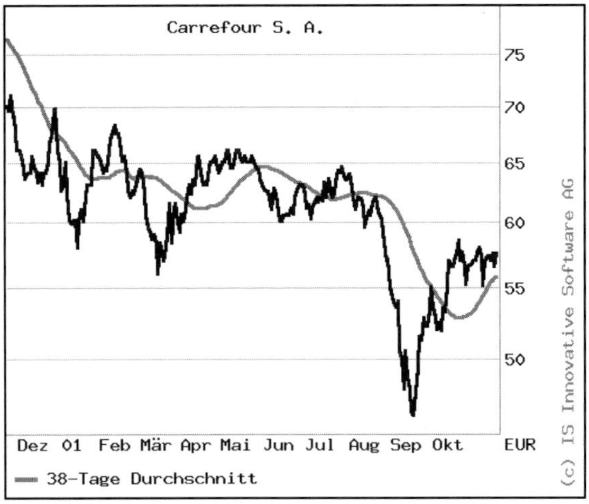

Die Schwierigkeiten bei Carrefour zeigen beispielhaft die **Risiken** der Expansion in die prinzipiell interessanten **Schwellenländer.** Vergleichsweise starke politische und ökonomische Schwankungen durchkreuzen so manchen mittelfristigen Planansatz. Positiv zu werten ist, dass Carrefour (wie auch Ahold und Metro) bereits über lange Auslandserfahrung verfügt und Chancen und Risiken vergleichsweise gut abschätzen kann. Am Jahresende kommt es nun auf ein ordentliches Weihnachtsgeschäft an. Wir vermuten, dass Carrefour (wie Ende Oktober auch die Metro) noch leichte Korrekturen an der Umsatzprognose vornehmen wird.

Überraschungen gab es bei Carrefour jüngst indes auch außerhalb des operativen Geschäfts. Ende September senkte Standard&Poor's (S&P) das lang- und kurzfristige Rating für den Handelskonzern. Damit wird die Finanzierung des

Wachstums über den Kreditmarkt für die Franzosen künftig etwas teurer. Anfang Oktober beendeten Carrefour und Metro ihre Überkreuzbeteiligung. Am Markt war vorher spekuliert worden, ob dies nicht der Beginn einer Fusionsgeschichte werden könnte. Diese Fantasie ist nun weg. Für Unruhe sorgte schließlich der Verkauf des 42%-Anteils an der Supermarktkette Cora an die Deutsche Bank für 850 Mio. Euro. Carrefour begründete den Verkauf mit Auflagen der EU-Kommission nach dem Erwerb der Handelskette Promodès. Das Cora-Management monierte vergebens Vertragsbruch. Immerhin: Die Aktivitäten brachten größere Klarheit über die künftige Struktur des Konzerns. Das honoriert die Börse in der Regel.

Die **Carrefour-Aktie** hat sich in den vergangenen 6 bzw. 12 Monaten besser entwickelt als der französische Vergleichsindex CAC40. Wir rechnen vor dem Hintergrund eines unsicheren Weihnachtsgeschäfts zunächst noch mit Kursen um 52 Euro. Wenn sich die Krise in Lateinamerika nicht zuspitzt, erwarten wir auf Jahressicht wieder **Notierungen oberhalb von 60 Euro.**

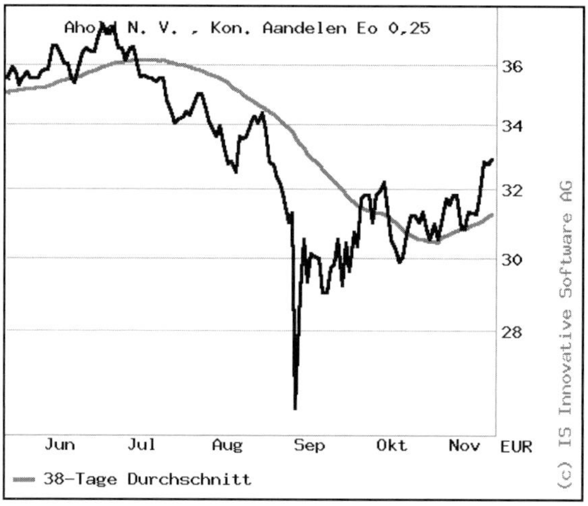

Favorit vieler Analysten war lange Zeit Europas Nummer 2 unter den Einzelhändlern, die niederländische **Royal Ahold.** Die starke Position im Lebensmittelhandel und die Ausweitung der Gewinnspanne in den Kernmärkten Niederlande und USA trotz Übernahmekosten sowie die relative Unterbewertung gegenüber den börsennotierten Wettbewerbern zeichneten den „königlichen“ Supermarktbetreiber aus. Das war überwiegend vor (!) den Terroranschlägen in New York und Washington. Da hatte Ahold im 2. Quartal einen Zuwachs beim Gewinn um 26% auf 323,8 Mio. Euro und damit weit über den durchschnittlichen Erwartungen (+21%) vorlegen können. Der Umsatz stieg sogar um gut 29 % auf 16,1 Mrd. Euro.

Die eigentliche Schwierigkeit: Schon zum Halbjahr betrug der US-Anteil rd. 60% des Konzernumsatzes. Und das ist noch nicht die Obergrenze. Für insgesamt 2,94 Mrd. Euro kaufte Ahold alleim im September 2 weitere US-Handelsketten. Durch den Kauf von Alliant ist die Gesellschaft nun sogar (hinter Sysco) zweitgrößter Lebensmittel-Lieferant für Restaurants und andere Großabnehmer. Weitere Akquisitionen zur Belieferung von Krankenhäusern und Restaurants werden erwartet. Damit wird **ein Engagement in Ahold-Aktien** eine interessante **Wette auf eine rasche Erholung der US-Wirtschaft.**

Um die jüngsten Zukäufe zu finanzieren, gab Ahold Anfang Oktober 70 Mio. Aktien zu je 31,90 Euro aus. Mehrfach testete die Aktie daraufhin die Marke bei 32 Euro - bis Anfang November gelang der Durchbruch nicht. Schließlich belastet wie bei Carrefour auch das Risiko einer anhaltend enttäuschenden Entwicklung der Supermärkte in Brasilien und Argentinien.

Fazit: Das Ahold-Management hat gleich nach den Ereignissen vom 11.9. die Jahresplanung bekräftigt. Wir sind etwas skeptischer. Die Geschäftszahlen für das 3. und 4. Quartal werden zeigen, wie stark der Einbruch v.a. im US-Geschäft tatsächlich ausfällt und ob und inwiefern die erwartete Verlangsamung beim organischen Wachstum negativ auf die Übernahmeaktivitäten durchschlägt. Positionierung, Expansionsstrategie und Bewertung überzeugen aber. Wir erwarten daher, dass die Aktie kurzfristig noch etwas unter Druck kommt, aber bei Werten knapp unter 30 Euro eine Wende vollzieht. Auf Jahresfrist sollte sich die Aktie wieder deutlich erholt haben. Bei Notierung um 36 Euro würden wir erste Gewinne realisieren.

Der **Metro-Konzern** ist Deutschlands größter Einzelhändler und die Nummer 4 weltweit. Schwerpunkte der kontinuierlichen Expansion im Ausland sind West- wie Ost-Europa und Asien. Vor allem der Ausbau des erlös- und ertragsstarken Cash & Carry-Geschäfts überzeugt. In **Moskau** wurden Anfang November 2 neue Riesenmärkte eröffnet - 3 weitere sollen im nächsten Jahr folgen. In **China** soll die Zahl der C&C-Märkte von 8 im Jahr 2000 auf rd. 50 in den nächsten 5 Jahren erhöht werden. Der Anteil des Auslandsgeschäft am Konzernumsatz steigt kontinuierlich und könnte schon 2003 die 50%-Marke überspringen. Dass die Internationalisierung freilich nicht ohne Risiko ist, zeigt die Entwicklung in der Türkei. Die dortige (Währungs-)Krise ist nach Unternehmensangaben der Grund dafür, dass das geplante Umsatzwachstum für das Jahr 2001 um einen Prozentpunkt auf 6% bei Vorlage der 9 Monatszahlen Ende Oktober zurückgenommen werden musste. Bis Ende September betrug das Umsatzplus 4,8% auf 34,6 Mrd. Euro. Nun wird ein Jahreserlös von rd. 49,7 Mrd. Euro erwartet - ein ordentliches Weihnachtsgeschäft vorausgesetzt.

Positiv überrascht hat bislang die Ertragsentwicklung: Das operative Ergebnis (EBIT) stieg im 3. Quartal um fast 16% auf rd. 155 Mio. Euro - erwartet wurden lediglich 145 Mio. Euro. Entsprechend bekräftigte der Konzern, das Ergebnis je Aktie im Gesamtjahr um mindestens 10% steigern zu können. Wie gehabt entwickelt sich das Großhandelsgeschäft mit 2-stelligen Gewinnwachstumsraten am besten. Aber selbst der zum Halbjahr noch defizitäre Lebensmittelhandel (real, extra) verließ im 3. Quartal die Verlustzone. Immerhin eine positive Ertrags-Tendenz (bei sinkenden Umsätzen) ist auch bei den immer noch verlustbringenden Praktiker-Baumärkten zu verzeichnen. Und die Kaufhof-Warenhäuser bekamen etwas Schub durch die im Frühjahr gekauften 15 belgischen Inno-Warenhäuser. Schwieriger ist die Situation nur bei den einstigen Ertrags-Glanzlichtern des Konzerns, den Media- und Saturn-Elektronikmärkten. Obwohl der Umsatz um 7,6 % auf 5,5 Mrd. zulegte, fiel das EBIT nach einem schwachen 3. Quartal in Deutschland von 125 auf 87 Mio. Euro zurück. Gerade hier kommt es aber auf ein gutes Weihnachtsgeschäft an. Bei Notierungen um 36 Euro halten wir die Metro Aktie für eine **gute Beimischung.**

Einen anderen Weg als die 3 Konzerne weiter oben geht **KarstadtQuelle** (WKN 627 500). Der Ex-Dax-Wert wagt sich bisher nur zaghaft über die Landesgrenzen hinaus. Und das, obwohl im klassischen deutschen Einzelhandel seit Jahren Stagnation herrscht. Der Anstieg um real 1,3% im Jahr 2000 war ein Rekordergebnis seit Beginn der 90er Jahre. Und die Anfang Oktober veröffentlichten Ergebnisse der Konjunkturumfrage des Hauptverbands des Deutschen Einzelhandels (HDE) für das 1. Hj. 2001 waren ebenso ernüchternd. Vor allem beim Gewinn hat sich die Situation weiter verschärft. Jeder 2. deutsche Händler meldet Gewinnrückgänge, nur ein gutes Fünftel weist Ertragsverbesserungen aus.

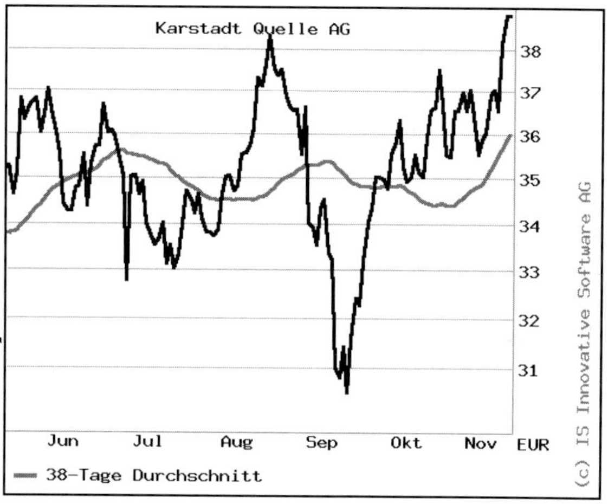

KarstadtQuelle ist indes mehr als nur Waren- und Versandhausbetreiber. Und dies ist auch notwendig. Bedenken Sie: Der Umsatz im stationären Handel konnte zuletzt nur durch eine Steigerung der Verkaufsfläche erreicht werden. Wird diese bereinigt, errechnen sich sogar leichte Einbrüche. Die Strategie, die Themenhäuser (Karstadt Sport, M+T, Sinn Leffers...) zu Lasten der (Universal-Warenhäuser) zu stärken, scheint sich aber trotz der hohen Kosten für Zukäufe (Hertie) und Umbauten mittelfristig zu rentieren. Auf dem Weg der mittelfristigen Besserung ist auch der **Versandhandel.** Sorgen bereiten hier noch die Universalisten Quelle und Neckermann. Im schwachen Textilgeschäft wurden aber bereits Maßnahmen ergriffen. Diese sollten sich spätestens im 1. Hj. 2002 positiv im Zahlenwerk niederschlagen.

Der Reiz der Aktie liegt derzeit aber in der Sparte Dienstleistungen. Diese bringt es allerdings nur auf gut 6 % vom Konzernumsatz. Hierzu zählt etwa das Online-Geschäft: So stieg der E-Commerce-Umsatz im 1. Hj. um 125%, ist aber mit 356 Mio. Euro nur Zubrot. Immerhin bindet Karstadt so die junge und konsumfreudige Klientel an sich. Ein besonderes Augenmerk sollten Sie aber unbedingt auf die bisher noch nicht konsolidierte 50%-Beteiligung (die restlichen Anteile hält die Lufthansa) am Tourismuskonzern **Thomas Cook** richten. (Näheres zu dieser Branche lesen Sie im nächsten Kapitel.) Das Problem: Der zweitgrößte europäische Reisekonzern (Neckermann, Kreutzer, Condor) hat nur 2 Wochen nach den Terroranschlägen verkündet, rasch wieder zur Normalität zurückkehren zu können. Ende Oktober dann die Kehrtwende: Ein drastischer Sparplan zur Vermeidung operativer Verluste wurde aufgelegt. In dem Anfang November beginnenden Geschäftsjahr 2001/02 ist nun mit einem Umsatzrückgang von 15% zu rechnen. Die sich daraus ergebende Ertragsminderung von über 500 Mio. Euro soll durch Sparmaßnahmen aufgefangen werden - rd. 10% der 26 500 Mitarbeiter müssen gehen. Die Auswirkungen auf den Reisekonzern im Einzelnen und schließlich auf die KarstadtQuelle-Bilanz sind noch nicht zu überblicken.

Ein Sahnehäubchen für die Story präsentierte Karstadt im Herbst mit der Ankündigung eines Joint Venture (Karstadt-Anteil 82%) mit der US-Kaffeehauskette Starbucks. Das ist gut für das Lifestyle-Image des Konzerns. Und der behutsame Aufbau (13 Filialen im Jahr 2002, 10 Mio. Euro Investition) spricht für kaufmännische Vorsicht. Der Break-even sollte 2004 erreichbar sein.

Das Risiko für eine Anlage in KarstadtQuelle ist im Augenblick höher als bei den anderen Handelskonzernen. Zur Unsicherheit über das Weihnachtsgeschäft kommen die Risiken bei Thomas Cook. Die Erwartungen an den Konzern sind noch hoch - CEO **Wolfgang Urban** wird aber Korrekturen an seinen Prognosen vornehmen müssen. Der für den 20.11. erwartete Bericht zum 3. Quartal wird spätestens für Klarheit sorgen. Konservative Anleger sehen Rückschläge der Aktie bis auf Notierungen unter 33 Euro. Risikofreudigere Anleger lesen bitte noch die Hinweise aus dem folgenden Kapitel.

Bekleider machen nicht alle Leute reich

Luxusanbieter haben es in konjunkturellen Krisen besonders schwer. Zumindest die Großen leben davon, dass bei einer immer breiteren „gehobenen" Schicht die Konsumlaune ungebrochen ist. Nun haben die Krise am Aktienmarkt sowie die einbrechenden Gewinne der Unternehmen die Einkünfte der Top-Manager massiv gedrückt. Aktienoptionen gerade der New Economy sind weit gehend wertlos, Bonuszahlung bleiben aus. Das für Luxusanschaffungen „überschüssige" Geld sprudelt im Jahr 2001 bei weitem nicht mehr wie im Vorjahr - und nicht viel anders 2002 sein. Anlagen in den Champagner- und Uhrenhersteller **LVMH** oder aber den Designermode-Konzern Gucci, der mehrheitlich bereits zur französichen Handelsgruppe **Pinault-Printemps-Redoute** gehört, lohnen erst wieder, wenn die konjunkturellen Aufschwungszenarien stärker an Glaubwürdigkeit gewinnen.

Interessanter ist eher noch ein langfristiges Engagement in Papieren von **Hugo Boss.** Der Metzinger Bekleidungskonzern, den wir vor allem im direkten Vergleich mit dem Damenmodekonzern **Escada** favorisieren - konnte in den Jahren 2000 und 2001 vor allem durch die Erweiterung seiner Produktpalette Umsatzzuwächse von 15 bis 20% verbuchen. Für 2002 ist der Ausblick getrübt. Wir rechnen lediglich mit einem einstelligen Wachstum zwischen 5 und 8%. Die ersten Orders für die Frühjahr-/Sommerkollektion weisen lediglich ein Plus von 4 bis 5% aus. Sorge bereitet die Entwicklung der Damenkollektion, die wahrscheinlich nicht, wie ursprünglich erhofft, schon im Jahr 2002 einen positiven

Gewinnbeitrag liefert. **Erstaunlich gut** lief bis Ende Oktober aber nach Aussage des Vorstands das Geschäft in den USA (rd. 20% des Konzernumsatzes). Ein Vorteil sollte sein, dass sich Hugo Boss weniger als Luxusmarke (mit namhaften Designer-Labels), sondern als Qualitäts-Anbieter für den gehobenen Mittelstand positioniert. Die Einbrüche sollten sich daher in Grenzen halten. Kurzfristige Rückschläge der Boss-Vorzüge auf rd. 20 Euro sollten Sie nutzen, um die mittelfristig interessante Aktie zu **kaufen.**

Das hohe Markenimage zeichnet nicht nur Hugo Boss aus. **adidas-Salomon,** der nach **Nike** weltweit zweitgrößte Sportartikelhersteller, gehört zu den 10 bekanntesten Markennamen der Welt. Sportliche Großereignisse rücken Marke und Aktie jedesmal in den Blickpunkt der breiten Öffentlichkeit. Börsenprofis agieren hier weniger Ereignis-orientiert. Olympiaden oder etwa die nächste Fußball-WM in Asien sind zwar nicht zu unterschätzende Impulsgeber. Sie sind aber letztlich nur Teil eines permanenten Sportspektakels, das Sportarten (und damit die entsprechenden Produkte) mal mehr, mal weniger attraktiv macht. Oft sind es gerade neue, nicht-olympische Trendsportarten (in vergangenen Jahren z.B. Inline-Skates), die die Kassen der großen Anbieter klingeln lassen.

Genau daran fehlte es zuletzt. Das erwartete Wachstum von Adidas-Salomon liegt im Jahr 2001 bei rd. 5-6% (Wettbewerber **Puma** legte dagegen dank einer akzentuierteren Orientierung in Richtung Mode/Lifestyle deutlich zweistellig zu). Positive Entwicklungen etwa beim Absatz von Basketballschuhen kompensieren lediglich Schwächen wie zuletzt bei Laufschuhen oder Sportbekleidung. Bedenken Sie: Der Sportartikelmarkt im engeren Sinne ist trotz seines Charmes hart umkämpft. Spielraum, um Margen signifikant zu erhöhen und das Ertragspotenzial allein aus dem operativen Geschäft heraus dauerhaft zu steigern, hat adidas kaum. Große Sprünge durch weitere Akquisitionen verbietet die hohe Verschuldung. Immerhin: Die Steigerung der Rohertragsmarge auf rd. 43% und die Verbesserung des Working Capitals sprechen für die Herzogenauracher.

Auf Grund der noch recht unklaren Situation in der Branche im Allgemeinen und im US-Geschäft im Besonderen, dies bei einer Mitte November wieder erreichten ordentlichen Bewertung rechnen wir bei der **adidas-Aktie** aber lediglich mit einer Entwicklung parallel zum Dax. Nicht auszuschließen ist im Jahr 2002 zudem eine erneute Diskussion um den Abstieg der Aktie aus dem deutschen Leitindex in den MDax. Das würde den Wert heftig unter Druck bringen. Berücksichtigen Sie bei Ihren Entscheidungen in jedem Fall die immer wiederkehrende Frühlingsschwäche (März/April) und die regelmäßig folgende Sommerrally des Wertes.

Kosmetik: Schöne neue Welt – vor allem von April bis August

Hersteller und Händler von Kosmetikprodukten blicken auf ein sehr gutes Jahr 2001 zurück. Das Geschäft mit der Schönheit war insgesamt relativ wenig von den Schwankungen der konjunkturellen Entwicklung beeinflusst. Selbst die US-Terrorserie führte zumindest bei den Marktführern nicht zu nachhaltigen Einbußen. Bei dem weltgrößten Anbieter von Kosmetika, **L'Oréal,** hat sich der Absatz in den USA schon im Laufe des Oktobers wieder normalisiert. Das hat allerdings auch die Börse rasch wieder eingepreist. Die Aktie kletterte schnell auf ihre alten Jahreshöchststände. Dort wird allerdings wegen der hohen Bewertung die Luft immer dünner. Wir rechnen trotz der guten Position von L'Oréal nicht mit wesentlichen Aufschlägen, sondern lediglich mit einer Entwicklung im Gleichschritt zum EuroStoxx.

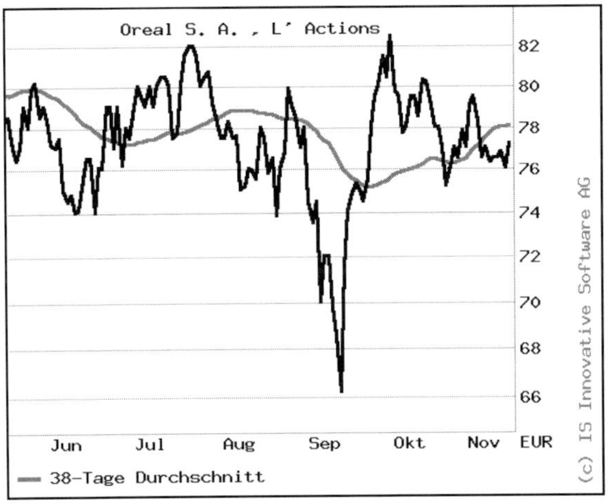

Ähnliches gilt für **Beiersdorf.** Die im MDax gehandelte Aktie des Hamburger Kosmetikkonzerns, dessen Marken Nivea und Tesa wesentlich höhere Bekanntheit geniessen als das Unternehmen selbst, schaffte dank prozentual zweistelliger Zuwachsraten bei Umsatz und Ergebnis und Erfolgen im In- und Ausland Ende August 2001 neue Höchststände. Nach den Verlusten im September kletterte der Wert sofort wieder auf das Sommerniveau. Das Papier wird es sehr schwer haben, den Index in Zukunft nochmals zu übertreffen.

Und auch der Kosmetikkonzern Wella, der vor allem für seine Haarpflegemittel bekannt ist, zählte 2001 völlig verdient zu den besten Werten in seinem Segment (MDax). Wachstumsraten (zum Hj.) von 18% inclusive Übernahmen, aber auch 12,5% ohne diese Zukäufe zeigen, dass es in der Konsumbranche dynamische und hochprofitable (das operative Ergebnis stieg im 1. Hj. um 33,6%, die Rendite lag bei glanzvollen 7,8%) Segmente gibt.

Die Frage ist, ob diese Entwicklung anhält und wie sich dies in den Aktienkursen ausdrückt. Wir gehen davon aus, dass die Kosmetikindustrie weiterhin zu den attraktivsten Teilmärkten innerhalb der Konsumgüterbranche gehören wird. Die Aktienkurse der drei genannten Unternehmen reflektieren dies allerdings bereits. Fazit: Das im Jahr 2001 erreichte, hohe Niveau ist gerechtfertigt und fundamental unterlegt. Es lässt aber nur noch **wenig Raum für eine weiterhin überproportionale Steigerung.** Kurzfristige Rückschläge im Hinblick auf die zu erwartende leichte Abschwächung der Dynamik sind eher wahrscheinlich als neue Fantasien und damit überproportionale Aufschläge.

Einen Tipp aber dennoch: Wer kurzfristig agieren möchte, sollte die Zyklik der Aktien im Jahresverlauf nutzen. Zumindest in den letzten 3 Jahren galt: Im März/April suchen die Aktien einen Boden und **wenn der Frühlingsduft** kommt, gewinnen gerade die Titel der Kosmetik-Unternehmen **bis in den Juli/August** hinein an Fahrt.

Nahrungsmittel: Vom Essen allein wird keiner satt

Auch in Zeiten weltweiter Konjunkturschwäche und Rezessionssorgen nimmt die mengenmäßige Nachfrage nach Nahrungsmitteln nicht ab. Nahrungsmittelproduzenten haben daher kein echtes Mengenproblem, durchaus aber Schwierigkeiten, die erhoffte Entwicklung von nieder- zu höherpreisigen Produkten zu halten. Tendenziell drücken wirtschaftlich schwächere Zeiten auf die Margen.

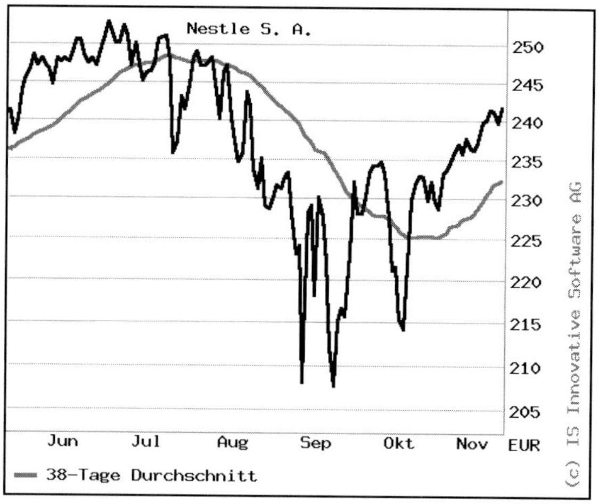

Unter den großen Nahrungsmittelkonzernen in Europa ragt Nestlé positiv hervor. Die Schweizer, die rd. 95% ihres Umsatzes aus dem Verkauf von Nahrungsmitteln oder Getränken erlösen, konnten als unangefochtener Weltmarktführer in den vergangenen Jahren sowohl Umsatz als auch Ertrag laufend verbessern. Dabei fokussierte sich der Konzern, der in etwa so viel erwirtschaftet wie die beiden Konkurrenten **Unilever** und **Philip Morris** zusammen, stets auf seine Kernkompetenzen und nahm margenschwache Produkte aus dem Portfolio. Langfristig angelegte Effizienzprogramme ergänzen die Strategie.

Bei **hohem Restrukturierungstempo,** dem seit 1997 im Zuge der Portfoliobereinigung mehr als jedes zehnte Unternehmen zum Opfer fiel, und gestraffter Organisation und Verwaltung konnten milliardenschwere Einsparungen erzielt werden, die Nestlé ein Liquiditätspolster von über 5 Mrd. Euro bescherten. Nach dem Rekordjahr 2000 stimmen bislang auch die Zahlen für 2001 optimistisch, dass Nestlé auf Wachstumskurs (beim Nettogewinn sogar zweistellig) bleibt. Wermutstropfen ist derzeit nur die Situation in Lateinamerika. Hier erwarten wir aber eine Stabilisierung. Und so rechnen wir auch für 2002 mit organischem Wachstum. Erfolgreich ist Nestlé vor allem aber auch mit Übernahmen. Die Sparten Speiseeis, Mineralwasser und Heimtiernahrung wurden in den 90er Jahren entsprechend ausgebaut. Allein in den vergangenen 3 Jahren häuften die Eidgenossen über 85 Einheiten hinzu und investierten rd. 4,3 Mrd. Euro. Neben dem Nahrungsmittelbereich hält Nestlé bedeutende Beteiligungen im Pharma- und Kosmetikgeschäft. Trotz des hohen Abschreibungsbedarfs ist die Bilanz insgesamt gesund. Die Aktie lief im Jahr 2001 sehr stabil und konnte sich somit vom allgemein negativen Trend abkoppeln. Für **Langfristanleger** ist der Wert eine **gute Depotbeimischung.** cts

Name	WKN	Kurs 20.11.	EPS 2002	KGV 2002	Anlageurteil
Carrefour	852 362	56,60 €	2,08	27	Akkumulieren
Ahold	851 287	32,75 €	1,89	17	Kaufen
Metro	725 750	38,00 €	1,32	29	Akkumulieren
KarstadtQuelle	627 500	38,80 €	2,21	18	Halten
Preussag	695 200	30,90 €	2,16	14	Reduzieren
Hugo Boss	524 553	22,99 €	1,85	12	Kaufen
adidas-Salomon	500 340	74,00 €	5,18	14	Halten
L'Oréal	853 888	76,00 €	1,99	38	Halten
Beiersdorf	520 000	119,30 €	3,75	32	Halten
Nestlé	887 208	239,50 €	16,23	16	Akkumulieren

Tourismus/Airlines im Terror-Strudel

Die Reisebranche befand sich lange Zeit auf der Sonnenseite der Wirtschaft. Zwar gingen die Wachstumsraten in den vergangenen Jahren etwas zurück, lagen im Vorjahr aber noch bei gut 7%. Für 2001 sah es nach einem neuen Rekordjahr mit Zuwächsen von immerhin noch 2,5 bis 3% aus. Dann kam der 11.9. mit seinen unmittelbaren Störungen für die Tourismuswirtschaft im Allgemeinen und die Airlines im Besonderen (siehe weiter unten). Die Aktien der entsprechenden Unternehmen rauschten sofort in den Keller.

Schon vorher hatte der internationale Touristikverband World Tourism Organisation die Jahresprognose für 2001 auf 1,5 bis 2% reduziert. Zudem geht er von negativen Auswirkungen auf den Reiseverkehr in den kommenden 2 Jahren aus. Die Forschungsgemeinschaft Urlaub und Reisen (F.U.R) rechnet für das Jahr 2002 sogar mit Umsatzeinbußen um bis zu 5%. Die Verunsicherung vieler Urlauber nach der Terrorwelle in den USA werde nicht so schnell verfliegen, so der Tenor. Erschwerend hinzu kommen die nicht kalkulierbaren Auswirkungen auf den internationalen Reiseverkehr durch die militärischen Auseinandersetzungen in Afghanistan und im Nahen Osten

Die ersten Einschätzungen der großen Touristikkonzerne, das Buchungsverhalten werde sich schnell wieder normalisieren, erwiesen sich als Trugschluss. Als erstes musste diesen Irrtum die Nummer 2 unter den europäischen Touristikkonzernen, Thomas Cook, eingestehen. Aber auch die **Preussag**-Tochter **TUI** hatte nach den Anschlägen nur ein kurzes Gewitter erkennen wollen, ansonsten aber eher Schönwetterszenarien verbreitet. Inzwischen belasten höhere Aufwendungen für Sicherheitsmaßahmen und deutlich gestiegene Versicherungsprämien. Zuschläge auf Tickets für Flugreisen sollen seit Anfang November helfen, die Kosten zu reduzieren.

Die Tourimusbranche (von den Reisevermittlern über die Verkehrsunternehmen bis zu den Hotel- und Freizeitanlagenbetreibern) sieht sich damit vor neuen Herausforderungen. Insbesondere im ewigen Boomland Deutschland, wo der Deutsche Reisebüro- und Reiseveranstalterverband (DRV) für 2001 nur noch mit einem Umsatz auf Vorjahresniveau rechnet. Nach einem guten Frühjahr-/Sommer-Geschäft bedeutet dies Einbußen im hohen einstelligen Prozentbereich im letzten Quartal. Für eine vergleichsweise erfolgsverwöhnte Branche mit vielen kleinen Anbietern ist das kein leichtes Unterfangen. Gleichwohl bietet die aktuelle Krise gerade Anlegern, die bewusst antizyklisch agieren, auch Chancen.

Preussag wird von vielen bereits als ein Gewinner der Situation gesehen. Sie müssen als Anleger hier allerdings bedenken, dass Sie nicht nur in den weltgrößten Tourismuskonzern investieren. Der alte Industriekonzern ist noch nicht Geschichte. Im Jahr 2002 wird dennoch der Name Preussag durch TUI ersetzt. Schließlich erlösen die Hannoveraner bereits fast 60% des Umsatzes im Tourismusgeschäft - Mitte 2002 sollen es sogar schon rd. 80% sein. Der Aufstieg durch zahlreiche Übernahmen kostete aber viel Geld. Nach dem Kraftakt Thomson Travel (Preis: 2,9 Mrd. Euro) steht die Expansion – von kleineren Beteiligungen wie etwa an der polnischen Fluggesellschaft White Eagle einmal abgesehen - nun hinter der Integration der Zukäufe unter dem TUI-Dach zurück. Das hat nicht nur operative Gründe. Die auf über 7 Mrd. Euro aufgehäuften Schulden verhindern ganz einfach große Sprünge.

Damit hängt die Zukunft des Konzerns auch am Erfolg der Veräußerungen der „alten" Geschäftsbereiche. Im Oktober 2000 hatte Preussag hierzu ein Desinvestitionsprogramm i.H.v. rd. 3 Mrd. Euro beschlossen. Sofern die Kartellbehörden mitspielen und unter der Voraussetzung, dass die angespannte Konjunktur noch die erhofften Erlöse bei den Verkäufen zulässt! Fraglich ist aber vor allem, ob Preussag bei der unter der Baukonjunktur ächzenden Gebäudetechnik noch den erwarteten Milliarden-Deal schafft. Gut stehen hingegen die Chancen für eine Reihe von Immobilien. Das Ziel, die Nettoverschuldung bis Ende 2002 auf 4 Mrd. Euro zu drücken, ist sehr ehrgeizig.

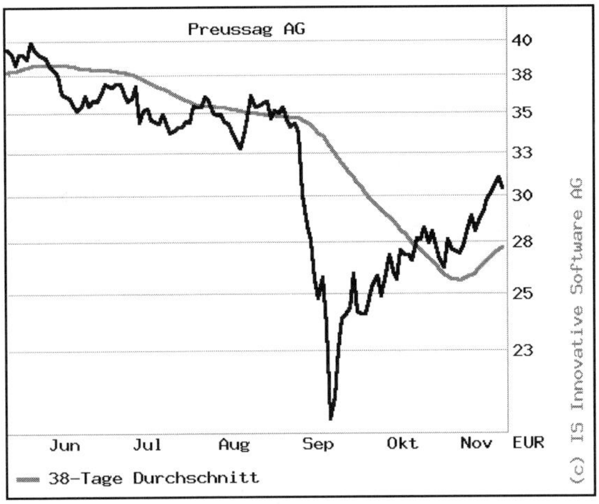

Noch unentschieden ist auch das Schicksal der Energie- sowie der Logistiksparte. Vorerst bleiben diese beiden profitablen Wachstumssegmente im Konzern. Bei anhaltender Schwäche der Logistik und rapide gesunkener Energiekosten dürfte der Höhenflug hier aber vorerst gestoppt sein.

So ist bei schwacher globaler Konjunktur mit Verzögerungen beim Desinvestionsprogramm und erhöhtem Druck gerade auf die Ergebnisbringer zu rechnen. Wir rechnen nicht mit einer schnellen Erholung und raten Ihnen weiterhin, den Titel zu reduzieren. Es gibt u.E. attraktivere Alternativen - und zwar ausgerechnet bei den zuletzt so heftig gebeutelten Airlines.

Die Luftfahrtgesellschaften zwischen Ab- und Aufwind

Schon vor den Ereignissen vom und nach dem 11.9. befanden sich die Airlines nicht auf Höhenflug. Im Zuge des konjunkturellen Abschwungs mussten sie vor allem Einbußen bei den lukrativen Geschäftsreisen hinnehmen. Und das vor dem Hintergrund eines seit Jahren zum Teil ruinösen Wettbewerbs um Marktanteile in der Luft. Die Terrorattentate hatten die Luftfahrtindustrie daher ins Mark getroffen. Lufthansa-Vorstand **Wolfgang Mayrhuber** bezifferte die Verluste der Fluggesellschaften weltweit allein im 4. Qu. 2001 auf 12 bis 15 Mrd. (!) Dollar.

Erneut wurde deutlich, dass einige Gesellschaften zu wenig finanzielles Polster aufweisen, um den kurzfristigen Totalausfall des Luftverkehrs von und nach den USA sowie das auch auf anderen Strecken drastisch reduzierte Fluggastaufkommen zu kompensieren.

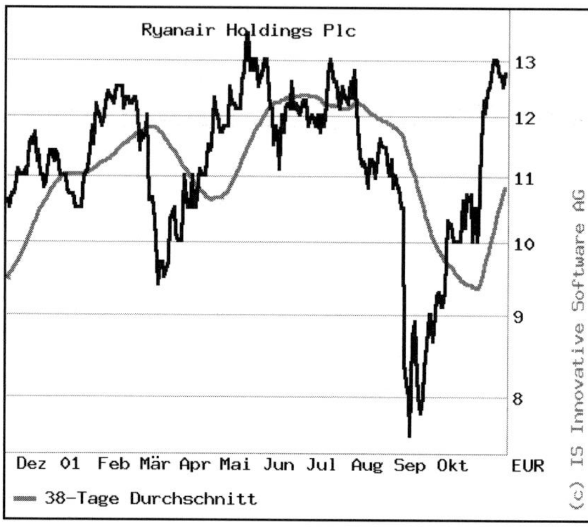

Mit Massenentlassungen von weltweit bis zu 200 000 Mitarbeitern versuchten v.a. die US-Airlines gegenzusteuern. Staatliche Zuwendungen flossen und sind inzwischen ein weiterer Stein im transatlantischen Dauerstreit um Industriesubventionen. So mancher Airline halfen aber auch riesige Sparpakete nichts mehr. Die belgische **Sabena** und die Schweizer **SwissAir** erbaten staatliche Hilfe, um die Pleite abzuwenden. Sofort legten Wettbewerber bei der EU-Kommission Beschwerde gegen die geplante staatliche Zwischenfinanzierung ein. Dazu zählte auch die irische **Ryanair.** Die Billigfluglinie hat anders als die meisten Konkurrenten sehr gute Karten, ihre Ziele für das Jahr 2001 zu erreichen. 9 Millionen Passagiere sollen es für die Iren werden – das wären 2 Millionen Fluggäste mehr als im Vorjahr. Das sind Wachstumsraten, von denen andere Gesellschaft nur träumen. Das Erfolgsgeheimnis: Ryanair wie auch die britische **Easyjet** bieten fast nur Kurz- und Mittelstreckenflüge, steuern günstigere Flughäfen wie den nahen Regionalflughafen Hahn an und reduzieren den Service auf ein Minimum. Die Kosten liegen deutlich unter denen der etablierten Anbieter. Das alles führte dazu, dass die Ryanair-Aktie selbst im Krisenjahr 2001 einen Steigflug aufs Parkett legte. Der Börsenwert der Fluggesesellschaft übersteigt inzwischen den von British Airways. Die weitere Expansion gerade auch in Deutschland ist geplant. **Spekulativen Anlegern empfehlen wir kleinere Engagements.**

Wer angesichts zahlreicher Pleiten von kleineren Airlines lieber auf die vertrauten Großgesellschaften setzt, dem raten wir zu Käufen der Aktien von **Lufthansa.** Zwar sind auch die Frankfurter von den Folgen des Terrors betroffen. Rund 30 000 Passagiere weniger als erwartet verbuchte die Lufthansa im Herbst – und zwar täglich. 43 Flugzeuge wurden bis Anfang November stillgelegt, das sind 28% der Gesamtflotte. Konzern-Chef **Jürgen Weber** bezeichnete die Lage der Kranich-Airline mehrfach als „sehr dramatisch“. Die täglichen Einnahmenverluste beliefen sich auf 10 Mio. Euro. Ein Verlust im Jahr 2001 von über 400 Mio. (Gewinn 2000 rd. 690 Mio.) Euro ist möglich. Damit fällt der kurzfristige

Schock für die Lufthansa nicht geringer aus als für die Wettbewerber. Dennoch ist die Lage besser als bei den anderen großen „nationalen" Airlines.

Der Vorstand hat in den vergangenen Jahren erhebliche Anstrengungen unternommen, um den Anfang der 90er Jahre bereits in Schieflage geratenen Konzern wieder auf Kurs zu bringen. Seit 1994 werden schwarze Zahlen geschrieben. Jedenfalls ist die solide Basis da, um von der Marktbereinigung zu profitieren und im Konzert der Großen weiter mitzuspielen. Neben der vergleichsweise guten Bilanz sprechen aber noch weitere Fakten für Lufthansa. Die hohen Sicherheitsstandards können bei weiter steigenden Anforderungen von der Lufthansa mit ihrem geschulten Personal noch am ehesten erfüllt werden. Neben der Flexiblität der Mitarbeiterverträge sprechen aber noch weitere Fakten für Lufthansa: Da die mit Streiks erstrittenen Lohnerhöhungen der Piloten zum Großteil an den Konzerngewinn gekoppelt sind, läuft die Lufthansa nicht mehr Gefahr, bei sinkenden Einnahmen durch hohe Löhne über das Bezahlbare hinaus belastet zu werden. Angesichts eines deutlich verschärften Preiskampfes in den USA ist es ein Vorteil für die Lufthansa, dass der Anteil des Nordamerikageschäftes lediglich 17% des Konzernumsatzes ausmacht. Schließlich ist die Lufthansa innerhalb der „Star-Alliance" das größte Glied eines intakten weltumspannenden Netzwerks von **15 Fluggesellschaften** mit einem **Weltmarktanteil** von rd. 22%, das den Mitgliedern wie den Endkunden erhebliche logistische und administrative Vorteile bringt.

Überhaupt wird das **Thema Allianzen** die europäische Luftfahrtindustrie in den nächsten Jahren bestimmen. Vorstände der Lufthansa, von British Airways und der niederländischen Fluggesellschaft **KLM** haben unabhängig voneinander Szenarien entwickelt, wonach aus der erwarteten Konsolidierung nur noch die Allianzen um Lufthansa, British Airways und Air France hervorgehen. Damit könnte das Jahr 2002 zu **Übernahmeschlachten** um die spanische **Iberia,** die italienische **Alitalia** und eben KLM werden. Das Thema ist nicht neu. Die Konzentration wurde bislang vor allem durch mehr oder weniger direkte staatliche Subventionen sowie rechtliche Hürden aufgehalten. Die Ereignisse vom 11.9. haben den Damm gebrochen. Aber auch das spricht mittelfristig für die Lufthansa, die nach Börsenwert größte europäische Fluggesellschaft.

Keine schlechten Karten hat auch Air France. Im Jahr 2001 konnten sich die Aktien der französischen Airline besser halten als die der großen Konkurrenten.

Und das trotz der anhaltenden Belastungen in Folge des Absturzes des Überschallflugzeuges Concorde im Juli 2000. Wie Lufthansa hat auch das Air France-Management rasch auf die Ereignisse vom 11.9. reagiert (Stilllegung von Maschinen, Einstellungsstopp) und damit trotz pessimistischer Gesamteinschätzung des Marktes (12 bis 18 Monate Stagnation) für relative Ertragssicherheit gesorgt. Wie bei den Frankfurtern ist der Schuldenstand mit rd. 3 Mrd. Euro vergleichsweise gering, die Bonität am Kapitalmarkt entsprechend gut. Die Wiederaufnahme der **Concorde-Flüge** im November ist ein zusätzliches Signal für die **starke Position** der Franzosen. Wir empfehlen konservativen Anlegern die Aktien von Air France zur **Depot-Beimischung** bis Notierungen um max. 14 Euro.

Skeptisch sind wir, was die Entwicklung von **British Airways (BA)** betrifft. Zwar sind die Briten bereits in Verhandlungen mit KLM über eine mögliche Allianz. Ebenso werde die Zusammenarbeit mit der durch die Terrorserie schwer getroffenen US-Fluggesellschaft **American Airlines** gesucht. Traditionell erzielt BA rd. die Hälfte des Umsatzes im transatlantischen Flugverkehr - das lässt nicht auf eine schnelle Rückkehr zur Normalität hoffen. Hinzu kommt die bereits vor dem 11.9. angespannte finanzielle Situation mit deutlich schlechteren Ratings. BA hatte bereits angekündigt, bei einer längeren Phase der Stagnation Grundbesitz oder Immobilien verkaufen zu müssen. Ein Einstieg in Aktien von British Airways lohnt erst, wenn sich eine klare Trendwende beim Ertrag abzeichnet. Dies erwarten wir frühestens im 2. Hj. 2002. cts

Name	WKN	Kurs 20.11.	EPS 2002	KGV 2002	Anlageurteil
Air France	855 111	16,10 €	1,70	9,5	Akkumulieren
British Airways	872 391	3,60 €	-0,18	n.a.	Reduzieren
Dt. Lufthansa	823 212	16,15 €	1,00	16	Kaufen

Zukunftstechnologien - Hoffnungsschimmer in der Krise

Wenn die Rede von Zukunftstechnologien ist, kreist die Diskussion rasch um drei Schlagworte: Wasserstoff-, Breitband- und Nanotechnologie. Allen drei Technologien wird ein erhebliches Wachstumspotenzial innerhalb des nächsten Jahrzehnts zugeschrieben. Von daher nimmt es nicht Wunder, dass Unternehmen, die sich diesen Märkten zugewandt haben, generell als gut gerüstet für die Zukunft gelten. Bedenken Sie jedoch: Die Beschäftigung mit Zukunftstechnologien ist immer mit einem erheblichen Risiko verbunden.

Die im Folgenden näher zu beleuchtenden Technologien weisen immerhin schon eine gewisse Marktreife auf, allerdings mit vorerst unterschiedlichem Erfolg. So ist der Breitbandeinsatz Breitbandtechnologie längst gang und gäbe. Fraglich ist allerdings, wie sich der Markt in den nächsten Jahren konsolidieren wird.

Brennstoffzellen, das wichtigste Anwendungsfeld der Wasserstofftechnologie, werden seit Frühjahr 2001 in Serie produziert. Hier muss sich aber noch zeigen, ob Wasserstoff künftig günstiger als heute produziert werden kann; andernfalls werden sich Brennstoffzellen nicht durchsetzen können.

Wiederum ein anderes Bild ergibt sich bei der Nanotechnologie, dem Umgang mit Kleinstmaßen, die nur mit Hilfe leistungsstarker Mikroskope sichtbar werden. Hier wird unterschieden zwischen traditioneller und moderner Nanotechnologie. Der Wettbewerb der Unternehmen dreht sich inzwischen hauptsächlich um die zweite (moderne) Stufe dieser Schlüsseltechnologie des 21. Jahrhunderts.

Dieses Kapitel über Zukunftstechnologien versteht sich als Ergänzung zu den übrigen Branchenbetrachtungen. Insoweit haben wir in diesem Abschnitt auf Empfehlungen zu den erwähnten Titeln verzichtet, sondern verweisen lediglich auf die Ausführungen an entsprechender Stelle. Das versteht sich vor dem Hintergrund, dass kaum ein Unternehmen ausschließlich in die risikobehafteten Zukunftstechnologien investiert. Grundsätzlich ist zu bemerken, dass den erwähnten Unternehmen wegen ihres Technologievorsprungs ein Potenzial zu einer bemerkenswerten Kursperformance zuzutrauen ist.

Wasserstoff - grenzenlos verfügbar, aber noch zu teuer

Die Wasserstoff-Technologie ist wichtig für die Energieversorgung der Zukunft. Sie eröffnet neue Wirtschaftsfelder mit anspruchsvollen und sicheren Arbeitsplätzen. Der aus Wasser herzustellende und somit nahezu unbegrenzt verfügbare Wasserstoff kann an Stelle flüssiger, aber nicht erneuerbarer Energieträger eingesetzt werden. Vor allem die Automobilkonzerne investieren inzwischen Milliarden-Summen in die Erforschung des Wasserstoffs. Sie erhoffen sich davon wesentliche Erkenntnisse zur Verringerung klimaschädigender Abgase.

In den vergangenen Jahren hat Wasserstoff besonders durch die rasante Entwicklung neuer Brennstoffzellen beträchtlich an Bedeutung gewonnen. Das Marktpotenzial der Brennstoffzelle wird allein für Deutschland mit 65 Terrawattstunden veranschlagt. Im März 2001 nahm die britische **Ze Tek Power** am Standort Köln die **erste Serienfertigung für Brennstoffzellen** in Betrieb.

Der bedeutendste Wachstumstreiber der Wasserstoff-Technologie wird in den kommenden Jahrzehnten die Energiegewinnung aus Wasserstoff sein. Das schlagenste Argument für Wasserstoff, dem am einfachsten strukturierten chemischen Element, ist seine Umweltfreundlichkeit. Bei der Umwandlung fällt außer Wasserdampf keine Emission an.

Wasserstoff wird in den Industriestaaten hauptsächlich als Funktionsgas in der Chemie- und Ölindustrie, in der Stahl- und Elektronikindustrie sowie in der Luft- und Raumfahrt eingesetzt. Es wird größtenteils aus Erdgas, Propan und Naphtalin gewonnen und zu rd. 95% am Produktionsstandort verbraucht. Die restlichen 5% werden in Tanks und Flaschen auf dem so genannten „Merchant Market" gehandelt. **Linde** (s. auch Maschinenbau) ist beispielsweise der weltweit drittgrößte Hersteller von Industriegas und liefert somit einen bedeutenden Teil der jährlich produzierten 600 Mrd. Kubikmeter Wasserstoff.

Die Produktion von Wasserstoff ist bisher allerdings noch mit erheblichen Kosten verbunden und rechnet sich daher noch nicht. Inzwischen gibt es aber Hoffnung, dass sich die Herstellung verbilligen könnte. Hintergrund: Gewisse Bakterien verfügen über Enzyme, die aus Säuren Wasserstoffgase produzieren. Vor kurzem wurde ein diesen Bakterien sehr ähnlicher Katalysator entwickelt.

Noch wird Wasserstoff fast ausschließlich zu Forschungs- und Entwicklungszwecken genutzt. Es fehlt an umfangreichen Erzeugungs- und Transportkapazitäten sowie an der Serienreife der benötigten Technologien. Daher wird das Element voraussichtlich erst in der Mitte des nächsten Jahrzehnts auf breiter und kommerzieller Basis eingesetzt werden können.

In der Automobilindustrie wird Wasserstoff schon heute praktisch genutzt. **MAN** (s. auch Maschinenbau) stellt Niederflurbusse mit Wasserstoffantrieb her. Dessen Wirkungsgrad liegt mit 40% deutlich über dem von Dieselmotoren (25%). BMW (s. Autos) verfügt über mehr als 20 Jahre Erfahrung mit Wasserstoffantrieben. Vor zwei Jahren stellten die Münchener mit dem 750hL ein serienreifes Wasserstoffauto vor. Der erste in Serie produzierte 7er sowie ein Mini mit Wasserstoffantrieb sollen mittelfristig folgen. Auch **DaimlerChrysler** und **Ford** forschen an eigenen Wasserstoffantriebssystemen.

In der Energiegewinnung arbeitet vor allem **RWE** an Brennstoffzellen. Die Essener werden ab 2002 gemeinsam mit **Thyssengas, Siemens Westinghouse** und Enel eine SOFC-Brennstoffzelle mit integrierter Gasturbine und Netzanbindung betreiben. Mit dem Siemens-Ableger hat sich RWE-Chef **Dietmar Kuhnt** einen hochkarätigen Partner geholt. Denn Siemens Westinghouse hat vor einigen Monaten das weltgrößte Aggregat in Betrieb genommen, das nur mit Wasserstoff und reinem Sauerstoff arbeitet. Dabei handelt es sich um das erste 120-Kilowatt-Brennstoffzellenmodul auf Basis der PEM-Technologie. Siemens rechnet damit, in den nächsten 5 Jahren mit wirtschaftlich vertretbaren Lösungen auf den Markt zu kommen. Besonders gut aufgestellt sehen sich die Münchener bei Lösungen fürs Auto.

Neben dem Einsatz zur Stromgewinnung im großen Stil sind **Stromgeneratoren** für den Haushalt und **Batterien** beispielsweise für Konsumelektronikgeräte geplant. In den USA werden solche langlebigen Smart Fuel Cells, die zudem geräuscharm und emissionsfrei sind, gerade auf den Markt gebracht.

Unter den Zulieferern für Brennstoffzellenhersteller fällt in Europa **SGL Carbon (WKN 723 530)** ins Auge. Der Hersteller von Membranen zeichnet sich vor allem durch Forschungsallianzen u.a. mit dem kanadischen Weltmarktführer **Ballard Power (WKN 890 704)** aus. Behalten Sie jedoch im Auge, dass Brennstoffzellen im Gesamtportfolio des Unternehmens bisher noch eine relativ unbedeutende Rolle spielen.

Nanotechnologie - die zweite Generation ist im Anmarsch

Die Nanotechnologie könnte sich vor allem als Wachstumsmotor für die Chemie erweisen. Die Unternehmen der Branche stellen schon seit Jahrzehnten Produkte aus winzigen Teilchen her, beispielsweise Lacke, Katalysatoren und Pigmente, und generieren damit Milliardenumsätze. Neben dieser traditionellen Form entsteht eine moderne Nanotechnologie, mit der sich nahezu jedes Material mit neuartigen Eigenschaften ausstatten lässt.

Der Nanotechnologie-Markt generiert schon heute ein jährliches Umsatzvolumen von rd. 54 Mrd. Euro. Bis zum Jahr 2010 wird eine durchschnittliche Wachstumsrate von 17% auf 220 Mrd. Euro p.a. erwartet, die vor allem durch die neuen Anwendungsgebiete zu Stande kommen soll. Die Chemieunternehmen decken rd. ein Viertel dieses Marktes ab. Daher ist davon auszugehen, dass die Chemie zeitnah und stärker als andere Branchen von der erwarteten dynamischen Wachstumskurve in der modernen Nanotechnologie profitieren kann.

Zu den Vorreitern in der Erforschung dieser Technologie zählen Unternehmen, die wir im Branchenkapitel Chemie und Spezialchemie ausführlich durchleuchten, darunter **Degussa, Henkel, BASF und Bayer.** Sowohl bei Degussa als auch bei Henkel sind Spin Offs mit anschließendem Börsengang im Sektor Nanotechnologie in den nächsten 3 Jahren denkbar.

Über die Chemie hinaus bieten sich Anwendungen von Nano-Werkstoffen in der **Medizin, Elektronik, Biosensorik, Biotechnologie** und in der **Umwelttechnik** sowie bei Beschichtungen und Implantaten an. Nano-Werkstoffe sind Materialien, die so hergestellt werden, dass ihr struktureller Aufbau gezielt aus Molekülen oder Körnern im Nanomaßstab erfolgt. Dadurch **verändern** auch herkömmliche

Werkstoffe ihre physikalischen, chemischen und mechanischen Eigenschaften. Sie können z.B. wesentlich höhere Festigkeiten in Verbindung mit besserer Dehn- und Formbarkeit erreichen.

Die Nanotechnologie orientiert sich immer stärker an den heute schon für die Biotechnologie wichtigen Bauprinzipien der Natur. Werkstoffe und Beschichtungen werden immer häufiger in enger Anlehnung an die Natur entwickelt. So könnten nanotechnologische Biosensoren künftig direkt im Körper eingesetzt werden, um Krankheiten frühzeitig zu erkennen und leichter behandeln zu können. In der Elektronik wird die Nanotechnologie die weitere Miniaturisierung mikroelektronischer Bauteile und damit Leistungssteigerungen von Computern ermöglichen. Für Quanten-Computer könnten mittels Nanotechnologie winzig kleine Drähte mit Durchmessern in der Größenordnung der Moleküle hergestellt werden.

Zu den jüngsten Entwicklungen zählen Nanokapseln zur Behandlung von Diabetes-Erkrankungen und ein Nano-Transistor aus organischem Material. Zuckerkranke Ratten wurden mit den Kapseln erfolgreich behandelt. Mit einer Therapie für den Menschen ist aber erst in einigen Jahren zu rechnen. In Kürze sollen Langzeitstudien an Kleintieren folgen, danach Tests an Schimpansen.

Die Nanokapseln haben winzig kleine Öffnungen an der Oberfläche. Diese weisen einen Durchmesser von 7 Nanometern auf. Sie sind groß genug, um Insulin austreten zu lassen, und zugleich klein genug, um Antikörper am Eintritt zu hindern. Die Insulin sekretierenden Zellen in der Kapsel müssen allerdings am Leben erhalten werden. Dabei liegt die Herausforderung in der Größe der Nanoporen: Sind die Poren zu klein, unterbleibt eine Nährstoffversorgung mit Zucker und Sauerstoff. Sind sie zu groß, töten die Antikörper die Insulinzellen.

Bei erfolgreicher Anwendung der Insulinsekretions-Vorrichtung am Menschen könnten erstmals mikroelektromechanische Systeme (MEMS) in die Medizintherapie Einzug halten. MEMS wurden bisher schon für Bluttests genutzt und gehören auch in der Genomforschung zur täglichen Praxis. In der medizinischen Therapie wären sie allerdings eine Novum.

Breitband-Technologie in der Konsolidierung

In den vergangenen Jahren ist die Nachfrage nach Bandbreite sprunghaft gestiegen. Sie könnte auch weiterhin stark wachsen. Die Frage ist allerdings, wie lange noch. Der Endpunkt könnte erreicht sein, wenn das Bandbreitenangebot so groß ist, dass keine Notwendigkeit mehr besteht, auf eine weitere Ausweitung hinzuarbeiten. Damit ist zu rechnen, wenn „Telepräsenz" technisch möglich ist und sich auch rechnet. Telepräsenz ist dann gegeben, wenn Kommunikationsnetze die gesamte Datenmenge übertragen können, die das menschliche Auge in einem Radius von rd. 30 Zentimetern verarbeiten kann.

Das Breitbandangebot hat in weniger als 10 Jahren um mehrere hundert Male zugenommen. Wenn Telepräsenz auch heute noch Zukunftsmusik ist, sind Übertragungsraten von maximal 1,6Tbit/s schon Realität. Trotz dieser Geschwindigkeit rechnet sich eine entsprechende Netzinfrastruktur bisher nicht, weil sie derzeit nur äußerst selten ausgelastet wäre.

Der Zugangsmarkt wird auf absehbare Zeit ein Engpass bleiben. Mit der Zeit könnte sich die Situation jedoch etwas entspannen. Zum einen erhöht sich durch mehr User die Nutzen-Palette bei Breitbandnetzen. Zum anderen wird zunehmender Breitbandzugang die Entwicklung neuer Anwendungen fördern.

Breitbandzugang ist Voraussetzung für Videokonferenzen und Virtual Private Networks. Vor allem die Nachfrage nach diesen Diensten könnte in den nächsten Jahren rasant wachsen. Einer einschlägigen Studie zufolge geschieht dies jedoch nur unter der Voraussetzung, dass in Europa jetzt in die Breitbandtechnologie investiert wird. Bis 2004 könnten dann beispielsweise 24% des europäischen Wirtschaftswachstums über E-Business erzielt werden.

Die Verunsicherung am Markt ist derzeit groß. Die Europäer sehen sich momentan Problemen ausgesetzt, mit denen die US-Amerikaner schon länger zu tun haben. Diese kämpfen mit einem Überangebot an Leitungskapazität.

In Europa wachsen die Leitungskapazitäten im Durchschnitt um 50% p.a. Ein Überangebot an Netzwerken gibt es vor allem bei Langstreckenübertragungen in Westeuropa. So versuchen die Anbieter, Land bei lokalen Netzwerken und in Mittel- und Osteuropa zu gewinnen, und das vor allem mit der zukunftsträchtigen Sprachübertragung. Aber auch das zehrt im ruinösen Wettbewerb der Breitband-Anbieter an den Kräften der Unternehmen. Den Preiskampf werden wohl nur große, international breit aufgestellte und finanziell abgesicherte Unternehmen überleben. Gut positionierte Unternehmen erhalten inzwischen 50% mehr Anfragen nach ihren Diensten als noch vor einem Jahr. Im Gegenzug sind aber auch die Preise um 50 bis 60% gefallen. kb

Platow Top Ten – Die Mischung macht's

Mit der richtigen Auswahl durch ein spannendes Börsenjahr 2002

Die Basis für Erfolg an der Börse ist nicht nur gutes Timing, sondern auch eine gesunde Mischung bei den Werten. Nur durch eine kluge Diversifikation können Sie den in jeder Aktie enthaltenen Risiken gezielt entgegenwirken. Deshalb stellen wir Ihnen alle Jahre wieder einen „bunten Strauß“ von 10 Aktien zusammen, denen wir, gerade in dieser Konstellation, eine überdurchschnittliche Rendite zutrauen.

Um der Globalisierung Rechung zu tragen und Ihnen Geldanlagen rund um den Erdball näher zu bringen, haben wir in diesem Platow-Anlegerbuch erstmals die **Triade** ins Visier genommen. Wir nennen Ihnen also unsere Top 10 Favoriten aus **Europa.** Die aus **Amerika** und den **Emerging Markets** finden Sie am Schluss der jeweiligen Kapitel.

Das heißt natürlich nicht, dass wir Ihnen die 10 Aktien nennen, mit denen Sie im kommenden Jahr todsicher den größten Zuwachs erzielen. Da wären Hellseher gefragt. Was wir Ihnen jedoch bieten, sind 10 Titel, die nach unseren umfangreichen Recherchen ein sehr gutes Chance/Risikoprofil bieten und zudem eine langfristig starke Performance verheißen. Wichtig auch die Mischung. Für praktisch jedes Depot sind passende Werte dabei.

So nennen wir Ihnen 10 europäische Werte, davon 5 deutsche Titel aus den verschiedensten Branchen. Den nationalen Markt repräsentieren 3 Dax-Titel und 2 Mid Caps, davon einer aus dem MDax und einer aus dem Nemax50. Bei den nicht-deutschen Vertretern achten wir neben der Branchenverteilung bewusst auf eine regionale Streuung. Es wurden gezielt nur Blue Chips gewählt.

Damit Sie wissen, welche Aktie unserer Auswahl am besten in Ihr Portfolio passt, liefern wir Ihnen zu jedem Titel noch mal eine halbseitige Kurzanalyse mit prägnanten Angaben zu idealen Kaufkurszonen und dem Hinweis, ob der Titel eher für spekulative oder konservative Investoren interessant ist. rp

ASML (WKN 894 248)

Der niederländische Spezialmaschinenbauer **ASML** richtet nach einem recht schwachen Jahr 2001 den Blick derweil schon in das kommende Geschäftsjahr. So rechnet das Unternehmen bereits in der zweiten Jahreshälfte 2002 mit einem deutlichen Aufschwung am internationalen Halbleitermarkt. Die Hoffnung ruht vor allem auf den milliardenschweren Aufträgen, die aus Gründen des Investitionsstopps einiger Kunden im laufenden Jahr storniert und auf 2002 verschoben wurden. Zudem dürften bis zu diesem Zeitpunkt auch die eingeleiteten Restrukturierungsmaßnahmen abgeschlossen und die Kosten deutlich reduziert worden sein. Durch diese Gegebenheiten sollte es ASML gelingen, im Gj. 2002 aus der Verlustzone zu kommen und am Jahresende die schwarze Null zu erreichen. Auch wir rechnen ab dem zweiten Semester 2002 mit einem kräftigen Aufschwung am Halbleitermarkt. Da zyklische Aktien wie ASML diese Entwicklung meistens schon einige Monate vorher vollziehen, sehen wir den Einstiegszeitpunkt bereits jetzt gekommen. Auch charttechnisch sieht das Papier vielversprechend aus. Nach dem langanhaltenden Absturz bis Ende September, der u.E. übertrieben ausfiel, hat sich der Wert mittlerweile fast verdoppelt. Wir raten Investoren jedoch, auf jeden Fall kleine Rücksetzer abzuwarten und sich mit einem Kauflimit im Bereich zwischen 15 und 17 Euro zu platzieren. Sollte die Konjunkturlage und damit auch die Halbleiterbranche wieder anspringen, dürfte ASML im Hinblick auf die hervorragende Marktstellung und technologische Führungsposition zu den Gewinner im Jahr 2002 zählen.

Deutsche Bank (WKN 514 400)

Keine Frage, die Finanzbranche steht 2002 am Scheideweg. Aufgrund der umfassenden Umstrukturierungen und der kniffligen Situation an den Finanzmärkten sind Bankaktien eine Spekulation. Wenn Sie diese wagen, sollte die **Deutsche Bank** auf Ihrer Liste ganz weit oben stehen. Wenn eine der deutschen Großbanken den Sprung in die Garde der internationalen Top-Adressen geschafft hat, dann die Crew um **Rolf-E. Breuer** und **Josef Ackermann.**

Die Integration von **Bankers Trust** gilt als gelungen, das Standbein im Investment Banking hat internationales Format. Die **Scudder-**Akquisition und die jüngst verkündete Vertriebsvereinbarung mit der **DVAG** sind vielversprechende Investitionen in die Zukunft.

Das Zahlenwerk ist im Branchenvergleich robust, nicht mehr, aber auch nicht weniger. Nach 9 Monaten betrug der Gewinn 2,7 Mrd. Euro (Vj. 4,4 Mrd. Euro). Positiv fiel uns der Verwaltungsaufwand auf, der sich im dritten Quartal gegenüber dem Vorquartal bereits verringerte. Problem auch bei der Deutschen Bank sind Wertberichtigungen im Beteiligungspotfolio. Ein Ruhmesblatt erwarb sich das Bankhaus auch nicht wirklich mit der Internetstrategie (Symptomatisch hier der Megaflop Moneyshelf).

In der Summe der Chancen und Risiken bietet der Euro Stoxx-Titel dennoch die aussichtsreichsten Perspektiven unter den deutschen Großbanken. Wir empfehlen langfristig orientierten **Anlegern Positionen zwischen 60 und 65 Euro** aufzubauen. Ein Stopp-Kurs bietet sich zwischen 50 und 55 Euro an.

Deutsche Lufthansa (WKN 823 212)

Das Jahr 2001 wird als eines der schwärzesten in die Geschichte der Luftfahrtindustrie eingehen. Schon im 1. Hj. war die Branche durch hohe Treibstoffpreise und die rezessive Gesamtentwicklung schwer ins Trudeln geraten. Vor allem bei den Business-Kunden mussten die Airlines dramatische Einbußen hinnehmen. Die Terroranschläge vom 11. September mit den unmittelbaren und in der Dimension letztlich noch nicht absehbaren mittelbaren Folgen hatten die Krise nochmals erheblich verschärft und zu ersten Pleiten geführt.

Wir gehen von 2 Prämissen aus: Dass sich erstens der Flugverkehr im Laufe des Jahres 2002 wieder normalisiert, was gegenüber 2001 in jedem Fall eine Steigerung bedeuten würde. Zweitens rechnen wir mit einer weiteren Konsolidierung der Branche, die dann von einigen wenigen Top-Airlines als Führern globaler Luftverkehrsnetzwerke dominiert wird.

Unser Favorit ist hier die **Lufthansa.** Die Frankfurter haben in den vergangenen Jahren im Gegensatz zu zahlreichen Wettbewerbern Gewinne angehäuft und sich so ein gutes finanzielles Polster erarbeitet. An die Gewinnentwicklung gekoppelte Gehälter der Piloten sorgen im Jahr 2001 für Entspannung. Als stärkste Gesellschaft des Airline-Verbunds Star Alliance hat die Lufthansa ein starkes internationales Partnernetz. Auf die neuen Anforderungen bei der Flugsicherheit sind die Frankfurter gut vorbereitet. Ihr breites Leistungsangebot (vom Frachttransport bis zum Versicherungsgeschäft) macht die Lufthansa etwas unabhängiger von der reinen Entwicklung der Fluggastzahlen.

Die größten Risiken bestehen in der allgemeinen politischen Entwicklung mit möglichen weiteren Attentaten auf die zivile Luftfahrt. Dann könnte die Lust am Fliegen dauerhafter am Boden liegen. Heftigste Kursturbulenzen wären zu befürchten.

Die Aktie der Lufthansa konnte sich im Vorfeld der Zahlen zum 3. Quartal 2001 bereits wieder deutlich von ihren Tiefstständen bei 8 Euro erholen. Dennoch erwarten wir einen weiteren Kursanstieg binnen Jahresfrist auf über 22 Euro.

Electrabel (WKN 853 469)

Unter den Versorger-Titeln (siehe auch Branchenkapitel) heißt unser Favorit **Electrabel.** Die Belgier können gleich mit mehreren Pfunden wuchern: **1.** Electrabel ist in mehreren Sparten (Stromerzeugung, Strom-, Gas- und Wasserversorgung sowie Kabelfernsehen) sehr gut aufgestellt und hat mit einem Marktanteil von rd. 80% ein sehr starkes Standbein im heimischen Markt. **2.** Das Unternehmen ist im abgelaufenen Geschäftsjahr auch in den zukunftsträchtigen Energiehandel vorgestoßen und erzielt hier mit einem Handelsvolumen von 1,9 Mrd. Euro schon beachtliche Umsätze. **3.** Die Belgier haben ihre Geschäftstätigkeit in Europa bisher sehr geschickt und relativ unauffällig ausgedehnt. U.a. haben sie längst einen Fuß in Italien, das als wichtigster Markt für Akquisitionen in den nächsten beiden Jahren gehandelt wird. Inzwischen trägt das Auslandsgeschäft 27% zu den Konzernumsätzen bei.

Schwer zu knabbern hat Electrabel allerdings an gesunkenen Umsätzen. Auch das Betriebsergebnis brach im ersten Halbjahr um 6,8% auf 350,6 Mio. Euro ein. Die mauen Zahlen hängen allerdings mit einer Entwicklung zusammen, die etwa die deutschen Konkurrenten schon hinter sich haben. Im Zuge der allmählichen

Öffnung des Strommarkts (bis 2007) sind die Strompreise in Belgien derzeit nahezu im freien Fall. Die belgischen Strompreise sind zurzeit die niedrigsten innerhalb der EU. Es ist aber davon auszugehen, dass sich diese Situation wie zuvor schon in Deutschland schon bald wieder entspannt und nicht dauerhaft auf die Electrabel-Finanzen drückt. Kurzfristige Kursausschläge nach oben sind allerdings in nächster Zeit nicht zu erwarten. Unseres Erachtens ist der Titel vor allem für **langfristige Anlagen** geeignet. **Einsteigern** empfehlen wir, nicht länger als bis zu einem Kurs von **225 Euro** zu warten (Stoppkurs 170 Euro).

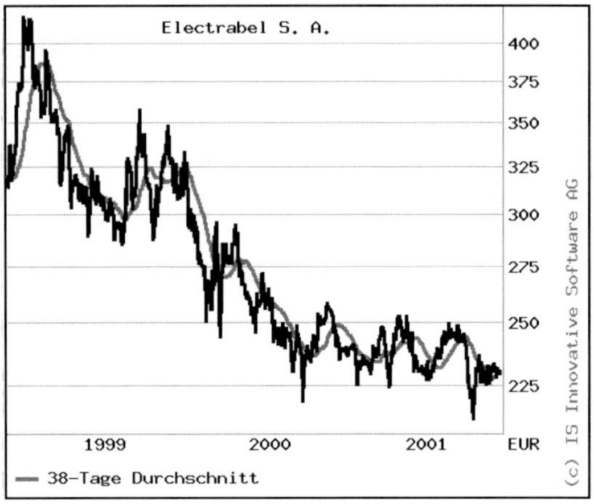

Gildemeister (WKN 587 800)

Eine reinrassige Spekulation auf ein (deutlich über den aktuellen Kursen liegendes) Übernahmeangebot servieren wir Ihnen mit der **Gildemeister-**Aktie. Das Papier pendelte in den vergangenen Jahren (bis auf kurze Ausreißer) zwischen rd. 7,50 und 9,50 Euro, ohne sich für eine einheitliche Richtung entscheiden zu können. Dabei konnte der Unternehmensgewinn stetig gesteigert werden, so dass der Maschinenbauer mittlerweile extrem günstig bewertet ist. Das 02er KGV liegt mit rd. 9 im einstelligen Bereich, was die Qualität des Unternehmens nicht widerspiegelt. Wie das Beispiel FAG Kugelfischer zeigt, lohnt sich in solchen Fällen das Abwarten, auch wenn es oftmals etwas länger dauert, bis sich der Erfolg einstellt.

Auch wenn Gildemeister von den Folgen der schwachen Konjunktur nicht verschont bleiben wird, sollten das niedrige Bewertungsniveau sowie die hohe Dividendenrendite (gut 6%) den Kurs nach unten absichern. Zudem dürften die hohen Investitionen in innovative Technologien (Ausstattung der Maschinen mit Internet-Schnittstellen) gerade in trüben Wirtschaftsphasen zu verstärkter Nachfrage nach Gildemeister-Produkten führen, da so immense Kosten gespart werden können.

Das attraktive Kursniveau sowie der hohe Streubesitz (über 90%) werden u.E. dazu führen, dass den Aktionären eines Tages ein Übernahmeangebot auf den Tisch flattert, sofern sich der Kurs nicht schnell und deutlich in Richtung 15 Euro bewegt. In **beiden Fällen** werden **Sie** zu den **Gewinnern** zählen. Deshalb lohnt sich dieses Investment auch für konservative Anleger, die allerdings Geduld mitbringen und nicht auf die schnelle Mark hoffen sollten – wenngleich auch die durchaus drin ist.

Münchener Rück (WKN 843 002)

Die Zeit der schnellen Kursgewinne bei der weltweiten Nr. 2 dieses Marktsegments, der **Münchener Rück** (Beiträge 2001: 34 Mrd. Euro), ist erst einmal vorbei. Doch auch nachdem der Kurs sich von seinem Attentats-Tief bei 230 Euro wieder erholt hat, lohnt sich **bei Kursen um 310 Euro** noch der Einstieg für konservative Investoren. Mit einem 02er KGV von 25 ist die Aktie bei aller Liebe kein Schnäppchen, im Vergleich zur Konkurrenz sind die top aufgestellten Münchener aber günstig und bieten langfristiges Wachstumspotenzial. Nach dem Ergebnis-Einbruch in 2001 auf 7,50 Euro je Aktie erwarten wir für 2002 11,75 Euro. Wird der Chart-Widerstand bei 340 Euro geknackt, sind Kurse über 400 Euro drin.

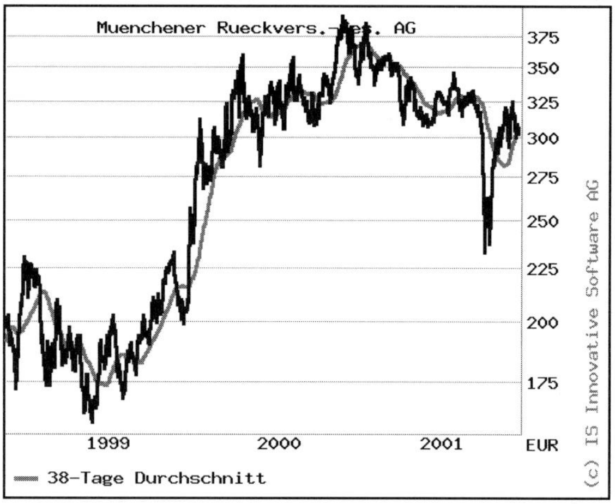

2 große Pluspunkte kann die Mannschaft von Vormann **Hans-Jürgen Schinzler** auf der Haben-Seite verbuchen: **1.** Nach den US-Attentaten fällt es den Rückversicherern leichter, höhere Raten bei den Erstversicherern durchzudrücken. Zweistellige Steigerungsraten in der Haftpflicht und dreistellige Zuwächse in der Katastrophen-Rückversicherung werden die viel zu hohe Schaden-Kosten-Quote (115%) auf ein vernünftiges Maß zurückführen. Damit soll der Return on Equity von knapp 8 auf 15% klettern.

2. Von der Riester-Rente sollte Münchener Rück indirekt profitieren, denn auf dem Altersvorsorge-Markt sind die Münchener mit ihrer Tochter **Ergo** (Victoria, Hamburg-Mannheimer, DKV) schon heute gut vertreten. Die starke Position wird durch die neu belebte Vertriebs-Kooperation mit der **HypoVereinsbank**

noch verbessert. Die Erstversicherung soll vor allem in Ost und Südeuropa deutlich wachsen. Damit wird sich das Gesicht der Münchener Rück in wenigen Jahren ändern. Der Beitragsanteil der Erstversicherung wird deutlich über die bisherigen 50% steigen.

Peugeot (WKN 852 363)

Der Automobilkonzern **PSA Peugeot Citroën** nimmt zurzeit eine Ausnahmestellung unter den europäischen Pkw-Herstellern ein. Nach der erfolgreichen Umsetzung von Restrukturierungs- und Kostensenkungsmaßnahmen konnten die Franzosen mit der Erneuerung ihrer Modellpalette der Nachfrageschwäche am europäischen Automobilmarkt trotzen. So setzte das Unternehmen in den ersten 8 Monaten des aktuellen Gj. 11,4% mehr Fahrzeuge ab als im vergleichbaren Vorjahreszeitraum. Besonders die Nachfrage nach den neuen Modellen Peugeot 206 und 307 ist stark gestiegen. Auch der im vergangenen Jahr eingeführte Citroën Picasso erfreut sich steigender Beliebtheit. Für das kommende Jahr ist die Einführung eines Mini-Van sowie des Citroën C3, der sich im Design stark an die legendäre Ente anlehnt, geplant. Auf technologischer Seite hat Peugeot rechtzeitig auf das richtige Pferd gesetzt. So nimmt der Autobauer mit seinen HDI-Motoren insbesondere im Dieselbereich eine führende Stellung ein.

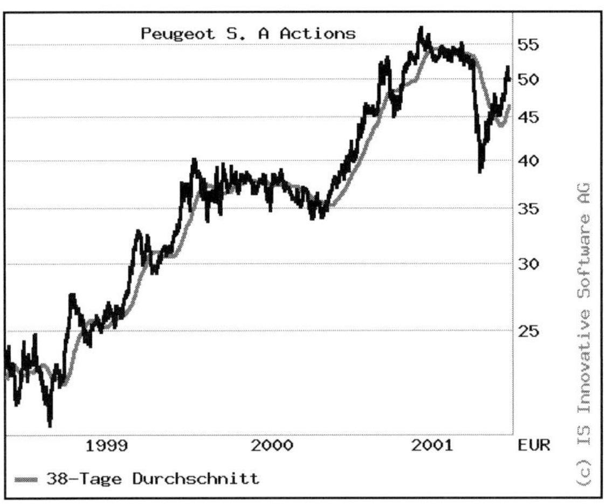

Die überdurchschnittliche Absatzentwicklung gewährleistet auch für die Zukunft eine dynamische Gewinnentwicklung. Außerdem sorgt die anstehende Fortsetzung des Aktienrückkaufprogramms sowie die attraktive Bewertung für weitere Kursfantasie. In der ersten Hälfte des laufenden Geschäftsjahres konnte der Euro Stoxx-Wert den Nettogewinn um 15% auf 1,03 Mrd. Euro steigern. Das operative Ergebnis bewegte sich dagegen mit 1,4 Mrd. Euro auf Vorjahresniveau. Der Umsatz legte um über 20% auf 27,03 (Vorjahr: 22,49) Mrd. Euro zu. Für das Gesamtjahr rechnen die Franzosen mit einem operativen Gewinn von 2,6 Mrd. Euro bei einer **Marge** von 4,8%. Bis 2004 will Peugeot diese sogar auf **6% steigern.** Der **Gewinn je Aktie** dürfte in diesem Jahr bei 6,20 Euro liegen. Für **2002** prognostizieren wir **6,90 Euro** je Anteilsschein. Mit einem 02er KGV von knapp

8 ist die Aktie unter den Autobauern aus fundamentalen Überlegungen aktuell recht **günstig bewertet.**

Singulus (WKN 723 890)

Wenn die Wertpapierstrategen der großen Investmentbanken nach Ihren Lieblingen am Neuen Markt gefragt werden, dann fällt in schöner Regelmäßigkeit auch der Name **Singulus.** Das ist kein Wunder. Der Maschinenbauer zählt zu den wenigen Unternehmen dieses Marktsegments, die Anleger noch nicht mit Skandalen und Fehlplanungen vergrault haben. Allerdings konnte sich auch Singulus nicht der allgemeinen Marktschwäche entziehen und wird so auf ein schwächeres Jahr 2001 zurückblicken.

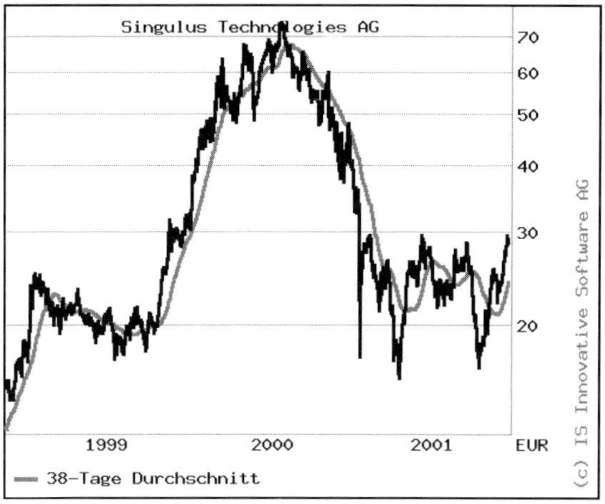

Als sicher gilt aber, dass die Hessen auf Grund ihrer Positionierung, eines starken Managements, der Ertragsstärke (Nettoumsatzrendite auch 2001 noch über 10%) und vor allem der starken finanziellen Ausstattung auf jeden Fall zu den Gewinnern der laufenden Konsolidierung bei den optischen Discs gehören werden. Details zu den gravierenden Problemen der Konkurrenten und den Zukunftsaussichten des Segments lesen Sie im Kapitel Maschinenbau. Wir gehen davon aus, dass es sich 2001 um ein Jahr der temporären Schwäche handelt und Singulus als Nr. 1 auf einem Wachstumsmarkt auch beim Aktienkurs wieder deutlich bessere Zeiten sehen wird. Zudem dürfte die Fantasie in Richtung eines neuen attraktiven Geschäftsfelds in den kommenden Monaten abermals entfacht werden. Wie die Vergangenheit gezeigt hat, ist aber auch der Marktführer von der konjunkturellen Lage abhängig. Sollte zudem das Interesse an Neuer Markt-Aktien weiter schwinden, wird auch der Singulus-Kurs darunter leiden. Diese Risiken sollten Sie bei einem Investment nicht unbeachtet lassen.

Da wir davon ausgehen, dass sich die Unternehmen zu Beginn des Jahres mit Investitionen noch deutlich zurückhalten werden, dürfte sich der Aufschwung aber nicht so schnell einstellen, wie dies der Kursanstieg nach dem 11.9. verheißt. Insofern sind Rückschläge bis rd. 20 Euro durchaus im Bereich des Möglichen. Hier sollten Anleger mit dem Faible für etwas volatilere Maschinenbauer dann spätestens zugreifen. Da es nicht sicher ist, dass dieses Kursniveau noch einmal erreicht wird, raten wir Ihnen, schon bei rd. 24 Euro erste Positionen aufzubauen. Den Stopp-Kurs sollten Sie in der Region um 14/15 Euro platzieren.

Vivendi Universal (WKN 591 068)

Die Korrektur der Bewertung von Medienaktien war scharf. Einstige Stars des Neuen Marktes wie EM.TV, die in der Spitze im März 2000 an der Börse höhere Werte erzielten als etwa die Deutsche Lufthansa, sind inzwischen verglüht und kämpfen dagegen, gänzlich zum Penny-Stock degradiert zu werden. Selbst die ProSiebenSat1-Aktie implodierte im Jahr 2001 von knapp 40 Euro zu Jahresbeginn auf gut 4 Euro im Oktober. Schreiben Sie die Branche deshalb aber nicht ab. Im Jahr 2001 wurden auch eine ganze Reihe positiver Entwicklungen eingeleitet. Allen voran geht es darum, die Endnutzer dazu zu bringen, für Leistungen, die in der Herstellung immer mehr Kosten, künftig zu zahlen anstatt sie wie bisher kostenlos über Fernsehen oder Internet (Beispiel: Napster) zum Teil rechtswidrig beziehen zu können.

Die mittelfristig wohl beste Antwort auf diese Herausforderung ist die Idee integrierter Medien. Dahinter steckt das Konzept, ein und dasselbe Produkt (z.B. ein Film) über möglichst viele Kanäle (Kino, TV, DVD-Verkauf, Internet, Mobilfunk) zu verkaufen und dies in einer Hand zu bündeln. Der US-Gigant AOL Time-Warner ist das Vorbild. Die europäischen Medienriesen Bertelsmann sowie Vivendi Universal wollen in die gleiche Richtung. Als Aktienanleger können Sie nur Teilhaber von **Vivendi** werden.

In einem wahren Kraftakt haben sich die Franzosen in wenigen Jahren vom Energieversorger zum größten europäischen Multimediakonzern entwickelt. Das bietet zum einen die Chance, dass sich Vivendi auf Grund der Unternehmensgröße mit dem o.a. Konzept mittelfristig durchsetzt. Freilich liegt hierin auch das hohe Risiko, dass der Wandel zu schnell verläuft und die Integration nur schleppend voran geht. Viel hängt ab, wie schnell und zu welchen Preisen sich Vivendi von Randaktiviäten trennen mit dem Geld attraktive Neuerwerbungen tätigen kann. Immerhin: Anders als etwa auch AOL Time Warner ist Universal weniger abhängig von Werbeeinnahmen - ein echter Trumpf in Zeiten bestenfalls stagnierender Marketingbudgets.

Wir rechnen für 2002 mit einem operativen Ergebnis von über 2,3 Mrd. Euro. Das wäre gegenüber 2001 voraussichtlich ein Plus von 35%. Auf Grund der hohen Bedeutung außerordentlicher Ergebnisse könnte das Ergebnis je Aktie (EPS) allerdings von 1,50 Euro auf 0,30 Euro im Jahr 2002 fallen, um dann erst wieder in 2003 an Dynamik zu gewinnen. Wir erwarten die Aktie dennoch auf Jahressicht bei über 70 Euro und raten spekulativen Anlegern bis max. 60 Euro bei Stoppkursen um 40/43 Euro zum Kauf.

Vodafone (WKN 875 999)

Mit **Vodafone** finden Sie trotz unserer tendenziell vorsichtigen Haltung diesem Sektor gegenüber auch einen Vertreter der Telekommunikationsbranche in den Platow Top 10. Der britische Mobilfunkbetreiber dürfte den meisten deutschen Anlegern vor allem durch die Übernahmeschlacht um Mannesmann bekannt sein. Von dem ehemaligen deutschen Maschinenbauer ist mittlerweile nicht mehr viel übrig geblieben. Vodafone hat sich von allen Bereichen, die nicht zum Kerngeschäft Mobilfunk gehören, getrennt und damit gleich 2 Fliegen mit einer Klappe geschlagen. Zum einen ist das Unternehmen durch die Konzentration auf die mobile Telefonie mit all seinen Möglichkeiten in einem langfristig wachstumsstarken Bereich tätig – und dort in Europa mit Abstand am besten positioniert – zum anderen haben die diversen Desinvestitionen jede Menge Geld in die Kasse der Briten gespült. Somit spielt das leidige Thema Verschuldung, was vielen Telkos zum Verhängnis werden dürfte, bei Vodafone kaum eine Rolle. Dementsprechend gut sieht auch das Kreditrating aus, was die weitere Expansion vereinfachen sollte.

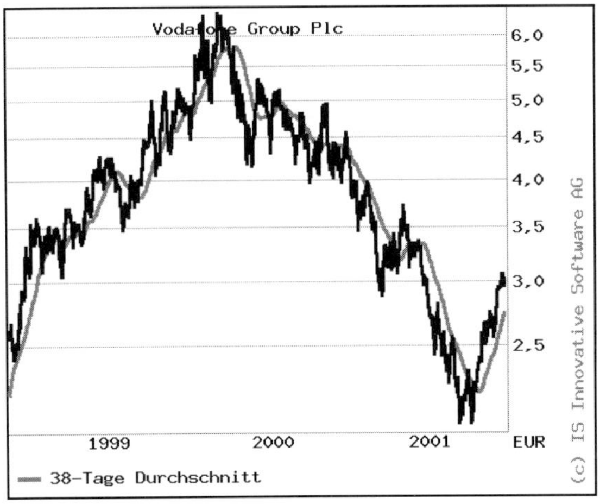

Wo der Schuh drückt, zeigt das Zahlenwerk. Während bei Umsatz (+27%) und EBITDA (+46%) im 1. Hj. 2001 (bis Ende September) eindrucksvolle Steigerungen zu verzeichnen waren, lag das Nettoergebnis dick im Minus. Verantwortlich dafür sind vor allem Abschreibungen auf Firmenbeteiligungen (Goodwill). Hier kommen wir dann auch wieder zurück zu Mannesmann. Die Übernahme damals war nicht nur spektakulär, sondern auch sehr teuer. Dementsprechend hoch sind die Abschreibungen. Im 3. Quartal 2001 mussten über 7 Mrd. Euro Sonderabschreibungen

www.eads.net

verbucht werden. Allerdings ist diese Problematik auch nicht wirklich neu und der immense Kursverfall auch eine Folge hiervon.

Solange die Fantasie in Richtung neuer Mobilfunkdienste anhält, werden die Briten ganz klar zu den Outperformern der Branche zählen. Allerdings sollte dieses Papier nur von risikobewussten Anlegern beigemischt werden, da mittelfristig durchaus Enttäuschungspotenzial vorhanden ist. **Mutige Investoren sollten sich mit Limiten im Bereich 2,50/2,70 Euro bereithalten.** Stopp-Kurs (1,80/1,85 Euro) nicht vergessen! Weitere Details zu den Chancen und Risiken der Vodafone-Aktie lesen Sie im Kapitel Telekommunikation.

Titel	WKN	Kurs 20.11.	EPS 2002	KGV 2002	Einstiegs-Range	Stopp-Kurs
ASML (NL)	894 248	22,25 €	0,0	--	15/17 €	11 €
Dt. Bank (D)	514 000	74,55 €	4,20	18	60/65 €	50/55 €
Dt. Lufthansa (D)	823 212	16,15 €	1,0	16	bis 18 €	11/13 €
Electrabel (B)	853 469	230,00 €	16,5	14	bis 225 €	170 €
Gildemeister (D)	587 800	9,03 €	1,05	9	bis 106 €	6/7 €
Mü. Rück (D)	843 002	303,65	11,80	26	bis 280	240 €
Peugeot (F)	852 363	49,80 €	6,60	8	bis 55 €	41 €
Singulus (D)	723 890	29,30 €	1,05	28	20-24 €	14/15 €
Vivendi (F)	591 068	58,70 €	0,30	196	bis 60 €	45/48 €
Vodafone (GB)	875 999	2,98 €	0,08	37	2,5/2,7 €	1,80/1,85 €

VIII. US-Aktien

Liquiditätsrally kontra Fundamentaldaten: Die US-Börsen stehen vor einem schwierigen Jahr! Der konjunkturelle Aufschwung wird sich frühestens zum Jahreswechsel 2002/2003 vollziehen. Doch damit ist die Basis für die Dividendentitel weiterhin wacklig. Die Bewertungen sind trotz der starken Kursverluste 2001 noch immer historisch hoch. Eine erneute, kräftige Korrektur könnte die vom Anlagebedarf getriebene Zwischenhausse schnell beenden. Wir rechnen im 1. Halbjahr 2002 nochmals mit einem deutlichen Nachgeben des Gesamtmarktes. Anleger sollten dieses Szenario jedoch nutzen, um sich mit aussichtsreichen Titeln für den Aufschwung zu wappnen. Als Frühindikator sollte die Börse der konjunkturellen Erholung vorauseilen und im Jahresverlauf für eine positive Performance sorgen. Wir prognostizieren daher für den Dow Jones-Index eine Range von 10°800 bis 11°200 Punkten. Der Nasdaq-Composite wird das Jahr 2002 in einer Spanne von 2°150 bis 2°300 Zählern beenden. Unsere Top-Favoriten sind Biogen, Citigroup, Dell, Ebay, General Electric, IBM, Intel, Lucent, McDonald's und Walt Disney.

Erlebt die Wall Street schon 2002 wieder ein Aktienjahr?

Das Terror-Attentat vom 11. September 2001 hat die Welt verändert. So offenbarte der Anschlag auf das New Yorker World Trade Center eine neue, bis dahin kaum vorstellbare Dimension des Terrors. Die „Kriegserklärung" an die Vereinigten Staaten blieb nicht ohne Folgen: Nach einer 4-tägigen Zwangspause an Wall Street gingen die Aktienmärkte zunächst weiter auf Talfahrt. Doch trotz der politischen Unsicherheit und der Angst vor weiteren Attacken nach den Gegenschlägen blieb eine Panik, wie beim Crash vom 29. Oktober 1929, aus! Mit dem Schmieden einer weltweiten Allianz zur Isolation der Staaten, die terroristische Aktivitäten unterstützen, hat US-Präsident **George W. Bush** einer durchdachten, nachhaltigen Strategie den Vorzug vor „blinder Rache" gegeben. Das besonnene Vorgehen im Kampf gegen den internationalen Terror zeugt von einer gewissen politischen Sensibilität. Die Börse hat es ihm bis dato mit einer unerwarteten Stabilität gedankt. Doch die Fäden des Netzes, welches den Aktienmarkt abfedert, sind dünn gesponnen. Die militärische Auseinandersetzung steht erst am Anfang. Arabische Staaten, die ebenfalls die „Allianz gegen den Terror" unterstützen, stehen innenpolitisch vor einer Zerreißprobe, wie das Beispiel Pakistan deutlich zeigt. Die Lage ist politisch und wirtschaftlich hochexplosiv. Die Politik bestimmt das Handeln an der Börse.

Schon länger ist die Konjunktur auf Tauchstation

Die schrecklichen Anschläge sind aber keinesfalls der Auslöser für das konjunkturelle Abtauchen der US-Konjunktur. Sie haben jedoch als Katalysator fungiert. Für die bereits angeschlagenen Fluglinien bedeutete die neue Art von Terror einen weiteren Tiefschlag. Unzählige Flüge mussten zunächst aus Sicherheitsgründen gestrichen werden. Dann waren es die Versicherer, die ein kaum mehr kalkulierbares Risiko im Flugverkehr mit satten Prämienaufschlägen quittierten. Nur die Zusage staatlicher Unterstützung sorgte für einen einigermaßen geregelten Ablauf. Über immerhin 15 Mrd. Dollar erstreckt sich die Finanzhilfe aus Washington. Dabei sollen 5 Mrd. Dollar zum Ausgleich der Schäden und 10 Mrd. Dollar als Kreditlinien zur Verfügung gestellt werden. Während Aktien von Fluggesellschaften und Versicherern trotz allem kräftig unter die Räder kamen, erfreuten sich die Rüstungshersteller wieder reger Beliebtheit. Die Angst vor biologischen oder chemischen Angriffen hat noch einen weiteren Effekt ausgelöst. Nachdem in den USA mehrere Verdachtsfälle von Milzbrand aufgetaucht sind, stehen Aktien aus der Biotechnologie und dem Pharma-Sektor verstärkt im Fokus der Anleger. So ist Börse, jede politische Veränderung birgt **Chancen** und **Risiken.**

Für das, was mit dem Einsturz des World Trade Centers im Zeitraffer geschehen ist, benötigte die US-Konjunktur ungefähr 12 Monate. Während Volkswirte und

Analysten noch darüber diskutierten, ob der Konjunkturverlauf in Übersee ein „V“ oder ein „U“ bildet, war die Talfahrt ins „Wachstums-Nirvana“ bereits in vollem Gange. Im 2. Quartal 2001 fiel das Bruttoinlandsprodukt bis auf marginale plus 0,2% zurück. Der schwächste Wert seit Jahresbeginn 1993. Vorläufige Zahlen wollten noch +0,7% erkannt haben - ein bitterer Trugschluss. Plus 0,2% - das bedeutet Stagnation! Als Belastungsfaktoren erwiesen sich dabei vorrangig der sinkende Export und die geringeren Ausrüstungsinvestitionen.

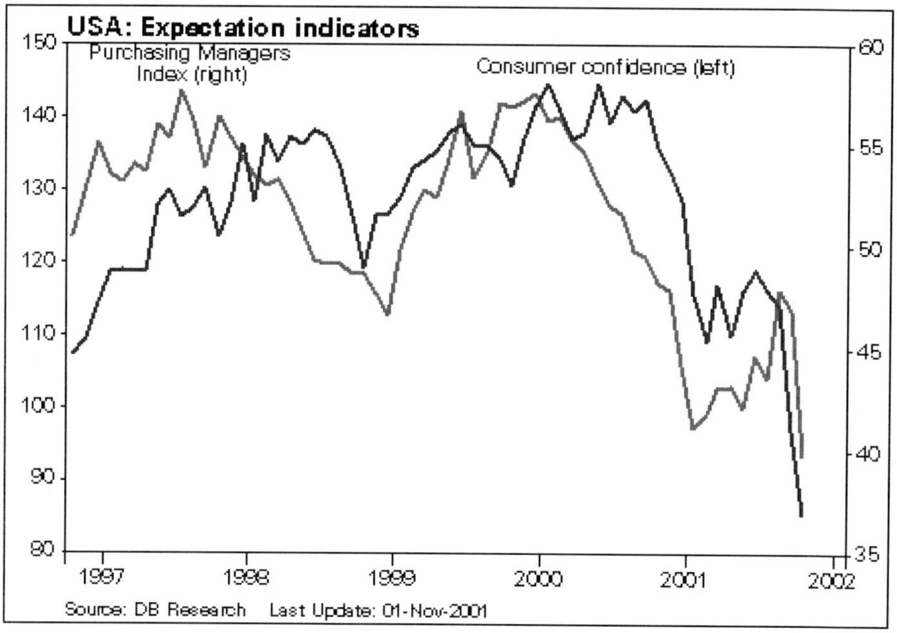

Eine Genesung des Patienten „Konjunktur“ sehen wir in USA **frühestens zum Jahresende 2002.** Für das gesamte Fiskaljahr erwarten wir ein Wirtschaftswachstum von 1% (vergleiche Kapitel II). Als Achillesferse könnte sich dabei besonders der einstige Hoffnungsträger „Privater Konsum“ erweisen. Zwar lag der Index des Verbrauchervertrauens der Universität Michigan im September über den Erwartungen der Auguren, die gleichzeitig veröffentlichten Einzelhandelsumsätze signalisieren nichts Gutes. Hier wurde im September ein sattes Minus von 2,4% registriert. Dies war der stärkste Rückgang seit Februar 1992!

Die Private Verschuldung befindet sich auf Rekordhoch

Doch sprechen noch weitere Faktoren für ein schwieriges Jahr für Dividendentitel. Viele amerikanische Privathaushalte befinden sich in einem fatalen Teufelskreis! Die Goldgräberstimmung, die noch vor knapp 2 Jahren die Aktienmärkte beherrschte, hat viele Anleger zu Engagements auf „Pump“ verlockt und die

Verschuldung der Haushalte auf neue Rekordstände gehievt. Unterlegt mit dem Eigenheim, den erworbenen Papieren und einem geregelten Einkommen als Sicherheit ging es am Aktienmarkt auf Renditejagd. Nun fällt das wacklige Kartenhaus in sich zusammen. In Folge der Konjunkturschwäche drehen die Unternehmen kräftig an der Kostenschraube: Massenentlassungen sind an der Tagesordnung, das sicher geglaubte Einkommen ist futsch. Die schwache Wirtschaft drückt zudem auf die Aktienkurse, was wiederum die Sicherheiten der Anleger bei den Kreditinstituten schmälert. „Zwangsliquidationen" der in sich zusammengefallenen Aktiendepots sind die logische Konsequenz. Geld fließt, wenn überhaupt, in die Tilgung von Krediten, der Konsum steht notgedrungen hinten an.

Auch die fundamentale Unternehmensbewertung bereitet Sorge. Da die Gewinnerwartungen in den vergangenen Monaten noch schneller als die Kurse zurückgegangen sind, liegt das Durchschnitts-KGV des S&P-500 noch immer bei etwa 40 und damit weit über den historischen Mittelwerten. Die schlechte Verfassung der Companies zieht aber noch weiteres Unheil nach sich: Rating-Agenturen senken ihre Bonitätseinstufungen und verteuern so die mögliche Fremd-Finanzierung. Ein Vorgang, der sich kontraproduktiv zu dem von den Zinssenkungen der Fed geschaffenen „Liquiditätsspielraum" verhält. Da Kapitalerhöhungen im aktuellen Börsenumfeld kaum durchzusetzen sind, bleibt somit auch der Zugang zu Eigenkapital versperrt. Aus diesem Dilemma gibt es nur einen Ausweg: Die Konjunktur muss wieder anspringen!

Es geht voran: Die US-Regierung krempelt die Ärmel hoch

Die Konjunkturprognosen der amerikanischen Regierung von 3,2% für das neue Fiskaljahr halten wir für deutlich überzogen - Zweckoptimismus in der Krise! Dennoch: Gerade nach den Terror-Anschlägen wird die Führungsspitze im Weißen Haus alles daran setzen, um nun nicht auch konjunkturell eine Niederlage einzufahren. Die Signale aus Washington sind jedenfalls eindeutig auf ein Ankurbeln der Wirtschaft ausgerichtet. Sonderkonjunkturprogramme sollten aber nicht übereilt werden, denn noch immer sind die genauen Auswirkungen des 11. September nicht exakt abzuschätzen. Nicht vergessen werden darf dabei die seit Jahresbeginn eingeschlagene, expansive Geldpolitik der Fed. Die Lockerung der Zinszügel wirkt empirischen Untersuchungen zu Folge nämlich erst mit einem „Time-lag" von 12 bis 18 Monaten nach. Im Klartext: Der Trumpf kommt erst noch zum entscheidenden Stich! Hierzu gesellt sich dann die Liquidität, die in den Geldmarktfonds schlummert und auf bessere Aktienzeiten wartet.

Die Hauptargumente für die konjunkturelle Trendwende Anfang 2003 sehen wir aber in einem wieder erstarkenden privaten Konsum und in einer Deckelung des Ölpreises. So sollen die Privathaushalte durch die geplante Steuerreform spürbar entlastet werden. Immerhin liegt das avisierte Budget bei 1,6 Billionen Dollar für die nächsten 10 Jahre. Das „Kernstück des innenpolitischen Programms" wird die Privatausgaben wieder deutlich anziehen lassen. Beim Ölpreis können wir uns ein „Horror-Szenario", welches zu Beginn der 90er Jahre für eine weltweite Rezession sorgte, nicht vorstellen. Während die OPEC damals nämlich nicht zur Stabilisierung des Ölpreises beitragen wollte, hat die Gemeinschaft nach der Terror-Attacke bereits signalisiert, diesmal für ein ausreichendes Angebot auf dem Rohölmarkt zu sorgen. Die Notierungen gaben denn auch kräftig nach. Die Obergrenze bei 25 Dollar/Barrel sollte daher halten. Dann drohen vom Öl keine Gefahren.

Anleger können auf die 2. Jahreshälfte hoffen

Die Börse ist ein Frühindikator der wirtschaftlichen Entwicklung. Wir gehen daher davon aus, dass schon in der 2. Jahreshälfte 2002 mit weiter steigenden Kursen zu rechnen ist. Doch Vorsicht, das 1. Hj. wird noch die eine oder andere Negativüberraschung zu bieten haben! Eine zwischenzeitliche Korrektur des Ende November bereits wieder erreichten Niveaus ist nicht auszuschließen. Vornehmlich Hightech-Aktien befinden sich weiterhin auf einem Level, der fundamental schwer zu rechtfertigen ist. Von welcher Basis die Aufholjagd starten wird, ist deshalb äußerst schwer zu taxieren. Üben Sie sich in Geduld, springen Sie nicht auf jede kurzfristige Aufwärtsbewegung! Erst wenn sich die „Wende" etabliert hat, können Sie mit Technologie-Aktien wieder verdienen.

Deutlich geringere Abschläge haben dagegen die Standardwerte erfahren. Während die Nasdaq um fast 20% auf 1 900 Punkte nachgegeben hat, gibt es bei den

Dow-Werten „nur“ ein durchschnittliches Minus von nicht ganz 10% zu beklagen. Kommt die „Liquiditäts-Hausse“ in Fahrt, werden die defensiven Titel zwar nicht so stark anziehen, das Risiko eines heftigen Rückschlags ist dafür aber auch wesentlich geringer. Doch wir wollen die Technologie-Werte nicht verteufeln und keinesfalls alle in einen Topf werfen. Denn auch hier gibt es eingeführte Unternehmen, die von der anziehenden Konjunktur überproportional profitieren können. Setzen Sie auf die Papiere, die gestärkt aus der aktuellen Wirtschaftsflaute hervorgehen!

Wir halten in unseren diesjährigen US-Top10 eine interessante Mischung aus Value- und Growth-Papieren für Sie bereit. Da wir zunächst aber mit weiteren Kursverlusten auf breiter Front rechnen, nennen wir Ihnen bei jeder Empfehlung die fundamental gerechtfertigte Einstiegs-Range. Natürlich heißt das nicht, dass dieses Niveau dann den Tiefstpunkt darstellt. „Übertreibungen“ nach unten sollten hier aber schnell wieder korrigiert werden können. Bei unseren Empfehlungen für den risikobewussten und spekulativen Anleger sollten Sie den von uns angegebenen Stopp-Kurs aber unbedingt einhalten. Investieren Sie nicht überhastet. Die Krise ist noch nicht ausgestanden. Insgesamt erwarten wir auf Jahressicht bis Ende 2002 wieder steigende Kurse. Für den Dow Jones-Index prognostizieren wir eine Spanne von 10 800 bis 11 200 Punkten. Den technologielastigen Nasdaq Composite sehen wir im Bereich von 2 150 bis 2 300 Zählern.

Die Platow-Favoriten 2002 in der Kurzübersicht

Titel	WKN	Kurs 20.11.	EPS '02	KGV '02	Einstiegs-Range	Stopp-Kurs
Biogen	866 822	55,87	2,06	27	50/53	40
Citigroup	871 904	49,55	3,00	17	43/45	30
Dell	875 403	26,39	0,63	42	22/24	16
Ebay	916 529	59,11	0,73	81	30/40	22
General E.	851 144	41,10	1,61	26	35/37	25
IBM	851 399	115,44	4,84	24	90/95	75
Intel	855 681	29,95	0,57	53	23/25	17
Lucent	899 868	8,07	-0,40	n.a.	7/8	5
McDonald's	856 958	27,22	1,50	18	23/25	15
W. Disney	855 686	21,27	0,71	30	14/15	11

(Bitte unbedingt beachten: Alle Angaben in Dollar)

Biogen: Die Medikamenten-Pipeline muss weiter sprudeln

Mit einem weltweiten Marktvolumen von rd. 125 bis 130 Mrd. Dollar und Steigerungsraten von 20 bis 25% p.a. gehört das Biotech-Segment unverändert zu den wachstumsstärksten Branchen. Ein Trugschluss ist es jedoch, das Marktwachstum auf jeden x-beliebigen Titel dieser Sparte zu übertragen. Die Risiken des Segmentes sind trotz geringer Zyklik wahrlich nicht zu unterschätzen. Nur eine geringe Anzahl der börsennotierten Biotechnologie-Titel schreibt schon Gewinne. Das Gros vertröstet die Anleger noch immer mit der bloßen Hoffnung auf Zählbares. Die Risiken der Geschäftsmodelle sind für Nicht-Biologen aber kaum zu fassen. Auf der zumindest weniger riskanten Seite befinden sich daher Anleger, die auf bereits etablierte Unternehmen setzen. Hier sind zwar die Kursaufschläge nach erfolgreichen Projekten nicht so exorbitant groß wie bei einem Newcomer, das Risiko ist dafür aber wesentlich kleiner.

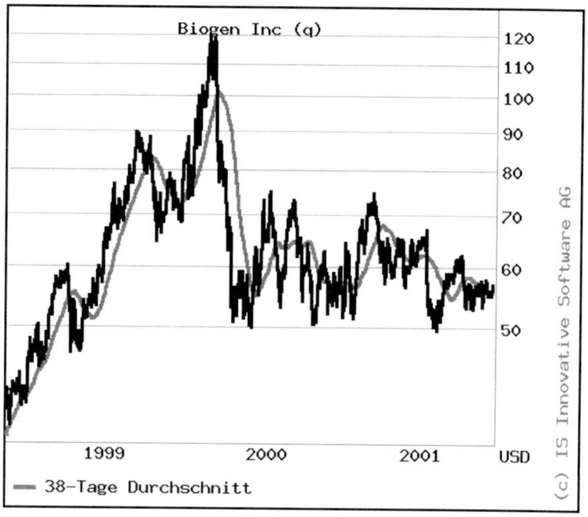

In der Sparte der Wirkstoffhersteller haben Schwergewichte wie **Biogen** und **Amgen** fast schon zu den Pharma-Playern aufgeschlossen. Doch selbst ein beeindruckender Track-Record mit Blockbuster-Medikamenten kann die starke Volatilität kaum eingrenzen. So belastet bei Biogen die Nachricht, dass der Schweizer Konkurrent Sereno mit neuen Studien die Güte des Hauptumsatzträgers „Avonex", ein Medikament zur Behandlung von Multiple Sklerose, widerlegen will. Der Kurs liegt seit dem an der Leine. Immerhin macht dieses Medikament mehr als die Hälfte des Gesamtumsatzes von Biogen aus. Auch im Zahlenwerk zum 3. Quartal zeigt sich die Wichtigkeit von „Avonex". Während die Gesamterlöse um 13% gegenüber Vorjahr klettern, konnten die Umsätze des Blockbusters um knapp 30% zulegen.

Trotz der Problematik mit Sereno bleibt Biogen wie schon im vergangenen Jahr in unseren US-Top10. So verfügt das Team mit „Avonex" in den USA noch immer über eine Monopolstellung. Das Patent läuft hier bis Mai 2003. Auch außerhalb Amerikas rechnet CEO **Jim Mullen** mit viel Potenzial. Wichtig ist, schon bald mit Folgewirkstoffen einen geeigneten Anschluss zu schaffen. Und hier sieht es gar nicht schlecht aus. Die Pipeline der Crew aus Massachusetts schürt die Hoffnung auf geeigneten Ersatz. Neben dem Medikament „Adentri" zur Behandlung bei Herzinfarkten befinden sich auch Präparate gegen Autoimmunerkrankungen und zur Frühbehandlung von MS in der Entwicklung. Diese neuen Möglichkeiten werden durch aktuelle, handfeste Erträge untermauert. Mit dem vorgelegten Ergebnis im 3. Quartal 2001 wurden die Analysten sogar positiv überrascht. Anstelle der durchschnittlich geschätzten 44 Cents/Anteilschein gelang es, 49 Cents einzufahren. Für das Gesamtjahr dürften damit gut 1,90 Dollar möglich sein. Gemessen an den Ergebnisprognosen für 2002 errechnet sich ein 02er KGV von unter 30. Damit genießt das Unternehmen einen komfortablen Bewertungsabschlag von über 30% zum Branchenprimus Amgen.

In den vergangenen 18 Monaten hat sich das Papier zwischen 50 und 75 Dollar bewegt. Während sich um 65 Dollar ein Widerstand gebildet hat, bildet die Marke von 50 Dollar eine stabile Unterstützung. In der Region 50/53 Dollar würden wir daher erste Kauflimits platzieren. Eine Absicherung empfiehlt sich um 40 Dollar. Allerdings eignet sich das Papier nur für **risikobewusste** Anleger. Verzögerungen oder gar Fehlschläge bei der Zulassung neuer Medikamente können gerade die stattlichsten Prognosen empfindlich durcheinander wirbeln.

Citigroup steht wie ein Fels in der tosenden Brandung

Das Konzept von **Citigroup** kommt bei den Analysten an: Der größte Finanzdienstleistungskonzern der Welt setzt auf eine breite, globale Diversifizierung. Mit über 100 Mio. Kunden in mehr als 100 Ländern gelang es sogar meist, die hochgesteckten Erwartungen der Analysten zu übertreffen. Selbst die konjunkturelle Flaute konnte dem Finanz-Riesen bisher erstaunlich wenig anhaben. Die stärker auf das Investmentbanking fokussierten Konkurrenten wie etwa Bank of America oder First Union können dies nur neidvoll anerkennen. Doch auch der Weltmarktführer ist nicht frei von Sorgen.

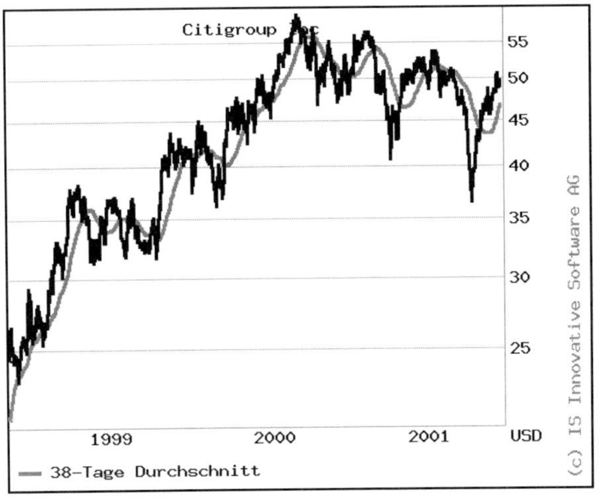

50% der Erlöse werden im Privatkundengeschäft erzielt. Hauptumsatzträger ist hier das lukrative Kreditkartengeschäft. Eine Bastion, die sich einem heftigen Sturm erwehren muss. Die Wirtschaftsflaute drückt kräftig auf die Kartenumsätze – das Geld der Privathaushalte sitzt notgedrungen nicht mehr so locker. Hinzu gesellt sich noch der Umstand, dass in konjunkturell schlechten Zeiten, wo Massenentlassungen zur Tagesordnung gehören, die Ausfallquote bei Krediten besonders hoch ist. Zu allem Überfluss kommen durch das Terror-Attentat noch höhere

Versicherungsforderungen auf die Citigroup zu. Und im Investmentbanking leidet die Tochter **Salomon Smith Barney** unter der Investitionszurückhaltung der Anleger.

Da überrascht es, dass im 3. Quartal der Gewinnrückgang **nur** bei 9% lag. Inklusive der Sonderbelastungen blieben noch 3,18 Mrd. Dollar hängen. Die reduzierten Analystenschätzungen von 63 Cents/Aktie wurden wieder erfüllt. Das ist fast einmalig in der Branche. Die Strategie der New Yorker geht auf und sichert den Vorsprung vor der Konkurrenz. Größe ist dabei Trumpf. Die starke Akquisitionstätigkeit, die das Institut bis an die Spitze der weltweiten Bankenlandschaft geführt hat, wird fortgesetzt. So gelingt es auch immer wieder, die richtig dicken Brocken an Land zu ziehen. In einem flauen Emissionsjahr konnte der Branchenprimus das vom Volumen her wohl größte Highlight der vergangenen Jahre für sich gewinnen: Den **Börsengang** der **Philip Morris-Tochter Kraft Foods!** Neben einer „fetten“ Provision wurde zugleich noch ein Kredit über 8 Mrd. Dollar verkauft. Nicht kleckern, sondern klotzen!

Des weiteren steht der Abbau des Fixkostenblocks, der sich immerhin auf knapp 2 Mrd. Dollar beläuft, im Fokus. Die Integration von neu akquirierten Unternehmen zieht dann meist Synergien im Rahmen von Personalfreisetzung nach sich. Doch während im Technologiesektor Massenentlassungen an der Tagesordnung sind, geht der Finanz-Riese eher zaghaft zu Werke. Im Jahr 2000 wurden, meist im Zusammenhang mit Übernahmen, rd. 7 500 Mitarbeiter abgebaut, 2001 waren es noch nicht einmal 5 000. Bei einem Personalbestand von ca. 240 000 ist dies eine fast schon verschwindend gering anmutende Zahl. Die Konkurrenz ist da weniger zurückhaltend, zeigt damit aber klar, dass der Margenverfall viel stärker durchschlägt als bei der Citigroup, die im Finanzsektor unser eindeutiger Favorit bleibt.

Die ursprünglichen Gewinnprognosen für 2001 waren irgendwann nicht mehr zu halten. Statt der zunächst avisierten 3,07 Dollar je Anteilschein wird das Geldhaus voraussichtlich 2,84 Dollar erwirtschaften. Für das kommende Jahr rechnen wir mit konservativen 3,00 Dollar. Das entspricht einem attraktiven Gewinn-Multiple von ca. 15. Und das, obwohl sich das Papier nach den starken Kursverlusten im September mittlerweile wieder kräftig erholt hat. Mit Blick auf die hervorragende Positionierung dieser Bank(-Aktie) sollten langfristig orientierte Anleger das Niveau um 43/45 Dollar zum **Einstieg** nutzen.

Dell Computer: Die PC-Branche ist tot, es lebe die PC-Branche

Die goldenen Zeiten, in denen der PC-Sektor mit zweistelligen Zuwachsraten glänzen konnte, sind vorbei. Nach 15 Jahren Wachstum haben die Marktforscher von IDC erstmals im 2. Quartal 2001 einen Rückgang der Auslieferungen beobachtet. Eine Entwicklung, die sich auch im 3. Quartal nicht verbessert hat. Die Stimmung der Branche könnte wahrlich kaum schlechter sein. Die Konjunkturflaute sorgt besonders im IT-Bereich für Kosteneinsparungen der Unternehmen. Projekte werden verschoben oder ganz storniert. Befindet sich die Computer-Industrie damit schon am Tiefpunkt oder wird alles noch schlimmer?

Mit Bestimmtheit lässt sich diese Frage natürlich nicht beantworten. Aber können Sie sich ein Leben ohne Computer vorstellen? Die Form der Geräte wird sich ändern. Die Entwicklung, dass der Bedarf immer weiter steigt, hingegen nicht. Eines ist für uns zudem klar: Die Branchen, die mitverantwortlich für diesen tiefen Fall waren, werden den zukünftigen Aufschwung nach vorne tragen! Das gilt vorrangig für die Technologie-Titel, die in den vergangenen Jahren trotz der jüngsten Enttäuschung zunehmend an Beliebtheit gewonnen haben. Allerdings sind die Investoren wählerisch geworden. Um nachhaltig von einem Aufschwung zu profitieren und eine langfristig befriedigende Kursentwicklung zu zeigen, bedarf es nun einiger Faktoren mehr als zu Zeiten der wohl einmaligen Technologie-Hausse Mitte/Ende der 90er Jahre.

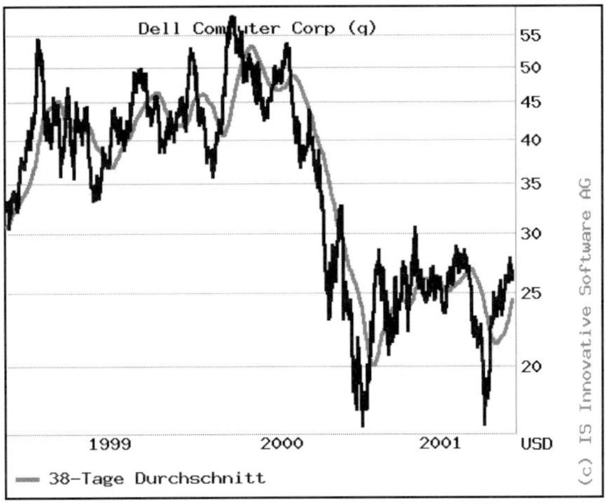

Neben der Marktstellung und den Zukunftsaussichten des Unternehmens wird wieder verstärkt auf die Bewertung der Titel geschaut. Genügte es vor ein paar Jahren noch, mögliche Gewinne in Aussicht zu stellen, so verlangt das Gros der Anleger heute handfeste Erträge. Und das ist gut so! Die Spreu trennt sich meist erst in der Krise vom Weizen. Nur die Substanzwerte werden den harten Preiskampf im PC-Segment überstehen, dann aber voraussichtlich gestärkt aus dem momentanen Fiasko hervorgehen.

Die Übernahme von **Compaq** durch den Wettbewerber **Hewlett-Packard** ist ein Schritt in diese Richtung, wenngleich die Transaktion in Analystenkreisen nicht gerade auf Jubelstürme gestoßen ist. „Aus 2 lahmen Gäulen wird noch lange kein Rennpferd", so die eher despektierlichen Kommentare. Wir sehen diese Entwicklung jedoch etwas anders. Natürlich haben beide Unternehmen derzeit so ihre Probleme. Aber ist es nicht sinnvoll, gerade jetzt die möglichen Synergien in die Waagschale zu werfen und dem Wettbewerb die Stirn zu bieten? Auch strategisch sehen wir durchaus Vorteile, die sich langfristig auszahlen sollten. Während sich die PC-Sparte überschneidet, ist Hewlett-Packard besonders im Server-Bereich stark. Eine ideale Ergänzung zu Compaq, die hier nur mäßige Erfolge aufweisen können. Den lukrativen Markt für IT-Dienstleistungen wollen die beiden dann gemeinsam angehen.

Unser Branchenfavorit bleibt jedoch nach wie vor **Dell.** Der harte Preiskampf hat sich für die Crew um Firmenlenker **Michael Dell** beim Kampf um die Marktanteile ausgezahlt. Seit 2001 ist das Unternehmen weltweit in der Pole-Position der PC-Hersteller. Im Bereich NT-Server reicht es zumindest zu Platz 1 in den USA. Das große Plus des Weltmarktführers ist dabei das Modell des direkten Vertriebs. Kunden können per Internet oder Telefon ihre Bestellung abgeben. Vor- und nachgeschaltete Lager entfallen und helfen, Kosten zu sparen. Das ist gerade in wirtschaftlichen Schwächephasen ein nicht zu unterschätzender Vorteil.

Mit der Erweiterung des Kundenstammes hat sich Dell eine optimale Ausgangsbasis geschaffen, um von einer Erholung des Marktes überproportional zu profitieren. Während Mitwettbewerber Marktanteile abgeben mussten, steigerte die US-Crew ihren Anteil am PC-Kuchen auf aktuell knapp 14%. Ein Grund dafür, dass das Papier noch immer nicht ganz billig zu haben ist. Nach den revidierten Gewinnschätzungen für das Geschäftsjahr 2002/03 von 0,74 Dollar je Aktie im Konsens beträgt das KGV noch immer gut 35. Im Rahmen einer antizyklischen Strategie empfehlen wir um 22/24 Dollar den Aufbau erster Positionen. Allerdings halten wir es für durchaus denkbar, dass alte Tiefstände im Bereich 16/18 Dollar noch einmal angetestet werden könnten. Gehen Sie deshalb mit einem gestaffelten Limit zu Werke. Wenn der Aufschwung einsetzt, halten wir langfristig Kurse von 35 bis 40 Dollar für realistisch. Agieren Sie aber stets mit einem Stopp-Limit.

Ebay: Geld verdienen im Internet – Nichts ist unmöglich

In nur kurzer Zeit hat sich das Internet zu einem allseits anerkannten Massenmedium entwickelt. Die Präsenz im Netz gilt noch immer als Schlüssel zu Kunden und zusätzlichen Werbeeinnahmen. Zumindest mit Werbung ließ sich zuletzt nur noch mühsam etwas verdienen. Der Zusammenbruch des Online-Werbemarktes sorgt bei vielen „Dotcoms" für tiefrote Zahlen. Hiervon kann der ehemalige Internet-Pionier **Yahoo** ein Lied singen. Das Bestreben der unzähligen Anbieter im Netz gilt nun der **Vermarktung von Content.** Doch gerade hier halten sich viele „Surfer" vornehm zurück. Die Annahme, ehemals kostenlose Inhalte nun problemlos verkaufen zu können, ist verfehlt. Die Geldbörse bzw. Kreditkarte wird meist nur dann gezückt, wenn es um erotische Inhalte geht. Doch selbst hier ist der Kunde wählerisch.

Eine etwas andere Form von Content stellt das **Internet-Auktionshaus Ebay** ins Netz. Als reiner Plattform-Anbieter verdient das Team um die Vorstandschefin **„Meg" Whitman** vorrangig an den Transaktionen. Das Er- und Versteigern ist für viele bereits zu einem kleinen Sport geworden. So verfügt das Auktionshaus weltweit über rd. 34 Mio. registrierte Nutzer. Pro Quartal finden fast 100 Mio. Versteigerungen statt, womit Ebay zum unangefochtenen Branchenprimus aufgestiegen ist. Beeindruckend ist zudem, dass der Umsatz im Vergleich zu vielen Internetunternehmen nicht teuer erkauft werden musste. Die Kalifornier sind seit jeher profitabel. Die liquiden und kurzfristig verfügbaren Mittel summieren sich auf mehr als 850 Mio. Dollar. Ein beruhigendes Polster für schlechtere Zeiten.

Nach mageren Jahren sieht es aber trotz Konjunkturflaute nicht aus. Es scheint sogar, dass die Wirtschaftsschwäche bei vielen Nutzern von Ebay eine besondere Nachfrage nach gebrauchten und somit günstigeren Produkten geschaffen hat. Branchenexperten beziffern das Marktwachstum der kommenden 3 bis 5 Jahre auf sagenhafte 50% jährlich. Eine Entwicklung, die sich im Zahlenwerk der Auktionsprofis widerspiegelt. Nach 9 Monaten flossen 194 Mio. Dollar an Erlösen durch die Bücher. Beim operativen Ergebnis blieben dabei 0,12 Dollar je Anteilschein in der Kasse hängen. Wo viele Hightechs ihre Prognosen zurückschrauben mussten, wird es Ebay allem Anschein nach gelingen, auf das vormals geplante EPS im 4. Quartal etwas draufzusatteln.

Der Erfolg kommt nicht von ungefähr. In den vergangenen Jahren gelang es, einen echten **Markennamen** zu etablieren, der für guten Service, eine ausgereifte Technologie und besondere **Seriosität** steht. Als reiner Plattform-Anbieter entfallen zudem kostenintensive Posten wie Lieferung und Lagerhaltung. Das Motto lautet „Wir fassen keine Ware an“. Genau mit diesem Problem haben viele E-Commerce-Vertreter wie etwa „Problemkind“ **Amazon** so ihre liebe Not. Das einzige, was uns bei Ebay gänzlich missfällt, ist jedoch die hohe Bewertung. Kleinste Enttäuschungen können zu kräftigen Kursabschlägen führen. So genügte ein durchwachsener Ausblick beim Umsatz für das 4. Quartal, um das Papier kräftig nach unten zu drücken. Doch selbst bei aktuellen Kursen um 60 Dollar errechnet sich ein 02er-KGV von rd. 80. Obwohl uns die Story sehr gut gefällt, würden wir bei solchen Kursen noch nicht investieren. Ein interessantes Einstiegsniveau liegt bei etwa 30 Dollar. Ob und wann die Ebay-Aktie auf diese Marke zurückfällt, ist kaum abzuschätzen. Deshalb empfehlen wir den **Aufbau erster Positionen bei rd. 40 Dollar.** Kommt es trotz starker Gewinnwachstumsraten zu weiteren Abschlägen, sollte um 30 Dollar verbilligt werden.

General Electric hat überall die Finger im Spiel

Fokussierung auf das Kerngeschäft, so lautete zu Beginn der 90er Jahre die Devise unter den Analysten. Kein Wunder, dass es viele Konglomerate in dieser Zeit sehr schwer hatten, ihre Vorzüge dem Kapitalmarkt zu kommunizieren. Fehlende oder kaum zu nutzende Synergien der einzelnen Geschäftsbereiche und eine wenig überschaubare Konzernstruktur haben die „Gemischtwarenläden" ins Abseits gedrängt. Doch gerade die Diversifizierung birgt auch eine Reihe von Vorteilen. Die schwache Korrelation zur Entwicklung einzelner Branchen hat besonders in konjunkturellen Schwächephasen ihre Reize. Probleme eines Teilbereiches können dann mit der Outperformance einer anderen Sparte kompensiert werden.

Einem dieser Mischkonzerne ist es jedoch quasi zu jeder Zeit gelungen, die Investoren von der eingeschlagenen Marschroute zu überzeugen: **General Electric.** Mittlerweile besitzt das Unternehmen die höchste Marktkapitalisierung weltweit! Die Strategie ist klar umrissen. Mit einem starken externen Wachstum soll sich jede Unternehmenseinheit eine marktführende Stellung erkämpfen. Unterstützt wird dies durch eine äußerst clevere Refinanzierung. So unterliegt der Finanzarm GE Capital wesentlich geringeren Restriktionen als herkömmliche Banken. Ein nicht zu unterschätzender Vorteil, den das Team aus Fairfield bei Akquisitionen in die Waagschale werfen kann. Jüngstes Beispiel hierfür ist der Sieg in der **Übernahmeschlacht** um Honeywell. Zwar musste der Deal letztlich aus kartellrechtlichen Gründen abgeblasen werden, der Mitbieter United Technologies konnte jedoch in seine Schranken verwiesen werden.

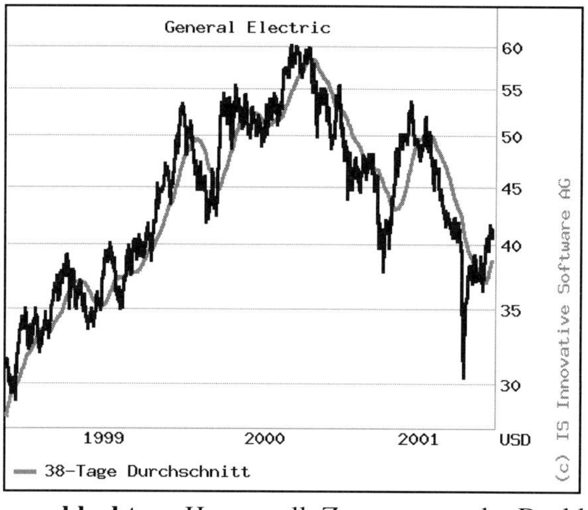

Im breit gefächerten Portfolio des Marktschwergewichtes findet sich darüber hinaus eine Sparte, die ideal in die derzeitige politische Landschaft passt. General Electric baut u.a. Flugzeugturbinen. Und die lassen sich bekanntlich in der zivilen und militärischen Luftfahrt bestens einsetzen. Erst kürzlich hat das US-Verteidigungsministerium den wohl größten Rüstungsauftrag der Geschichte an den Flugzeugbauer Lockheed vergeben. Da fällt in der Regel auch einiges für die Zulieferer ab. Die Sparte Pratt & Whitney von United Technologies ist als Begünstigter bereits ausgemacht, da wird der Weg an General Electric ebenfalls nicht vorbei führen. Folgt nach dem im Rahmen der Prognosen liegenden 3. Quartal nun noch ein stärkeres Schlussquartal 2001?

Nachdem die Aktie im Frühjahr dem negativen Trend im Technologiesektor trotzen konnte, ging diese „Immunität" im weiteren Verlauf jedoch verloren. Sein Jahrestief von rd. 30 Dollar hatte der Titel dann wenige Tage nach den Terror-Anschlägen auf das World Trade Center im September. Nach den vernünftigen Quartalszahlen rechnen wir damit, dass sich das geplante langfristige Wachstum von etwa 15% realisieren lässt. Dennoch sollten auch diverse Risikofaktoren nicht außer Acht gelassen werden. So bildet die Finanzdienstleistungs-Sparte zwar eine der stärksten Ertragssäulen, ist jedoch von der Stimmung an den Kapitalmärkten abhängig. Zudem sind die Folgen des 11. Septembers für das Versicherungsgeschäft noch nicht gänzlich abzuschätzen.

Unter Berücksichtigung der genannten Risikoaspekte halten wir General Electric auf Basis der Konsensschätzungen für 2002 mit einem KGV von um 20 aber dennoch nicht für zu hoch bewertet. Als interessante **Einstiegs-Range** für **risikobewusste Anleger** bietet sich der Bereich um 35/37 Dollar an. Hier findet sich zudem eine charttechnische Unterstützungszone. Absichern sollten Sie Ihr Engagement dann bei rd. 25 Dollar.

IBM: Service ist das, was zählt

Der Kursverfall der Technologie-Aktien ist auch an **IBM** nicht spurlos vorüber gegangen. Während die Branchen-Kollegen in den vergangenen 18 Monaten regelrechte Kurseinbrüche hinnehmen mussten, ist „Big Blue" aber noch verhältnismäßig glimpflich davon gekommen. Selbst in den Tagen nach den Terror-Anschlägen in New York hat das Papier eine erstaunliche Stabilität an den Tag gelegt. Wie die Investmentbank **Goldman Sachs** berichtet, entfallen alleine 6% der Umsätze in der Dienstleistungssparte auf Wartungsarbeiten nach Katastrophen. Doch ist das natürlich nur ein kleiner Nebeneffekt. IBM ist es gelungen, das zyklische Hardware-Geschäft mit stetigen Erlösen aus dem Service-Sektor zu kompensieren. Die einst noch milde belächelte Strategie zeigt gerade jetzt in der Krise erste Früchte. Im 9-Monatsergebnis hat sich der Service-Anteil mit beachtlichen 41% an den Ge-

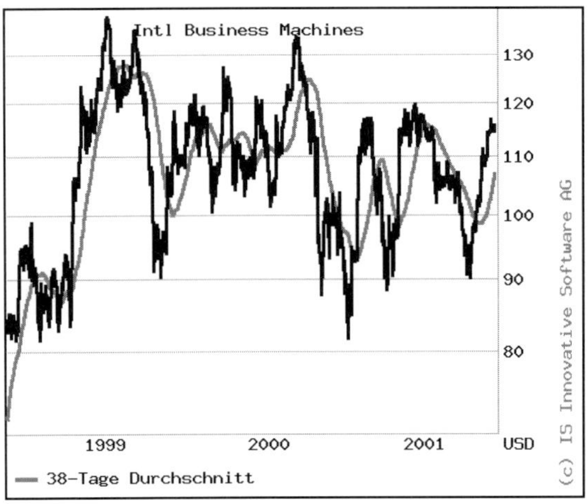

samterlösen niedergeschlagen. Die Rohertragsmarge konnte gar um 1,8%-Punkte auf 28,4% ausgebaut werden. Eine stolze Leistung.

Dennoch, der allgemeinen Schwäche kann sich auch das Team um Firmenlenker **Louis Gerstner** nicht entziehen. Doch was es zum 3. Quartal 2001 zu berichten gab, konnte sich im Vergleich zur Branche bzw. im Kontext der Gewinnwarnungen des Technologie-Segments wahrlich sehen lassen. Das Ergebnis je Aktie fiel „nur" um knapp 17% auf nunmehr 90 Cents. Analysten waren bei ihren reduzierten Schätzungen von 89 Cents ausgegangen. Beim Umsatz beklagt IBM einen Rückgang um rd. 21%. Ohne die bereits umgesetzte Diversifizierungsstrategie hätte sich hier ein Debakel offenbart! Hinzu kommt, dass sich das Unternehmen zunehmend auf große, etablierte Kunden stürzt. Der Zusammenbruch der „Dotcom-Landschaft" hat somit nur geringen Einfluss auf das Zahlenwerk. Zudem versprüht Finanzchef **John Joyce** Optimismus für das 4. Quartal. Die Erwartungen der Investmentanalysten hält er für erfüllbar. Wann jedoch der Aufschwung kommt, wird auch Joyce nicht sagen können. Sicher ist aber: IBM zählt zu den Schwergewichten, die auch für eine Rezession gewappnet sind.

Und Gutes muss nicht teuer sein. Die angepassten Ertragserwartungen für das Geschäftsjahr 2002 liegen bei rd. 4,90 Dollar je Anteilschein. Doch selbst nach einem 10%-igen Sicherheitsabschlag errechnet sich auf aktuellem Niveau ein Gewinn-Multiple von etwas über 20. Damit ist IBM nicht zu teuer. Auch wenn der Markt den von uns erwarteten Rückfall im 1. Hj. 2002 vollzieht, mit „Big Blue" sollten Sie sich langfristig auf der sicheren Seite befinden. In den vergangenen 2 Jahren hat das Papier im Bereich zwischen 80 und 140 Dollar geschwankt, ohne in den großen Abwärtsstrudel mit hineingezogen zu werden. Rückschläge in den Bereich der Jahrestiefs um 85/90 Dollar sollten risikobewusste Anleger zum **Einstieg** nutzen. Risikoaverse Investoren warten zunächst die weitere Konjunkturentwicklung ab und legen sich ab Mitte des Jahres mit Limits um 90/95 Dollar auf die Lauer. Als langfristige **Kurszielzone** erwarten wir eine Range von **125 bis 135 Dollar.** Eine Absicherung empfiehlt sich wenige Prozentpunkte unterhalb der Tiefs der letzten 24 Monate bei knapp 80 Dollar.

Intel: Nach Gewitter folgt stets Sonnenschein

Die Chipbranche durchlebt derzeit eine ihrer heftigsten Krisen überhaupt. Branchenstudien belegen dies mit fast schon erschreckenden Zahlen. So rechnet IC Insights für das Gesamtjahr 2001 mit einem Rückgang der weltweiten Umsätze in der Chipindustrie um mehr als 20%. Ein ähnliches Szenario beschreibt auch die Gartner Group. Minus 17% werden es demnach 2001 werden. Doch mit Zahlen für das in Kürze zu Ende gehende Jahr beschäftigt sich kein Anleger mehr. Die Aussichten für 2002 werden sukzessive in die aktuellen Bewertungen mit eingebracht. Und da lassen sich die Marktforschungsinstitute nicht lumpen. Mit einem Plus von 16% malt zumindest Gartner wieder ein äußerst optimistisches Bild.

Zweckoptimismus hin oder her, mit etwas gutem Willen lassen sich wirklich **erste positive Signale** erkennen. Waren die Lagerhallen der Chip-Produzenten bis vor wenigen Monaten noch Rand voll, sind nun die alten Produkte zum Großteil versilbert, wenn auch zu Dumping-Preisen. Die Lagerbestände an Halbleitern sind wieder auf ein historisch niedriges Niveau abgesackt. Für die 2. Jahreshälfte 2002 erwarten Marktbeobachter nun einen Nachfrageschub aus dem PC-Sektor. So werden viele Unternehmen die in diesem Jahr noch „auf Eis" gelegten IT-Ausgaben nachholen. Halbleiteraktien übernehmen dann eine Vorreiter-Rolle, da diese die Basis für alle Hardware-Produkte sind. Die Wende im Chip-Sektor wird früher oder später kommen, da der Zeitpunkt jedoch nur sehr schwer zu fixieren ist, sollten die ausgewählten Papiere über ein **solides Fundament** verfügen, mit dem auch die momentane Krise überwunden werden kann.

In dieser Position sehen wir derzeit **Intel.** Der lange Preiskampf war zwar nicht ganz ohne, dem hartnäckigsten Konkurrenten **AMD** konnten aber wichtige Marktanteile abgenommen werden. Während Intel im 3. Quartal mit einem „Plus" im Rahmen der Markterwartung lag, gab es bei AMD ein Minus. Dennoch warnen wir vor überzogener Euphorie. Die im Konsens erwarteten Intel-Zahlen bergen einen Gewinnrückgang um mehr als 75% in sich. Gab es im vergleichbaren Vorjahreszeitraum noch einen Gewinn von 43 Cents je Aktie zu bestaunen, so fiel dieser aktuell auf 10 Cents zurück. Der unterproportionale Umsatzrückgang um rd. 25% signalisiert zudem den Preiskampf, den das Unternehmen aus Santa Clara hinter sich hat. Der verhaltene Ausblick auf das Schlussquartal fügt sich auch nahtlos in das (noch) negative Szenario der Marktforschungsinstitute ein.

Seit Sommer des vergangenen Jahres hat Intel fast drei Viertel der einstigen Marktkapitalisierung eingebüßt. Zum Ausverkaufspreis gibt es das Papier aber nicht. Im Gegenteil: Mit einem Gewinn-Multiple auf Basis der Ergebnisschätzungen für 2002 zwischen 45 und 55 erscheint die Aktie vor dem Hintergrund der unsicheren Vorhersagen für den Chipmarkt sogar sehr ambitioniert gepreist. So basieren die Schätzungen der Analysten auf einer sukzessiven Erholung der Branche. Um 20% sollen die Gewinne bei Intel wachsen. Geht diese Prognose nicht auf, dürfte auch das 3-Jahres-Tief bei 18/19 Dollar wenig Unterstützung liefern. Dreht die Stimmung, ist Intel unser klarer Favorit. Dann wird auch die zugegeben happige Bewertung kein Hindernis auf dem Weg nach oben sein. Eine **erste Einstiegsbasis** sehen wir für risikobewusste Anleger um 23/25 Dollar. Halten Sie aber noch etwas Pulver trocken, um bei einem nicht ganz auszuschließenden weiteren Abgleiten in den Bereich um 20 Dollar zu verbilligen. Als Stopp-Marke beachten Sie 15/17 Dollar.

Lucent Technologies: Heiße Spekulation auf den Turn-around

Die Investitionszurückhaltung der Telekommunikationsunternehmen hat auch in den Bilanzen der Zulieferer und Ausrüster Spuren hinterlassen. Heftig unter die Räder ist dabei das ehemalige AT&T-Spin-Off **Lucent Technologies** gekommen. Konnte im Dezember 1999 noch ein Allzeithoch von über 84 Dollar erklommen werden, so ist die Notierung knapp 2 Jahre später um mehr als 90% auf gut 6 Dollar abgesackt. Lohnt sich nun wieder eine antizyklische Investition oder wird die Company gänzlich untergehen? Unternehmenschef **Henry Schacht** jedenfalls ist zuversichtlich, schon im kommenden Jahr den Sprung zurück in die Profitabilität zu schaffen. Dafür hat er einiges ins Rollen gebracht. Nach diversen Umstrukturierungen ist von der einstigen Lucent auch nicht mehr viel übrig geblieben. Das Ziel eines schlanken Unternehmens rückt wieder in Sichtweite. Die einstmals 5 Geschäftsbereiche wurden unter den beiden übergeordneten Einheiten „Festnetz" und „Mobilfunk" zusammengefasst. Damit will das Team aus Murray Hill noch gezielter auf die spezifischen Anforderungen der Kunden eingehen. Um den Fixkostenblock zu reduzieren, wurde die Zahl der Mitarbeiter drastisch abgebaut. Von rd. 106 000 Beschäftigten zu Jahresbeginn sind mittlerweile nur noch 60 000 übrig geblieben.

Die mehr als 40 Gläubigerbanken stehen hinter dem Konzept der Verschlankung. Insgesamt wurde einer Kreditlinie von etwa 4 Mrd. Dollar zugestimmt. Hinzu kommen noch die Verkaufserlöse aus dem Glasfasergeschäft von geschätzten 3 Mrd. Dollar. Für Ende März 2002 ist dann das Spin-Off des Chip-Herstellers Agere Systems geplant. Ursprünglich sollte dies bereits im vergangenen September über die Bühne gehen, doch der katastrophale Zustand des Chip-Sektors hat dieses Vorhaben hinausgezögert. Ob sich dieser Zustand allerdings in ein paar Monaten gravierend ändert, sei dahingestellt. In den Zahlen haben sich die Restrukturierungsbemühungen aber noch nicht niedergeschlagen. Im 4. Quartal des Gj. 2000/01 (per 30.9.) ist der **Verlust** vor Sonderposten sogar noch einmal deutlich über die durchschnittlichen Prognosen der Analysten ausgeufert. So belief sich der Fehlbetrag je Aktie im Schlussquartal auf 27 Cents, das waren fast 18% mehr als die Markterwartung. Unter Einbeziehung der Restrukturierungskosten und diverser außerordentlicher Positionen muss ein Netto-Defizit von rd. 8,8 Mrd. Dollar oder 2,59 Dollar/Aktie verkraftet werden. Es scheint, als ob die durchaus vernünftigen Restrukturierungspläne nicht wie gewünscht umgesetzt werden können.

Hier gilt es jedoch zu bedenken, dass sich beispielsweise Personalentlassungen erst mit einer gewissen Zeitverzögerung zahlenmäßig niederschlagen. Zudem war das jüngst beendete Geschäftsjahr für Lucent sowieso verloren. Wieso also nicht noch einmal alles hier hineinpacken? Der Aktienkurs zumindest hat auf die enttäuschenden Quartalszahlen kaum reagiert. Seit Mitte Juni schwankt das Papier in einer Range zwischen 5 und 7 Dollar. Wenn aber die Notierung mit schlechten Nachrichten nicht mehr zu beeindrucken ist, dürfte die Bodenbildung endgültig abgeschlossen sein. Für sehr **spekulative Anleger** bietet sich hier eine Wette auf das Erreichen der Gewinnschwelle geradezu an. Bei Kursen zwischen 7 und 8 Dollar können diese einen **„Zock“ riskieren.** Bedenken Sie aber bitte: Fundamental ist Lucent noch immer schwer zu greifen. Das Erreichen der Gewinnschwelle im Geschäftsjahr 2002/03 setzt voraus, dass die Restrukturierungen erfolgreich abgeschlossen werden. Meldungen, die dies in Frage stellen oder gar den Fortbestand von der einstigen „Ideen-Fabrik“ anzweifeln, könnten den Boden aufweichen. Um 5 Dollar erachten wir eine Stopp-Marke als Pflicht.

McDonald‘s bietet Anlegern mehr als „Pommes und Cola“

Bei der weltweit größten Fast-Food-Kette ist wieder Ruhe eingekehrt. Das Thema BSE ist zwar noch immer „nicht ganz gegessen“, die Kundschaft jedoch hat diesbezüglich eher ein Kurzzeitgedächtnis und fragt wieder die rindfleischhaltigen Produkte von **McDonald‘s** nach. Zudem ist das BSE-Problem vorrangig in Europa aufgetreten. Im Heimatmarkt USA gab es diesbezüglich keine Einbußen. Die geringere Konsumneigung geht auch an dem Branchenprimus nicht spurlos vorüber. Im 4. Quartal wird das Unternehmen einen 15 bis 20%-igen Gewinnrückgang gegenüber dem Vorquartal hinnehmen müssen. Weitere Sonderbelastungen sind ebenfalls nicht auszuschließen. Momentan steht deshalb die Profitabilität der Verkaufsstätten auf dem Prüfstand, sogar Schließungen sind denkbar.

Um wieder in den gewohnten Erfolgspfad einzuschwenken ist dies die richtige Strategie. Während hier also kräftig an der Profitabilitäts-Schraube gedreht wird, steht der Markenname nach wie vor für ein herausragendes Geschäftsmodell. So ist McDonalds in 120 Ländern mit rd. 29 000 Restaurants vertreten. Konkurrenten wie etwa Burger King gelten häufig noch als „zweitklassig“. Auch ist

McDonald's ein beliebter **Partner für Merchandising-Aktionen.** Viele Unternehmen versuchen, die weltweite Positionierung der US-Crew als zusätzlichen Vertriebskanal zu gewinnen. So hat der Musiksender **Viva** erst kürzlich zusammen mit der Schnellrestaurantkette eine CD vermarktet. Eine weitere interessante Option hat das Unternehmen zudem noch im Köcher. So besteht in den USA seit kurzem die Möglichkeit, den Immobilienbestand steuerfrei in eine Immobiliengesellschaft auszugliedern. Inwieweit das Unternehmen hiervon Gebrauch machen will, ist aber noch nicht kommuniziert.

Als **Belastungsfaktor** bleibt (vorerst) die vorherrschende Konsumschwäche. Das spiegelt sich in den Ergebnissen und folglich auch im Aktienkurs wider. Die einstigen Höchststände sind schon lange aus dem Blickfeld gerückt. Derzeit steht die Aktie in der Nähe des Jahrestiefs. Hält die Marke um 25 Dollar nicht, droht charttechnisch weiteres Ungemach. Fundamental ist das Papier im Rahmen dieser Kurse mit einem 02er KGV von unter 20 nicht zu teuer. Langfristig orientierte Anleger können das Niveau um 23/25 Dollar für erste Engagements nutzen. Da wir aber nochmals ein Nachgeben des Marktes in der Breite erwarten, empfiehlt es sich zudem, mit „Abstauberlimits" auf Schnäppchenjagd zu gehen. Diese würden wir bei 18/20 Dollar platzieren. Stopp-Kurse sollten Sie um 15 Dollar in Betracht ziehen.

Walt Disney: Dreht die Konjunktur, ist Unterhaltung angesagt

Die Angebotspalette des weltweit zweitgrößten Medienunternehmens ist beachtlich. Doch die Konjunkturflaute hat alle Zweige des **Disney**-Konzerns erfasst und wie ein böiger Herbstwind durchgeschüttelt. Der starke Rückgang im Werbemarkt belastet dabei gleich mehrfach. Im Internetbereich konnten die erhofften Einnahmen nicht annähernd erreicht werden. Der Aufbau des Portals Go.com wurde zu einem finanziellen Fiasko. Mittlerweile hat das Unternehmen einen Schlussstrich unter diese Aktivitäten gezogen. Nicht viel besser erging es der Fernsehkette ABC. Zu dem **Loch im Werbe-Etat** gesellten sich zu allem Überfluss auch noch **fallende Einschaltquoten.** Keinen Deut besser ergeht es aktuell den Disney-Freizeitparks. Die Besucherzahlen sinken drastisch! Analysten fürchten sogar, dass der Zulauf um rd. 1/5 einbrechen könnte und haben die

Gewinnschätzungen vorsorglich angepasst. Dem soll nun mit einschneidenden Kostensparmaßnahmen entgegen getreten werden.

Gut 50% der operativen Gewinne wurden im 3. Quartal des aktuellen Geschäftsjahres (per 30.9.) in der Tourismus-Sparte verdient. Neben mehreren **Hotelketten** besitzt das Unternehmen auch **Kreuzfahrtschiffe.** Gerade aber der Tourismus könnte durch die Furcht vor weiteren Attentaten für sinkende Erlöse sorgen. Selbst das Filmgeschäft hat gelitten. Action-Filme wie „Big trouble" und „Bad Company" wurden aus Respekt vor den Opfern der Terror-Attacke verschoben. Einen Erfolg erhofft sich Disney hingegen von dem Film „Monsters", der im November in den US-Kinos anläuft. Der allgemeine Trend hin zu Freizeit- und Unterhaltungsangeboten hat zwar einen leichten Dämpfer erhalten, gebrochen ist er jedoch nicht. Entscheidend ist es deshalb, mit einer breiten, gut positionierten Produktpalette **für den Umschwung gerüstet zu sein.** Und hier bieten die Kalifornier alles was das Herz begehrt – für Jung und Alt. Der Bereich Familien- und Kinderunterhaltung wurde durch die Übernahme von Fox-Family weiter ausgebaut. Über Fox können rd. 81 Mio. registrierte Kabel- und Satellitennutzer angesprochen werden. Wenngleich hier der gezahlte Kaufpreis von 5,3 Mrd. Dollar recht happig erscheint, die strategische Position konnte ohne Zweifel weiter verbessert werden.

Vor dem Hintergrund der wirtschaftlichen Gesamtsituation lässt sich den 9-Monatszahlen von Disney Positives abgewinnen. Immerhin gelang ein über den Schätzungen der Analysten liegender Gewinn/Aktie von 23 Cents. Der Konsens hatte gerade einmal 21 Cents betragen. Der Umsatz fiel im Vergleich zum Vorjahr leicht um 1,3% auf knapp 6 Mrd. Dollar. Während die werbeabhängigen Bereiche entsprechend stärker litten (Internet, TV), legte u.a. die Studio-Unterhaltung überraschend zu. Für das Gesamtjahr werden nun rd. 75 Cents je Anteilschein in Aussicht gestellt. Die weitere Entwicklung wird bei dem Medienkonzern jedoch sehr stark vom privaten Konsum abhängen. Gemäß unserer eher verhaltenen konjunkturellen Einschätzung für 2002 rechnen wir damit, dass das EPS nicht ganz gehalten werden kann und auf 65 bis 70 Cents/Aktie absinkt.

Auf Basis der momentanen Kurse ist die Aktie mit einem 02er KGV von etwa 30 kein Schnäppchen. Konkurrent und Branchenprimus **AOL Time Warner** ist da einen Tick günstiger und ist eine weitere Option für langfristig orientierte Anleger. So landete Time Warner mit den Filmrechten zu **Harry Potter** einen gewaltigen Coup. Allerdings ist AOL durch den hohen Anteil der Interneterlöse enger mit dem Werbemarkt verzahnt als etwa Disney. Die weiter oben geschilderte Problematik der Väter von „Mickey Mouse" wird eine kurzfristige Outperformance des Papiers verhindern. Wir gehen sogar davon aus, dass ein nicht ganz befriedigendes Gesamtjahresergebnis für ein erneutes Antesten der Tiefststände in der Region um 16/18 Dollar sorgen wird. Hält diese Unterstützung nicht, droht charttechnisch weiterer Kursverfall. **Im Bereich 14/15 Dollar erscheint uns die Aktie aber bewertungstechnisch attraktiv.** Hier würden wir dann erste **„Abstauberlimits"** platzieren. Langfristig wird sich der breit diversifizierte Medienkonzern sicher durchsetzen, dennoch sollte etwa 25% unter Einstiegskurs eine Stopp-Marke als Absicherung eingerichtet werden. gr

IX. Emerging Markets

Das Wohl und Wehe der Emerging Markets hängt nach wie vor vom Export ab. Das zurückliegende Jahr zeigt ganz deutlich, welche Blessuren eine nachlassende Weltkonjunktur den Volkswirtschaften der Schwellenländer zufügt. Das Gros der aufstrebenden Länder verzeichnete 2001 durch die harte Landung der US-Wirtschaft und die tiefe Rezession in Japan nur ein marginales, z.T. sogar negatives Wirtschaftswachstum. Dennoch sind die Emerging Markets immer für eine Überraschung gut. Angetrieben von einem zeitweise sehr hohen Ölpreis, avancierte die russische Börse zu einem der Top-Performer im Jahr 2001. Chinas Börse blühte durch die Aufnahme Chinas in die Welthandelsorganisation geradezu auf. Investitionen in die Schwellenländer lohnen sich also selbst in Krisenzeiten. Da mittlerweile in den aufstrebenden Ländern Konzerne entstanden sind, die eine Spitzenposition im weltweiten Wettbewerb einnehmen, ist der Kauf von Aktien dieser Global-Player längst kein Spiel mit dem Feuer mehr. Unsere Top Ten: Lukoil, Surgutneftegaz, Vimpel Communications, Richter Gedeon, Telefonos de Mexico, Cemex, Samsung Electronics, China Mobile, Sony und Toyota.

Emerging Markets – Gewinner in der Aufschwungphase

Beim Vergleich der MSCI-Indizes der Industriestaaten und der Schwellenländer in den vergangenen Jahren zeigt sich ein eindeutiger Gleichlauf der Entwicklungen. In jeder Boomphase der Industrienationen legten auch die **Emerging Markets** im Wirtschaftswachstum zu und zwar überproportional. Wer in solchen Phasen in Titeln der Entwicklungsländer investiert war, verbuchte Kursgewinne, die teilweise weit über dem üblichen Niveau der weltweiten Leitbörsen lagen. Die Ursachen hierfür finden sich zum einen in der deutlichen Unterbewertung der börsengelisteten Unternehmen der Emerging Markets. Zum anderen weisen die aufstrebenden Länder besonders in Boomphasen ein BIP-Wachstum auf, das doppelt so hoch ist, wie das der westlichen Industriestaaten.

Doch wie heißt es so schön: Wie gewonnen so zerronnen. Da die Entwicklungsländer allesamt stark von ihren **Exportleistungen** abhängig sind, macht sich ein globaler Konjunkturabschwung besonders deutlich in den Emerging Markets bemerkbar. Das Jahr 2001 bot hierfür erneut ein Paradebeispiel. Die harte Landung der US-Konjunktur würgte den Wirtschaftsmotor der **lateinamerikanischen Länder** regelrecht ab. Die **Tigerstaaten in Südostasien** litten zusätzlich unter der Rezession in **Japan.** Allerdings gab es auch stille Stars unter den Emerging Markets. Durch die stabile Situation der europäischen Wirtschaft, hielt sich der wirtschaftliche Abschwung in **Osteuropa** in Grenzen. Die **russische Börse** trotzte sogar der gesamten Welt und setzte, beflügelt durch einen hohen Ölpreis, zu einer Kursrally an.

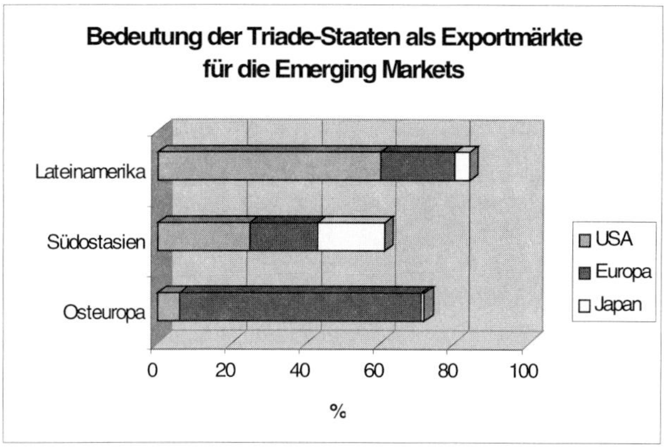

Nutzen Sie das starke Wirtschaftswachstum der Schwellenländer zu Ihrem Vorteil und profitieren Sie von den teilweise enormen Kurssprüngen der Emerging Marktes-Titel. Um die volle Wirkung zu erzielen, ist jedoch der optimale Einstiegszeitpunkt entscheidend. Da die Börsen der Entwicklungsländer von der schwachen Weltkonjunktur heftig in Mitleidenschaft gezogen wurden, bieten sich jetzt dem längerfristig orientierten Anleger gute Chancen, sich für wenig Geld mit Titeln einzudecken, die ein hohes Kurspotenzial versprechen, wenn die globale Wirtschaftsentwicklung wieder an Fahrt gewinnt. Bei der Auswahl geeigneter Titel ist es jedoch unerlässlich, sich zunächst ein Bild über die **wirtschaftliche Situation** der wichtigsten Länder der Emerging Markets zu machen.

Lateinamerika – Tief in der Finanzkrise

Das große Sorgenkind in Lateinamerika heißt weiterhin **Argentinien.** Zum Beginn des Jahres 2001 schlitterte das Land nur knapp an der Zahlungsunfähigkeit vorbei. Und noch bevor sich das Jahr zu Ende neigt, sollen die inländischen Schuldner noch einmal freiwillig umschulden. Damit nicht genug. Argentinien wird besonders in 2002 unter der selbst auferlegten Geisel des „Null Defizit Plans" leiden. Dieser Plan soll eine weitere Verschuldung des Landes verhindern. Dadurch wird die Regierung jedoch zu Sparmaßnahmen gezwungen, die hohe soziale Kosten mit sich bringen, die wiederum eine Konjunkturerholung unmöglich machen. Eine weiter abnehmende Konjunktur verringert jedoch zusehends die Staatseinnahmen und somit werden erneute Einsparungen notwendig. Ein Teufelskreis, der das Land nicht aus seiner seit vier Jahren andauernden Rezession entkommen lässt. Die Gefahr einer Zahlungsunfähigkeit oder die Aufgabe des Wechselkurses in 2002 ist also weiter immanent vorhanden. Als Rettungsanker kann nur ein verstärktes Vertrauen der ausländischen Investoren in Argentinien dienen. Dieses dürfte jedoch bei der jüngsten Umschuldung eher erschüttert werden. Vor diesem Hintergrund sollten Sie sich im kommenden Jahr lieber in Zurückhaltung üben, wenn es um Investitionen in Argentinien geht.

Das gesunde Wachstum **Brasiliens** in 2001 fand ein jähes Ende, als zur Mitte des Jahres eine Energiekrise einsetzte. Die Produktion brach sofort ein und anstatt eines prognostizierten Wachstums von 5% werden es am Ende des Jahres wohl nur rd. 2% werden. Die starke Abwertung des Real zwang die Zentralbank dazu, die Zinsen massiv zu erhöhen und am Devisenmarkt zu intervenieren. Die daraus resultierenden negativen Nebeneffekte sind ein Nachlassen des Konsums sowie der Investitionen und insgesamt höhere Finanzierungskosten des Landes. Dennoch wurden die Haushaltsziele nicht verletzt. Der jüngst eingeschlagene Kurs einer restriktiveren Geldpolitik und die finanzielle Unterstützung des IWF haben die volatile Lage in Brasilien stabilisiert. Es ist davon auszugehen, dass diese stabile Lage im nächsten Jahr fortbesteht, und wenn sich dazu noch die Situation im Energiesektor entschärft, sollte das Wachstum 2002 deutlich über 2% liegen.

Der sichere Hafen Lateinamerikas, **Mexiko,** hat im kommenden Jahr eigentlich nur ein Problem: Die **USA.** Über 90% der Exporte gehen zum nördlichen Nachbarn. Der Konjunkturabschwung der Vereinigten Staaten beendete eine Phase von 21 Quartalen ununterbrochenen Wachstums jenseits des Rio Grande. Dennoch ist das Vertrauen in die makroökonomische Stabilität Mexikos sowie die langfristigen Wachstumsaussichten ungebrochen. Dementsprechend steht das Land auch im Fokus ausländischer Investoren. Durch die sich daraus ergebenden hohen Kapitalzuflüsse hält sich der Peso erstaunlich stabil. Unter den Voraussetzungen, dass die überaus wichtigen Steuerreformen schnell Gestalt annehmen und im 2. Hj. 2002 das Wachstum in den USA zunimmt, sollte der Stern der mexikanischen Börse im kommenden Jahr erneut aufgehen. Wer in Lateinamerika investieren möchte, sollte Titel aus Mexiko bevorzugen.

Asien – Im Kreuzfeuer von USA und Japan

Für viele der kleinen offenen Volkswirtschaften **Südostasiens** sind die USA nach wie vor das Hauptexportland. Die direkten Exporte in die Vereinigten Staaten machen in einigen Ländern sogar über 10% des BIP aus. Durch diese enge Verkettung geht das Wachstum in diesen Regionen sofort um 0,1%-Punkte zurück, sobald sich das US-Wachstum um 1%-Punkt verringert. Neben Lateinamerika war die Region Südostasien somit die größte Leidtragende vom Abschwung der US-Wirtschaft in 2001. Für die Tigerstaaten kommt jedoch noch erschwerend hinzu, dass die japanische Wirtschaft aus der Rezession nicht raus kommt. Speziell Länder wie **Südkorea, Taiwan, Singapur** und **Malaysia,** die primär vom Export elektronischer Komponenten leben, trifft die japanische Wirtschaftsschwäche voll ins Mark. Da Japan keine Anzeichen einer Gesundung zeigt und eine Erholung der US-Wirtschaft erst spät im kommenden Jahr einsetzen wird, steht Südostasien 2002 vor einem schwierigen Jahr.

Von einer neuen Asienkrise zu sprechen, ist jedoch übertrieben. In den vergangenen Jahren haben die Länder Südostasiens ihre wirtschaftlichen Beziehung zu Europa derart intensiviert, dass der Export dorthin ein gewisses Gegengewicht zu den Ausfuhren in die USA und Japan bildet. Gleichfalls haben die innerasiatischen Wirtschaftsverflechtungen zugenommen. Allerdings können die zahlreichen Maßnahmen wie Zinssenkungen und Fiskalpakete, die die Binnenkonjunktur beleben sollen, die Ausfälle der exportlastigen Länder nur teilweise kompensieren. Dennoch weisen die asiatischen Länder durch die Bank weg eine wesentlich bessere internationale Liquidität auf, als das 1997 der Fall war. Diese Finanzstärke ist eine weitere Absicherung gegen eine Asienkrise.

Ein Dauerbrenner bleibt jedoch das Problem der nur schleppend vorankommenden Reformen. Nach der Asienkrise fiel besonders für **Südkorea, Thailand, Singapur, Malaysia, Indonesien** und die **Philippinen** die konjunkturelle Erholung schnell und kräftig aus. Die Sanierung der Banken sowie die Restrukturierung der Unternehmenssektoren verloren dadurch an Dringlichkeit.

Shooting Star der asiatischen Wirtschaftsszene wird auch weiterhin **China** bleiben. Angetrieben durch die Aufnahme in die Welthandelsorganisation und den Zuschlag der Olympischen Spiele 2008 soll in den kommenden fünf Jahren das BIP-Wachstum jeweils über 7% betragen. Für den Anleger allerdings bietet die chinesische Börse (ohne Hongkong) leider kaum liquide Titel.

Nachdem die Region Südostasien im Jahr 2000 ein stolzes Wirtschaftswachstum von 6,5% erzielt hat, werden es im aktuellen Jahr wohl nur 2 bis 2,5% werden. Im kommenden Jahr 2002 ist bei einer Belebung der US-Wirtschaft wieder mit einem Wachstum von 4 bis 5% zu rechnen. Für Sie als Anleger sind dann besonders die **Börsen** in **Südkorea, Taiwan, Singapur** und **Hongkong** interessant. Zum einen finden sich hier etliche Elektronikanbieter, die bei einem Anziehen der weltweiten Elektroniknachfrage ein ordentliches Kurspotenzial haben. Zum anderen verfügen die Titel über genügend Liquidität im Handel.

Osteuropa - Sicherer Hafen mit guten Anlagemöglichkeiten

Die Regionen in **Osteuropa** blieben vom Rückgang der US-Konjunktur weitestgehend verschont. Dennoch geht ein verändertes globales Wirtschaftsklima nicht spurlos am Osten vorbei. **Polen, Tschechien** und **Ungarn** beispielsweise exportieren 60 bis 70% ihrer Güter in die EU, die wiederum von der schwachen US-Wirtschaft in Mitleidenschaft gezogen wurde.

Insgesamt trägt der Ölpreis viel zum Gedeih und Verderb der Länder in Osteuropa bei. **Russland** hat besonders im Jahr 2001 vom phasenweise hohen Preis des schwarzen Goldes profitiert. Kein Wunder: Eine Ölpreisveränderung um 1 US-Dollar/Barrel lässt die russischen Exporterlöse um 1 Mrd. US-Dollar in die Höhe schnellen. Da der Anteil von Rohöl und Ölprodukten rd. 30% vom Gesamtexport ausmacht, reagieren die Staatseinnahmen ebenfalls sehr sensibel auf eine Veränderung des Petropreises. Ein Anstieg des Ölpreises um 1 Dollar/Barrel erhöht die vom Export abhängigen Steuereinnahmen um 230 bis 290 Mio. Dollar. Durch den starken Ölpreisanstieg 2001, in der Spitze bis auf über 30 Dollar, erzielte Russland erneut einen ordentlichen Haushaltsüberschuss und konnte die Schulden im Ausland komplett bedienen. Aber selbst wenn der Ölpreis 2002 auf dem zuletzt schwachen Level von 18 bis 20 US-Dollar verharren sollte, wird Russland keine Schwierigkeiten haben, die Schulden auch in den kommenden Monaten zu bedienen. Bei einem dann ausgeglichenen Budget ist 2002 wieder mit einem starken Wirtschaftswachstum in Russland zu rechnen. Sie als Anleger sollten dann ganz speziell die **Rohstofftitel** im Auge behalten.

Trotz eines schlechten Umfelds präsentierte sich **Ungarn** im Jahr 2001 wachstumsstark. Der Vorteil von Ungarn: Die Zinsen sind derzeit recht gering. Eine Änderung des Wechselkursregimes im 1. Hj. wertete dazu den Forint auf und senkte die inflationären Tendenzen. Da die Reformen in Ungarn am weitesten von allen osteuropäischen Ländern fortgeschritten sind, genießt das Land ein hohes Vertrauen bei den ausländischen Investoren. Die Reformleistungen haben außerdem alle Bedenken ausgeräumt, die eine Aufnahme in die EU verhindern könnten. Durch die stabile Wirtschaftslage könnte das Wachstum im kommenden Jahr erneut über 4% betragen. Das eine oder andere Schnäppchen auf dem ungarischen Kurszettel sollten Sie sich dabei nicht entgehen lassen.

Polen steht im kommenden Jahr vor weitaus schwierigeren Aufgaben. Das Staatsdefizit ist ausgeufert und der Schuldenberg wächst. Die Zentralbank versucht, den hausgemachten Problemen mit der Anhebung der Zinssätze Herr zu werden. Die hohen Zinsen haben aber eine fatale Nebenwirkung: Sie sind Gift für den Wirtschaftsmotor. Der Fortgang der Reformen lässt ebenfalls zu wünschen übrig. Für die neue Regierung kein Problem, denn die hat es ohnehin nicht so eilig, diverse Wirtschaftssektoren neu zu strukturieren. Durch die fehlenden Reformen verspielt das Land jedoch jegliches Vertrauen und die ausländischen Investoren haben der polnischen Börse bereits den Rücken zugekehrt. Setzen sich die Probleme fort, ist die EU-Aufnahme 2004 gefährdet. Vor diesem Hintergrund sollten Sie bei Engagements in polnische Titel extrem vorsichtig sein.

JUNG v. MATT/Spree

Deutsche Post World Net
MAIL EXPRESS LOGISTICS FINANCE

Wir sind das eBusiness.

Wir erledigen alles – vom Klick bis zur Klingel. Mit unserem Logistikexperten Danzas, dem weltweiten Luftexpress DHL und dem europäischen Paketservice Euro Express übernehmen wir für immer mehr Unternehmen die komplette Logistik: vom Bestellmanagement über die Lagerhaltung bis hin zur Zustellung und Abrechnung. Aber wir gestalten das eBusiness auch aktiv mit. Indem wir für Firmen individuelle eCommerce-Lösungen entwickeln. Und mit dem Shopping-Portal eVITA.de selbst im Netz präsent sind.

Ganz gleich, welche Anforderungen das eBusiness in Zukunft an uns stellen wird: Wir haben die Lösung. **www.dpwn.de**

Wir werden der weltweite Logistiker Nr. 1. Mit der ***AKTIE GELB*** sind Sie dabei.
Der Gelbe Draht informiert: **018 018/5 55 55** (12 Pf./90 Sek.).

Auf die richtige Anlagestrategie kommt es an

Wer wagt, gewinnt. So lautet das Motto der Investoren, die ihr Glück in den Emerging Markets versuchen. Allerdings ist der Kauf einer Aktie aus diesen Regionen längst nicht mehr so gefährlich, wie das Spiel mit der Lunte am Pulverfass. In Asien, Osteuropa und Lateinamerika haben sich mittlerweile weltweit operierende Konzerne etabliert, die ihrer Konkurrenz aus den Industriestaaten in Nichts nachstehen. Der einzige Unterschied: Sie sind im Vergleich wesentlich günstiger an der Börse gepreist. Dennoch können Sie sich schnell bei solchen Investments die Finger verbrennen, wenn Sie kleine, aber sehr entscheidende Details nicht beachten.

Wenn Sie in einzelne Unternehmen investieren, **vermeiden** Sie es, **Aktien von kleinen Unternehmen zu kaufen,** die nur an den Heimatbörsen emittiert sind. Diese Titel sind meist so markteng, dass der Kurs zwar explosionsartig nach oben ausbrechen kann, auf der Käuferseite sich dann allerdings niemand mehr befindet, der Ihnen Ihre Stücke abnimmt. Hohe Spreads zwischen den Kauf- und Verkaufskursen sowie die zu entrichtende Gebühr bei Geschäften an ausländischen Börsen machen jede positive Kursperformance schnell zunichte.

Wir empfehlen daher, auf die **Blue Chips** der Regionen zu setzen. Ein Blick auf die US-Börsen, an denen die meisten Börsenschwergewichte notiert sind, zeigt, welche Titel **genügend Liquidität** im Markt besitzen. Ein tägliches Umsatzvolumen von mindestens 0,5 bis 1 Mio. Dollar bietet ausreichend Möglichkeiten, die eigenen Aktien später verkaufen zu können. Unternehmen, die ein solches Volumen an der Wall Street verzeichnen, verfügen meist auch über ausreichende Umsätze an den deutschen Börsenplätzen. Die **Auslandsgebühren** können Sie somit einfach **umgehen.** Außerdem liebäugeln die Fondsmanager mit den volumenreichen Titeln, was für zusätzliche Bewegungen in diesen Aktien sorgt.

Limitieren Sie Ihre Orders, um zu hohe Einstiegskurse zu vermeiden. Arbeiten Sie mit **Stopp-Loss Kursen,** denn in den Köpfen der Investoren sind die Titel der Emerging Markets noch immer das Risikokapital Nummer eins. Tritt eine Verunsicherung an den weltweiten Börsen auf, wie in den vergangenen 18 Monaten, so trocknen die Märkte der Schwellenländer zuerst aus, da die ausländischen Investoren ihr Kapital abziehen. Ein Stopp-Kurs bewahrt Sie in einer solchen Situation vor größeren finanziellen Schäden.

Beachten Sie beim Einstieg in Titel der Emerging Markets immer das **fundamentale Underlying.** Konkret: Machen Sie sich ein Bild von der wirtschaftlichen Situation des Landes, in dem das spezielle Unternehmen beheimatet ist. In Krisengebiete wie aktuell bspw. Argentinien zu investieren, nimmt selten ein gutes Ende. Wenn Sie diese kleinen Regeln beachten, können Sie das Anlagerisiko in den Emerging Markets schon beträchtlich eindämmen. Wenngleich sich natürlich ein gewisses Restrisiko nie vermeiden lässt. Auf den folgenden Seiten stellen wir Ihnen nun unsere **Top Ten-Titel** aus den **Emerging Markets** und **Japan** vor.

Lukoil

WKN	899 954
Land	Russland
Branche	Rohstoff
Kurs (21.11.01)	57,00 Euro
KGV 02	3
Einstiegslimit	40-45 Euro
Stopp-Kurs	35 Euro

In Mütterchen Russlands Adern fließt Öl, und **Lukoil** hält die größte Kanüle bereit. „Das Indexschwergewicht" im russischen Aktienindex RTS ist mit einem Marktanteil von 25% führend in der heimischen Ölindustrie. Die Ziele für das kommende Jahr hat der Ölmutli hoch gesteckt. Mit einem Absatz von über 15 Mio. Tonnen pro Jahr in Europa will Lukoil zum Öllieferanten Nummer 1 aufsteigen. Für den Konzern kein Problem: Seine Ölreserven werden auf 15 bis 20 Mrd. Barrel geschätzt. Zum Brot- und Buttergeschäft gehört aber nicht nur der Verkauf von Rohöl und Ölprodukten, die 50% der jährlichen Erlöse ausmachen. 44% der Umsätze werden mit Naturgas erwirtschaftet. Eine einseitige Abhängigkeit vom Ölpreis besteht dadurch bei Lukoil nicht.

Konsequent verfolgen die Russen ihre Internationalisierung. Durch eine rege Beteiligung an der Akquisitionsfront ist Lukoil in 40 russischen Regionen sowie in weiteren 25 Regionen der Welt vertreten. Dazu verfügt das Unternehmen über 5 Raffinerien und über 2 500 Tankstellen. Auf der Finanzseite gibt es **außer Surgutneftegaz** kaum einen Rohstoffanbieter in Osteuropa, der Lukoil das Wasser reichen kann. Mit einer Bruttogewinn-Marge von 53,2% und einer EBITDA-Marge von 31,5% steht der Konzern glänzend da. Dazu gesellt sich noch ein solides Wachstum. In den vergangenen vier Jahren konnte ein stolzes Umsatzwachstum p.a. von über 88% erzielt werden. Ein kleiner Dorn im Auge bleibt der zurzeit noch hohe Verschuldungsgrad von 41%. Große Anteile an Lukoil hält dazu nach wie vor der Staat. Der **drohende** Anteilsverkauf durch die Regierung hängt weiterhin wie ein **Damoklesschwert** über dem Aktienkurs von Lukoil.

Dennoch, durch die fundamental gute Basis, gepaart mit einer günstigen Bewertung, gehört Lukoil zu unseren Top-Picks aus den Emerging Markets. Das **geplante Listing** an der **London** Stock Exchange sowie die Umstellung der Rechnungslegung auf US-GAAP sorgen für zusätzliche Transparenz. Ausländische Investoren könnten daher für neue Kursimpulse sorgen.

Surgutneftegaz

WKN	904 596
Land	Russland
Branche	Rohstoff
Kurs (21.11.01)	14,40 Euro
KGV 02	4
Einstiegslimit	13 – 16 Euro
Stopp-Kurs	9 Euro

Mit einer Gasproduktion von 11,2 Mrd. cm^3 in 2001 ist **Surgutneftegaz** Russlands größter Förderer von Naturgas. Auf diesen Lorbeeren ruht sich der Bluechip aber nicht aus. In 2002 soll die geförderte Gasmenge bereits 12 Mrd. cm^3 betragen. Das zweite große Standbein von Surgutneftegaz ist das Ölgeschäft. In den ersten 9 Monaten im laufenden Jahr brachte das Unternehmen bereits 32 Mio. Tonnen zu Tage. Am Ende des Jahres könnten es gut 43 Mio. Tonnen sein. Die Planungen sehen vor, dass durch die Erschließung neuer sibirischer Ölfelder in 2002 47 Mio. und 2003 50 Mio. Tonnen Öl gefördert werden sollen. Die Reserven von Surgutneftegaz betragen derzeit 2,5 Mrd. Tonnen.

Wirklich **stark** präsentiert sich der Rohstofflieferant auf der **Finanzseite.** Ein hervorstechendes Merkmal ist, dass Surgutneftegaz **schuldenfrei** ist. Eine Bruttogewinn-Marge von 61% und eine EBITDA-Marge von 56,7% lassen die Konkurrenz in Osteuropa vor Neid erblassen. Auch beim Wachstum kann Surgutneftegaz mit dem Marktführer Lukoil mithalten. In den zurückliegenden vier Jahren verwirklichte das Unternehmen eine jährliche durchschnittliche Wachstumsrate bei den Erlösen von 87%. Der Schwachpunkt bei Surgutneftegaz bleibt das Engagement im Ausland. Der Konzern besitzt noch keine Tochter außerhalb der eigenen Landesgrenzen. Allerdings hat der Rohstofflieferant gegenüber den russischen Konkurrenten einen entscheidenden Vorteil.

Da das Unternehmen von der Region Weißrussland aus exportiert, die näher an Westeuropa liegt als die meisten russischen Gebiete, hat Surgutneftegaz eine direkte Pipeline bis in den Westen Europas verlegen können. Das spart Transportkosten von 10 bis 15 Dollar pro Tonne Öl. Darauf fußt u.a. die Margenstärke des Unternehmens. Surgutneftegaz weiß insgesamt mit einer sehr guten Finanzstruktur und einem hohen Wachstum zu überzeugen. Dazu ist Abhängigkeit von den Entwicklungen in den USA sehr gering, wodurch der Rohstoffriese auch in Krisenzeiten Stabilität bewahrt.

Vimpel Communications

WKN	903 602
Land	Russland
Branche	Telekommunikation
Kurs (21.11.01)	28,00 Euro
KGV 02	30
Einstiegslimit	15 - 20 Euro
Stopp-Kurs	12 Euro

Der russische Mobiltelefonieanbieter **Vimpel Communications** (Vimpel) ist hinter Mobile Telesystems der zweitgrößte Anbieter im Heimatland. Eine Million Nutzer zieren bereits die Kundenkartei des Unternehmens. Davon befinden sich allein 930 000 Kunden im Ballungszentrum **Moskau.** Da allerdings die Region Moskau durch die Mitstreiter Mobile Telesystems und jüngst auch Sonic Duo langsam an Attraktivität verliert, was die Wachstumschancen angeht, rückt die Erschließung weiterer Regionen vermehrt in den Blickpunkt.

Den Grundstein für die Erschließung neuer Regionen legte Vimpel selbst. Der Mobilfunkanbieter besitzt Lizenzen, die Gebiete abdecken, in denen 70% der russischen Bevölkerung (100 Mio. Einwohner) leben. Neuen Schwung in die Expansion bringen jetzt die strategischen Partner, Norwegens Telekomriese Telenor und die russische Investorengruppe Alfa, die zu je 25% an Vimpel beteiligt sind. Die Norweger wollen 100 Mio., die Alfa-Gruppe gar 235 Mio. Dollar in den Ausbau des Mobilfunknetzes in den neuen Regionen investieren.

Besonders die Alfa-Gruppe setzt aktuell alle Hebel in Bewegung, um die Schwachstelle, das Unternehmensergebnis, wieder auf Vordermann zu bringen. Zwar wuchs der Umsatz in den vergangenen Jahren durchschnittlich 97% p.a., in den zurückliegenden drei Jahren schrieb Vimpel im Gewinn jedoch rote Zahlen. Im laufenden Jahr scheint sich aber der Turn-around im Unternehmensergebnis anzubahnen. Zum Halbjahr '01 wies das Unternehmen bereits einen Gewinn pro Aktie (EPS) von 0,44 Dollar aus. Für das Gesamtjahr steht der Analystenkonsens bei 0,48 Dollar und sollte wohl sicher erreicht werden. In den kommenden Jahren rechnet die Analystenschar mit einem Wachstum von 55% p.a. für das EPS.

Als erstes russisches Unternehmen, das an der Nasdaq gelistet wurde (Erstnotiz: 1996), verfügt Vimpel über gute Transparenz. Ein möglicher Merger mit dem Konkurrenten Golden Telecom, an dem Alfa ebenfalls beteiligt ist, sorgt für zusätzliche Kursfantasie. Der Titel ist nur etwas für risikobewusste Investoren.

Richter Gedeon

WKN	892 522
Land	Ungarn
Branche	Pharma
Kurs (21.11.01)	60,00 Euro
KGV 02	11
Einstiegslimit	55 - 60 Euro
Stopp-Kurs	50 Euro

Ungarns größter Pharmakonzern, **Richter Gedeon,** ist ein echter Spezialist auf dem Gebiet der Generika. Generika sind Kopien von Medikamenten, deren Patentschutz abgelaufen ist. Diese „Kopien" haben einen Anteil am Konzernumsatz von 68%. Selbsterstellte Produkte machen 20% der Erlöse aus. Richters Kassenschlager aus eigener Produktion sind Empfängnisverhütungspillen. Der ungarische Anbieter ist mittlerweile der fünftgrößte Hersteller von Antibabypillen.

Eine weitere Stärke des Unternehmens sind die internationalen Kooperationen. Unter den Partnern finden sich zahlreiche Branchenführer wie Schering oder auch Johnson & Johnson. Mit den Amerikanern arbeiten die Ungarn derzeit an einem Verhütungs-Hormonpflaster, das nach der Zulassung durch die FDA bereits im kommenden Jahr ein Renner werden könnte. Wenngleich Richter Gedeon international vertreten ist, wird der Großteil der Erlöse nach wie vor in Russland (41%) verdient. Dort wird derzeit das Vertriebsnetz ausgebaut.

Der Titel findet sich fast auf allen Empfehlungslisten von Osteuropa-Analysten wieder. Kein Wunder, denn Richter Gedeon schafft es regelmäßig, die Analystenschätzung in den meisten Quartalen zu toppen, selbst in Krisenzeiten. Das Umsatzwachstum in den vergangenen Jahren verlief mit durchschnittlich 25% stetig und stabil. Mit einer Bruttogewinn-Marge von 61,1% und einer EBITDA-Marge von 36,7% schlägt der Pillenproduzent die Konkurrenz weit aus dem Feld. Zur finanziellen Sicherheit im Konzern trägt auch bei, dass der Pharmariese ohne Schulden ist.

Da die Aufnahme von Ungarn in die EU wegen der weit vorangeschrittenen Reformen eigentlich nur noch reine Formsache ist, dürfte sich die niedrige Bewertung von Richter Gedeon bald aufheben. An den Börsen ist der ungarische Pharmariese gegenüber der Konkurrenz aus dem Westen nur halb so hoch bewertet. Von daher besteht noch ein beträchtliches Kurspotenzial.

Telefonos de Mexico

WKN	881 713
Land	Mexiko
Branche	Telekommunikation
Kurs (21.11.01)	38,00 Euro
KGV 02	8
Einstiegslimit	30 – 35 Euro
Stopp-Kurs	26 Euro

Die Nummer eins der Telekommunikationsanbieter in Lateinamerika, **Telefonos de Mexico (Telmex),** hat besonders im eigenen Land einen absoluten Heimvorteil. Der ehemalige Monopolist beherrscht den Markt für Inlandsgespräche mit einem Marktanteil von erdrückenden 94%. Führend ist Telmex auch bei Auslandsgesprächen mit 79,5%, im Bereich Mobiltelefonie (über die Tochter America Movil) mit 79% und im Internetsegment mit 60%. Den Löwenanteil zum Konzernumsatz tragen die Inlandsgespräche (54%) bei, gefolgt von den Ferngesprächen (26%). Telmex gilt unter Analysten als der sichere Hafen in Lateinamerika, selbst wenn die Zeiten stürmisch werden.

Das Vertrauen kommt nicht von ungefähr: In der vergangenen Dekade überzeugte der Telekomanbieter mit einem durchschnittlichen Umsatzwachstum von 25%. Das stabile Wachstum trotz Marktführerschaft rührt von dem jährlichen Ausbau des Telefonnetzes um 10%. In all den Jahren hat sich die EBITDA-Marge zwischen 51 und 57% bewegt. Die größten Konkurrenten in Lateinamerika weisen dagegen nur eine Marge von rd. 40% aus. Zurzeit hat der Telekomgigant allerdings mit dem Konjunkturrückgang in den USA zu kämpfen, der deutlich negative Auswirkungen auf die mexikanische Wirtschaft hat. Wenngleich nach 9 Monaten in 2001 die Umsätze gegenüber dem vergangenen Jahr um 6% auf 8,95 Mrd. US-Dollar gesteigert werden konnten, zeigt sich die Wirtschaftskrise im Nettoergebnis, das um 13% auf 1,8 Mrd. Dollar zurückgegangen ist.

Der Ausblick auf das 4. Quartal und das kommende Jahr fällt verhalten aus. Das Unternehmen selbst geht von leicht abnehmenden Margen und langsamerem Wachstum aus, solange die US-Wirtschaft in der Flaute steckt. Genaue Zahlen wurden jedoch noch nicht genannt. Die Aussichten wirken sich natürlich negativ auf den Kurs aus. Deshalb sehen wir aber für den langfristig orientierten Anleger besonders im Jahr 2002 gute Gelegenheiten, sich günstig mit dem Telefongiganten Lateinamerikas einzudecken.

Cemex

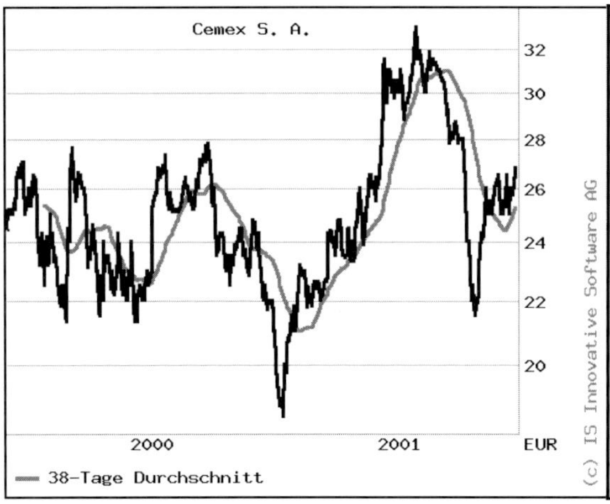

WKN	925 905
Land	Mexiko
Branche	Bau/Zement
Kurs (21.11.01)	26,80 Euro
KGV 02	6
Einstiegslimit	22 - 26 Euro
Stopp-Kurs	20 Euro

Durch eine aggressive Akquisitionspolitik ist es dem mexikanischen Zementhersteller **Cemex** gelungen, zur weltweiten **Nr. 3** der Branche aufzusteigen. Nur die Schweizer Holderbank und Lafarge aus Frankreich übersteigen noch das jährliche Volumen von 80 Mio. Tonnen, das Cemex schafft. 75% der Erlöse generiert der Konzern noch im eigenen Land. Dazu avancierte Cemex mittlerweile in den Ländern Spanien, Ägypten oder Philippinen ebenfalls zum absoluten Top-Seller.

Im laufenden und kommenden Jahr haben die Mexikaner ihre Fühler nach Asien ausgestreckt. Optionen auf einen Kauf von Mehrheitsanteilen am indonesischen Zementriesen Semen Gresik und der taiwanesischen TPI Polene bestehen bereits. An der Versteigerung von 54% des malaysischen Zementproduzenten United Engineers nimmt Cemex ebenfalls teil. In Fernost verstärkt Fuß zu fassen, ist ein entscheidender Punkt in der Wachstumsstrategie der Mexikaner. Die Zukäufe haben aber ihre Spuren in der Bilanz hinterlassen. Der Verschuldungsgrad liegt mit 35% über dem Branchendurchschnitt. Der Schuldenberg konnte jedoch 2001 um 860 Mio. US-Dollar auf rd. 5,7 Mrd. Dollar gedrückt werden. Die Kosten für Zinszahlungen sind damit um 18% gefallen. Dennoch konnte Cemex in den vergangenen Jahren immer einen starken Cash Flow erwirtschaften. So geht das Unternehmen selbst im Krisenjahr 2001 unverändert davon aus, einen Cash Flow von 1 Mrd. Dollar zu erzielen, wenngleich die eigenen Schätzungen für das EBITDA auf Jahresbasis von 2,4 auf 2,2 Mrd. Dollar reduziert wurden.

Das Jahr 2002 wird für Cemex allerdings nicht einfach werden. Die Gewinne korrelieren sehr hoch mit den volkswirtschaftlichen Entwicklungen in Mexiko und den USA und genau da sieht es im kommenden Jahr mau aus. Sollte Cemex dann schwache Quartalszahlen bringen und der Kurs unter Druck geraten, schlägt der findige Langfristanleger zu und profitiert dann später überproportional von einem Aufschwung der US-Konjunktur.

Samsung Electronics

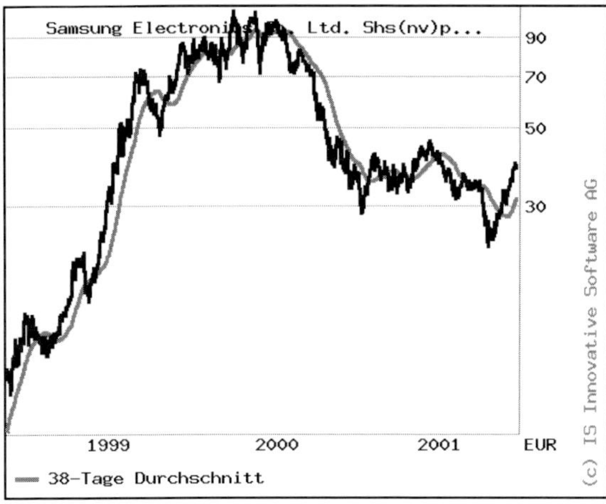

WKN	881 823
Land	Südkorea
Branche	Elektronik
Kurs (21.11.01)	38,80 Euro
KGV 02	6
Einstiegslimit	35 - 40 Euro
Stopp-Kurs	30 Euro

Der südkoreanische Elektronikriese **Samsung Electronics** bietet alles, was das Herz von Elektronikfreunden begehrt. Auf der Angebotsliste finden sich neben Computerchips auch Unterhaltungselektronik sowie alle möglichen Küchengeräte. Die Erlöse werden dabei gleichmäßig von den Sparten Halbleiter (29,1% Umsatzanteil), Telekommunikationstechnologie (28,9%) und Unterhaltungselektronik (27,4%) getragen.

Durch die breite Produktdiversifizierung ist das Unternehmen weniger den zyklischen Schwankungen der Halbleiterbranche ausgesetzt. Somit ist ein Investment in Samsung mit geringerem Risiko behaftet, als ein Engagement in einen reinen Chipproduzenten. Selbst unter widrigsten Bedingungen gelingt es Samsung immer wieder, über die Quartale hinweg schwarze Zahlen zu schreiben. Dass die Buchhalter einmal den Rotstift auspacken müssen, ist ein seltenes Ereignis. Erfreulich ist der Weitblick der Unternehmensführung. Ab dem Jahr 2002 soll die Produktion von PC-Speicherchips (DRAM-Chips), die unter einem chronischen Preisverfall leiden, sukzessive heruntergefahren werden. Im Gegenzug wird die Produktion von Spezialchips, die bspw. in Handys und Digitalkameras eingesetzt werden, gesteigert. Diese sog. Flash Memory- und SRAM-Chips versprechen ein wachsendes Absatzpotenzial zu Gewinn bringenden Preisen.

Trotz der enormen Größe des Unternehmens weist Samsung in den vergangenen fünf Jahren ein durchschnittliches Erlöswachstum p.a. von 25,5% auf. Die durchschnittliche EBITDA-Rendite lag bei respektablen 22%. Gemessen am pro Kopf-Umsatz hat sich die Profitabilität in diesem Zeitraum fast verdreifacht. Der weltweit führende Anbieter von DRAM und SRAM-Chips ist auch in seinen weiteren Geschäftsfeldern auf dem Weltmarkt gut positioniert. Langfristanleger sollten antizyklisch handeln und sich **Samsung als Depotbeimischung** zulegen, solange der Kurs der Aktie noch im Keller liegt. Verspürt die Elektronikbranche wieder Aufwind, hat Samsung das Zeug zum Börsen-High-Flyer.

China Mobile

WKN	909 622
Land	Hongkong
Branche	Telekommunikation
Kurs (21.11.01)	3,83 Euro
KGV 02	n.a.
Einstiegslimit	3 - 4,5 Euro
Stopp-Kurs	2 Euro

Es hat nicht lange gedauert, bis der chinesische Mobilfunkmarkt sogar den US-amerikanischen an Größe überflügelte. Mit über 120 Mio. Mobiltelefonierern steht China an der Spitze der weltweiten Bewegung. Dieser riesige Markt wird jedoch nur maßgeblich von zwei Anbietern dominiert: **China Mobile** und China Unicom. China Mobile (ehem. China Telecom), mit Sitz in Hongkong, ist eine Tochter des staatlichen Ex-Monopolisten China Mobile Communications. Von der Mutter akquirierte China Mobile bereits Mobilfunknetze in 13 Provinzen mit rd. 59 Mio. Kunden. Mittlerweile zum zweitgrößten Mobilfunkanbieter der Welt avanciert, will das Unternehmen in 2002 weitere Mobilfunknetze in insgesamt 18 Provinzen von der Mutter kaufen. Damit würde die Kundenbasis von China Mobile noch einmal schlagartig um fast 30 Mio. zunehmen.

Das Unternehmen steht jedoch nicht nur in der Kundenanzahl besser als der Konkurrent China Unicom da. Während die EBITDA-Marge mit 60% von China Mobile wesentlich höher ist (China Unicom: 49%) liegt der Verschuldungsgrad mit 30% wesentlich niedriger (China Unicom: 47%). Auch das Umsatzwachstum in den vergangenen Quartalen zeigte beim Marktführer mit durchschnittlich 60% eine deutlich höhere Dynamik als bei der Konkurrenz.

Einziger Wermutstropfen: In den ersten sechs Monaten 2001 fiel der durchschnittliche Monatsumsatz pro Kunde von 29,80 auf 19 US-Dollar. Im Gegenzug konnte China Mobile aber 13,7 Mio. Neukunden gewinnen. Der durchschnittliche Monatsumsatz pro Kunde brach deshalb ein, weil der Kampf um Marktanteile mit Billigangeboten im Prepaid-Segment ausgefochten wurde. Für die kommenden Quartale ist jedoch mit einer Stabilisierung des Durchschnittsumsatzes zu rechnen, so dass Neukunden automatisch die Gewinnsituation enorm verbessern. Nachdem der Kurs der Aktie nach Bekanntwerden des Verfalls der durchschnittlichen Erlöse pro Kunde zu Recht abgestraft wurde, sehen wir jetzt für risikobewusste Investoren günstige Einstiegsmöglichkeiten.

Sony

WKN	853 687
Land	Japan
Branche	Elektronik
Kurs (21.11.01)	52,40 Euro
KGV 02	36
Einstiegslimit	45 - 55 Euro
Stopp-Kurs	40 Euro

Wer glaubt, dass **Sony** nur ein Anbieter von Konsumelektronik ist, der irrt. In der Elektroniksparte werden heute nur noch 68% der Erlöse erzielt. 9% der Umsätze erwirtschaften die Japaner mit Spielkonsolen, die Film- und Musikproduktion machen weitere 15% aus und Versicherungen 6%. Der Konzern hat sich jedoch nicht nur im Produktbereich diversifiziert. Der weltweit zweitgrößte Elektronikanbieter verdient aktuell nur rd. 35% seiner Brötchen in Japan. Weitere große Umsatzblöcke werden in den USA und Europa generiert. Somit bietet Sony eine **doppelte Risikoabsicherung:** Es besteht weder eine zu große Abhängigkeit von einer Branche, noch von einer Volkswirtschaft.

Den Vergleich mit der einheimischen Konkurrenz muss der Elektronikriese nicht scheuen. Ein durchschnittliches Umsatzwachstum in den vergangenen Jahren von 11% liegt über dem Branchendurchschnitt. Sonys Bruttogewinnmarge von 40% übersteigt ebenfalls deutlich die Durchschnittswerte der Konkurrenz (32%). Dennoch herrscht bei Sony nicht nur eitel Sonnenschein. Probleme bereitet die Elektroniktochter Aiwa. Der Anbieter von Elektronik im Niedrigpreissegment schreibt seit einigen Quartalen tief rote Zahlen. Restrukturierungen wurden bereits eingeleitet. Die Handysparte bescherte dem Konzern durch eine Rückrufaktion einen herben Verlust im ersten Quartal 2001. Das Joint Venture mit Ericsson soll jetzt den Unternehmensbereich wieder wettbewerbsfähig machen.

Der Einbruch der Elektronikbranche bringt die Gewinne im Gj. 01/02 zusehends unter Druck. Dennoch geht die Führungscrew von einem Nettogewinn am Ende des Gj. von 10 (Vj.: 16,75) Mrd. Yen aus. Im schwierigen Jahr 2001 geriet der Kurs von Sony unter die Räder. Anleger mit langem Atem nutzen diese Chance für einen **günstigen Einstieg.** Die Finanzstruktur ist mit einem Verschuldungsgrad von 35% **gesund** und die Stellung im globalen Elektronikmarkt **überragend.** Ziehen die Konjunktur und mit ihr der Elektronikmarkt 2002 wieder an, profitiert Sony zusätzlich von einem schwachen Yen.

Toyota

WKN	853 510
Land	Japan
Branche	Automobil
Kurs (21.11.01)	30,30 Euro
KGV 02	17
Einstiegslimit	27 - 32 Euro
Stopp-Kurs	25 Euro

Die goldene Medaille für japanische Autobauer geht in 2001 eindeutig an Toyota. Während die Weltwirtschaft über eine schwache Konjunktur klagt, berichtet Toyota fast jeden Monat über neue **Rekordabsatzzahlen.** Selbst in den USA kletterten die Verkaufszahlen beim lizenzierten Gebrauchtwagenhandel nach dem Attentat auf Rekordhöhe. Japans Marktführer (43% Marktanteil) und der weltweit drittgrößte Autohersteller überzeugt aber nicht nur durch die starken Verkäufe in Krisenzeiten, sondern auch durch finanzielle Sicherheit. Der Konzern verfügt über Finanzmittel, die manche Bank vor Neid erblassen lässt.

Im Ausland ist Toyota allerdings in Europa noch zu schwach vertreten. Ein Joint Venture mit Peugeot im Kleinwagensegment soll hier Abhilfe schaffen. Dazu sollen Fabriken in Frankreich und Großbritannien errichtet werden. Im kommenden Jahr sind noch weitere Investitionen in Höhe von 6,7 Mrd. Dollar zum Bau von Autowerken in den USA und Lateinamerika geplant. Spekulationen über eine eventuelle Übernahme eines europäischen oder amerikanischen Konkurrenten in den nächsten Quartalen verleihen Toyota zusätzliche **Kursfantasie.**

Um die Margen in Zukunft noch zu steigern, wurde ein umfassendes Kostensenkungsprogramm für die kommenden drei Jahre ins Leben gerufen. Das Sparpotenzial beziffert Toyota selbst auf rd. eine Bio. Yen. Bereits zum Ende des Gj. 2001/02 sollen die Bemühungen erste Früchte tragen. Durch die guten Absatzzahlen in Verbindungen mit der Kostenreduktion rechnet der Konzern mit einem Vorsteuergewinn im Gj. 01/02 von über einer Bio. Yen. Diesen Wert hat noch nie ein japanischer Autobauer zuvor erzielt. Beim Vergleich hebt sich Toyota besonders mit seinen Margen von der Konkurrenz ab. Eine EBITDA-Marge von 12% liegt weit über den Werten der Wettbewerber, die bestenfalls 9% erreichen. Ein von Analysten geschätztes langfristiges Gewinnwachstum von 9% ist leicht über dem Branchendurchschnitt angesiedelt. Toyota bietet somit Substanzstärke, gepaart mit Wachstumsfantasie. gs

X. Investmentfonds

Der Markt für Investmentfonds gewinnt mehr und mehr an Bedeutung. Nicht nur wegen der staatlichen Förderung einiger Produkte (Stichwort „Riester-Rente“) steigt die Anzahl der Fonds von Jahr zu Jahr, es gibt auch immer mehr Fondssparer. Die starke Ausrichtung vieler Anleger auf Geldmarktfonds wird sich wohl erst dann erledigen, wenn sich an den Kapitalmärkten ein nachhaltiger Aufwärtstrend abzeichnet. Dann wird die Nachfrage insbesondere nach Aktienfonds wieder zunehmen und somit den eingeleiteten Erfolgstrend weiter fortsetzen. In dem immer undurchsichtigeren Fondsmarkt steht neben der generellen Frage, ob Aktien,- Renten- oder andere Fonds gekauft werden sollten, vor allem die Auswahl der richtigen Einzelfonds im Mittelpunkt. Denn zwischen den verschiedenen Produkten gibt es doch gravierende Unterschiede, die sich letztendlich in der Performance bemerkbar machen. Eine breite Diversifizierung mit Hilfe der von uns nach eingehender Analyse ausgewählten Fonds wird Sie auf Dauer zu dem gewünschten Erfolg führen.

Investmentfonds – Warten auf den nächsten Aufschwung

Nach dem Crash kristallisieren sich neue Trends heraus

Die Erfolgsgeschichte des Investmentfonds setzt sich weiter fort. Die Idee, schon mit geringen Mitteln am großen Kuchen Kapitalmarkt teilhaben zu können, fasziniert Jahr für Jahr mehr Anleger. Dies machen sich selbstverständlich auch die großen und kleineren Kapitalanlagegesellschaften zunutze und legen in immer kleineren Abständen immer mehr neue Fonds auf. Während die **Fondsinitiatoren** das große Geld riechen, verliert der **Privatanleger** mehr und mehr den Überblick.

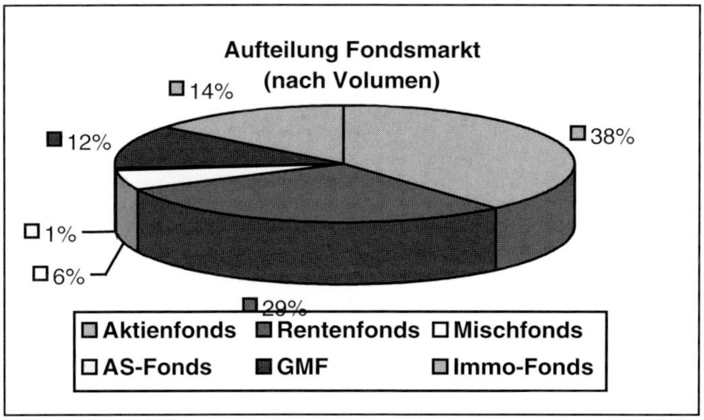

Obwohl die **große** Euphorie der vergangenen Jahre etwas gewichen ist und mittlerweile auch diverse Fonds mangels Masse wieder dicht gemacht wurden, stieg die Anzahl der von in Deutschland ansässigen Investmentgesellschaften (inklusive deutscher Töchter von ausländischen Häusern) aufgelegten Fonds auch 2001 wieder an. Per 30.9. registrierte der BVI (Bundesverband Deutscher Investment- und Vermögensverwaltungs-Gesellschaften e.V.) bereits 2 162 verschiedene Publikumsfonds. Zum Vergleich: 1998 waren es

	Anzahl	**ggü. Vj.**	**Fondsvermögen**	**ggü. Vj.**
Aktienfonds	888	+ 21%	145 Mrd. Euro	- 39%
Rentenfonds	625	+ 3%	109 Mrd. Euro	+ 1%
Mischfonds	226	+ 25%	21 Mrd. Euro	+ 4%
Geldmarktfonds	84	+ 22%	45 Mrd. Euro	+ 38%
AS-Fonds	47	+ 7%	2 Mrd. Euro	- 15%
off. Immobilienfonds	19	+ 1%	53 Mrd. Euro	+ 10%

gerade mal knapp über 1 300 Fonds – Nettozuwachs seitdem: fast 70%! Bei der Aufteilung des Fondsmarktes nach den einzelnen Arten zeigt sich deutlich, welche Rolle die in Deutschland 1996 begonnene Aktienbegeisterung gespielt hat.

Während sich die Zahl der Rentenfonds in den vergangenen Jahren kaum verändert hat, ist bei den Aktien- und den Mischfonds (ebenfalls mit Aktienanteil) nahezu eine Verdoppelung zu registrieren. Im Jahr 2001 änderte sich aber dieser Trend. Die Investmentgesellschaften reagierten relativ schnell auf die Veränderungen an den Kapitalmärkten und entwickelten verstärkt neue Produkte vor allem im Bereich der Geldmarkt- und geldmarktnahen Fonds. Die Unsicherheit

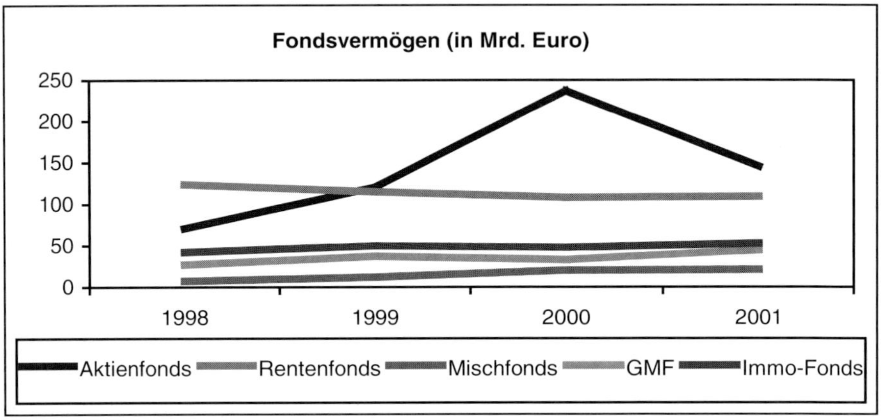

vieler Anleger nach den Kursturbulenzen an den Aktienmärkten führte zu einer verstärkten Nachfrage nach solchen Anlageformen. Eindeutig zu erkennen ist, dass die Marktteilnehmer den Aktienmärkten nicht für immer den Rücken kehren wollen – sie sind ganz einfach vorsichtiger geworden. Das erklärt, weshalb die Volumina, die in die Geldmarktfonds flossen, so stark angestiegen sind. (s. Tabelle und Grafik) und auch die Mischfonds trotz fallender Aktienkurse ihre Kapitalisierung erhöhen konnten. Bei den Mischfonds spielte sicher auch das Verhalten der Bank- und Vermögensberater eine große Rolle. Schließlich lassen sich Aktienfonds „mit eingebautem Sicherheitspolster" in Form von Rentenpapieren aktuell besser verkaufen als rein mit Aktien gespickte Produkte – schon der Blick auf die Wertentwicklung im vergangenen Jahr schreckt die meisten Interessenten ab.

Mittelaufkommen in 2001 (bis 30.9.)	
Aktienfonds	+ 3,6 Mrd. Euro
Rentenfonds	- 0,2 Mrd. Euro
Mischfonds	+ 1,7 Mrd. Euro
Geldmarktfonds	+ 11,8 Mrd. Euro
AS-Fonds	+/- 0 Mrd. Euro
off. Immobilienfonds	+ 4,5 Mrd. Euro
sonstige	+ 0,7 Mrd. Euro
insgesamt	**+ 22,1 Mrd Euro**

Aufschlussreich ist der Blick auf das Mittelaufkommen der einzelnen Fondsarten. Trotz zusammenbrechender Aktienmärkte konnte die Investmentbranche auch 2001 weitere Gelder für sich gewinnen – wenn auch nur die Hälfte der im Jahr zuvor neu investierten Summe. Neben der starken Nachfrage nach Geldmarktfonds (wahrscheinlich größtenteils als Parkposition, um eine Beruhigung der Märkte abzuwarten) konnte selbst bei den Aktienfonds ein positiver Mittelzufluss beobachtet werden. Die oftmals als „unruhige Hand der Märkte" bezeichneten Privatanleger zeigen sich in der Börsenbaisse durchaus besonnen. Größere Mittelabflüsse in Folge von Panikverkäufen sind nicht zu beobachten. Im Gegenteil: Viele (vor allem langfristig denkende) Anleger versuchen, die „günstigen" Kurse zum Einstieg zu nutzen. Und auch die während des Hypes zahlreich abgeschlossenen Investmentsparpläne sorgen für einen steten Cash Flow bei den Fondsmanagern.

Dass die beispiellose Euphorie an den Aktienmärkten Schnee von gestern ist, mussten auch die Portfolio-Manager erfahren. So lag der Mittelzufluss bei den Aktienfonds zwar noch in der Pluszone, aber doch deutlich unter den Werten der Vorjahre. Konnten sich diese Fonds im Jahr 2000 noch über 53,7 Mrd. Euro neuer Gelder freuen, mussten sie sich 2001 (per Ende September) gerade noch mit 3,6 Mrd. Euro begnügen. Die Zuflüsse bei den Geldmarktfonds waren im Vergleich dazu mehr als dreimal so hoch! Weiterhin keine Rolle spielen am Fondsmarkt die (damals extra für die Altersvorsorge konzipierten) AS-Fonds. Die fehlende staatliche Unterstützung war schon immer der große Hemmschuh dieser Produkte – nach Einführung der Riester-Produkte dürften sie gänzlich an Bedeutung verlieren.

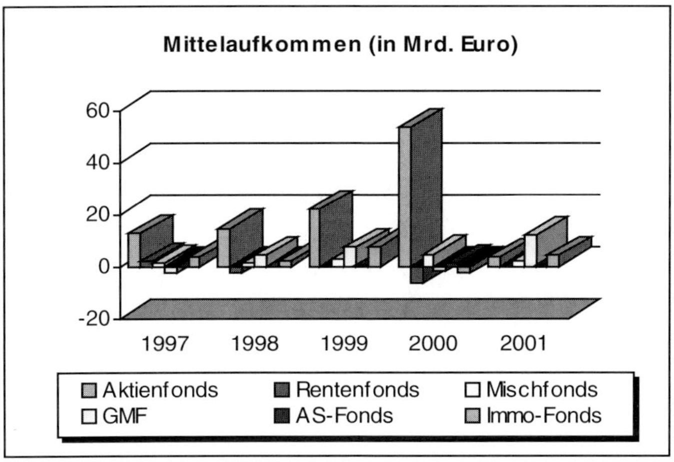

Fazit: Der Markt für Investmentfonds ist in Bewegung gekommen, seine Beliebtheit bei den Anlegern ist ungebrochen. Allerdings werden die Marktteilnehmer anspruchsvoller, lassen sich nicht mehr ohne weiteres von willkürlich zusammengestellten Ranglisten in bestimmte Fonds locken. Auch haben es neue Fonds immer schwerer, Abnehmer zu finden, da sich der Kunde zuerst einmal ein Bild über die Qualität und Fähigkeit des Managements machen will. Dies erklärt u.a. auch, warum die Frequenz der neu aufgelegten Fonds zuletzt etwas nachgelassen hat. Auf der anderen Seite warten derzeit viele Anlagegelder darauf, neu investiert zu werden (vergleichsweise hoher Anteil der Geldmarktfonds). Bei sich beruhigenden Märkten werden gerade diese Mittel wieder in den „richtigen" Fondsmarkt fließen. Allerdings nicht mehr blind in irgendwelche

Produkte. Unserer Meinung nach werden auch Renten-, Immobilien- und vor allem Mischfonds wieder stärker nachgefragt werden.

Blicken Sie bei der Fondsauswahl auch hinter die Kulissen!

Unsere im vergangenen Jahr an dieser Stelle geäußerte Skepsis bezüglich der Highflyer-Fonds, die - kaum auf dem Markt – schon die (damals) allseits beliebten Rennlisten anführten, hat sich auch 2001 ausgezahlt. Wer hoch steigt, der kann auch tief fallen. Gerade die auf sehr marktenge Werte spezialisierten Aktienfonds mussten dieser Börsenweisheit in den vergangenen Monaten auf brutale Weise Tribut zollen. Konnten die Fondsmanager in Zeiten steigender Kurse die Notierungen praktisch im Alleingang durch ihre Käufe nach oben treiben und so die Blase ihres Portfolios immer größer werden lassen, drehte sich das Spiel logischerweise in der Baisse um. Die teilweise extrem hohe Gewichtung einzelner, relativ illiquider Aktien wurde den Fondsmanagern zum Verhängnis.

Verkäufe ließen sich praktisch nicht durchführen, ohne dass es zu einem massiven Kurssturz kommen musste. Das Beispiel von **Kurt Ochner,** der einst als „Pate des Neuen Marktes" gefeiert wurde und dann Anfang 2001 bei **Julius Bär** seinen Stuhl räumen musste, und „seinem" Neuer Markt-Fonds zeigt, wie wichtig es ist, nicht nur auf die nackte Performance des Fonds zu schauen. Der Blick hinter die schönen Fassaden bewahrt vor Schaden. Denn Fonds sind zwar tendenziell durch ihren Diversifikationseffekt weniger risikoreich als einzelne Aktien, was aber nicht bedeutet, dass sie komplett risikolos sind. Auf die richtige Auswahl kommt es –wie so oft – auch bei der Anlage in Investmentfonds an!

Unsere Favoriten für Ihre Fondsanlage 2002

Damit Sie sich im Dschungel der zahlreichen Investmentfonds nicht verirren und schon vor der Entscheidung die Flinte ins Korn werfen oder doch vor lauter Frust den erstbesten Fonds kaufen, haben wir Ihnen eine Auswahl der unserer Meinung nach derzeit aussichtsreichsten Fonds zusammengestellt. Unsere tabellarische Zusammenstellung eines Musterportfolios sollten Sie als **Anregung** verstehen und die einzelnen Positionen nach ihrer persönlichen Anlegermentalität gewichten. Entscheidend ist, dass Sie Ihr Depot auch bei der Anlage in Fonds noch weiter diversifizieren. Nur so werden Sie langfristig eine vernünftige Performance erreichen. tk

Musterportfolio in Investmentfonds		
DWS Geldmarktfonds	847 425	10%
DWS Vermögensbildung R	847 651	15%
Uni Euro Aspirant	989 805	10%
CSAM CS Euroreal	980 500	15%
DIT Spezial 2	848 176	10%
Eurovesta	849 084	10%
DIT US Equity Funds	974 430	10%
DWS Vermögensbildung I	847 652	10%
Templeton Growth Fund	971 025	10%

Die einzelnen Positionen im Kurzportrait

DWS Geldmarktfonds	
Fondsgesellschaft	DWS
WKN	847 425
Mindestanlage	20 000 DM
max. Aufschlag	0%
max. Gebühr p.a.	0,6%
Währung	Euro
Highlights: - einer der renditestärksten Euro-Geldmarktfonds der vergangenen Jahre - optimale Möglichkeit, eine sichere Liquiditätsposition zu halten	

DWS Vermögensbildung R	
Fondsgesellschaft	DWS
WKN	847 651
Mindestanlage	./.
max. Aufschlag	3%
max. Gebühr p.a.	0,5%
Währung	Euro
Highlights: - Euro-Rentenfonds, der in kurz- bis mittelfristige Anleihen investiert - Bonitätsrisiko durch Auswahl erstklassiger Emittenten sehr gering	

Uni Euro Aspirant	
Fondsgesellschaft	Union Investment
WKN	989 805
Mindestanlage	./.
max. Aufschlag	3,0%
max. Gebühr p.a.	1,0%
Währung	Euro
Highlights: - risikoreicherer Rentenfonds mit entsprechend höherer Renditechance - Schwerpunkt: Anleihen möglicher Beitrittskandidaten zur EWU	

CSAM CS Euroreal	
Fondsgesellschaft	Credit Suisse Asset Management
WKN	980 500
Mindestanlage	5 000 DM
max. Aufschlag	5,0%
max. Gebühr p.a.	0,795%
Währung	Euro
Highlights: - Immobilienfonds mit Schwerpunkt in Westeuropa (40% Deutschland) - Über 80% der Objekte sind jünger als 10 Jahre	

DIT Spezial 2	
Fondsgesellschaft	DIT
WKN	848 176
Mindestanlage	./.
max. Aufschlag	3,0%
max. Gebühr p.a.	0,54%
Währung	Euro
Highlights: - Anlage erfolgt überwiegend in deutschen Mid-Cap-Unternehmen - Vergleichsweise günstige Bewertung und hohe Dividendenrendite	

Eurovesta	
Fondsgesellschaft	DWS
WKN	849 084
Mindestanlage	./.
max. Aufschlag	4,0%
max. Gebühr p.a.	0,75%
Währung	Euro
Highlights: - Auf europäische Standardwerte fokussierter Aktienfonds - orientiert sich vergleichsweise eng an der Benchmark	

DIT US Equity Fund	
Fondsgesellschaft	DIT (DIMS)
WKN	974 430
Mindestanlage	1 000 US-Dollar
max. Aufschlag	0%
max. Gebühr p.a.	1,6%
Währung	US-Dollar
Highlights: - tendenziell eher defensiv gemanagter US-Aktien-Fonds - investiert nach dem Bottom-Up-Ansatz in unterbewertete Aktien	

DWS Vermögensbildung I	
Fondsgesellschaft	DWS
WKN	847 652
Mindestanlage	./.
max. Aufschlag	5%
max. Gebühr p.a.	0,85%
Währung	Euro
Highlights: - weltweit anlegender Aktienfonds – bewusst aktiv gemanaged - seit Jahren in der Performance-Betrachtung weit oben	

Templeton Growth Fund	
Fondsgesellschaft	Templeton
WKN	971 025
Mindestanlage	./.
max. Aufschlag	5,75%
max. Gebühr p.a.	0,9%
Währung	US-Dollar
Highlights: - weltweit anlegender Aktienfonds mit langfristiger Ausrichtung - mit antizyklischem Kauf unterbewerteter Aktien seit langem erfolgreich	

XI. Anleihen

Die Rentenmärkte werden nach dem Rekordjahr 2001 deutlich schwächer tendieren, ein Abgleiten der Performance in den Minusbereich ist auf Jahressicht aber nicht zu befürchten. Kurzfristig wird ein Abflauen des bereits eingepreisten Konjunkturoptimismus (für das 2. Hj. 2002) insbesondere im langfristigen Bereich sogar für weitere Kursgewinne sorgen. Im Laufe des Jahres sollten Sie sich dann aber deutlich defensiver verhalten und die kurz- bis mittelfristigen Laufzeiten präferieren. US Dollar-Papiere eignen sich mit Blick auf unsere Prognose zur Währungsentwicklung und zu den begrenzten Zinssenkungsfantasien höchstens als Beimischung zur Diversifizierung. Wer es etwas spekulativer haben möchte, der wagt den Schritt in den Markt für Unternehmensanleihen, welcher in den vergangenen Jahren einen regelrechten Boom erlebt hat. Die höheren Renditemöglichkeiten müssen hier allerdings auch mit deutlich höheren Risiken bezahlt werden. Achten Sie daher vor allem auf die Bonität der Emittenten.

Anleihen – Langfrist-Strategien sind nicht angebracht

Die konjunkturellen Turbulenzen in den wichtigsten Industrienationen haben die Situation an den internationalen Rentenmärkten in den vergangenen Monaten komplett verändert. War das Bild vor gut einem Jahr noch geprägt von einer sehr flachen Zinsstrukturkurve in Euroland und gar einer inversen Kurve in den USA, liegen zum Ende des Jahres 2001 die Renditen der 10-jährigen Anleihen in beiden Regionen deutlich über den am Geldmarkt zu erzielenden Renditen.

USA-Rentenmärkte: Greenspan sorgt für steile Zinskurve

Die schon früh im Jahr 2001 einsetzende Zinssenkungswelle der amerikanischen Notenbank hat zu einer wahren Rally am US-Rentenmarkt geführt. Allerdings reagierten im 1. Hj. lediglich die Renditen am kurzen Ende, die von rd. 6% bis auf unter 4% rutschten, während es im 10-jährigen Bereich lange Zeit zu keiner nennenswerten Veränderung kam. Im Gegenteil, die Renditen stiegen sogar wieder leicht an. Erst zum Sommer hin änderte sich das Bild auch hier. Der anfängliche Optimismus, die Konjunktur werde sich durch die expansive Zinspolitik schnell wieder erholen, wich der Angst vor einer Rezession. Mittlerweile hat sich diese Tendenz ausgeweitet. Ein so genanntes „Minuswachstum“ über mindestens 2 Quartale wird nun allgemein als wahrscheinlich dargestellt. Auch die Rentenmärkte haben sich auf dieses Szenario eingestellt. Nach der Ankündigung der Fed, die Konjunkturabkühlung sei trotz expansiver Zinspolitik weiter die größte Gefahr für die USA, sind die kurzfristigen Renditen weiter gesunken.

Weitere Zinssenkungen eingepreist – lange Rezession aber noch nicht

Eine weitere Zinssenkung durch **Alan Greenspan** um bis zu 50 Basispunkte ist also bereits eingepreist. Damit erscheint aber auch den meisten Marktbeobachtern das Potenzial der Zinssenkungsmaßnahmen (immerhin bis jetzt schon 10 im Umfang von insgesamt 400 Basispunkten) erschöpft. Im Bereich der 2-jährigen Anleihen haben wir mittlerweile das niedrigste Niveau seit 1958 erreicht. Sollte selbst dies nicht ausreichen, um der Konjunktur wieder auf die Beine zu helfen, steht die US-Notenbank vor einem Dilemma. Dann nämlich werden die (momentan nur sehr verhaltenen) Stimmen immer lauter werden, die von **japanischen Verhältnissen** sprechen. Hier zeigte selbst die Nullzinspolitik der Notenbank nicht die erhoffte Wirkung. Zwar haben wir in den USA derzeit eine andere Situation als in Nippon; ganz von der Hand zu weisen sind solche Risiken aber nicht. Wie bereits im Kapitel über die Weltwirtschaft erwähnt, ist unsere Prognose für die US-Konjunktur denn auch wesentlich skeptischer als die Konsensschätzungen der Analysten und Volkswirte. Diese rechnen größtenteils damit, dass es spätestens zu Beginn des 2. Halbjahres zu dem erhofften Aufschwung kommt. Dieses Szenario implizieren auch die Rentenmärkte. Zwar sind auch die (den Konjunkturverlauf antizipierenden) langfristigen Renditen zurückgekommen, aber lange nicht so stark wie die Kurzfristrenditen. Die dadurch entstehende Ausweitung des Renditespreads (siehe Grafik) zeigt deutlich, dass eine länger anhaltende rezessive Phase derzeit an den Märkten (noch) kein Thema ist. Von daher sehen wir am langen Ende – im Gegensatz zu den meisten Rentenmarktexperten – auch noch (begrenztes) Potenzial. Wir gehen davon aus, dass sich, sobald die Frühindikatoren erste Hinweise auf eine verzögerte Konjunkturerholung geben, vor allem die Langfristzinsen etwas nach unten bewegen, während wir am kurzen Ende kaum Luft sehen. Der Renditespread zwischen 10-jährigen Anleihen und 3-Monats-Papieren wird sich also (kurzfristig) wieder einengen, so dass ein Investment in US-Langläufer (Währungsrisiko beachten!) durchaus sinnvoll ist.

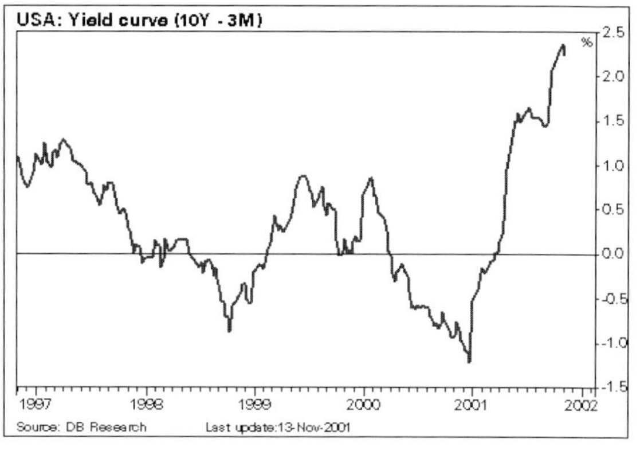

Kurzfristig sinkende Langfristzinsen möglich

Allerdings handelt es sich hierbei um eine durchaus spekulative Strategie, die auf jeden Fall Anlegern überlassen sein sollte, die sich intensiv mit den Rentenmärkten auseinander setzen und diese auch regelmäßig beobachten. Schließlich befinden wir uns bei den 10-Jahres-Treasuries bereits auf dem niedrigsten Stand seit 1998. Zum Vergleich: Ende 1999 lagen die Renditen hier noch bei 7%. Sobald sich die Anzeichen auf eine Konjunkturerholung im Jahresverlauf verdichten, werden die Renditen am langen Ende wieder deutlich ansteigen. Diesen **Wendepunkt** gilt es zu erkennen und sich dann rechtzeitig von den Papieren zu verabschieden. Wir sehen den Zeitpunkt der konjunkturellen Umkehr allerdings nicht vor Herbst 2002 – der Rentenmarkt dürfte dies ungefähr 6 Monate vorher antizipieren. Der Zeitraum für diese Spekulation ist also eng gesteckt. Dem konservativen Anleger raten wir daher, US-Renten höchstens als Beimischung zu wählen, wenn sie unbedingt im Dollar-Raum vertreten sein wollen. In diesem Fall sollten die kurz- bis mittelfristigen Laufzeiten präferiert werden – allerdings wird die Rendite Ihrer Anlage hier u.E. nur geringfügig positiv ausfallen.

Euro-Rentenmärkte: Noch gibt es Spielraum nach unten

In Euroland haben die Märkte 2001 eine vergleichbare Entwicklung genommen. Die Zinsstrukturkurve ist ebenfalls deutlich steiler geworden, hat dabei aber lange nicht die Ausmaße wie in den USA angenommen. Dies liegt natürlich vor allem an der doch lange Zeit sehr vorsichtigen Haltung der EZB, die erst sehr spät auf das Zinssenkungskarussell aufsprang. Von daher bewegen sich die 10-jährigen Renditen zwar auf ähnlichem Niveau wie in Amerika. Die Kurzfristrenditen notieren jedoch noch deutlich höher. Da sich das Inflationsrisiko derzeit in Grenzen hält, die Konjunkturaussichten aber auch für Europa nicht sonderlich rosig sind (siehe auch Kapitel „Weltwirtschaft“), gehen wir davon aus, dass die EZB durchaus noch weiter an der Zinsschraube drehen wird – obwohl die Realzinsen schon fast bei Null liegen. Auch wenn das viele „Experten“ anders sehen, eine gewisse Abhängigkeit von der Entwicklung in den USA lässt sich nicht leugnen. Von daher wird es auch in Euroland zumindest starke Einbußen im Wirtschaftswachstum geben. Die Angst, auch hier in eine Rezession abzudriften, wird dazu führen, dass das Zinsniveau tendenziell sinkt.

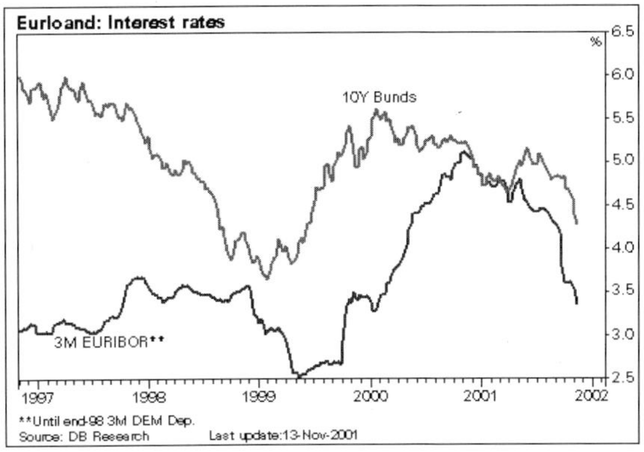

Am kurzen Ende dürfte eine weitere Zinssenkung weitestgehend eingepreist sein, bei den Langfristrenditen besteht aber durchaus noch Spielraum nach unten. Die Gefahr kräftig steigender Zinsen sehen wir in den kommenden Monaten eher nicht, da die Konjunktur und damit auch die Rentenmärkte in Euroland mit einer gewissen zeitlichen Verzögerung auf mögliche Erholungstendenzen in den USA reagieren werden. Von daher erscheint uns eine Anlage in Euro-Renten durchaus akzeptabel. Ihre strategischen Überlegungen sollten sich ähnlich gestalten wie im US-Rentenbereich (wobei dieser, wie gesagt, tendenziell gemieden werden sollte). Spekulative Naturen setzen auf langfristige Papiere und versuchen, die zu erwartenden Renditerückgänge in Folge verstärkter Wachstumssorgen zu nutzen. Konservativ veranlagte Investoren setzen eher auf den kurz- bis mittelfristigen

Bereich, da hier die Risiken noch geringer einzuschätzen sind. Tendenziell sind auf Jahressicht im Euro-Segment höhere Renditen als im Dollarblock zu erwarten, wobei Sie sich von der Erwartung zweistelliger Zuwächse lösen sollten. Die Rally am Rentenmarkt, die zu diesen für Rentenpapiere imponierenden Renditen geführt hat, dürfte langsam ihrem Zenit entgegensteuern. Eine schnelle Umkehr zu wieder stark steigenden Zinsen halten wir aber auch vor dem Hintergrund der wieder in Richtung Sicherheit tendierenden Anlegermentalität für eher unwahrscheinlich. Rentenpapiere gehören also weiterhin in jedes ausgewogene Depot – auch wenn sie nur ein Stabilitätsfaktor sind.

Industrieanleihen - Eine Alternative mit mehr Drive

Für Industrieunternehmen jenseits des Atlantiks ist es seit jeher üblich, sich nicht über die Banken und Kredite, sondern direkt am Kapitalmarkt über die Begebung von Anleihen zu refinanzieren. Im Zuge der Globalisierung erreichte diese Möglichkeit der Kapitalbeschaffung auch in Europa eine zunehmende Popularität. Verstärkt wurde dieser Trend noch durch den immensen Kapitalbedarf, den in den vergangenen Jahren einzelne Branchen aufgrund eines massiven Investitionsbedarfs und einer weit reichenden M&A-Intensität an den Tag legten. Das schillerndste Beispiel hierfür ist die Telekommunikationsbranche, die einerseits im Windschatten der Privatisierungen ein selten an den Tag gelegtes Fusionsfieber entfesselte, andererseits mit der UMTS-Auktion die Staatshaushalte auf Kosten der Unternehmen ein Stück weit sanierte.

Höheres Risiko hat seinen Preis

Selbstverständlich haben Sie als Bondholder bei Industrieanleihen einen Anspruch auf höhere Zinssätze als bei Staatsanleihen. Das Ausfallrisiko ist hier ja auch teilweise markant höher. Und diese „Spreads“ haben sich in der jüngeren Vergangenheit noch ein gutes Stück geweitet. Ursache sind zahlreiche Bonitätsabstufungen durch die drei großen Ratingagenturen Moody's, S&P und Fitch in den letzten 2 Jahren. Hierin liegt das wohl wichtigste Risiko, aber zugleich auch die größte Chance im Anleihengeschäft. Abstufungen bei der Zahlungsfähigkeit sorgen umgehend für Wertverluste. Anleger, die die Bonds nicht bis zum Ende der Laufzeit halten, laufen somit Gefahr, diese Kursverluste realisieren zu müssen und somit eine geringere Rendite einzufahren. Im Gegenzug verheißt die Spekulation auf eine Aufwertung eine nette Zusatzrendite.

Die Chancen stehen, zumindest in einigen Branchen, nicht schlecht, dass die Bonität der großen Player sich zumindest nicht weiter verringert. Aus diesem Grunde raten wir Anlegern mit einem breit gestreuten Anleihenportfolio trotz der verhaltenen Konjunkturaussichten und des nach wie vor nicht zu verharmlosenden Ausfallrisikos, dem Depot Industrieobligationen beizumischen.

Streuung ist das A und O

Don't put all eggs in one basket – Lege nicht alle Eier in einen Korb. Diese Binsenweisheit der Geldanlage kann auch im risikobehafteten Industrieobligationen-Geschäft nicht oft genug herausgestellt werden. Analog zur Aktienanlage, bei der die Aufteilung des zugewiesenen Vermögens ebenfalls in Anteile von 5, maximal 10% aufgeteilt werden muss, sollen Sie auch Ihr Anleihenportfolio breit streuen. Gerade wenn Sie nicht nur in Anleihen der öffentlichen Hand, sondern auch in Bonds von Ländern und/oder Unternehmen mit reduzierter Bonität investieren, ist Streuung ein absolutes Muss. Nehmen Sie zudem nicht zuviel Risiko in Kauf. Allen Renditechancen zum Trotz sollten Sie auf Unternehmen mit Junk Bond-Rating-Niveau (schlechter als BBB) verzichten.

Auf welche Branche Sie bei Corporate Bonds 2002 setzen sollten

Es kristallisieren sich aktuell wieder einige Branchen heraus, denen wir eine leicht verbesserte Performance zutrauen; bei anderen wiederum sehen wir im Jahre 2002 auch auf reduziertem Niveau noch erhebliche Restrisiken. Tendenziell sind wir (analog zur Equity-Seite) skeptisch, was den **Bausektor,** den **Handel** und die **Telekommunikationsausrüster** angeht.

Im Bau werden die schlechte Konjunktur und die bei weitem noch nicht abgeschlossene Branchenkonsolidierung durchaus noch für einige Narben sorgen. Im Handel bieten einige Vertreter des E-Commerce, allen voran **Amazon,** noch immer Geschäftsprognosen, die die vorhandenen Risiken nicht adäquat reflektieren. Zudem fehlt hier, wie bei vielen Vertretern aus dem Internetsektor, noch vollkommen der Nachweis, ein wirklich profitables Geschäftsmodell zu haben. Internet-Junk Bonds, beispielsweise auch von einigen Neuer Markt-Vertretern wie etwa **Carrier1** oder **Cybernet,** sollten vollkommen gemieden werden.

Die Telekommunikationsausrüster mussten zwar schon reichlich „bluten", solange hier der Markt aber noch keine Bereinigung erfahren hat, gilt es abzuwarten, wer vom Markt verschwindet. Der Preisdruck durch die Telkos dürfte anhalten.

Eine heiße Spekulation hingegen könnten die Telekommunikationskonzerne selbst werden. Die Bonitäten wurden bereits massiv heruntergestuft. Aber wegen ihres Gewichts (Ex-Staatsmonopolisten) werden zumindest die großen Player nicht von ihren einstigen Eigentümern, den Ländern, fallen gelassen. Es ist politisch schwer vorstellbar, dass Unternehmen wie die **Deutsche Telekom** oder die **France Telecom** über die UMTS-Auktionen der öffentlichen Hand in ihrer Existenz nachhaltig gefährdet werden. Ein Grenzfall ist KPN, ein Wert, der sowohl auf dem Aktien- als auch auf dem Anleihenmarkt weiter zu meiden ist.

Ein ähnliches Szenario finden Sie im **Automobilsektor.** Dadurch, dass die Abstufungen bereits in breitem Umfang stattfanden, können Sie auch hier mit gegebenen Risiken und Chancen ein Spiel wagen. Eine vergleichsweise sichere Anlage sehen wir weiterhin bei den **Versorgern.** Die Cash Flows der kommenden Jahre unterliegen einer Berechenbarkeit und Planbarkeit, die dem Begriff „Sicherer Hafen" im Industrie-Bond-Markt noch am ehesten gerecht werden. tk/rp

XII. Immobilien – Ihr Rendite-Fundament in der Flaute

Auch an dem Betongold geht die Wirtschaftskrise nicht spurlos vorüber. Zur Risikostreuung sind Immobilienanlagen dennoch für jedes gut strukturierte Depot unverzichtbar. Aktuell bietet der Markt viele antizyklische Chancen. Wir haben für Sie die gesamte Palette der Immoblien-Anlagen von den offenen über die geschlossenen Fonds bis hin zu den Immoblien-Aktien analysiert. Dabei haben sich die offenen Immobilienfonds als die heimlichen Stars der Branche herauskristallisiert. Zu unseren Favoriten zählen der Grundwert-Fonds, der Grundbesitz-global und Haus-Invest. Einen Wandel vom Steuersparmodell hin zum Rendite-Objekt haben die geschlossenen Fonds wie DBVI Renditefonds, Falk-Fonds 75 und GVP Validia I durchgemacht. Bei den Auslandsfonds ist Österreich als Standort mittlerweile erste Wahl. Unter den Immoblien-Aktien ist IVG noch ein Kauf. Die deutsche Euroshop sehen wir als sicheres Langfrist-Investment. Nur für spekulative Anleger eignet sich die TAG von Lutz R. Ristow.

Antizyklische Chancen mit Immobilien-Investments

Meldungen von Massenentlassungen und Gewinnwarnungen kommen längst nicht mehr nur von den Hightech-Industrien, sondern aus allen Bereichen der Wirtschaft. Dies geht natürlich auch an der Immobilienwirtschaft nicht spurlos vorüber. Besonders betroffen sind Bauträger und Projektentwickler: Die neuen Eigenkapitalregelungen von Basel werden von den Banken schon antizipiert.

Dennoch, die allgemeine Verunsicherung wird zwangsläufig zu einer Wende bei Immobilieninvestitionen führen. Die Immobilie lebt gerade jetzt von ihrem sicheren Image. Langfristige Wertentwicklung und Inflationsschutz sind gute Verkaufsargumente. Und es liegen aktuell eine Reihe guter Immobilienanlageprodukte im Regal, die wir Ihnen kurz vorstellen wollen.

Offene Immobilienfonds – Die heimlichen Stars

Bis 1998 hatten die offenen Fonds bei hohem Eigenkapitalzufluss die Chance zu antizyklischen Investitionen genutzt. Verkäufe mit schnellen Gewinnen nach wenigen Jahren in London oder auch den Niederlanden belegen dies. Nach den harten Einbrüchen beim Mittelzufluss bzw. sogar deutlichen Mittelabflüssen in 2000 erleben sie jetzt als erste die Wende hin zur Immobilie. So hat sich 2001 die Kapitalanlage in offene Fonds wieder deutlich erhöht. Das gesamte Fondsvermögen liegt inzwischen bei über 50 Mrd. Euro. Zurück zu führen ist dieses Ergebnis sicherlich auf die verflogene Börsen-Euphorie, die Rückbesinnung auf sachwertgesicherte Anlageformen und das gestiegene Vertrauen in die Immobilie durch die Stabilität der gewerblichen Immobilienmärkte.

Offene Immobilienfonds sind das ideale Vorsorge-Instrument. Sie überzeugen durch die **Kontinuität** des Anlageerfolges, kombiniert mit **Sicherheit** und **Steuervorteilen.** In den 40 Jahren seit Bestehen dieser Kategorie verzeichnete keiner der Fonds jemals eine Minus-Performance. Die Anteilswertsteigerungen und Teile der Ausschüttung sind steuerfrei. Dies resultiert aus Gebäudeabschreibungen, steuerfreien Erträgen aus ausländischen Immobilien und Veräußerungsgewinnen. Je nach Anlageland sind 50% und mehr der Ausschüttung steuerfrei.

Im Ein-Jahres-Zeitraum per 31.8. lag die Wertentwicklung im Durchschnitt aller Fonds bei 5,5%. Spitzenreiter war mit 7,0% der **Despa-Europa.** Seitdem alle Fonds zumindest im EWR-Raum investieren dürfen, wächst die Internationalität der Branche. Damit gehört auch der Makel der Langweiligkeit, der offenen Immobilienfonds lange Zeit anhaftete, immer mehr der Vergangenheit an. Mit dem Schritt über die Grenze können die unterschiedlichen Konjunktur- und Immobilien-Zyklen zur Diversifizierung der Portfolios genutzt werden. Dass diese Rechnung bislang aufgegangen ist, zeigen die Wertentwicklungszahlen. Die jüngeren Fonds nutzen mit bis zu 20% des Sondervermögens auch weltweit ihre

Chancen, weil ihre Vertragsbedingungen nicht auf Europa beschränkt sind. Hier erhofft sich die Branche eine Lockerung der gesetzlichen Bestimmungen durch das 4. Finanzmarktförderungsgesetz.

Mittelzufluss in Mio. Euro	per 30.9.2001	2000	1999	1998	1997
Aachener Grund	k.A.	51,4	60,5	61,6	69,0
SEB ImmoInvest	256,9	50,0	373,0	187,1	353,5
CS Euroreal	290,0	95,4	359,9	91,8	116,9
CS-WV IMMOFONDS	./. 6,4	./. 15,9	./. 2,7	4,8	10,9
Deka	319,5	./. 1.120,1	412,0	./. 120,0	593,7
DekaEuropa	1060,8	./. 398,1	1.578,8	1.563,8	1.125,4
DIFA Fonds Nr. 1	384,5	./. 216,3	539,8	155,3	609,1
DIFA-GRUND	182,0	5,5	546,9	247,3	408,6
grundbesitz-invest	242,7	./. 600,6	1.078,2	304,4	./. 407,6
grundbesitz-global	802,2	233,5	--	--	--
Grundwert-Fonds	./. 472,6	./. 630,2	855,0	100,5	./. 470,7
HANSAimmobilia	./. 35,0	./. 47,3	15,2	4,6	51,3
HAUS-INVEST	1.248,7	100,3	898,9	188,5	621,2
iii-Fonds 1	./. 174,6	./. 242,9	./. 321,2	./. 453,8	14,7
iii-Fonds 2	100,6	./. 82,5	./. 230,0	./. 355,5	42,1
iii-Fonds 3	./. 25,9	./. 100,4	456,3	343,4	--
Siemens EuroInv	0,0	20,9	--	--	--
WestInvest	102,4	5,8	505,7	68,5	136,1
WestInvest InterSelect	134,6	70,4	--	--	--
Gesamt	4.482,0	./. 2.821,0	7.126,2	2.392,1	3.274,2

Je nach individueller Präferenz kann der Anleger zwischen Fonds mit einem klaren Fokus auf den deutschen Markt wie z.B. dem **DEGI Grundwert** der Dresdner Bank (rd. 80% in Deutschland investiert) oder solchen mit einem Schwerpunkt im Ausland wie dem **Haus-Invest** der Commerzbank-Tochter CGI (68% Auslandsanteil) wählen. Die mittelfristigen Perspektiven des jeweiligen Marktes spielen eine entscheidende Rolle für die künftige Fonds-Performance. Von London, dem Anlagefavoriten der Vergangenheit, haben sich einige Fonds wie etwa der Haus-Invest und der **SEB ImmoInvest** auf Grund der Marktsituation verabschiedet. Dagegen steht Paris weiterhin oben auf der Investitions-Hitliste. Stärker ins Rampenlicht rücken die **Ost**-Zentren Budapest, Prag und Warschau.

Wie sich die Engagements in den **USA** entwickeln werden, bleibt vor dem Hintergrund des 11.9. abzuwarten. Fonds mit einem starken Standbein in den USA wie etwa der SEB ImmoInvest (20% USA) könnten angesichts der sich dort schon vor den Attentaten in einigen Städten abzeichnenden Marktschwäche bei

Neuvermietungen eher Einbußen erleiden als Fonds, die sich stärker an den aufstrebenden Metropolen Osteuropas orientieren. Hier ist z.B. der erst im Herbst 2000 aufgelegte **grundbesitz-global** der **DGI** vertreten.

Toplage oder Mietanfangsrendite? Welche Strategie am Ende gewinnt, ist aus heutiger Sicht offen. Die Lagequalität muss einen Renditeunterschied von ca. 3%-Punkten auf die Renditen von 1a-Objekten ausgleichen. Bei stabilen Märkten mit guter Nachfrage wird das schwierig. In Problemsituationen gewinnen dagegen die Topobjekte durch ihre höhere Lagesicherheit. Unberücksichtigt bleiben aber dabei die noch nicht absehbaren Auswirkungen der Telekommunikation auf die Immobilienmärkte. Wenn die Platow-Vermutung stimmt, dass in einer 20-Jahresperspektive verändertes Nachfrageverhalten zu einem harten Qualitäts- und Preiswettbewerb vor allem in 2. Lagen führt, dürfte die **Toplagen-Strategie zumindest unter Langfristgesichtspunkten sicherer sein.**

Wertentwicklung in %				
Fondsname	1 Jahr	5 Jahre	10 Jahre	20 Jahre
CS Euroreal	6,1	32,2	--	--
CS-WV Immofonds	4,9	24,3	--	--
Deka Europa	6,1	--	--	--
Deka	5,5	25,9	80,8	254,8
DIFA Fonds Nr. 1	6,6	25,5	79,0	241,0
DIFA-Grund	6,1	27,5	79,6	--
grundbesitz-global	6,2	--	--	--
grundbesitz-invest	5,5	24,3	71,4	238,5
Grundwert-Fonds	4,0	22,1	71,9	247,9
HANSAimmobilia	5,6	25,4	79,5	--
Haus-Invest	6,6	29,5	83,2	255,9
iii-Fonds 1	1,9	17,2	65,6	211,0
iii-Fonds 2	4,3	21,2	72,7	219,5
iii-Fonds 3	5,4	--	--	--
SEBImmoInvest	5,9	30,8	87,2	--
Bei Wiederanlage der Ausschüttungen, Quelle: BVI				

Kaum zu unterscheiden sind unsere offenen Fonds bei der objektbezogenen Anlagepolitik. Die überwiegende Mehrheit der Fondsmanager setzt auf Büro- und Einzelhandelsimmobilien. Wohnimmobilien, die angesichts der zu erwartenden Änderung der künftigen Nachfragestruktur zu den Gewinnern der kommenden 10 Jahre gehören dürften, sind - wenn überhaupt - erst zu einem sehr geringen Teil in den Portfolios vertreten. Die Gebühren für Management und Depot bewegen sich ebenfalls bei allen Anbietern in einem engen Band.

Ein Problem ist das **Ranking.** Welche Strategie sich unter dem Aspekt der betriebswirtschaftlichen Rendite am Ende als die bessere erweist, wird sich erst langfristig herausstellen. Damit sind aber auch die meisten Ranking-Versuche nichts anderes als Makulatur. Ein Ranking ist nicht in der Lage, die Investmentpolitik der SEB, die schon immer auf gute Immobilien mit anständigen Mietern und ordentlicher Mietanfangsrendite ausgerichtet war, mit der absoluten Toplagenstrategie der **DIFA** oder der DEGI zu vergleichen. Allerdings gibt es längst viel mehr Geld als Top-Investments. Das erkennen Sie allein daran, dass sich die Renditen für gute Büroinvestments in erstklassigen Lagen inzwischen europaweit auf knapp 5% bis gut 6% angenähert haben.

DEGI Deutsche Gesellschaft für Immobilienfonds

Der Grundwert-Fonds der Dresdner Bank ist der meistgekaufte seiner Branche. Mit einem Fondsvermögen von rd. 7,6 Mrd. Euro ist er der größte offene Immobilienfonds in Deutschland. Das frühere Management unter Klaus Hohmann setzte nur auf Top-Lagen. Landmark-Gebäude wie der Eurotower oder das Marriott Hotel mit Bürocenter in Frankfurt gehören zum Portfolio. Diese Strategie will die neue Geschäftsleitung fortsetzen. Kurzfristige Renditeaspekte werden aber wichtiger. Das Management für den gesamten Immobilienbestand liegt künftig bei der **Allianz Immobilien GmbH** in Stuttgart.

Grundwert-Fonds	
WKN	980 780
Anteil Mietvertragsende nach 2003 in %	69
Fondsvermögen in Mio. Euro	7 600

Fazit: Trotz des aktuell unbefriedigenden Performance-Ausweises gehört der Fonds der Dresdner Bank zu den stabilen Langfristanlagen. Inwieweit die aktuelle Bewertung durch die Fusion der Dresdner Bank mit der Allianz beeinflusst wurde, ist offen. Naturgemäß werden solche Wechsel vom neuen Management genutzt, um alle eventuellen Risiken offen zu legen.

DGI Deutsche Grundbesitz Management

Die Strategie der DGI ist nach wie vor lageorientiert. Der Klassiker unter den DGI-Fonds, der grundbesitz-invest, konnte die Ein-Jahresperformance mit höheren Immobilienrenditen und besseren Erträgen aus den Liquiditätsanlagen auf 5,2% im 1. Hj. (Vj. 4%) des neuen Geschäftsjahres steigern. Per Ende September lag die Ein-Jahresperformance bei 5,5%. Wer 10 000 Euro im Oktober 1970 angelegt hat, hat bis heute 70 130 Euro verdient, sofern die jährlichen Aus-

Grundbesitz Invest	
WKN	980 700
Anteil Mietvertragsende nach 2003 in %	65
Fondsvermögen in Mio. Euro	5 012

schüttungen reinvestiert wurden. Das entspricht einer Wertentwicklung von 6,6% jährlich. Zwei Faktoren bestimmen den Anlageerfolg: Die Wertveränderung der Anteile und die jährliche Ausschüttung. Der Wert der Anteile basiert vor allem auf dem Wert der Fondsimmobilien. Maßgeblich für die Höhe der Ausschüttung sind die Miet- und Zinserträge sowie die Gewinne aus dem Verkauf von Fondsimmobilien.

Der neue grundbesitz-global, der seit dem Vertriebsstart Anfang September 2000 bis heute rd. 1 Mrd. Euro eingesammelt hat, darf weltweit investieren. Der Fonds konzentriert sich auf die bedeutenden Immobilienstandorte in Europa, USA und - perspektivisch - Asien. Das Ziel ist die **Nutzung weltweiter Immobilienzyklen.** So können Ertragschancen wahrgenommen werden, die national ausgerichtete Immobilienfonds nicht bieten. Die Ausnutzung unterschiedlicher internationaler Immobilienzyklen und niedrigerer Steuersätze in den Investitions-Ländern sind die besonderen Vorteile des grundbesitz-global. Erträge aus Immobilien werden anders als bei Aktien immer im Belegenheitsland besteuert.

Grundbesitz-global	
WKN	980 705
Anteil Mietvertragsende nach 2003 in %	k.A.
Fondsvermögen in Mio. Euro	922

Fazit: Aus Platow-Sicht gehören die Fonds der DGI zu den Klassikern, mit denen man langfristig nichts falsch machen kann. Trotz des in langen Jahren aufgebauten Portfolios sind die erwirtschafteten Renditen gut. Interessant ist der internationale Ansatz des grundbesitz global. Bei zwar etwas größerer Volatilität dürfte das langfristig die Performance gegenüber dem Schwester-Produkt weiter verbessern. Er ist als Portfoliobestandteil zu empfehlen.

DIFA

Die DIFA ist der offene Fonds der Volks- und Raiffeisenbanken. Bürogebäude und Geschäftshäuser mit Einzelhandels- und Ladenflächen bilden mit rund 70% der Mieteinnahmen den Schwerpunkt. Hotels und Gewerbeparks dienen der Anlagestreuung und somit der Mischung von Ertrag und Wertentwicklungspotenzial. Auf Anregung der DIFA wurde vom Fraunhofer Institut für Arbeitswirtschaft und Organisation ein „Warentest" für Immobilien entwickelt. Die DIFA-City Quartiere Berlin („Neues Kranzler Eck"), Frankfurt/Main („Welle") und Hamburg („abc Markt") haben dabei das Prädikat zukunftssicher erhalten.

DIFA Fonds Nr. 1	
WKN	980 550
Anteil Mietvertragsende nach 2003 in %	71
Fondsvermögen in Mio. Euro	6 300

Fazit: Die Geschäftsführung baut mit ihrer Anlagepolitik auf langfristige Sicherheit. Innovationen gehören gleichwohl zum Programm: Hotels an einem guten Standort wurden erstmals in das Portfolio dieses Fonds aufgenommen.

CGI Commerz Grundbesitz-Investmentgesellschaft

Der Haus-Invest der **CGI** (Commerzbank 75%, DBV-Winterthur 25%) besteht seit 1972. Seit die CGI 1992 das Management ganz übernommen hat (zuvor mit DGI), wurden die Engagements im Ausland deutlich ausgeweitet. Im Bestand hat der Haus-Invest 108 Gewerbeobjekte (Bürogebäude, Einkaufszentren, Lagerhallen usw.) in deutschen Wirtschaftszentren und 5 Ländern der EU. Der Schwerpunkt liegt mit 80% bei Bürogebäuden, 17% sind Einzelhandelsflächen. Haus-Invest entwickelt auch eigene Objekte. Ziel dabei ist es, Zukunftsstandorte für den Fonds zu sichern, die Bausubstanz zu verjüngen und in Märkte einzusteigen, in denen bestehende Gebäude oft nur zu weniger attraktiven Bedingungen zu kaufen sind.

Haus-Invest	
WKN	980 701
Anteil Mietvertragsende nach 2003 in %	88
Fondsvermögen in Mio. Euro	6 246

Fazit: Eigeninvestments bieten, wenn sie gut gehen, im Vergleich zum Erwerb bestehender Immobilien höhere Renditen. Auch die Risikostreuung lässt sich so optimieren. Hier ist die CGI so erfolgreich, dass sich der Marktanteil in Relation zur gesamten Branche überdurchschnittlich auf 11,0% entwickelt hat.

Deka Immobilien Investment

Die **Deka** ist ein Unternehmen der Sparkassen-Finanzgruppe. Mit 251 Objekten im In- und Ausland und einem Gesamtvolumen von rund 12,7 Mrd. Euro ist die Deka-Gruppe die **Nr.1** unter den deutschen Initiatoren offener Immobilienfonds. Derzeit werden sechs Fonds gemanagt: Die 2 Publikumsfonds Deka-Fonds und Deka-Europa und 4 Immobilienspezialfonds für eine begrenzte Zahl von Anlegern.

Deka-Fonds	
WKN	980 950
Anteil Mietvertragsende nach 2003 in %	70
Fondsvermögen in Mio. Euro	7000

Der erst 1997 aufgelegte Deka-Europa führt mit 7% die Performance-Rennliste 2001 an. Eingekauft werden weltweit überwiegend voll vermietete Büro- und Geschäftshäuser, Einkaufszentren, Gewerbeparks, Hotels, Seniorenwohnstifte, Logistikzentren, gemischt genutzte Immobilien sowie entwicklungsfähige Grundstücke in wirtschaftlichen Ballungsgebieten. Die Liegenschaften müssen langfristig vermietet sein. Einen weiteren Eckpfeiler der Investitionsstrategie sieht die Deka in der kontinuierlichen Optimierung des Liegenschaftsvermögens.

Neben der Projekt- und Bestandsentwicklung zählt hierzu auch der Verkauf von Objekten, die angesichts eines veränderten Marktumfeldes nicht mehr in das Fondsportfolio passen. Der Anlageschwerpunkt ist Europa: Von den 50 Liegenschaften (550 000 qm Mietfläche) im In- und Ausland finden sich 4 in Frankreich, je 2 in Benelux und Ungarn und je 1 in Spanien und USA. Die durchschnittliche Performance bei Wiederanlage der Ausschüttung beträgt seit Fondsgründung 5,9% p.a.

Deka-Europa	
WKN	980 956
Anteil Mietvertragsende nach 2003 in %	89
Fondsvermögen in Mio. Euro	5 100

HANSAimmobilia

HANSAimmobilia ist ein Fonds, der sich auf gewerblich genutzte Objekte mit einer aussichtsreichen Wirtschaftsentwicklung konzentriert. Die Risikomischung bei HANSAimmobilia basiert auf der Auswahl verschiedener Regionen und Städte, unterschiedlicher Nutzungsarten sowie Branchen und Mieterstrukturen. Ausgewählte Immobilien, u.a. in Frankfurt, München, Hamburg, Bonn und Köln, bilden das Fundament des Fonds. On Top kommen mehrere langfristig vermietete Objekte in europäischen Metropolen wie London, Glasgow, Amsterdam und Brüssel. Im Juli wurde eine günstige Gelegenheit genutzt und ein Objekt in London zu einem hervorragenden Preis, der klar über dem aktuellen Verkehrswert liegt, veräußert.

HANSAimmobilia	
WKN	981 770
Anteil Mietvertragsende nach 2003 in %	89
Fondsvermögen in Mio. Euro	499,7

Fazit: Geringer Leerstand und steigende Mieten insbesondere auf den Büromärkten in den von HANSAimmobilia besetzten westeuropäischen und westdeutschen Städten dürften sich weiter positiv auf die Performance auswirken.

iii-Fonds

Die HypoVereinsbank-Tochter **iii** hat die größte Erfahrung mit offenen Immobilienfonds in Deutschland. Seit 1959 managt sie den iii-Fonds 1, seit 1965 den iii-Fonds 2 und seit 1998 den iii-Fonds 3. Die iii-Fonds investieren in wertbeständige Gewerbeimmobilien in den wirtschaftsstarken Ballungsräumen Europas. Kein besonderes Glanzlicht im aktuellen Fondsvergleich ist allerdings der iii-Fonds 1.

iii-Fonds 1	
WKN	982 000
Anteil Mietvertragsende nach 2003 in %	59
Fondsvermögen in Mio. Euro	1 410

Dieser Fonds ist mit 1,9% das Schlusslicht der Branche. Sondereffekte hätten 1,6% Performance gekostet, heißt es. Der Fonds habe sich mit 25% in den neuen Bundesländern engagiert, in denen ein Teil der Mieter weggebrochen sei. Zudem seien im 1972 erworbenen Gebäude in der Lyoner Straße in Frankfurt massive Umbauten auf Veranlassung der Branddirektion notwendig geworden, so dass sich das Management entschlossen habe, das Gebäude abzureißen und neu zu bauen. Last but not least fehlen die Auslandsimpulse, da der iii-Nr. 1 nur in Deutschland investiert.

iii-Fonds 2	
WKN	982 001
Anteil Mietvertragsende nach 2003 in %	81
Fondsvermögen in Mio. Euro	1 390

SEB ImmoInvest

Die SEB Immobilien-Investment wurde 1988 als BfG Immobilien-Investment gegründet. Der SEB ImmoInvest wurde 1989 aufgelegt und investiert in überwiegend gewerblich genutzte Liegenschaften im In- und Ausland. Die renommierte Rating-Agentur Standard & Poor's hat den SEB ImmoInvest bereits zum 6. Mal als besten Fonds in der Kategorie offene Immobilienfonds ausgezeichnet. Dabei werden die besten Fonds für den 1-Jahres-, 5-Jahres- und 10-Jahresvergleich prämiert.

SEB ImmoInvest	
WKN	980 230
Anteil Mietvertragsende nach 2003 in %	74
Fondsvermögen in Mio. Euro	2 347,6

Fazit: Bislang geht die Strategie des ImmoInvest, die von Anfang an auf relativ kleine Objekte und eine hohe Mietanfangsrendite ausgerichtet war, gut auf. Der Standard & Poor's Fund Award ist ein Konkurrenzvergleich. Dabei wird die Stetigkeit der Wertentwicklung eines Fonds über drei Zeiträume getestet und die Abweichung der Performance gegenüber dem Durchschnitt der direkten Konkurrenten gemessen. Jüngere Fonds haben ohnehin häufig einen Performance-Vorteil gegenüber den Klassikern. Der Grund: Fonds mit älteren Objekten müssen im Durchschnitt mit Instandhaltungskosten von 20 DM je qm und Jahr kalkulieren. Newcomer kommen dagegen oft mit weniger als 10 DM aus.

CS Fonds

Die Fonds der **Credit Suisse Asset Management** investieren ausschließlich in ausgesuchte, gewerblich genutzte Immobilien in den Ländern der EU. Während offene Immobilienfonds in 2000 Mittelabflüsse von über 2,8 Milliarden Euro hinnehmen mussten, konnte der CS Euroreal um über zehn Prozent auf 837 Millionen Euro zulegen. Über die letzten 5 Jahre war der CS Euroreal der Top-Performer unter den offenen Fonds. Die Investitionsquote ist mit 82% immer noch hoch, da der erst 1992 aufgelegte Euroreal mit seinen 38 Objekten angesichts des noch relativ geringen Fondsvolumens längst nicht an allen europäischen Standorten investiert ist. Der Vorteil für die Anleger: Über 80% der Objekte sind jünger als 10 Jahre. Die Instandhaltungskosten sind niedrig.

Fazit: Der Anlagestil, in neue, vollvermietete Immobilien in guten Lagen zu investieren, bringt ein klares Plus bei der Rendite. Junge Fonds wie der CS Euroreal oder der SEB ImmoInvest profitieren zunächst von ihrem jungen Bestand und den lange laufenden Erstmietverträgen. Damit wird unabhängig von der langfristigen Standortqualität zunächst immer ein gutes Ergebnis erzielt, wenn die Bonität der Mieter stimmt. Der junge Bestand kann aber über Risiken hinwegtäuschen. Erst nach 20 Jahren werden die Fonds vergleichbar. Dann entscheidet die Immobilienqualität.

CS Euroreal	
WKN	980 500
Anteil Mietvertragsende nach 2003 in %	64
Fondsvermögen in Mio. Euro	1 126

Geschlossene Immobilienfonds – Die Hochprozenter kommen

Die Rechtsprechung des Bundesfinanzhofs seit Juli 2001 verunsichert Initiatoren und Anleger. Durch einen personellen Wechsel ziehen jetzt der IV. Senat des BFH, der für gewerblich geprägte Gesellschaften, und der IX. Senat des BFH, der für Vermietung und Verpachtung zuständig ist, am selben Strang. Bei den Werbungskosten soll weiter gekappt werden. Der Bauherren-Erlass ließ hier bislang noch 6% der Vertriebskosten für die Eigenkapitalbeschaffung zu. Jetzt sollen die Vertriebskosten generell aktiviert werden.

Am Ende wird es mit Ausnahme des Disagios bei der Finanzierung **keine Werbungskosten** mehr geben. Die Benachteiligung der Eigenkapitalbeschaffungskosten ist steuersystematisch unsinnig. Entscheidend wird sein, wie sehr sich die Finanzverwaltung an den BFH hält. Das Finanzministerium hat sich bereits den beiden BFH-Urteilen (IX R 10/96, IV R 40/97) angeschlossen und will die BFH-Entscheidung sogar grundsätzlich auf alle Arten geschlossener Fonds ausdehnen. Die Übergangsregelung zur ertragssteuerlichen Behandlung von Vermittlungsprovisionen lässt hoffen. Initiatoren können bis zum 31.12.2001 nach der alten Regelung prospektieren, Anleger noch bis Ende 2002 ohne Risiko zeichnen.

Das Geschäft mit geschlossenen Immobilienfonds hat sich ohnehin geändert. Der Steuereffekt ist in den Hintergrund getreten. Seriös lassen sich am Anfang nur noch Steuereffekte zwischen 35 und 40% realisieren. Die Abschreibungen oder auch ein verteiltes Damnum stellen Teile der Ausschüttungen steuerfrei. Beim geschlossenen Immobilienfonds wird der Anleger Bauherr und kann alle daraus resultierenden Steuereffekte erhalten. Langfristig trägt er mit seinem Anteil Chance und Risiko dieser konkreten Immobilieninvestition. Lediglich die Anfangsrisiken federt der Initiator häufig über Garantien ab. In der Mehrzahl der

Fälle hat der Anleger Einkünfte aus Vermietung und Verpachtung. Zukünftig dürften gewerblich geprägte oder sogar echte gewerbliche Gesellschaften an Bedeutung gewinnen. Die anfänglichen, meist finanzierungsbedingten Werbungskosten können mit anderen Einkunftsarten verrechnet werden. Bei Immobilienfonds liegt der Steuereffekt regelmäßig unter der 50%igen Nichtaufgriffsgrenze des § 2b EStG. Aber selbst wenn sich diese Nichtaufgriffsgrenze ändern sollte, ist bei geschlossenen Immobilienfonds das steuerschädliche Kriterium, dass die Rendite nach Steuern nicht mehr als doppelt so hoch sein darf wie die Rendite vor Steuern, nicht erfüllt. Daher interessiert der § 2b die Szene der geschlossenen Immobilienfonds nur in Ausnahmefällen.

Während die Kalkulation geschlossener Immobilienfonds in der Steuersparphase der 90er Jahre an eine hohe Steuerprogression geknüpft war, hat sich der Markt geändert. Auch für weniger einkommensstarke Anleger kann ein gut konzipierter und auf Sicherheit ausgerichteter geschlossener Fonds eine interessante Anlage sein. **50% Steuereffekt sind nicht mehr nötig.** Oftmals bietet sich sogar die besondere Chance, dass die steuerlichen Anfangseffekte noch in eine Periode hoher Einkommensteuern fallen, während die laufenden Renditen aus dem Investment in einer späteren Periode niedrigen Einkommens liegen.

Die inländischen Angebote

Der Vorteil des seit dem Ende der Steuergeschenke ruhigen Geschäfts im Fondsabsatz ist das gestiegene Angebot guter und ausgereifter Fondskonzepte auch zum Jahresende. Diesmal ist man nicht auf den verbleibenden Schrott angewiesen. Die Zukunft der geschlossenen Immobilienfonds liegt im Renditefonds mit anfänglichem Steuerkick von 30 bis 40% und einer Ausschüttung, die deutlich über der Wertpapierverzinsung landet.

Die Ausschüttung beruht bei diesen „Siebenprozentern" nicht nur auf der reinen Mietertragskraft der Immobilien, sondern auch darauf, dass fondsspezifische Chancen wie die Kreditaufnahme in Schweizer Franken oder eine Innenfinanzierung mit Disagio genutzt werden. Damit ist die Sicherheit nicht mit Eigenkapitalkonzepten mit geringen Steuereffekten und magerer Ausschüttung zu vergleichen. Deshalb kommt es bei den „Siebenprozentern" auf die Immobilienperspektiven und die Streuung entweder im Fonds selber oder beim Anleger an.

Die interessantesten Angebote stellen wir Ihnen hier in alphabetischer Reihenfolge vor. Die Auswahl liegt je nach Immobilien-Geschmack beim Anleger.

Die „Siebenprozenter"

- **DBVI Renditefonds:** Die vier Fondsobjekte der Raststätte Herbolzheim auf einem 48 000 qm großen Grundstück liegen direkt an der Autobahn A 5 an der Zufahrt zum **Europa-Park Rust,** Deutschlands größtem Freizeitpark. Die Objekte sind fertig gestellt, werden laut Prospekt erfolgreich betrieben und sind langfristig vermietet. Die Mietvertragsdauer übersteigt die Fondslaufzeit um 10 Jahre, so dass bei Fondsauflösung noch ein werthaltiger Mietvertrag vorhanden ist. Die Anfangsverluste liegen bei 34,3%.

Die Ausschüttung beginnt mit 7%. Das Konzept beruht auf der Lage an der viel befahrenen Autobahn, vor allem aber auf der Nähe zur Zufahrt des Freizeitparks Rust. Die Stiftung Warentest hält Rust für den besucherfreundlichsten Freizeitpark Deutschlands. An guten Tagen stauen sich die 3 Mio. Besucher jährlich bis auf die Autobahn. Der Park soll von derzeit 65 Hektar langfristig um 120 Hektar vergrößert werden, so dass die damit einher gehende erhöhte Besucherfrequenz den Standort weiter aufwertet.

- **Falk-Fonds 75:** Die Münchener Unternehmensgruppe Falk+Partner bleibt bei dem Konzept, das ihr seit 1998 Rekordumsätze beschert hatte. Der Falk-Fonds 74 passierte - wie auch seine Vorgänger – unsere kritische Analyse reibungslos. Der Nachfolger Falk-Fonds 75 setzt das Konzept fort. Falk investiert in 6 fertig gestellte und voll vermietete Immobilien ohne Investitions- und Erstvermietungsrisiko. Die prognostizierte Anfangsausschüttung liegt bei 7,5% ab dem Folgemonat der Einzahlung. Steuerliche Anfangsverluste schlagen mit ca. 40% zu Buche.

- **GVP Validia I:** Der aktuelle Fonds der **Ergo**-Tochter GVP ist Eigentümerin eines langfristig vollständig an BMW vermieteten Gebäudeensembles im Münchener Stadtteil Milbertshofen. Das Fondsvolumen beträgt 184,6 Mio. Euro, davon 64,4 Mio. Euro Eigenkapital. Der durchschnittliche Einkaufsfaktor liegt beim 14,3-fachen der anfänglichen Jahresmiete. Die prognostizierten Ausschüttungen beginnen mit 7% für 2001 und steigen bis 2021 auf 9,5%. Auf den Anleger entfallen anfängliche steuerliche Verluste in Höhe von 35,6%. Die weichen Kosten belaufen sich auf 11,5%.

- **HGA Objekt München - Fonds Siemens:** Die HGA, die Fondsgesellschaft der Hamburgischen Landesbank, bietet ein Objekt in München-Thalkirchen mit 27 500 qm Nutzfläche an. Siemens ist für 10 Jahre Mieter (plus 2-mal 5 Jahre Option). Auch dieser Fonds passierte unseren Fonds-Check ohne Beanstandungen. Innovativ ist die Aufteilung der Einzahlungen des Anlegers. Daraus resultiert rechnerisch eine Ausschüttung von 8,3% auf die jeweils eingezahlten Beträge zwischen 2003 und 2006. Ab 2007 gibt es 7,25%.

- **SachsenFonds Deutschland I:** Der junge Fondsinitiator SachsenFonds der Landesbank Sachsen hat einen Fonds mit 7% Ausschüttung initiiert. Bei dem Fondsobjekt handelt es sich um ein Bürogebäude mit 28 500 qm in Böblingen, das für 10 Jahre zu 18 DM je qm an Hewlett Packard vermietet ist.

Die Altersvorsorgefonds

- **SAB Berlin „Neue Welt“:** Das erste Immobilienfonds-Modell, das die besonderen Anforderungen der Altersvorsorge einzuarbeiten versucht, kommt von der SAB Spar- und Anlageberatung. Nach verschobenem Vertriebsstart brachte sie jetzt ihr Beteiligungsmodell „Neue Welt“ auf den Markt. Bis Ende 2002 wird das historische Gebäude mit 120-jähriger Tradition im Bezirk Neukölln revitalisiert bzw. erweitert. 78% der Flächen sind Neubau. Seit der Prospektauflegung ist der Vermietungsstand von 78% auf knapp 90% der kalkulierten Mieteinnahmen gestiegen.

  Das neue Element bei dieser Offerte ist ein Wahlrecht bei der Anlagevariante. Zum einen können Sie sich wie bei klassischen Angeboten an der Neuen Welt Kapital-Wert KG beteiligen und erhalten dafür eine jährliche Ausschüttungen von anfänglich 6,25%. Zum anderen besteht die Möglichkeit, einer **Immobilien-Rente KG** beizutreten und über diese Beteiligung eine **private Altersvorsorge** aufzubauen. Die Ausschüttungen fließen dann in ein vom Bankhaus Sal. Oppenheim verwaltetes und verzinstes Depot. Die Erträge werden dort bis zum Jahr 2013 thesauriert. Ziel ist es, mit dieser Methode die Fondsgesellschaft komplett zu entschulden. Dadurch soll dann später eine rund 15%ige Ausschüttung an die Anleger ermöglicht werden.

  Bei dem Konzept standen wohl Marketing-Überlegungen im Vordergrund. Für den Initiator bringt das Produkt keinen zusätzlichen Ertrag. Der Anleger wird durch Zwangssparen lediglich von eigenen Überlegungen zur Wiederanlage befreit. Das Wiederanlage-Wahlrecht bringt den Fonds zum Glück wieder auf die klassische Schiene ohne verschärfte Bonitäts- und Leistungsbilanzansprüche. Denn die letzten Schlagzeilen über das SAB-Projekt in Halle waren für Anleger nicht gerade beruhigend.

- **DGM – Hamburg Alter Wall:** Mit dem Fonds Hamburg Alter Wall startet die Deutsche Bank-Tochter DGI eine neue Produktlinie für **„Riester-Vergessene“.** Das sind Selbständige und Freiberufler, die von der so genannten Riester-Förderung ausgeschlossen sind. Außerdem gehören dazu Besserverdienende, die auf Grund von zusätzlichen Erträgen etwa aus Kapitalvermögen oder Vermietung im Alter noch mit einer relativ hohen Steuerbelastung rechnen müssen und für die sich deshalb die nachgelagerte Besteuerung bei Produkten mit der Riester-Förderung negativ auswirkt. Durch die Lage des Objekts und einer Festvermietung von 20 Jahren an ein Unternehmen der Deutschen Bank ist die Einnahmesicherheit sehr hoch.

  Die Mietüberschüsse in den ersten zehn Jahren werden zur Tilgung der Bankdarlehen verwendet. Erst 2012 erhalten die Investoren ihre ersten Ausschüttungen. Auf Grund der ersparten Zinsen beginnt die Ausschüttung dann aber sofort mit 18%. Davon sind laut DGI nur etwa 50% steuerpflichtig, während bei Riester-Produkten 100% zu versteuern sind. Nach Ablauf dieser sehr gut kalkulierbaren Mietlaufzeit kommen Chancen und Risiken aus fünf ungewissen Jahren, in denen das Objekt weitervermietet werden muss. Der Kaufpreis für das Jahr 2026 wurde auf 90% des dann gültigen Verkehrswertes angesetzt. Der Verkehrswert hängt aber direkt von der Miethöhe ab. Insgesamt ist die Rückübertragungs-Klausel vertretbar. Lediglich bei einer Weitervermietung an die Deutsche Bank könnte sich die Verhandlungsmacht des Initiators auf das Ergebnis auswirken. Der heutige Kaufpreis inklusive aller Fondskosten ist mit der 14,9-fachen Jahresmiete sehr günstig.

Die Klassiker

- **DIV Grundbesitzanlagen Nr. 34:** Der Fonds investiert in einen aus 5 Einzelgebäuden bestehenden Büropark mit Tiefgarage in München-Sendling. Hauptmieterin des Objekts in unmittelbarer Nähe zum Stammsitz ist die Siemens AG, sie mietet für 15 Jahre rd. 60% der rd. 16 000 qm Gesamtfläche für das neue Büro- und Schulungszentrum. Auch die restlichen Mieter – eine Rechtsanwalts- und Steuerkanzlei, ein international tätiges Consultingunternehmen und ein Planungsbüro – haben 10-jährige Mietverträge. Das Projekt ist kein Rendite-Hammer, aber vernünftig kalkuliert. Uns gefällt die Ausgestaltung des Schweizer Franken-Darlehens nicht. Anleger können sich ab 20 000 DM zzgl. 5% Agio an dem 106 Mio. DM-Fonds beteiligen. Die Ausschüttung startet 2002 mit 5,5% und steigt bis 2013 auf 6,5%.

- **debis Beteiligungsangebot 60:** Standort und die Qualität des Objekts sind die tragenden Säulen des neuen Immobilienfonds der 100%igen Daimler-Chrysler-Tochter debis. Es besteht ein langfristiges Mietverhältnis mit dem Computerhersteller Compaq. Restrukturierungen vor dem Hintergrund der geplanten Übernahme Compaqs durch Hewlett Packard halten wir hier allerdings nicht für ganz ausgeschlossen. Der Standort der Fondsimmobilie liegt im westlichen Umland Münchens, direkt an der Stadtgrenze im Gewerbegebiet Dornach. Das Bürogebäude wurde 1995 fertig gestellt. Die Restlaufzeit des Mietverhältnisses, für das die US-Mutter haftet, beträgt noch 12 Jahre plus 2-mal 5 Jahre Option. Der Gebäudekomplex umfasst Mietflächen von 22 061 qm, 246 Tiefgaragen-Stellplätze und 78 Außenparkplätze. Die Miete ist voll indexiert und beträgt derzeit 13,53 Euro je qm Bruttofläche. Die Instandhaltungspflicht des Vermieters beschränkt sich auf Dach und Fach. Die prognostizierte Ausschüttung steigert sich von anfänglichen 6 auf 9% im Jahr 2022. Die anfängliche Verlustzuweisung beträgt 25,5%.

- **Fundus Fonds 34 – Grand Hotel Heiligendamm:** Eine der schönsten Immobilien, die je in einem Fonds platziert wurden, ist das Grand Hotel Heiligendamm. Der Blick von der Seebrücke auf das Ensemble von mehr als 26 Villen, der „Weißen Stadt am Meer“, lässt den Nord-Süd-Wettbewerb um die Zahl der Sonnenstunden vergessen. Heiligendamm beherbergte als erstes Seebad des Kontinents bis 1945 alle Prominenten der letzten 200 Jahre.

Die Eröffnung ist für Silvester 2002/2003 vorgesehen – wenn alles klappt. Die Finanzierung war bereits letztes Jahr über Zusagen von Banken abgesichert. 50 Mio. DM staatliche Förderungen sind dem Fonds sicher. Per Oktober sind ca. 75% des Fonds an Endanleger platziert. Die benachbarten Villen, die nicht zum Fonds gehören, sollen im kommenden Jahr saniert werden, damit zur Hoteleröffnug der Bau abgeschlossen ist. Das Fondskonzept ist nicht nur steuerlich gewerblich geprägt, sondern tatsächlich unternehmerisch gestaltet. Die Abschreibung von 4% stellt einen Teil der Ausschüttungen steuerfrei. Daraus resultieren Vorteile bei Erbschaft und Schenkung. Der Anleger wird in vollem Umfang – also **mit allen Chancen und Risiken - Hotelier.** Er erhält seine Erträge aus dem Hotelbetrieb.

- **Real I.S. Circoleum:** Brandneu ist das Angebot der früheren Bayernfonds. Das Fondsobjekt ist das Circoleum in zentraler Lage von Bad Homburg nördlich von Frankfurt mit 18 950 qm Büroflächen, 445 Tiefgaragen-Plätzen und 1 560 qm Lager- und sonstigen Flächen. Die Vermietungsquote liegt bei 93% (50% Deutsche Sparkassen Leasing, Alte Leipziger Bauspar und PPD Marketing). Das Investitionsvolumen beträgt 65,9 Mio. Euro. Die prognostizierte Ausschüttung startet bei 6%.

- **DBVI Leasingfonds:** Für risikoaverse Anleger sind Immobilien-Leasingfonds interessant. Sie werden aber jetzt wegen der neuen steuerlichen Regelungen knapp. Leasingfonds bieten Steuerspar-Effekte bei zugleich hoher Sicherheit. Neue Modelle sind kaum noch darstellbar. Eines der letzten Angebote hat die Münchener DBVI. Die Fondsobjekte sind die WDR-Zentrale in Köln und die Opel-Hauptverwaltung in Rüsselsheim. Mit Opel und dem WDR besteht ein Leasingvertrag. Die Ausschüttung liegt bei 5%.

Auslandsimmobilienfonds – Werden Holland und die USA zur Zitterpartie?

Um Auslandsfonds ist es in diesem Jahr ruhig geworden. Dennoch dürften sie zum Jahresende wieder gute Umsätze erzielt haben. Neu im Programm sind Fonds mit Objekten in Österreich oder der Schweiz. Hier fehlen bislang aber noch aussagekräftige Vergleichswerte aus der Vergangenheit.

Während lange Zeit USA und Holland die Hitlisten der international orientierten Fondsanleger anführten, schob sich in den letzten Monaten fast unbemerkt **Österreich** in die vorderen Ränge der europäischen „Steueroasen" im Bereich Immobilienfonds. Den Anfang machte die Landesbank-Tocher REAL I.S. AG mit ihrem Bayernfonds Austria Salzburg/Wien. Gleich darauf folgte die ALCAS, die zur KGAL-Gruppe gehört, mit ihrem Office Center Wien. Das Österreich-Angebot aus dem Hause Wölbern war schnell völlig überzeichnet. Im August kam Sachsenfonds mit seinem Österreich 1 auf den Markt.

Was macht die Alpenrepublik plötzlich so attraktiv? Die Antwort liegt für den Analysten **Stefan Loipfinger** in den geänderten Rahmenbedingungen der

Fondslandschaft. Der hohe Dollarkurs und die ungünstigen Wirtschaftsmeldungen aus den USA lassen manchen Anleger zögerlicher auf US-Beteiligungen reagieren. Dazu kommen Steuereffekte. Auf Grund des Doppelbesteuerungsabkommens dürfen Anleger ihre Einkünfte aus Vermietung und Verpachtung in Österreich versteuern und die dortigen **Freibeträge** nützen. So bleiben gleich einmal 3 660 Euro pro Jahr ganz steuerfrei. Aber auch für die über diesen Sockel hinausgehenden Einkünfte aus diesem Bereich ist die Alpenrepublik attraktiv.

Der Immobilienmarkt Wien floriert. Mit nur 1,9% Leerstandsquote bietet der Wiener Markt Anlegern und Initiatoren gleichermaßen gute Perspektiven. Die Spitzenmiete ist lt. Jones Lang LaSalle in Wien seit Mitte 1999 unverändert. Trotz eines guten Umsatzes ist die Leerstandsrate aufgrund kurzfristig zur Verfügung stehender neuer Flächen während des zweiten Quartals von 1,8 auf 2,3% gestiegen. Dennoch stehen dabei die Mieten unter Druck, da das Angebot nicht ausreicht. Lt. einer Empirica-Studie liegt die österreichische Hauptstadt **auf dem 9. Platz unter insgesamt 449 europäischen Regionen.**

Fondsname	Bayernfonds Austria Salzburg, Wien	Office-Center Wien	Österreich 1
Initiator	REAL I.S. AG	Alcas GmbH	Sachsenfonds GmbH
Fondsobjekt	Drei Gewerbeobjekte in Salzburg und Wien	Bürozentrum in Wien	Projektentwicklung eines Büro- und Geschäftsgebäudes in Wien
Investitionsvolumen	61,5 Mio. Euro, davon 38,5 Mio. Euro Eigenkapital	60,35 Mio. Euro, davon 34,8 Mio. Euro Eigenkapital	47 Mio. Euro, davon 21,2 Mio. Euro Eigenkapital
Mindestbeteiligung	15 000 Euro zzgl. 5,0% Agio	15 000 Euro zzgl. 5,0% Agio	15 000 Euro zzgl. 5,0% Agio
Jährliche Ausschüttung	Kontinuierlich 6,0% ab 2001	Von 6,5% ab 2002 steigend auf 8,0% bis 2020	Anfangsausschüttung 6,25% ab 2002, steigend auf 10,0% bis 2016
Kontakt	Tel. 089/48 90 82-0 www.realisag.de	Tel. 089/64143-427 www.alcas.de	Tel. 089/45666-0 www.sachsenfonds.com

Das Office-Center der ALCAS liegt im 3. Wiener Bezirk. Die Eckdaten sind in der Tabelle zusammengefasst. Der Initiator errechnet für den Fonds eine Rendite vor Steuern von ca. 7,7%. Das Objekt verfügt über 24 000 qm Nutzfläche. Zu den Hauptmietern gehören debis, Stadt Wien, Böhler-Uddeholm AG und Plaut. Für den Fondsjournalisten Loipfinger ist Österreich und seine Hauptstadt mehr als eine Reise wert. Das Fondskonzept ist auf eine langfristige und ausschüttungsorientierte Beteiligung ausgelegt (Kontakt siehe Tabelle).

Ein Vertriebsrenner sind weiterhin Hollandfonds. Trotz einen abschwächenden Konjunktur entdeckt **Ove Franz** vom **Bankhaus Wölbern,** der „Vater“

der Hollandfonds, auf dem holländischen Immobilienmarkt noch gute Wachstumschancen. Mit Anfangsrenditen von 6,5 bis 7,25% jährlich in den besten Lagen bleibe der Markt attraktiv. Hier ist Platow aber **skeptisch.** Auch für den Immobilien-Researcher der Dresdner Bank-Immobiliengruppe, **Thomas Beyerle,** ist der Zeitpunkt für Verkäufe bei holländischen Büroimmobilien gekommen. Der offene Fonds der Dresdner Bank hat 12 Objekte in den Niederlanden im Wert von rund 250 Mio. Euro an institutionelle Investoren verkauft, nach einer Investitionsdauer von 5 Jahren mit 22% Gewinn.

Wir haben für Sie die Hollandfonds der renommierten Initiatoren untersucht: Holland XXXIX vom Hamburger Bankhaus Wölbern & Co., Hollandfonds Amsterdam/Utrecht vom Münchener Emissionshaus Sachsenfonds, IC Fonds Holland 2 von der IC Immobilien Consulting- und Anlagegesellschaft sowie Holland XVIII aus dem Hause HCI Hanseatische Capitalberatungsgesellschaft. Alle haben die Prüfung bestanden. Die Prospektqualität ist vorbildlich, Verbesserungsvorschläge gibt es nur im Detail. An den Marktaussichten ändert dies aber nichts.

Wie geht es weiter bei den **US-Fonds?** Nach dem 11.9. bestimmt **Unsicherheit** die Situation. Voraussichtlich werden die bekannten Fonds wie das Rockefeller Center von Jamestown, das Chrysler Building der GVP und der neue CFB 141 der Commerzbank/Germania of America mit einem Büroobjekt in New Jersey **von der steigenden Mietnachfrage in Manhattan profitieren.** Durch die verheerenden Anschläge auf das World Trade Center verlor New York auf einen Schlag immerhin ca. 2,5 Millionen Quadratmeter Bürofläche. Bereits vor dem Inferno war die Leerstandsquote in Downtown Manhattan gering. Bei all diesen Angeboten lässt sich für den Anleger kaum etwas falsch machen.

Den CFB Beteiligungsangebot 141 – Financial Tower Jersey City haben wir genauer unter die Lupe genommen: Nur einen Katzensprung von den riesigen Schuttbergen des WTC entfernt, auf der anderen Seite des Hudson Rivers, liegt der 19-stöckige Financial Tower. Der Kaufpreis von 152,2 Mio. US-Dollar war günstig. Ein MAI-Gutachten bestätigte im Juni 2001 bereits einen Wert von 175 Mio. US-Dollar. Management und Objekterwerb erfolgten über die Germania of America. Inklusive aller Kosten ergibt dies für den Fonds den sehr moderaten Einkaufsfaktor vom 11,03-fachen der Nettomieteinnahmen des Jahres 2002. Der Vermietungsstand liegt bei 99,8%. Das Gesamtinvestitionsvolumen beläuft sich auf 168,6 Mio. US-Dollar. Die Ausschüttung beginnt mit 8,25% p.a. und soll bis 2012 auf 11% steigen. Insgesamt hat der CFB 141 ein sehr stimmiges Konzept.

Immobilienaktien – Krisen-Profiteure mit Schönheitsfehlern

Während der Dax am Tag der Anschläge in den USA um 11% eingebrochen war, legte der Immobilien-Index Dimax gegen den Trend sogar noch leicht zu. Gefeit vor Kurseinbrüchen waren Deutschlands Immobilien-AGs in der Folge natürlich auch nicht. Die Kursabschläge auf den Net Asset Value (NAV), den Substanzwert der Immobilien-Unternehmen, sind nach den US-Attentaten immerhin von durchschnittlich 25% bei einigen Papieren auf satte 50% gestiegen. Der Dax hat den Dimax dennoch kaum abhängen können.

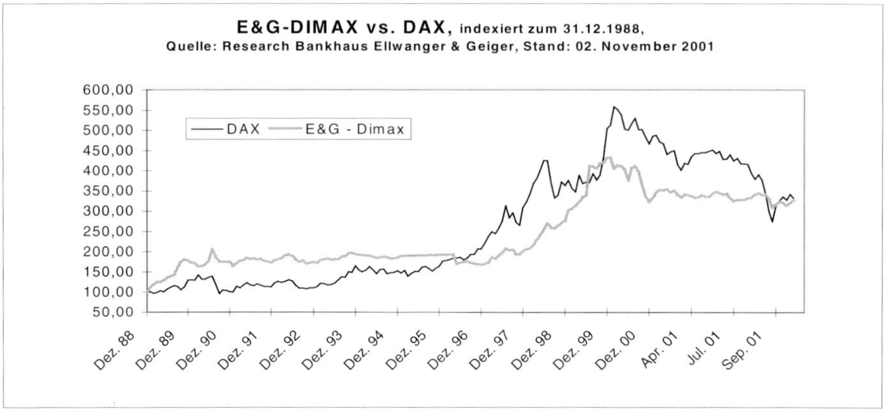

Der Vorteil der Immobilien-Papiere ist ihre deutlich **geringere Volatilität.** Sie lag in den letzten Jahren bei lediglich 12%, während sich der Dax mit Ausschlägen von 22% nervöser zeigte. Damit empfehlen sich die Immobilien-Papiere trotz geringer Kursfantasie als renditestabilisierende Depot-Beimischung.

Punkten können die Immo-Aktien auch im Vergleich mit geschlossenen oder offenen Immobilienfonds: Offene Fonds bieten weniger Rendite. Durchschnittlich 4 bis 6% p.a. werden hier erzielt. Dagegen kommt der Dimax seit 1989 auf eine Wertentwicklung von 9,5% p.a. Europaweit erzielen Immobilienaktien sogar 10 bis 11%. Geschlossene Fonds sind nicht so leicht handelbar wie Aktien, die Einstiegssumme ist größer und die Streuung der Investitionsobjekte geringer.

Wachstumspotenzial für die Immobilien-AGs ist das bei Banken, Versicherungen und Industrie schlummernde Immobilien-Vermögen. Die Bundesbank schätzt diesen Wert auf 170 Mrd. Euro. Ein großer Teil davon könnte im Rahmen der Unternehmens-Fokussierung auf Kernkompetenzen in Immobilien-AGs ausgegliedert werden. Nächster Kandidat dürfte die **E.ON**-Tochter **Viterra** sein. In den Startlöchern stehen außerdem **ThyssenKrupp,** die **Bahn** und die **Telekom.**

Norbert Walter, Chefvolkswirt der Deutschen Bank, erwartet eine Verdoppelung des Marktvolumens bei Immobilien-Aktien bis 2006 auf über 30 Mrd. Euro. Gegenüber Rest-Europa ist Deutschland mit dieser Zahl allerdings immer noch Entwicklungsland. Allein in UK beträgt das Marktvolumen jetzt schon 45 Mrd. Dollar, in der Schweiz existiert seit Mai 2001 sogar ein eigenes Börsensegment.

Welche Haken gibt es? Die größten Probleme der Immobilien-Papiere sind der geringe Streubesitz und die noch nicht gelöste Frage der Bestandsbewertung. Während die europäischen Immobilien-Papiere im Schnitt einen Streubesitz-

Anteil von 60 bis 70% haben, liegt der Free Float bei deutschen Papieren selten über 10 bis 15%. Der Vorteil der Fungibilität ist damit meist ausgehebelt – investieren Sie an diesen engen Märkten nicht ohne **Stoppkurse!**

Schwer zu durchschauen ist für Anleger und Analysten die Unternehmens-Bewertung. Dazu wird bisher NAV herangezogen, der bei einer Einzelbewertung der Immobilie (stille Reserven plus bilanzielles Eigenkapital) ansetzt. So lange ein einheitlicher Immobilien-Bewertungsmaßstab fehlt, muss der NAV aber mit **Vorsicht** betrachtet werden. IVG-Chef **Eckhart John von Freyend** sieht hier erheblichen bilanziellen Spielraum und veröffentlicht erst gar nicht den NAV.

Allerdings kommt Bewegung in die Sache: Sowohl die European Real Estate Association EPRA wie auch die Analystenvereinigung DVFA arbeiten an einer branchenweiten Normierung für den NAV, die wir ab 2002 erwarten. Mit internationalen Investoren wie etwa den niederländischen Pensionsfonds ABP und SFB beim Bau-Verein zu Hamburg, die bereits 15% der Immobilien-Aktionäre in Deutschland stellen, werden mittelfristig neben steigenden Kursen auch **internationale Bewertungsstandards** in Deutschland Einzug halten.

Den größten Fortschritt bringt aber die Verpflichtung deutscher AGs zur Bilanzierung nach **IAS.** Spätestens 2005 dürfte damit die Eigenkapital-Rendite deutscher Immobilien-AGs um rd. 50% steigen, schätzt IVG-Finanzchef **Dirk Matthey.** Abschreibungen müssen dann, wie in Europa bereits üblich, nicht mehr berücksichtigt werden. Es besteht mit IAS die Möglichkeit, den Grundbesitz regelmäßig mit dem Marktwert neu zu bewerten. Qualitätsimmobilien, die grundsätzlich eher an Wert gewinnen, steigern dann die Unternehmens-Rendite.

Da in Deutschland nur das Bankhaus Ellwanger & Geiger sowie Merill Lynch einen Immobilien-Aktienfonds bzw. ein europäisches Immobilienzertifikat anbieten, bleibt Investoren bisher nur die Direktanlage. Ein Großteil der Werte im Dimax ist wegen des geringen Streubesitzes bzw. der mangelhaften Informationspolitik dennoch **nicht empfehlenswert.** Hier unser Überblick. Die Beteiligungsgesellschaft **WCM fehlt,** weil sie kein Immobilien-Wert mehr ist.

Bayerische Immobilien AG

NAV je Aktie	25,00 Euro
Kurs	18,00 Euro
52 Wochen-H/T	25/15 Euro
WKN	696 600

Ursprünglich wollte Mehrheitsaktionär **Stefan Schörghuber** (97%) noch im 1. Hj. 2002 einen Teil seiner Anteile an der Bayerischen Immobilien AG an die Börse geben. Mit der Erhöhung des Free Float von aktuell 4 auf über 25% wäre das größte Manko des Immobilien-Riesen ausgeräumt worden. Mit einer plötzlichen 180 Grad-Wende hat Schörghuber im November aber einen **Rückzieher** gemacht. Er hofft jetzt, zu einem späteren Zeitpunkt und bei stabileren Kapitalmärkten mehr zu erzielen, außerdem würden die neuen Steuergesetze den Veräußerungsgewinn zu stark belasten. Erst mittelfristig ist ein erneuter Anlauf geplant.

Für BIAG-Vormann **Udo Scheffel,** der bereits die Aufnahme in den M-Dax auf der Agenda hatte, ist das ein schwerer Rückschlag. Zwar weisen die Bayern mit rd. 2,3 Mrd. Euro die höchste Marktkapitalisierung aller deutschen Immobilien-AGs auf, der kleine Free Float macht eine Investition aber zu einem Vabanque-Spiel.

An der Strategie der Münchener will Scheffel jedenfalls nichts ändern. Durch Investitionen in Hamburg, Köln, Düsseldorf und auf dem Heimatmarkt München (60% Anteil) wird die regionale Verteilung beibehalten. Nach Objektarten bleibt der Schwerpunkt bei Büros und Einzelhandelsflächen, deren Anteil von 50% noch ausgebaut werden soll. Wohnungen (17%) und Hotels (12%) bleiben konstant, der Gaststättenanteil (10%) wird weiter reduziert. Etwa 15% der Mieteinnahmen erzielt die AG mit der Schörghuber-Gruppe, zu deren Imperium u.a. die Arabella Sheraton-Hotels und die Paulaner-Brauerei gehört. Ein gesonderter Prüfungsauftrag des Aufsichtsrates sorgt hier aber für Marktkonditionen, so Scheffel.

Die Börse hatte die Erhöhung des Free Float schon antizipiert. In den letzten 2 Jahren verdoppelte sich der Kurs der Bayern, die ab 2002 nach IAS bilanzieren wollen, auf rd. 25 Euro. Nach dem erst einmal abgesagten IPO werden solche Werte vorerst nicht mehr erreicht werden. Wir sehen im Gegenteil eher die Gefahr, dass der Kurs wieder in Regionen sinkt, die vor der ersten Ankündigung der Free Float-Erhöhung erreicht wurden, und stellen das Papier auf Verkaufen.

IVG

Mit einem Abschlag von über 40% auf den NAV gehörten die Bonner nach den US-Attentaten zu den am stärksten abgestraften deutschen Immobilien-Papieren. Auf dem aktuellen Kursniveau, das sich seit dem Einbruch nach dem 11.9. bereits wieder kräftig erholt hat, ist die IVG mit Immobilien im Wert von 6 Mrd. DM noch immer nicht teuer.

NAV je Aktie	16-20 Euro
Kurs	12,13 Euro
52 Wochen-H/T	16/9 Euro
WKN	620 570

IVG-Finanzchef Dirk Matthey macht auf Platow-Nachfrage deutlich, dass die Rheinländer in Zukunft langsamer wachsen werden als bisher. In den letzten 3 Jahren hat sich das Ergebnis aus Mieteinnahmen, Veräußerungsgewinnen und der Projektentwicklung verdreifacht. Das Problem: Von ihrem alten Bestand mit seinen hohen stillen Reserven (aktuell: 2 Mrd. DM) hat sich die IVG weitgehend getrennt. Bei den neu zugekauften Objekten müssen die Reserven erst anwachsen. Hohe Buchgewinne sind hier noch nicht drin. Mit dem Kauf der schwedischen Asticus konnte die IVG ihre Reserven allerdings wieder hochtreiben.

Eine klare Strategie und ein aktives Portfolio-Management zeichnen die IVG aus. Es wird nur in Gewerbeimmobilien investiert. Um die unterschiedlichen Zyklen zu nutzen, sind die 14 Standorte über ganz Europa gestreut. Der Schritt über Europa hinaus ist nicht geplant. Wachstum sieht Matthey in Südeuropa und bei den EU-Anwärtern Osteuropas. In Budapest ist die IVG vertreten, der Einstieg in Polen wird geprüft. Ausbauen will der frühere Veba- und RWE-Manager Matthey das Immobilien-Management für Industrie-Unternehmen. Trotz des unsicheren Konjunktur-Ausblicks will die IVG-Crew in 2001 das Vorjahres-Ergebnis (91 Mio. Euro) toppen. Eigenkapitalrendite (DVFA): 13% n. St.

Auf dem jetzigen Kursniveau ist die IVG noch ein Kauf. Ein Plus der Bonner ist auch die professionelle Investor Relations-Arbeit, die sich in den regelmässigen Analysten-Studien widerspiegelt. Der Knoten würde endgültig platzen, wenn sich für das von der WCM-Tochter Sirius gehaltene 50%-Paket endlich ein Käufer findet. WCM-Chef **Roland Flach** soll seine Preisvorstellung inzwischen auf 19 bis 20 Euro herunter geschraubt haben. Die Aufstockung des WCM-Anteils an Sirius von 45 auf 87% zeigt, dass auch Flach auf eine baldige Lösung drängt.

HBAG-Gruppe

Die HBAG hat mit der Übernahme von 49% an der einstigen Maschinenbauholding Agiv für 197 Mio. Euro von der BHF-Bank deutlich an Kampfgewicht gewonnen. Nach der Verschmelzung der HBAG auf die Agiv in 2002 will HBAG-Lenker **Rainer Behne** die Gruppe mit ihren Beteiligungen Adler Real Estate (89% HBAG-Anteil) und Dreag Deutsche Real Estate (56%) in die Spitzengruppe von Europas Immobilien-AGs führen. In Deutschland gehören die Hanseaten heute neben IVG und Bayerischer Immobilien AG zum Top-Trio.

Für den Anleger stellt sich die Frage, **an welcher der bisher noch 4 Gesellschaften** er sich beteiligen soll. Vom riskanteren Projekt- bis zum ertragsstabilen Bestandsgeschäft ist für jeden Geschmack etwas dabei. Die Holdinggesellschaft HBAG (29% Behne, 25% die von Alexander Knapp-Voith beherrschte Agnaat, 17% WCM, 5% Klaus Unger) bietet mit ihren 100%-Beteiligungen in Spanien, USA, Benelux und Tschechien, den Töchtern Adler und Dreag sowie der auf Colocation Center, UMTS und Internet spezialisierten Hightech-Tochter HBAG Net ein breit diversifiziertes Portfolio. Das Ergebnis der HBAG von 18 Mio. DM v. St. im Vorjahr soll, so Fondsinitiator Behne zu Platow, 2001 2-stellig steigen.

Die Adler Real Estate ist über den Konkurs des Ex-Mitgesellschafters **Roland Ernst** günstig an interessante Projekte wie das Airrail-Terminal in Frankfurt gekommen. Noch sind, so Behne, Ernst-Objekte für etwa 200 Mio. DM in der Pipeline. Bisher war geplant, jährlich etwa 500 Mio. DM Entwicklungsvolumen dazu zu gewinnen. Mit der aktuellen Verunsicherung auf den Immobilienmärkten wird dies jedoch schwieriger. Viele bereits vereinbarte Verkäufe und Vermietungen sind nach den US-Anschlägen zurückgestellt worden. Das Ergebnis wird 2001 nur leicht über Vorjahr (11,3 Mio. DM v. St.) landen.

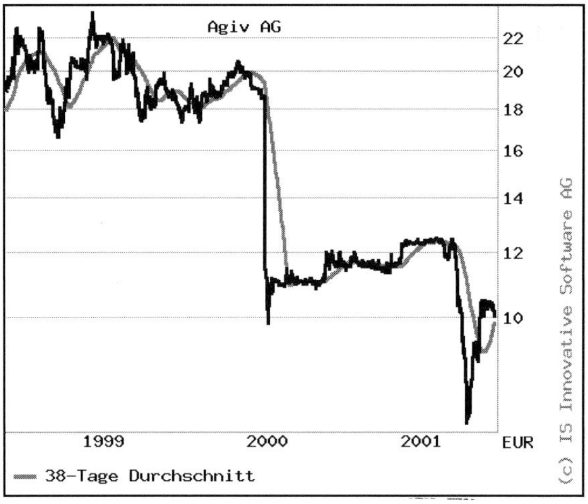

Die Dreag ist als reiner Bestandshalter nur in Deutschland aktiv. Niedrigzinsen und hoher Leverage-Effekt (80% Fremdkapital) sollen das Ergebnis 2001 auf etwa 20 bis 30 Mio. (Vj.: 7,4 Mio.) DM v. St. hieven. Behne will jährlich bis zu 500 Mio. DM investieren.

Das größte Potenzial der Gruppe für den Anleger bietet die **Agiv-Aktie.** Im Sommer 2002 wird die HBAG, die all ihre Töchter an die Agiv verkauft, auf diese verschmolzen. Damit wird der Free Float deutlich steigen. Die Anteile von Behne, Agnaat und WCM werden sich etwa halbieren. Der Preis für die HBAG-Töchter wird über ein Wertgutachten ermittelt und im dreistelligen Mio.-Bereich liegen. Wachstums-Chancen bietet auch das Management fremder Immobilien. Hier laufen Gespräche mit dem Energieversorger EnBW, der 12% an Agiv hält (11% BHF Bank, 57% HBAG). Während

NAV je Aktie	k. A.
Kurs	10,00 Euro
52 Wochen-H/T	13/7 Euro
WKN	502 820

die BHF-Bank bei der Agiv aussteigen wird (Put-Option in 2003), wird EnBw dem Unternehmen die Stange halten und die Agiv wohl als Immobilien-Kompetenzzentrum ausbauen.

Behnes Ziele für die Agiv sind hoch gesteckt: Das Ergebnis soll sich bereits in 2002 deutlich erhöhen, die Erlöse sollen von geplanten 122 Mio. im laufenden Jahr auf 344 Mio. Euro klettern. Bis Ende 2003 soll der Agiv-Umsatz auf 900 Mio. Euro ansteigen. Schon im nächsten Jahr peilt Behne eine Verdopplung des Beteiligungsvermögens auf 2,5 Mrd. Euro an. Akquisitionen sollen möglichst mit eigenen Aktien bezahlt werden, um den Free Float des MDax-Wertes zu vergrößern. Nach dem dramatischen Kurssturz im Herbst (-70% in 2 Monaten) hat sich der Agiv-Kurs deutlich erholt. Über 10 Euro raten wir daher dazu, erste Ergebnisse der Umstrukturierung abzuwarten und setzen das Papier auf Halten.

B & L AG

Mit 230 000 qm Wohn- und Gewerbefläche, Mieteinnahmen von 55 Mio. DM im 1. Hj. 2001 und einem Immobilienvermögen von 1,1 Mrd. DM gehört die B & L AG in die Oberliga der deutschen Immo-AGs. Da alle Objekte zu Buchwerten eingebracht werden, verfügen die Hamburger über stattliche stille Reserven von 155 Mio. DM. Das Eigenkapital liegt bei dürftigen 175 Mio. DM. Größtes Manko ist allerdings der zu geringe Free Float von nur 8%. 92% liegen bei den Familien der Unternehmensgründer **Albert Büll** und **Cornelius Liedke.**

NAV je Aktie	28 Euro
Kurs	23,00 Euro
52 Wochen-H/T	23/17 Euro
WKN	765 950

Strategisch klar auf inländische Büro-, Einzelhandels- und Wohnimmobilien ausgerichtet, besetzt die B & L-Crew die gesamte Immobilien-Wertschöpfungskette, von der Projektentwicklung über Trading bis hin zu Dienstleistungen.

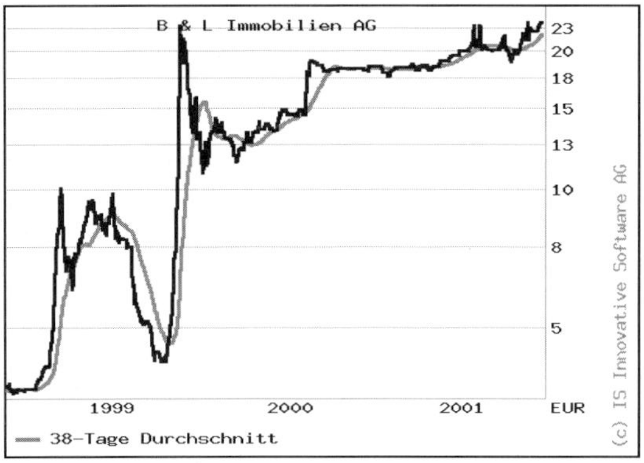

Anders als bei der ähnlich operierenden IVG ist Europa kein Thema. Damit könnten die Nordlichter nach einer Erhöhung des Streubesitz bei ausländischen Investoren punkten, die sich in Deutschland verstärken wollen. Das starke Einzelhandels-Standbein macht B & L unabhängiger von Immobilienzyklen.

Die Finanzierung der Expansion kann die B & L locker stemmen. Das genehmigte Kapital liegt bei 200 Mio.

DM. Spätestens in den ersten beiden Quartalen 2002 soll die geplante Kapitalerhöhung um 100 Mio. DM platziert werden.

Positiver Nebeneffekt der Kapitalaufstockung wäre die Erhöhung des Streubesitzes auf etwa 30%. Mittelfristig sind, so B & L-Vorstand **Hans Hellberg,** die beiden Großaktionäre bereit, ihren Anteil auf 51% abzuschmelzen. In 2001 peilt Hellberg, der bereits den M-Dax im Visier hat, eine Steigerung des Überschusses auf 28,9 Mio. DM an. Das Ergebnis je Aktie soll von 0,2 auf 1 Euro verfünffacht werden. In 2002 ist noch einmal eine Verdopplung auf 2,1 Euro geplant. Die klare Strategie und das erfahrene Management machen die B & L AG bei Kursen bis etwa 22 Euro zu einem interessanten Investment. Vor einem Einstieg sollten Sie aber klare Signale für die Erhöhung des Streubesitzes abwarten.

Deutsche Euroshop

Vormann **Jürgen Wundrack** sieht die Euroshop-Aktie als eine Vermögensanlage für langfristig orientierte Anleger. Tatsächlich wird die Geduld der Aktionäre (Deutsche Bank 26%, Sal. Oppenheim 17%, Nürnberger Leben und Westfälisch-Lippische Ärzteversorgung je 5%) seit dem Börsenstart im Januar 2001 auf die Probe gestellt. Der Kurs ist von 39 Euro tief in den Keller gesackt. Mit den aktiver gemanagten europäischen Konkurrenten können die von der Deutschen Bank gegründeten und an die Börse gebrachten Eschborner noch nicht mithalten.

NAV je Aktie	k. A.
Kurs	35,00 Euro
52 Wochen-H/T	40/29 Euro
WKN	748 020

Übersehen Sie dabei aber nicht, dass die auf europäische Einkaufszentren fokussierte Deutsche Euroshop noch nicht lange am Markt ist. Bisher bestehen Beteiligungen an neun Einkaufszentren in Deutschland, Frankreich und Italien. Die 4 noch in Bau befindlichen Objekte sind bereits 2 Jahre vor Fertigstellung zu 70 bis 100% vermietet. Mit dem Projektmanager **ECE,** der in Deutschland über 60 Einkaufszentren erfolgreich führt, steht ein **starker Partner** an der Seite. Die Verträge mit der ECE laufen über 10 Jahre. Die Planung ist ehrgeizig: In den kommenden 2 bis 3 Jahren will Wundrack 260 Mio. DM investieren. Noch vor Jahresende hofft er auf einen Deal in Spanien mindestens in der Größenordnung der Akquisition im italienischen Viterbo (32 Mio. Euro). Der Umsatzanteil im westeuropäischen Ausland soll auf 40 (aktuell: 22)% steigen. Mit der starken Eigenkapitalposition von über 600 Mio. Euro sind dem Wachstum vorerst keine Grenzen gesetzt. Durch eine geschickte steuerliche Konstruktion bei der Unternehmensgründung sind die Ausschüttungen bei der Euroshop wie auch bei der Schwester Deutsche Wohnen **steuerfrei.** Für einen begrenzten Kursanstieg könnten die ab 2003 geplante IAS-Bilanzierung und die Veröffentlichung des NAV sorgen. Mit der Deutschen Bank im Rücken und der gesunden Kapitalausstattung ist die Deutsche Euroshop ein sicheres Langfrist-Investment.

Deutsche Wohnen

Die erste von der Deutschen Bank im Herbst 2000 gegründete Immobilien-AG findet bisher wenig Beachtung. Dabei hat das Papier durchaus noch Luft nach oben. Wir rechnen damit, dass die Deutsche Wohnen gerade für ausländische Investoren interessant wird, die sonst kaum Möglichkeiten haben, konzentriert in deutsche Wohnimmobilien zu investieren. Bisher hat das Unternehmen über 25 000 Wohnungen in Hessen und Rheinland-Pfalz im Bestand (u.a. die Wohnungsgesellschaft der früheren Hoechst AG). Weitere 5 500 Wohnungen werden für andere Gesellschaften verwaltet. Der Leerstand liegt bei rd. 4%, wobei aber über die Hälfte davon für Renovierungen frei gehalten wird.

Die spätere Privatisierung steht bei allen Akquisitionen im Vordergrund. Das Ziel für Vorstand **Henning Sieh** liegt bei durchschnittlich 600 Wohnungsverkäufen im Jahr. Mit aktuell rd. 800 Wohnungen wurde diese Hürde bereits locker genommen. Bei Zukäufen wird die Messlatte nicht bei der Anfangsrendite angelegt, eher bei der Größe der einzelnen Einheiten bzw. deren Entwicklungspotenzial. Die durchschnittliche Spanne zwischen An- und Verkauf beziffert Sieh auf 800 bis 1 200 DM je qm beim Einkauf und 1 800 bis 2 000 DM beim Verkauf in Ballungsgebieten. Hochhäuser werden nicht erworben.

NAV je Aktie	k. A.
Kurs	147,50 Euro
52 Wochen-H/T	152/130 Euro
WKN	628 330

Interessant für Zukäufe sind Bestände ab 200 Mio. DM aufwärts mit mindestens 90% Wohnungs-Anteil. Neben dem regelmäßigen Nachschub aus dem öffentlichen Wohnungsbau setzt Sieh seine Hoffnungen vor allem auf **Werkswohnungen.** Ab 2002 dürften zahlreiche große Industrieunternehmen wie etwa **Bayer** für eine deutliche Verstärkung der Angebots-Pipeline sorgen.

Das Ergebnis übertraf im 1. Hj. mit 10,6 Mio. Euro deutlich das der vorherigen sechs Monate (3,2 Mio. Euro). Im gesamten Jahr 2001 zielt Sieh, der ab 2002 auch den NAV veröffentlicht, auf eine leichte Steigerung des Ergebnisses gegenüber der Vorperiode (15,7 Mio. Euro). Für 2000 lag die steuerfreie Dividende bei stattlichen 7,14%, bezogen auf den Emissionskurs. Ähnlich wie bei der Deutschen Euroshop ermöglicht die Neugründung des Unternehmens **noch bis ca. 2010 die Ausschüttung einer steuerfreien Dividende.**

Die Deutsche Wohnen-Aktie kletterte seit ihrem Debüt an der Luxemburger Börse sowie im Freiverkehr Düsseldorf und Berlin Ende 2000 um rd. 6%. Die Deutsche Wohnen (Bosch 9%, Ärzteversorgung Westfalen-Lippe und Niedersachsen 9 bzw. 5%, Deutscher Herold 7%) erlebte selbst nach den Anschlägen in den USA keinen Kurseinbruch.

Der Sicherheitsaspekt bei dem Papier wird dadurch verstärkt, dass die **Deutsche Bank weiter in der Verantwortung** ist. Es besteht ein **Beherrschungsvertrag.** Außerdem dürfen die Aktionäre ihre Aktien 2009 der Deutschen Bank andienen. Unabhängig von der Kursentwicklung ist ihnen eine Rendite von 4,5% p.a. sicher. Auch wegen des größeren Free Floats sollten vorsichtige Anleger die Deutsche Wohnen vorerst der Schwestergesellschaft Deutsche Euroshop vorziehen und schwache Tage zum Kauf nutzen.

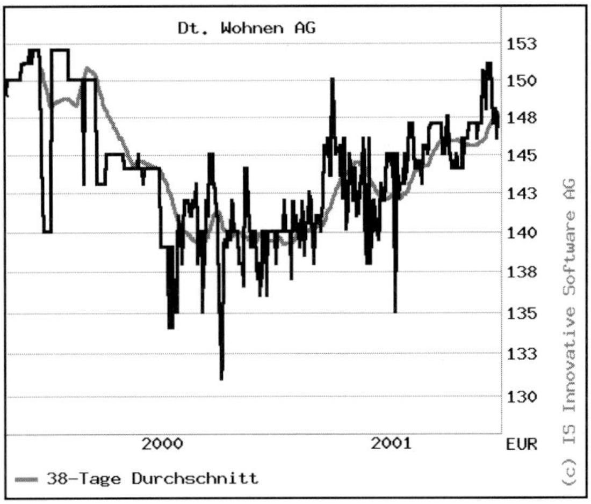

TAG

Der Kursbonus für den Immobilien-Profi und neuen TAG-Lenker **Lutz R. Ristow** ist seit seinem Einstieg wieder etwas gesunken. Doch auch nach 4 Kapitalmaßnahmen in diesem Jahr (u.a. Ausgabe von Gratisaktien und Kapitalerhöhung gegen Sacheinlage) wird die TAG nur knapp unter ihrem NAV gehandelt.

Doch bedenken Sie, dass die TAG bisher eine von Ristow abhängige **One-Man-Show** ist. Der Streubesitz ist mit 30% noch sehr klein und wird auch nur langsam steigen, da Ristow (Anteil 59%, 11% bei ABP, SFB und LaSalle) weiter die Kontrolle behalten will. Eine Übernahme wie bei der früher von ihm geführten RSE, die von WCM geschluckt wurde, will er unbedingt verhindern.

NAV je Aktie	50 Euro
Kurs	49,00 Euro
52 Wochen-H/T	72/35 Euro
WKN	830 350

Bisher ist die TAG trotz kräftiger Expansion noch zu klein. Da künftige Akquisitionen in eigenen Aktien bezahlt werden sollen, stehen ab 2003 Kapitalerhöhungen auf der Agenda. Außerdem will Ristow die Liquidität der Aktie durch die Ausgabe von Gratisaktien erhöhen. Die **Strategie** der TAG bleibt bisher aber noch etwas **unscharf.** Die Konzentration auf inländische Bestandsimmobilien in Großstädten dürfte nur in den kommenden 1 bis 2 Jahren gelten. Wachsen will die TAG danach wohl auch in Europa (u.a. Schweiz oder Italien), sofern die Bilanzsumme die Mindestgröße von 1 Mrd. DM überschritten hat. Dies wäre zwar bereits mit der Übernahme des **Bau-Verein** geschafft, Ristow will sich aber noch nicht auf den Schritt über die Grenze festlegen.

Im Idealfall teilt sich das Geschäft, so Ristow zu Platow, zu je 40% auf Gewerbe- und Wohnimmobilien auf. Spezialimmobilien wie Parkhäuser stehen für 20%. Während die Wohnimmobilien-Sparte unter Führung des Bau-Verein ausgebaut werden soll, ist die TAG noch auf der Suche nach einem Gewerbeimmobilien-Unternehmen. Weitere Übernahmen von Immobilien-Portfolios sind mit Hilfe von Börsenmänteln geplant, da diese ab 2002 steuerfrei veräußert werden können.

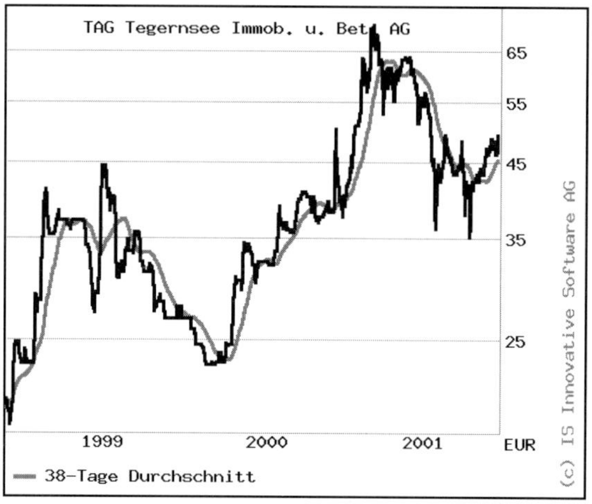

Bei der Eigenkapital-Rendite hat Ristow 10 bis 12% im Visier. Einen positiven Ergebnisbeitrag in Höhe von rd. 14 Mio. DM plant er wegen der Restrukturierung des Bau-Verein erst 2002 wieder ein. Mit die meiste Fantasie unter den deutschen Immobilien-Papieren, aber noch relativ wenig Substanz, so unser Fazit für die TAG. Die Übernahme des Bau-Verein ist bereits eingepreist und in der Nähe des NAV ist das Unternehmen schon recht hoch bewertet. Damit lebt das TAG-Papier in erster Linie von der Aussicht auf weitere geschickte Deals des Hauptakteurs Ristow und ist für **spekulativ orientierte** Anleger geeignet. mr/wr

XIII. Optionen und Derivate

Der Erfolg von derivativen Instrumenten blieb auch im abgelaufenen Jahr ungebrochen. Sowohl bei den Privatanlegern als auch bei den institutionellen Marktteilnehmern gehören die riskanten Instrumente zum Standardrepertoire. Dabei kann die Terminbörse Eurex ihren Siegeszug fortsetzen. Bei den Privatanlegern sind Optionsscheine weiter heiß begehrt. Hier bleibt Stuttgart der wichtigste Handelsplatz für den börslichen Handel. In aller Munde waren im abgelaufenen Jahr Hedge Funds. Dabei nimmt ihr Einfluss auf die Märkte weiter zu. Zertifikate bieten nun auch Privatanlegern die Möglichkeit, an dieser riskanten Anlageform zu partizipieren. Doch auch hier ist nicht alles Gold, was glänzt.

Derivate: Die Spekulationswelle blüht weiter

Das „Spiel mit dem Feuer“ bleibt auch im 3. Jahrtausend ein Wachstumsmarkt. Die anhaltende Baisse an den Aktienmärkten hat den seit Jahren währenden Trend hin zu Futures, Optionen, Optionsscheinen oder auch Hedge Funds nicht gebremst, sondern sogar noch verstärkt. Einerseits kommen institutionelle Anleger wie etwa die großen Kapitalsammelstellen nicht umhin, ihre Bestände über Derivate abzusichern, andererseits blüht der „Zock“ sowohl im institutionellen als auch privaten Bereich.

Die langfristigen Tendenzen, die wir Ihnen bereits in der Platow Prognose 2001 erläutert haben, gelten im Wesentlichen weiter: Deutsche Anleger bleiben Weltmeister beim Erwerb von Optionsscheinen. Hedge Funds finden rund um den Globus weiter zunehmende Beachtung, einen regen Kapitalzufluss und gewinnen ihrerseits weiterhin an Macht über die Märkte. An den organisierten Terminbörsen festigt der deutsch-schweizerische Vertreter **Eurex** seine Position gegenüber den Konkurrenten wie etwa der britischen **Liffe.** Lediglich bei mit derivativen Funktionen unterlegten Anleihen (Reverse Convertible Bonds) gab es zuletzt einen Trendwechsel: Ein wahrnehmbarer Abschwung in der Produktpalette dokumentiert, dass dieses „Kind der Hausse“ im Abschwung weniger Anhänger bzw. potenzielle Käufer findet.

Grundsätzliches über den Umgang mit Derivaten

Derivate sind, das kann nicht oft genug betont werden, hochspekulative Instrumente, die ausschließlich in kleinem Umfang zur Depotabsicherung oder Spekulation genutzt werden sollen. Noch mehr als bei allen anderen Anlageformen gilt hier: Kaufen Sie niemals auf Kredit Optionen (zumal Banken Derivate ohnehin nicht beleihen)! Zudem verbieten sich Geldanlagen in Derivate für unerfahrene Anleger generell. Auch bei versierten Investoren sollte auf Optionen und Futures ein deutlich geringerer Anteil als 10% des Depotvolumens entfallen.

Terminbörsen: Eurex rules the world

Eine der größten Erfolgsgeschichten des Finanzplatzes Deutschland schreibt zweifelsohne die Terminbörse Eurex, die ihren Marktanteil konsequent weiter ausbaut. Die nackten Fakten sprechen eine klare Sprache: In den ersten 9 Monaten des Jahres 2001 wurde die Zahl der gehandelten Kontrakte gegenüber dem (starken) Vorjahr noch mal um 45% auf nahezu eine halbe Mrd. (492,5 Mio.) gehandelter Kontrakte erhöht. Alleine im Monat der Terroranschläge in New York und Washington markierte die Eurex mit 68,5 Mio. gehandelten Kontrakten einen neuen weltweiten (!) Rekord und überrundete ihre alte Bestmarke.

Die Tendenz bei den Indizes geht weg vom Dax und hin zum Euro Stoxx. Für das kommende Jahr rechnen wir mit einer Fortschreibung dieser Entwicklung. In puncto Liquidität dürfte der europäische Leitindex seinem deutschen Kompagnon im ersten Jahr der Euro-Einführung weiter den Rang ablaufen.

Die Möglichkeiten für Sie an den organisierten Terminmärkten

Terminbörsen wie die Eurex oder die Globex bieten Ihnen nicht die reichhaltige Auswahl, die es etwa im extrem breit angelegten Optionsscheingeschäft gibt. Nachteilig für Sie als interessierten Anleger sind sicherlich die fehlenden Möglichkeiten, in Optionen auf eine Vielzahl von Einzelwerte zu setzen, für die es auf dem Optionsscheinmarkt reichlich Angebot gibt.

Positiv hingegen ist die hohe Liquidität etwa bei Index- und Zinsderivaten. Zudem können Großanleger mit Futures teilweise genauere und bessere Absicherungen erreichen als mit Warrants.

Die Konsequenz für Sie als Anleger

Eigentlich sind organisierte Terminmärkte für institutionelle Großanleger konzipert, werden von diesen stark frequentiert und streben im Retail-Bereich nicht unbedingt einen hohen Marktanteil an. Dies spiegelt sich auch darin wider, dass eine Vielzahl von Banken nur sehr begrenzten Zugang zu organisierten Terminmärkten bietet. Auch wir denken, dass der „normale“ Privatanleger an einem Markt wie der Eurex oder der Liffe mehr Risiken als Chancen gegenübersteht. Sollten Sie dennoch Spekulationen dieser Art reizen, raten wir Ihnen, sich an liquide Futures stark frequentierter Märkte zu halten. Bei „Sonderwünschen“ sind Sie auf dem Optionsscheinmarkt besser aufgehoben.

Optionsscheine als Lieblinge der Privatanleger

Optionsscheine galten in den vergangenen Jahren als absolut favorisiertes Instrument von Privatinvestoren. Daran wird sich unserer Einschätzung nach in den kommenden Jahren nichts ändern: Kein anderes Medium bietet Ihnen als Anleger eine ähnliche Produktvielfalt. Die Anzahl der in Deutschland zugelassenen Optionsscheine übersteigt die der zugelassenen Aktien mittlerweile um mehr als den Faktor 10. Die Popularität der Optionsscheine und von Derivaten generell bei Privaten hat eine Vielzahl von Gründen:

Allen voran ist natürlich die Hebelwirkung zu nennen. Der Hebel (Leverage), den alle derivativen Instrumente bieten, definiert die Relation zwischen eingebrachtem Kapital und Wertentwicklung des Derivats im Verhältnis zur parallelen Wertentwicklung des Basisinstruments.

So bedeutet ein **Hebel von 3** bei einem Kaufoptionsschein auf die Deutsche Telekom etwa, dass bei einer Kurssteigerung der Telekom um 10% der Optionsschein in selbem Zeitraum um 30% zunimmt. Diese verlockende Gewinnmöglichkeit spricht gerade jüngere Anlegergruppen an. Der Bullenmarkt in den späten neunziger Jahren sorgte im Zuge des harten Wettbewerbs der Direktbanken und einer entsprechenden Vielfalt des Angebots (außerbörslicher Handel etc.) für einen Run auf die „heißen“ Instrumente. Doch neben der Hebelwirkung haben Optionsscheine noch andere Vorteile:

So sind Optionsscheine gerade in seitlich tendierenden Märkten mit hohen Schwankungen die oftmals einzige Möglichkeit für Anleger, vernünftige Renditen in kurzen Zeitabständen zu erzielen. Für die breite Basis der Privatanleger sind Put-Optionsscheine heute oft die einzige Chance, von fallenden Kursen zu profitieren. Auch wenn Leerverkäufe zunehmen und auch von Direktbanken angeboten werden, bleiben dem „gewöhnlichen“ Anleger diese Angebote doch weitgehend verschlossen.

Optionsscheine lassen Anleger teilweise an der Wertentwicklung von Underlyings partizipieren, für die es außerhalb des Optionsscheinmarktes praktisch keine Investitionsmöglichkeit gibt. Beispiele hierfür sind neben Edelmetallen wie Gold und Silber auch Rohstoffe wie etwa Öl und besonders die Indexoptionsscheine. Bei Calls oder Puts auf den Dax oder den Rex geht der Anleger letztendlich an Underlying-spezifischen Risiken nur noch das Marktrisiko ein.

Außerbörslich oder über das Parkett

Diese Frage in Bezug auf den komfortabelsten, effizientesten und liquidesten Handelsplatz wird seit Jahren an uns herangetragen, aber sie egalisiert sich immer mehr. Mittlerweile bieten die meisten Direktbanken Zugang zum außerbörslichen Handel mit den größten Warrant-Emittenten. Beim Handel über die Börse ist die Frage nach der vorhandenen Liquidität weitgehend überflüssig, da die Börsen praktisch allen großen außerbörslichen Handelssystemen angeschlossen sind. Findet sich also beispielsweise für Ihre Kauforder kein entsprechender Kontrahent im Orderbuch des Maklers, muss das noch nicht gegen eine Ausführung des Deals sprechen. Wenn Ihr Limit in der Größenordnung der Taxen des Emittenten liegt, kauft/verkauft die Börse dann dort.

Im Übrigen hat sich der von uns im Vorjahr bereits geschilderte Siegeszug der **Börse Stuttgart** im Optionsscheinhandel weiter fortgesetzt. Die Süddeutschen gewannen weitere Marktanteile hinzu und nehmen im börslichen Optionsscheinhandel eine nahezu unerreichbare Position ein. Auch wir sehen dort im Hinblick auf das angesammelte Know-how für Sie die besten Möglichkeiten, Optionsscheine schnell und fair zu handeln.

Hedge Funds: Allheilmittel oder Modetrend

Hedge Funds sind entgegen anders lautenden Meinungen bereits lange am Markt. Diese vielschichtige Finanzanlage, die bereits 1949 vom Soziologen **Alfred Winslow Jones** ins Spiel gebracht wurde, erlebte in den vergangenen Jahren einen rasanten Boom.

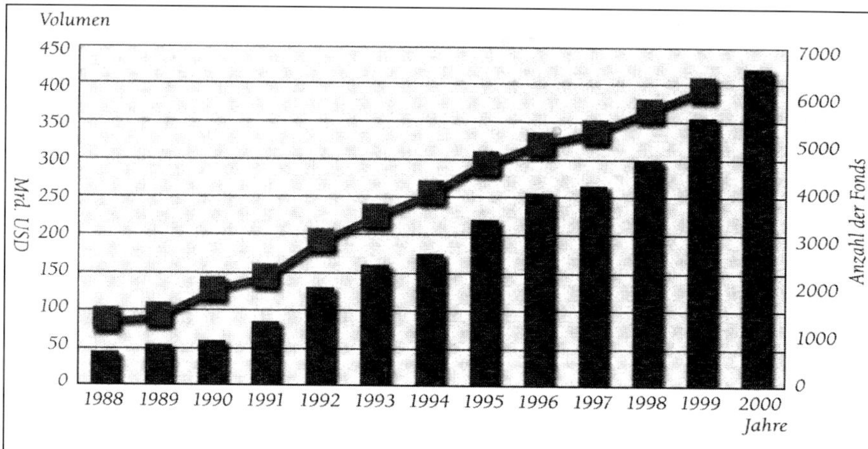

(Quelle: Van Hedge Inc./Indocam)

Dabei stellen Hedge Funds einen Sammelbegriff für vollkommen unterschiedliche Anlageformen und -strategien dar. Sie dienen der Risikoabsicherung (engl. to hegde = absichern), haben aber auch spekulativen Charakter und damit einen hohen Risikogehalt. Nachfolgend wollen wir Ihnen kurz die wesentlichen Strategien mit Hedge Fonds erläutern.

Long-/Short-Strategien

Dieser auch Equity Hedge genannte Ansatz folgt letztendlich der Strategie, unterbewertete Titel zu kaufen (Long) und überbewertete Titel zu verkaufen (Short). Gerade im Short-Bereich rückten Hedge Funds zur Jahrtausendwende in den Blickpunkt der Anlegergemeinde. Denn sie waren es, die dafür sorgten, dass überbewertete High Tech-Titel schneller an Wert verloren.

Globale Marktstrategien

Bei dieser Vorgehensweise wird ein Top-Down-Ansatz verfolgt und es werden makroökonomische Daten und Analysen ausgewertet, die in die Anlageentscheidung einfließen. Ein prominentes Beispiel für diese Strategie ist die Spekulation von **George Soros** gegen das britische Pfund im Jahre 1992. Wie sie sich sicherlich erinnern, drängte unter anderem dieser massive Leerverkauf das Königreich aus dem Europäischen Währungssystem, und Soros verdiente an dieser „Anpassung“ an die realen Wechselkursverhältnisse geschätzte 1 Mrd. Pfund. Generell wird den globalen Makroansätzen innerhalb der Hedge Funds-Strategien das höchste Chance/Risiko-Profil zugeordnet.

Ereignisorientierte Strategien (Event-Driven)

Hierbei geht der Fondsmanager vereinfacht gesagt Wetten ein, ob bestimmte Ereignisse eintreten, etwa Firmenübernahmen oder Aktienrückkäufe. Hierbei werden einzelne Unternehmen bzw. Aktien fundamental durchleuchtet, ob sie auf Grund von Unterbewertungen oder starkem M&A-Druck in einer bestimmten Branche für ein öffentliches Übernahmeangebot in Frage kommen. So schafften es einige Hedge Funds-Manager im Fusionswahn bei den Telcos Ende der 90er Jahre vergleichsweise früh, größere Mannesmann-Positionen zu kaufen und an der Vodafone-Offerte prächtig zu verdienen.

Marktneutrale Strategien

Hierunter verstehen Börsianer in erster Linie Arbitragestrategien, die Bewertungsdifferenzen bei gewöhnlich stark korrelierenden Wertpapieren ausnutzen. Das kann etwa der Kauf/Verkauf einer Aktie und der dazu passenden Wandelanleihe sein, wenn die am Markt vorliegenden Bewertungen fundamental nicht gerechtfertigte Unterschiede aufweisen. Wegen der eher niedrigen Bewertungsineffizienzen wird bei diesen Strategien vergleichsweise viel Fremdkapital eingesetzt.

CTA‘s

Bei den CTA‘s (Commodity Trading Advisers) werden vorzugsweise am Warenterminmarkt bestimmte, sich wiederholende Zyklen unterstellt. Basierend auf dieser Prämisse, werden mit Hilfe von speziellen Computermodellen oder Chartanalysen Kauf- und Verkaufszeitpunkte generiert und ausgeführt. CTA-Ansätze sind keine echten Hedge Funds-Strategien, sie werden eher als Alternative zu Hedge Funds gesehen.

Hedge Funds- Eine Geldanlage für jedermann?

Mit dem wachsenden Interesse an Hedge Funds setzte in den Marketing-Abteilungen der Großbanken der Jagdinstinkt ein und auch „stinknormale" Anleger, die nicht mehr als die Termingeschäftsfähigkeit einzureichen brauchten, konnten über „Hedge-Funds"-Zertifikate kleine gestückelte Anteile an Hedge Funds erwerben. Seien Sie vorsichtig bei diesem modernen Hype. Eine Stärke der heutigen Hedge Funds liegt etwa darin, dass herausragende Fondsmanager mit einem ordentlichen Track Record die Verantwortung tragen. Diese „High Potenzials" gibt es freilich nicht beliebig oft und die Gefahr, dass Sie mit den Discountangeboten der Banken eher in die 2. oder 3. Garde investieren, ist durchaus gegeben. Der im Gegenzug nicht zu leugnende Vorteil für Privatanleger liegt bei diesen Hedge Funds-Zertifikaten darin begründet, dass die „zwischengeschalteten" **Banken** hier für den Investoren eine gewisse **Aufsichts- und Kontrollfunktion** übernehmen.

Sollten Sie an einer sehr begrenzten Depotbeimischung (wir raten zu weniger als 10% des Vermögens) im Hedgefunds-Bereich interessiert sein, lassen Sie sich von Ihrer Bank bei der Veräußerung eines Zertifikats genaue Informationen über die Historie der Fondsmanager geben. Noch mehr als in anderen Bereichen des Anlagegeschäfts handelt es sich hier um ein **„Peoples-Business".**

Gehen Sie davon aus, dass die meisten „Koryphäen" im Hedge Funds-Geschäft weiterhin „im Verborgenen" arbeiten. Die Mindestanlage bei den weltweit am besten arbeitenden Hedge Funds beläuft sich häufig auf mehrere Mio. US-Dollar, zudem ist das Geld oft über Jahre nicht verfügbar für Sie.

Aktienanleihen und andere unüberschaubare Modelle

Sie waren der Renner in der Aktienhausse, so genannte **„Reverse Convertible Bonds"** oder „Inhaberschuldverschreibungen mit einer Tilgungsmöglichkeit in Form von Aktien". Bis in die Mitte des Jahres 2000 wurde der Markt überschwemmt mit diesen so harmlos erscheinenden hochverzinslichen Anleihen, bei denen Sie nicht mehr und nicht weniger als eine Wette eingehen, dass Aktie X nicht unter ein bestimmtes Niveau fällt. Die Entwicklung am Aktienmarkt in den vergangenen 18 Monaten hat all diesen Anlegern extrem hohe Verluste beschert.

Wir haben Ihnen bereits in der Vergangenheit mehrfach von Anlageformen dieser Art abgeraten. Oft besteht das Motiv der Emittenten allein darin, eigene Bestände kostengünstig abzusichern bzw. Anleger zu Geschäften zu überreden, die diese nur begrenzt verstehen.

Dies alles hat weiterhin Gültigkeit und sollte die Maxime Ihrer Handlungen bei derivativen Instrumenten sein. Kaufen Sie nur das, was Sie verstehen. Setzen Sie Derivate in der Hauptsache zu Absicherungszwecken und nur in Ausnahmen und mit sehr wenig Kapital zur Spekulation ein.

rp

XIV. Die Autoren der Platow Prognose 2002

Klaus-Peter Müller
Albrecht F. Schirmacher
Frank Mahlmeister
Karin Bachmann
Georg Boing
Thomas Koch
Marcus Neugebauer
Roger Peeters
Mirko Reipka
Werner Rohmert
Gerd Rückel
Günther Scheppler
Claus Thomas Seifert
Lars Winter
Ludwig Zahn

Klaus-Peter Müller (57)

Klaus-Peter Müller, Jahrgang 1944, lernte das Bankfach von der Pike auf, zunächst als Lehrling beim Bankhaus Friedrich Simon in Düsseldorf. Bereits 1966 begann er seine Karriere bei der Commerzbank. Zu seinen Stationen zählten Düsseldorf, Duisburg und immer wieder New York, von 1982-86 in der Filialleitung, wo er sich sein internationales Know-how erarbeitete. 1986 kehrte Müller in die Zentrale nach Frankfurt zurück, als Generalbevollmächtigter für Firmenkunden. Nach der Wende war es Müller, der die Commerzbank in Ostdeutschland zum Erfolg führte. In den Vorstand des Instituts kam Müller 1990 und wurde 2001 zu dessen Sprecher gekürt.

Albrecht F. Schirmacher (47)

Albrecht F. Schirmacher (afs), Jahrgang 1954, kam 1990 zu Platow, zunächst als Chefredakteur und Geschäftsführer. Sein besonderes Interessengebiet sind die Banken. 1999 wechselte Schirmacher auf die Position des Herausgebers und trägt seither zusätzlich die Verantwortung für die Informationsdienste im Hause BertelsmannSpringer. Dazu zählen neben dem Platow Brief auch die Fuchsbriefe. Frühere berufliche Stationen: Hamburger Abendblatt, Neue Presse Hannover, Capital und Börsen-Zeitung. Schirmacher hat an den Universitäten Hamburg und St. Andrews/Schottland Volkswirtschaft und Moderne Geschichte studiert, ist seit 1981 verheiratet und Vater von 4 Kindern.

Frank Mahlmeister (36)

Frank Mahlmeister (FM), Jahrgang 1965, verheiratet, ist seit April 1999 Chefredakteur des Platow Briefs. Einem breiten Publikum ist Mahlmeister durch diverse TV-Auftritte (ARD, ZDF, n-tv u.a.) bekannt. Er begann seine Karriere beim Platow Brief 1993 als Redakteur und wurde 1996 stellvertretender Chefredakteur. Mahlmeister studierte in Frankfurt an der Johann-Wolfgang-Goethe-Universität Volkswirtschaftslehre. Seine Spezialgebiete sind Banken, Sparkassen, Versicherungen und Unternehmen sowie Wirtschaftspolitik und Konjunktur. Dank seines politischen Engagements und seiner umfassenden Kontakte gehört Mahlmeister darüber hinaus zu den kenntnisreichsten Beobachtern der deutschen Innenpolitik.

Karin Bachmann (30)

Karin Bachmann (kb), Jahrgang 1971, gehört seit Januar 2001 zum Platowteam. Die gebürtige Bremerin arbeitete schon während des Studiums von Rechtswissenschaften (Erstes Staatsexamen 1995 in Osnabrück) sowie Philosophie und Geschichte (Magister 1997 in Bonn) für namhafte Medien (z.B. Weser-Kurier, Neue Osnabrücker Zeitung, Associated Press, Sport-Informations-Dienst und Hessischer Rundfunk). 1997/98 war sie Referentin des Bundestagsabgeordneten Hans Michelbach (CSU); es folgten ein Volontariat beim „Gießener Anzeiger" und ein Intermezzo bei der VDEW-Verbandszeitschrift „Elektrizitätswirtschaft". Karin Bachmann ist auch geprüfte PR-Beraterin (DAPR) und beherrscht mehrere Sprachen konversationssicher, darunter Russisch.

Georg Boing (50)

Georg Boing (gb), Jahrgang 1951, studierte Mathematik und Physik an der Universität Düsseldorf mit dem Abschluss als Diplom-Mathematiker. Anschließend war Boing als Redakteur bei Wirtschaftswoche und Capital beschäftigt. Seit 1984 ist er Vorstandsvorsitzender der Boing Vermögensverwaltung AG, Düsseldorf. Der wesentliche Zweck dieser Gesellschaft ist es, privates Wertpapiervermögen mit Hilfe individuell entwickelter Anlagestrategien zu verwalten. Daneben ist Boing in vielfältiger Hinsicht publizistisch tätig, unter anderem als Buchautor und Verfasser verschiedener wissenschaftlicher Ausarbeitungen zum Thema Börse und Kapitalmärkte. Anlässlich des 10. Internationalen Investmentkongresses erhielt er 1990 die Auszeichnung als „The best investment adviser" für seine damaligen Prognosen. Die Zeitschrift DM kürte ihn zu einem der vier Top-Propheten des Jahres 1994. Boing gilt als anerkannter Experte für Aktien, Zinsen, Devisen und Gold.

Thomas Koch (29)

Thomas Koch (tk), Jahrgang 1972, startete seine Karriere bei der Dresdner Bank und arbeitete dort zuletzt in der Abteilung Vermögende Privatkunden. Sein Interesse gilt den Kapitalmärkten und hier insbesondere der Aktienanalyse. Konsequenterweise vollzog der gebürtige Rheinländer nach erfolgreich absolviertem Abendstudium den Schritt nach Frankfurt, wo er seit Mitte 2000 das Börsenressort des Platowteams verstärkt. Thomas Koch ist einem breiteren Publikum durch Gastvorträge zum Thema Aktienmärkte und durch häufige Experten-Auftritte in den TV-Sendern n-tv und Bloomberg TV bekannt.

Marcus Neugebauer (28)

Marcus Neugebauer (mn), Jahrgang 1973, verheiratet, startete seine Laufbahn als Controller bei der Wella AG. Sein Interesse galt von Beginn an den Kapitalmärkten und hier insbesondere der Aktienanalyse. So war es nur folgerichtig, dass er den Schritt in die Finanzmetropole Frankfurt vollzog, wo er seit Anfang 2001 als Online-Redakteur das Börsenressort des Platowteams verstärkt. Zum Journalismus kam der gebürtige Hesse während seines BWL-Studiums. Er arbeitete als freier Mitarbeiter bei einer Lokalzeitung und einem Sportmagazin. Die Ruhe für den Stress im Alltag sammelt er durch tägliche Yoga-Übungen.

Roger Peeters (28)

Roger Peeters (rp) wurde 1973 in Neunkirchen im Rhein-Sieg-Kreis geboren. Nach seinem Abitur studierte er VWL (Grundstudium) und BWL in Bonn und Köln. Ferner ist Peeters geprüfter Investmentanalyst nach CEFA/DVFA-Standards. Während der gesamten Schul- und Studienzeit legte Peeters stets viel Wert auf nebenberufliche Tätigkeiten, wodurch er schon früh Einblicke ins praktische Wirtschaftsleben bekam. Zuletzt war er von 1997 bis 1999 in der Wertpapierabteilung einer Deutsche Bank-Tochter beschäftigt. Seit August 1999 ist Roger Peeters bei Platow. Seit April 2000 leitet er das Ressort Börse/Online. Peeters ist durch häufige TV-Auftritte und Radiointerviews zum Aktienmarkt einem breitem Fachpublikum bekannt.

Mirko Reipka (33)

Mirko Reipka (mr), Jahrgang 1968, kam 1997 nach dem Studium der Volkswirtschaftslehre und Wirtschaftswissenschaften in Stuttgart-Hohenheim und Heidelberg und einer langjährigen freien Mitarbeit bei der Rhein-Neckar-Zeitung in Heidelberg zum Platow Brief. Hier war er zuständig für die Unternehmensberichterstattung aus den Bereichen Banken, Versicherungen und Industrie. 1999 wechselte er als leitender Redakteur zum DFI-Gerlach-Report, dem Anleger-Newsletter für sämtliche Produkte des freien Kapitalmarkts. Seit 2001 ist er als Chefreporter wieder beim Platow Brief und betreut daneben den Spezial-Newsletter „Platow Immobilien".

Werner Rohmert (49)

Werner Rohmert (wr), Jahrgang 1952, hat an den Universitäten Bochum und Köln Betriebs- und Volkswirtschaft sowie Informatik studiert. Von 1978-81 war der gebürtige Wuppertaler, der inzwischen Vater von 3 Kindern ist, wissenschaftlicher Assistent am Bankseminar der Uni Köln. Nach diversen Stationen in der Immobilienwirtschaft machte sich Rohmert 1992 als Immobilienberater selbstständig. Seit 1988 ist Rohmert Immobilienexperte des Platowteams. Er liefert regelmäßig Beiträge für die Platow Prognose und diverse Platow-Sonderreports. „Platow Immobilien", die wöchentliche Beilage zum Platow Brief, hat Rohmert gemeinsam mit Platow entwickelt und zum Erfolg geführt.

Gerd Rückel (34)

Gerd Rückel (gr), Jahrgang 1967, verheiratet, begann seine Karriere bei der Dresdner Bank AG. Sein besonderes Augenmerk galt schon immer den weltweiten Kapitalmärkten. Nach dem Studium zum Diplom-Betriebswirt kehrte er an den Börsenplatz Frankfurt zur Dresdner Bank zurück und war dort mehrere Jahre im Wertpapierbereich tätig. Um sein großes Interesse an Banken und an der Börse mit dem Journalismus zu verbinden, wechselte er 1999 zu vwd. Seit Anfang 2000 ist Rückel Börsenredakteur beim Platow Brief, wo er inzwischen die Rolle des Stellvertretenden Ressortleiters übernommen hat. Der gebürtige Mittelhesse absolviert derzeit eine Ausbildung zum CEFA-Wertpapieranalysten. Börsianer kennen ihn aus diversen Auftritten beim TV-Sender n-tv.

Günther Scheppler (31)

Günther Scheppler (gs), Jahrgang 1970, ist seit Dezember 1999 Mitglied des Platowteams. Nach dem Abitur leistete der gebürtige Rüsselsheimer zunächst seinen Wehrdienst ab, bevor er das Studium der Wirtschaftswissenschaften an der Johannes Gutenberg Universität in Mainz antrat. Schon während des Studiums mit den Schwerpunkten Organisation und Publizistik arbeitete er nebenbei als freier Journalist für diverse Tageszeitungen. Sein Faible für den Aktienhandel erbte er von seinem Vater, der sich als erfolgreicher Chefhändler bei der BHF-Bank einen Namen gemacht hat. Günther Scheppler hat mittlerweile die Leitung des Spezialbriefes Platow Emerging Markets übernommen.

Claus Thomas Seifert (34)

Claus Seifert (cts), Jahrgang 1967, arbeitet seit fast 1 Jahr als Redakteur für die Platow Börse. Zuvor war der Oberfranke rund 3 Jahre in führenden PR- und IR-Agenturen als Berater in München tätig. Er hat mehrere Unternehmen beim Börsengang begleitet bzw. in Fragen der Kommunikation mit den wichtigen Adressaten des Kapitalmarkts unterstützt. Wertvolle praktische Kenntnisse gewann Seifert aus seiner Arbeit als Mitarbeiter für den internationalen Vertrieb eines mittelständischen Unternehmens sowie als Volontär der SAZ, des führenden deutschen Wirtschaftsfachblattes für die Sportartikelbranche. Sein Motto: Wissen ist Macht, aber eine gute Portion Gefühl kann nicht schaden.

Lars Winter (29)

Lars Winter (lw), Jahrgang 1972, studierte Jura in Göttingen, mit den Schwerpunkten Handels-, und Wirtschaftsrecht. Um sein Studium zu finanzieren, arbeitete er nebenbei in verschiedenen Rechtsanwaltskanzleien und Wirtschaftsbetrieben im In- und Ausland. Den redaktionellen Background erarbeitete er sich durch verschiedene Praktika und der freien Mitarbeit in einigen Lokalzeitungen. Nach Abschluss seines Studiums im Jahr 2000 begann der Nordhesse als Börsen- und Online-Redakteur beim Platow Brief. Eines seiner Hauptgebiete ist die Analyse von Technologieaktien. Sein großes Hobby ist neben der Börse der Golfsport.

Ludwig Zahn (31)

Ludwig Zahn (lz), Jahrgang 1970, gehört seit April 1999 zum Platowteam. Dort ist er vor allem mit der Wirtschafts- und Unternehmensberichterstattung betraut. Außerdem redigiert er die wöchentliche Beilage „Platow Geld“, in der klassische Anlagethemen aufgegriffen werden. Der gebürtige Heidelberger machte vor Beginn seines Volkswirtschaftsstudiums eine Ausbildung an der Berufsakademie Mannheim zum Diplom-Betriebswirt (BA) Fachrichtung Industrie. Ausbildungsbetrieb war der schwedisch-schweizerische Konzern Asea Brown Boveri. Danach folgte das Studium der Volkswirtschaftslehre an der Ruprecht-Karls-Universität in Heidelberg, das er im Dezember 1998 mit dem Diplom abschloss.

XV.
Die Inserenten stellen sich vor

AGIV Real Estate AG
Commerzbank
Deutsche Post
Deutsche Vermögensberatung
EADS
KG Allgemeine Leasing GmbH & Co.
Dr. Lübke Immobilien
SEB Hypothekenbank AG

AGIV Real Estate AG: Neue und klar geordnete Immobilien AG im MDAX

Die AGIV Real Estate AG, Frankfurt, ist auf dem Weg zu einer der führenden Immobilien Aktiengesellschaften. Die Holding wird ihr Beteiligungsportfolio kräftig ausbauen und klar und transparent strukturieren, um auf diese Weise die gesamte Wertschöpfungskette der Immobile abzudecken. Die AGIV schafft und realisiert Immobilienwerte und konzentriert sich dabei auf Deutschland. Kompetenz und Know how erstrecken sich auf die Gebiete Bestandsaufbau von Gewerbeimmobilien, Assetmanagement und Projektentwicklung von Gewerbe- und Wohnimmobilien. Im Ausland werden nur opportunistisch ausgewählte und interessante Engagements eingegangen, welche in der Regel nur kurz- bis mittelfristig im Bestand verbleiben sollen.

Für Anfang kommenden Jahres ist die Übernahme aller Tochter- und Beteiligungsgesellschaften der HBAG Real Estate AG geplant. Zu den wichtigsten neuen Beteiligungen der AGIV zählen zwei börsennotierte Immobilien Aktiengesellschaften. Die Deutsche Real Estate AG, die sich auf Investitionen in deutsche Gewerbeimmobilien konzentriert, managt bereits ein Immobilienvolumen von über einer Mrd. Euro. Das Immobilien-Projektentwicklungsunternehmen ADLER Real Estate AG errichtet gegenwärtig bereits weitgehend erfolgreich verwertete Immobilien im Wert von 250 Mio. Euro und bereitet Projekte im Gesamtvolumen von etwa 750 Mio. Euro vor. Mit einem liquiden Vermögen von aktuell rund 350 Mio. Euro verfügt AGIV über reichhaltige Mittel, um in den geplanten kräftigen Bestandsaufbau zu investieren. Umsatz und Ertrag werden in den kommenden Jahren deutlich zunehmen.

Commerzbank - eine integrierte europäische Großbank

Mit einer Konzern-Bilanzsumme von rund 500 Mrd € zählt die Commerzbank zu den großen privaten Banken in Deutschland und zu den 15 größten Europas. 40.000 Mitarbeiter, darunter über 7000 im Ausland, betreuen 5,7 Millionen Kunden. Neben der Muttergesellschaft, der Commerzbank AG, gehören zum Konzern zahlreiche Tochtergesellschaften im In- und Ausland.

Die strategischen Schwerpunkte der Bank lauten:

⇒ Festigung der Position als europäischer integrierter Finanzkonzern

⇒ Positionierung in ausgewählten Produktbereichen des Investment Banking

⇒ Vertiefung der Allfinanz-Kooperation mit der italienischen Versicherungsgruppe Generali

⇒ Marktführerschaft im E-Commerce-Banking

Das Grundkapital der Commerzbank ist bei rund 365.000 Aktionären breit gestreut; 40% befinden sich in der Hand ausländischer Investoren. Größte Anteilseigner sind Generali mit 9,9% und die spanische Großbank BSCH mit 4,8%.

Deutsche Post

Der Konzern Deutsche Post World Net zählt zu den größten und leistungsfähigsten Logistikunternehmen der Welt. Mit über 300 000 Beschäftigten erzielten die drei Leistungsmarken Deutsche Post, Danzas und Postbank im Jahr 2000 einen Umsatz von 32,7 Mrd. Euro. Deutsche Post World Net hat die Mehrheit an DHL International, dem Pionier und Marktführer der weltweiten Express-Branche. Der Konzern bietet Gesamtlösungen für nationale und internationale Kunden. Dazu gehören ein weltweiter Brief-, Paket-, Express- und Logistik-Service, innovative Lösungen rund ums eBusiness und eine breite Palette von Finanzdienstleistungen. Die Deutsche Post World Net ist im Herbst 2000 erfolgreich an die Börse gegangen, am 20. November wurde die Aktie Gelb erstmals notiert. Am 19. März 2001 ist der Konzern Deutsche Post World Net in den Deutschen Aktien Index 30, aufgestiegen. Der Konzern hat trotz der schwierigen Weltwirtschaftslage in den ersten neun Monaten dieses Jahres Zuwächse bei Umsatz und Gewinn erzielt. Im Hinblick auf das Gesamtjahr 2001 bleibt die Deutsche Post World Net bei ihren Prognosen und wird das Rekordjahr 2000 hinsichtlich Umsatz und Gewinn übertreffen. Damit kommt die Deutsche Post World Net ihrem Ziel, in der Logistik weltweit die Nummer Eins zu werden, ein Stück näher.

Deutsche Vermögensberatung

Ziel der Deutschen Vermögensberatung ist es, breiten Bevölkerungsschichten die Rundumbetreuung für private Altersvorsorge, Familienabsicherung sowieeinen gezielten Vermögensaufbau zu ermöglichen. Das Konzept hierfür heißt: Allfinanz - das Angebot von Bank-, Bauspar- und Versicherungsprodukten aus „einem Kopf und einer Hand" durch einen Vermögensberater. Als Dr. Reinfried Pohl mit diesem „revolutionären" Konzept 1975 die Deutsche Vermögensberatung gründete, hätte wohl kaum einer gedacht, dass das Unternehmen gut 26 Jahre später der weltweit größte eigenständige Finanzvertrieb sein würde.

Heute sind annähernd 30.000 Vermögensberater für die Deutsche Vermögensberatung tätig - als selbstständige Unternehmer optimal für alle wichtigen Bereiche der Planung, des Aufbaus und der Sicherung von Vermögen qualifiziert. Die mehr als 3,3 Millionen Kunden werden inzwischen von etwa 1650 Direktionen und Geschäftsstellen betreut.

Zu den anerkannten Partnern der Deutschen Vermögensberatung zählen die AMB-Generali-Gruppe und die Deutsche Bank-Gruppe, mit der im November 2001 eine strategische Kooperation zum Vertrieb von Bankprodukten und Investmentfonds vereinbart wurde. Außerdem gehören u.a. der Deutsche Investment Trust (dit), die HypoVereinsbank, die SEB, die Commerzbank AG und die Deutsche Bausparkasse Badenia zu den Partnern des Frankfurter Finanzdienstleisters.

EADS – Erstes grenzüberschreitendes Luft- und Raumfahrtunternehmen der Welt

Mit der Fusion der deutschen DaimlerChrysler Aerospace AG, der französischen Aerospatiale Matra und der spanischen CASA entstand am 10. Juli 2000 das größte Luft-, Raumfahrt- und Verteidigungsunternehmen Europas, die European Aeronautic Defence and Space Company – kurz: EADS. Mit einem Pro-Forma-Umsatz von 24,2 Milliarden Euro im Jahr 2000 ist die EADS der zweitgrößte Luft- und Raumfahrtkonzern der Welt. Der Auftragsbestand von mehr als 180 Milliarden Euro entspricht einer Beschäftigung von sechs Jahren und ist ein Beleg für die guten Perspektiven der EADS, auch in dem aktuell schwierigeren weltwirtschaftlichen Umfeld. Die EADS ist eine Gesellschaft niederländischen Rechts (N.V.). Das Unternehmen ist an den Börsen in Frankfurt, Madrid und Paris notiert und hat rund 100.000 Mitarbeiter.

Die EADS hat sich in allen Sparten der Luft- und Raumfahrtindustrie eine hervorragende Marktposition erarbeitet. So ist die EADS weltweit Marktführer bei kommerziellen Trägerraketen, Nummer 2 bei Hubschraubern (100 Prozent von Eurocopter), Nummer 2 bei Zivilflugzeugen (EADS hält 80 Prozent von Airbus), Nummer 2 bei Lenkflugkörperaktivitäten, Nummer 3 im Bereich der militärischen Transportflugzeuge, und einer der global führenden Anbieter bei Satelliten, Militärflugzeugen (43 Prozent von Eurofighter, 45,8 Prozent von Dassault).

KG Allgemeine Leasing GmbH & Co. Finanzdienstleistung auf höchstem Niveau

Die KGAL (KG Allgemeine Leasing GmbH & Co.), eine Beteiligungsgesellschaft der Dresdner Bank, Bayerische Landesbank, Hamburger Sparkasse und eines Finanzinvestors, gehört zu den führenden Anbietern innovativer Finanzierungslösungen in den Bereichen Immobilien, Flugzeuge, Großmobilien und Filme. Mit Neuabschlüssen von rund 18 Mrd. DM in 2000 und einem Geschäftsvolumen von über 57 Mrd. DM im Bestand zählt die KGAL auch in Europa zu den leistungsstärksten und erfolgreichsten Unternehmensgruppen in der Branche.

Dank eines umfassenden Know-hows und einer breitgefächerten Palette von flankierenden Dienstleistungen kann die KGAL die individuellen Ansprüche und Bedürfnisse ihrer Kunden – Leasingnehmer wie Investoren – präzise erfassen und realisieren.

Das Leistungsspektrum der KGAL Unternehmensgruppe umfasst nahezu die komplette Bandbreite an kapitalbezogenen Instrumenten und Dienstleistungen - von der Projektfinanzierung über die Entwicklung optimaler Finanzierungswege bis hin zur Vermögens- und Fondsverwaltung. Tatsächlich ist die KGAL eine der wenigen Finanzdienstleistungsgruppen in Europa, die strukturierte Finanzierungen bzw. Leasingkonzepte für Immobilien und Großanlagen, immaterielle Wirtschaftsgüter wie Filme, Telekommunikationsequipment, Flugzeuge, Schiffe sowie sonstige Mobilien und Auto- einschließlich des Fuhrpark-Leasings anbietet. Abgerundet wird dieses Angebot durch kompetente Dienstleistungen, zu denen auch Fondsmanagement, Baubetreuung, Fuhrparkmanagement und Projektsteuerung gehören.

Darüber hinaus hat sich die KGAL auf Beteiligungskonzepte für Immobilien, Großmobilien, Telekom und immaterielle Wirtschaftsgüter wie Film- und TV-Produktionen spezialisiert und bietet anspruchsvollen Anlegern attraktive Publikums- oder Private Placement Beteiligungen an.

Zur Unternehmensgruppe KGAL gehören neben rd. 1.700 Objekt- und Beteiligungsgesellschaften auch die operativen Unternehmen ALCAS GmbH, Diskont und Kredit AG, Disko Leasing GmbH, ASL Auto Service-Leasing GmbH sowie die ALBA BauProjektManagement GmbH, AL Konzept GmbH, AL Planbau GmbH und AL.systems GmbH.

Dr. Lübke Immobilien

Dr. Lübke Immobilien steht für Markterfolg seit über 30 Jahren und ist einer der führenden Makler und Consultants für Gewerbe- und Investmentimmobilien in Deutschland. Mit mehr als drei Mrd. Euro vermitteltem Immobilienvolumen allein in den letzen fünf Jahren. Unser Leistungsspektrum reicht von Corporate Real Estate Services über die klassische Vermittlung von Büro- und Gewerbeimmobilien bis hin zu Immobilieninvestments und zur Privatisierung. Wir haben uns auf die speziellen Anforderungen von gewerblichen Nutzern, professionellen Eigentümern und Investoren eingestellt. Professionals sind es gewohnt, fundiert zu entscheiden. Als Berater liefern wir die hierzu notwendige Basis. Unser Ziel ist es, komplexe Aufgabenstellungen für unsere Kunden in individuelle Lösungen zu transformieren. Wir handeln: erfolgsorientiert und kreativ. Unsere Teams agieren in den wichtigsten regionalen Immobilienmärkten. Fast 200 Mitarbeiter arbeiten an acht Standorten in Deutschland. Als Partner des global agierenden Makler-Verbundes ONCOR International hat Dr. Lübke Immobilien Zugang zu 200 Schlüsselmärkten weltweit. Als ein Unternehmen der

Dresdner Bank Immobiliengruppe gehören wir zu einer starken Leistungsgemeinschaft rund um die Immobilien. Eine langfristige Zusammenarbeit und Partnerschaft mit unseren Kunden steht im Mittelpunkt unserer Philosophie.

SEB Hypothekenbank AG

Die SEB Hypothekenbank AG wurde am 1. Juli 1988 gegründet. Sie hat sich im umkämpften Baufinanzierungsmarkt bewusst als Nischenanbieter positioniert. Die seit Jahren kontinuierliche volumens- und ertragsmäßige Aufwärtsentwicklung bestätigt diese geschäftspolitische Strategie. Die spezielle Ausrichtung der SEB Hyp gilt der Finanzierung von Renditeobjekten mit nachhaltiger Vermietbarkeit im wohnwirtschaftlichen und gewerblichen Bereich. Unter Risiko- und Kostenoptimierungsgesichtspunkten werden das Bauträgergeschäft und die Developer-Finanzierungen nicht betrieben. Ebenso ist die SEB Hyp bei der Finanzierung von Objekten mit sehr spezieller bzw. eingeschränkter Nutzungsmöglichkeit zurückhaltend. Im standardisierten Privatkundengeschäft (Eigentumswohnungen, Ein- und Zweifamilienhäuser) wurde darauf verzichtet, einen für diesen Bereich notwendigen Akquisitions- und Bearbeitungsapparat aufzubauen. Diese Geschäftssparte wird in Kooperation mit der SEB AG betrieben. Die SEB Hyp sieht sich auch regional als Nischenanbieter mit Betonung des Standortes Deutschland. Im Rahmen der ergänzenden Europastrategie begleitet die Bank jedoch ihre inländischen Kunden bei Investitionen im Ausland. Die Errichtung ausländischer Standorte ist im Rahmen der bisher betriebenen Optimierungsstrategie der Bank zur Zeit nicht geplant. Neben dem Hypothekenkreditgeschäft wird das Staatskreditgeschäft ebenfalls gepflegt.

Die SEB Hyp konnte sich im strategischen Zielsegment, das stark umkämpft ist, gut etablieren. Wichtige Voraussetzungen hierfür sind:

- ⇒ eine flache Organisationsstruktur mit kurzen und schnellen Entscheidungswegen,
- ⇒ Kundennähe der Entscheidungsträger mit entsprechender Flexibilität in der Reaktion auf Kundenwünsche.

Die Vertriebsstrategie der Bank ist sehr stark auf die persönliche Ansprache der Zielkunden abgestellt. In die Akquisition sind Vorstand, fachlich versierte Betreuer und Leiter der Niederlassungen in Berlin und Düsseldorf eingebunden.

Risiko-Hinweis: *Jedes Investment, besonders im Aktienmarkt, ist mit Risiken verbunden. Auf Grund von unternehmensbezogenen Abläufen, aber auch von externen Faktoren wie Veränderungen im wirtschaftlichen oder politischen Umfeld kann es stets zu erheblichen Kursverlusten, sogar zum Totalverlust kommen. Alle zu Grunde liegenden Recherchen für dieses Buch erfolgten nach bestem Wissen und Gewissen und basieren auf vertrauenswürdigen Quellen. Dennoch erfolgen die Emfehlungen ausnahmslos ohne Gewähr.*